铁路岩土工程检测技术

铁道第三勘察设计院集团有限公司
杨怀玉　孙树礼　任春山　编著

中 国 铁 道 出 版 社
2 0 1 2 年·北 京

内 容 简 介

本书对桩基工程、加固处理的地基工程、隧道工程、路基及其他土工支挡工程建筑物的检测进行了详细介绍，涉及物探、土工试验、岩土工程原位测试等方法，每种检测方法都介绍了基本概念、原理、仪器设备、现场测试、资料整理与分析等，并给出典型实例和注意事项。

本书共分5篇22章，可供铁路工程检测技术人员参考，也可作为工程建设管理人员、监理人员的参考书。

图书在版编目(CIP)数据

铁路岩土工程检测技术/杨怀玉，孙树礼，任春山编著. —北京：中国铁道出版社，2010.12(2012.3 重印)
ISBN 978-7-113-12266-9

Ⅰ.①铁… Ⅱ.①杨…②孙…③任… Ⅲ.①铁路工程：岩土工程-检测 Ⅳ.①U215.2

中国版本图书馆 CIP 数据核字(2010)第241856号

书　　名：铁路岩土工程检测技术
作　　者：杨怀玉　孙树礼　任春山　编著

责任编辑：张苍松　　**电话**：010-51873135
编辑助理：张少涵　孙钟一
封面设计：崔丽芳
责任校对：孙　玫
责任印制：郭向伟

出版发行：中国铁道出版社(100054，北京市宣武区右安门西街8号)
网　　址：http://www.tdpress.com
印　　刷：中国铁道出版社印刷厂
版　　次：2011年4月第1版　2012年3月第2次印刷
开　　本：787 mm×1 092 mm　1/16　印张：14.75　字数：362千
印　　数：1～3 000 册
书　　号：ISBN 978-7-113-12266-9
定　　价：60.00元

前　言

岩土工程是土木工程的一个分支，岩土工程实体是各类土木工程的基础。铁路岩土工程是铁路工程的重要组成部分，其工程质量与铁路运营安全关系重大。铁路岩土工程检测是铁路工程建设中的重要工作，对控制工程质量、保障工程进度、降低工程投资具有重大意义。

近年来随着大规模铁路建设的开展，铁路检测工作也随之逐步完善，检测技术在不断进步。到目前为止已形成一套包括桩基、加固处理地基、隧道衬砌、路基本体等在内的完整的岩土工程检测体系，为高标准铁路建设提供了强有力的保障。但是不同类型的岩土工程其检测方法和技术也不相同，为了系统地介绍这些技术和方法，我们编写了这本书，旨在为从事铁路工程检测的技术人员提供参考，同时也可作为铁路建设管理人员、监理的参考书。

本书面向被检测的实体：桩基工程、加固处理后的地基工程、隧道衬砌、路基本体及其他土工支挡构筑物进行叙述，共分为5篇22章，涉及物探、土工试验、岩土工程原位测试等方法。每种检测方法都介绍其基本概念、原理、仪器设备、现场测试、资料整理与分析等，并给出典型实例和注意事项。

铁道第三勘察设计院集团有限公司根据多年来的检测工作经验完成了本书的编写。其中1、2.1、2.3由孙树礼编写，2.4.5由任春山编写，3.4、4.1.3、4.1.4、4.1.5、4.2.3、4.2.4、4.2.5、5.1.2、5.2.1由任春山、何振起编写，参加本书编写的还有李跃原、张明启、孙建发、高峰、赵明龙、崔会占、苑志强、李国良、张戎垦、史兴华、王闯、王伍成、訾平华、严学武、江治安、郭士周、张刚、赵林杰、陈宗起、苗伟、黄潘、周宝贵、刘贵忠、李红梅等。其余部分由杨怀玉编写，全书由杨怀玉统稿。

在本书编写过程中得到了铁三院工程测试中心全体检测人员的大力支持，参阅了大量的文献，在此谨向有关专家和作者表示深深地感谢！由于作者水平有限，书中肯定会有错误和不当之处，敬请读者批评指正。来信请寄：yanghuaiyu@tsdig.com。

杨怀玉　孙树礼　任春山

2010年12月

目　　录

1 总 论

1.1 铁路岩土工程检测技术的基本概念

1.1.1 铁路岩土工程

岩土工程是以岩土体为工作对象，以土力学、岩体力学、工程地质学、基础工程学等为基础理论，研究各项土木工程中有关土或岩石的利用、整治或改造的一门技术科学，是土木工程的一个分支，属边缘科学。

岩土工程一词来源于英文 geotechnical engineering。在国际上岩土工程作为一门科学技术是在二次世界大战后，经济发达国家土木工程界为适应建设和技术经济高速发展需要而兴起的。在中国岩土工程是 20 世纪 80 年代被提上议事日程，并在工程勘察中率先推行。

根据岩土体在土木工程中所起的作用和所处的部位，岩土工程可分为三大类：①作为建(构)筑物的地基；②作为构筑物的环境介质；③作为建筑材料。

在铁路建设项目中，所建造的大部分构筑物都是和岩土体密切相关的工程，其中包括：①作为支撑上部构筑物的桩基工程；②对软弱地基进行加固的地基处理工程；③岩土防护工程；④修筑在岩土体中并以岩土体作为环境介质的隧道工程；⑤以岩土作为建筑材料所形成的路堤本体工程。我们所涉及的铁路岩土工程就是指上述 5 类岩土工程构筑物(表 1.1-1)。

表 1.1-1 铁路岩土工程的分类及特点

作用	种类	岩土问题及特点
地基	桩基工程	作为铁路桥涵、挡土墙、车站房屋及其他构筑物的基础
	处理地基	对作为铁路地基的软弱土层进行加固，提高其强度，减小变形，消除液化
环境介质	隧道工程	铁路越岭或傍河时，以隧道在岩土体中通过，要保证岩土体的稳定
	防护工程	为保证铁路安全，对铁路线路周围的岩土体进行防护的边坡、支护等工程
材料	路堤工程	保障路堤满足使用要求的岩土材料及填筑

1.1.2 铁路岩土工程检测

在各项土木工程建设中，要想充分利用好岩土体，就必须首先弄清岩土体的工程特性，准确掌握所需的岩土参数。要取得所需岩土参数，就要对岩土体进行相关的测量和试验，并根据测试结果对岩土体的有关特性进行评定。

根据被测岩土试件的几何尺寸、位置等与实际岩土体的关系，对岩土的测试可分为：室内试验、原位测试和原型监测。

根据测试目的及其在项目建设中所处的阶段可分为：勘探试验、岩土工程检测和岩土工程原型监测。勘探试验主要是指在勘察设计阶段，为了解建设场地岩土的天然工程性质而进行的勘察、试验和测试；岩土工程原型监测主要是指在建设项目的施工和运营阶段对岩土体、地下水及相关的结构物进行的系统监视和观测；岩土工程检测是指采用特定技术手段对岩土工程设计、治理的效果进行测试、检查和评定的活动。

铁路岩土工程检测就是针对上节中所述的5类岩土工程构筑物的性状和效果所做的检测和评价。

按照检测过程对样品是否有损伤，检测可分为：①无损检测；②轻微破损检测（被检测的样品检测后不做处置或简单处理仍可使用）；③破坏性试验。

1.2 铁路岩土工程检测的意义和任务

1.2.1 铁路岩土工程检测的目的和意义

岩土工程检测作为取得岩土参数的方法，在土木工程建设的不同阶段有着不同的目的和作用，归纳起来主要有以下三个方面：

①验证岩土工程治理是否达到预期效果，为工程验收提供依据；

②获取试验性施工的有关数据，为设计提供参数，作为开展全面施工的依据和指导；

③为岩土工程反分析提供数据，积累岩土工程设计和治理经验。

首先，岩土工程检测被用来验证岩土工程治理效果，这是目前工程中应用最多的方面。岩土工程大多属于建设项目的基础性工程，岩土工程治理能否达到预期效果往往直接影响工程的安全和使用，因此防止岩土工程不合格品非预期使用是一项十分重要的工作，要做好这项工作，就必须准确地识别岩土工程产品是否合格。岩土工程检测就是通过特定的技术手段，寻找岩土工程治理符合规定要求的证据，为工程验收和放行提供依据。从这个意义上来看，工程建设各方（其中包括施工单位）对检测目的之认识都应该是一致的。由于岩土自身复杂性，且施工多数是在地下不可视的情况下进行的，所以岩土工程治理很难一次达到100%合格。施工过程中出现少量的不合格品并不可怕，只要我们通过检测把这些不合格品找出来，并进行必要的处置，使最终产品符合规定要求就可以了。

其次，由于岩土体是在自然环境下形成的、性质复杂多变的非匀质体，因此岩土工程很难按勘察→设计→施工这样的程序，一次达到理想的效果，往往需要按信息化设计施工的程序（图1.2-1）来完成。目前信息化设计施工已在铁路建设中得到广泛应用，规模大的试验段可达到数千米。在这个过程中信息对方案的选定起着重要作用，而检测又是获取信息的重要手段。

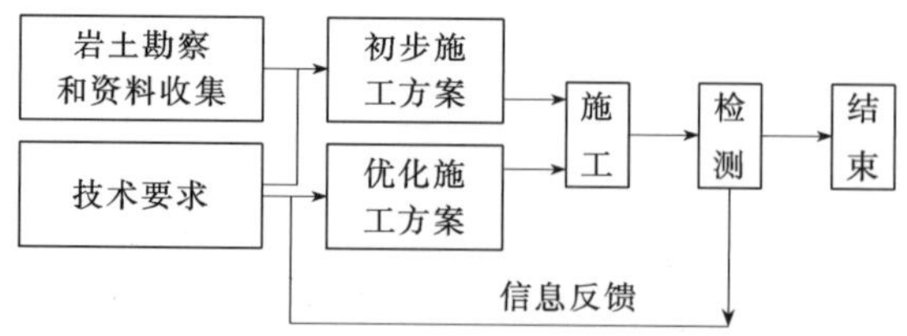

图1.2-1 信息化施工流程图

另外，目前岩土方面的许多工程问题，还很难从理论上得到满意的解析，在这方面我们所用的知识大多数都是经验的总结。这个过程就是岩土工程反分析，它是通过对岩土体的实践活动，并从中获取岩土体实际表现的性状和效果，进而反求岩土体的特征参数的方法。在这个方法中检测是获取岩土体实际表现性状和效果的重要手段。反分析的结论又可以作为宝贵的经验来指导岩土工程实践。

1.2.2 铁路岩土工程检测的任务

岩土工程检测的任务主要包括三个方面：①岩土工程特征参数的测试；②对被测试产品进行评判；③根据测试和评判结果从检测方面提出建议。

岩土工程检测的目的不同，其检测任务也不尽相同，但岩土工程特征参数的测试这项任务是共同的。作为验证岩土工程治理是否达到预期效果的检测，必须对治理效果进行评定。如果出现不满足要求的检测结论时，还要从检测角度提出对下一步工作的建议。为设计提供参数（或验证设计参数）的检测，应提出结论和建议。为单纯的实验研究所做的检测，可只提出详细测试结果。

1.3 铁路岩土工程检测组织与实施

1.3.1 岩土工程检测组织

岩土工程检测作为一项为社会提供公证数据的活动，按照我国计量法规的有关要求，检测机构必须经省级以上人民政府计量行政部门计量认证。由于岩土工程检测的复杂性，得出准确检测结论不仅需要准确可靠的测试数据，而且还需要有丰富的实践经验，检测过程不仅需要标准化、规范化，而且也需要有一定的经验；因此有些检测工作还需要专项资质认证。检测机构要完成好检测工作，还必须做到以下三点：①应具有合适的仪器设备，并保证仪器在计量鉴定有效期内使用；②具有称职的测试人员和报告审核人员，有要求时还应取得上岗证书；③机构应有完善的质量管理体系。

1.3.2 岩土工程检测实施

1.3.2.1 岩土工程检测组织方式

按照国际质量管理标准 ISO 9000 有关规定，对产品的检验分为组织交付前的检验，和顾客接受产品前的检验。前者相当于施工单位所做的各种检验工作，是责任者自己所做的检验，其目的是看一看自己的产品能不能满足顾客的要求。后者是业主组织的检验，它代表业主的利益，是业主决定是否接受或放行产品的依据。业主委托的检验对业主来说是进货检验。

铁路工程具有线路长、工点多、工程量大的特点，一般施工划分为若干个标段，为保证工程质量、统一标准，避免施工单位和业主重复检验，突出检测的公证性，作为验收依据的检测宜委托与产品质量责任无关的第三方来承担。作为检测单位应考虑铁路工程的特点，组织充分的仪器设备和称职的人员，组成项目经理部，按项目管理的模式组织实施。

1.3.2.2 岩土工程检测程序

岩土工程的检测程序，应按图 1.3-1 进行。

为做好检测工作，应尽量收集全被检测工程的岩土工程勘察资料、有关的设计文件、施工情况和记录等。检测前应对使用的仪器设备进行检查调试，计量器具必须在计量检定有效期内使用。

1.3.2.3 岩土工程检测方案和检测报告

作为检测单位，接受岩土工程检测委托后，要根据检测目的和委托内容编制检测方案。编制检测方案要充分听取委托单位和设计单位的意见。

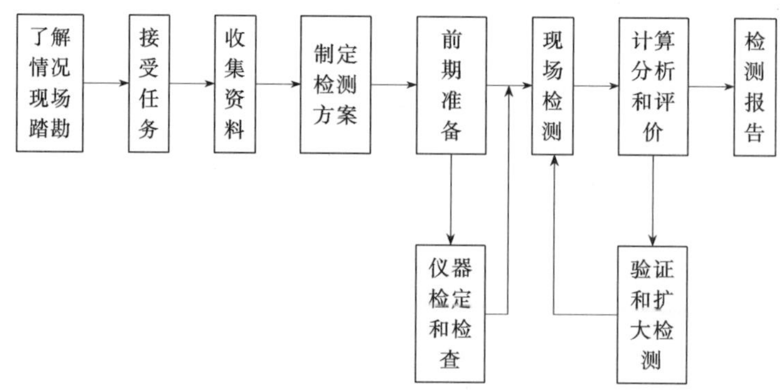

图 1.3-1　检测工作程序框图

检测方案要包含以下内容:工程概况,检测所依据的文件、标准,检测方法,检测数量,抽样方案,人力及仪器设备资源计划,检测日期和进度计划,对出现不同检测结果的应对措施等。方案实施前要通过委托单位的确认。

检测报告是检测的成果,其主要内容应包括:工程概况、检测依据、岩土情况、检测方法、检测过程、资料整理分析、结论、建议及相关测试数据和图表等。

鉴于铁路岩土工程具有规模大,工期长,施工常采用流水作业的特点。因此检测后应及时提交检测中间结果。单个分项工程检测完成后,提交分项工程的检测报告。

1.4　铁路岩土工程检测的发展

1.4.1　铁路岩土工程检测的历史与现状

早在 20 世纪 80 年代以前,铁路工程检测主要由项目执行单位自己来完成。科研和设计单位在其研究项目中进行有关的检测,施工质量检测主要由施工单位自己来完成。方法主要是一些传统的物理、力学试验。

20 世纪 80 年代以来,随着我国对外改革开放,经济建设和科学技术的高速发展,铁路岩土工程检测也得到了突破性的进展。80 年代后期出现了数种方法的基桩低应变检测技术。铁道部科学研究院徐慧研究员领导的课题组首先提出用力棒做为低应变反射波法的振源(在此以前敲击主要是用锤和球),这一改进使反射波法检测桩长达 30 m 以上,并能得到明显的桩底反射信号,进而使得这种方法能应用于铁路桥涵等长大基桩检测。后来以力棒为主要激振方式的低应变反射波法以其设备简单、操作方便、测试结果可靠、成本低等特点得到了土木工程界的普遍认同,并在工程中得到了广泛应用。

铁道部还在渭南建立了基桩检测试验基地,并于 1990 年进行首次铁路基桩检测资质认证考试,并给考试合格的单位和个人颁发了检测资质证书。1999 年颁布《铁路工程基桩无损检测规程》。

在 1999 年至 2001 年秦皇岛至沈阳新建铁路客运专线项目中,首次由项目建设指挥部委托与项目施工质量责任无关的第三方,对全线加固处理后的复合地基进行了抽样检测,对桥梁混凝土基桩进行了 100%的低应变检测,有效地保障了工程质量。

上世纪末开始了铁路隧道衬砌质量、挡土墙砌筑质量无损检测和既有路堤本体的检测。铁道部于 2004 年颁布《铁路隧道衬砌质量无损检测规程》。

1.4.2 铁路岩土工程检测展望

在岩土工程勘察设计阶段，由于岩土自身的复杂性和规范中有关经验公式、图表的局限性，岩土工程反分析将成为今后获取岩土性状参数的主要方法。在反分析中岩土工程检测将被大量应用。

在岩土工程实施阶段，信息化施工将成为主流，设计和施工间的界限将变得淡漠，二者会有机地结合在一起。施工阶段的检测和施工、运营阶段的监测将成为获取信息的主要方法。

技术可靠、操作简便、经济合理的无损检测方法将成为检测技术的发展方向，用这样的方法可以实现大比例乃至100%地对岩土工程治理效果的检测，有效地防止不合格品被误用。

在未来的高速铁路建设和既有铁路提速改造项目中，岩土工程检测将会发挥越来越重要的作用。

2　桩基工程检测

2.1　概　　论

2.1.1　桩的概念、分类及特点

2.1.1.1　桩的概念

桩是深入土层的柱型构件，桩与连接桩顶的承台组成的深基础被称为桩基础，简称桩基。只有一根桩组成的桩基础是一个特例，叫单桩基础，可没有承台。组成桩基础的每一根桩叫做基桩。桩的作用是将上部结构的荷载，传递到深部较坚硬的、压缩性小的岩土层中。桩基在铁路工程中主要用于桥涵、车站房屋或设施、挡土墙等构筑物的基础。东南沿海软土地区某高速公路，已用混凝土管桩加固路桥过渡段路堤地基，高速铁路也有类似的应用。

2.1.1.2　桩的分类及特点

桩的分类，根据不同的目的有不同的分类法，现就基桩检测所涉及到的概念简述如下。

1. 按成桩方法对土层的影响分类

根据施工方法对桩周土层的挤压程度，可分为挤土桩、部分挤土桩和非挤土桩三大类。

1)挤土桩。也叫排土桩，施工过程中，桩周土被压密或挤开，土的原始结构遭到破坏。这类桩主要包括打入或压入的实心预制桩、封底管桩和沉管灌注桩。

2)部分挤土桩。施工过程对桩周土有挤压作用，但程度小于挤土桩。这类桩主要包括开口管桩、截面较小的型钢桩和预钻孔打入或压入的预制桩。

3)非挤土桩。成桩过程中，将与桩体积相同的土挖出，桩周围的土受扰动较小，但有应力松弛现象。这类桩主要包括各种型式的钻孔和挖孔灌注桩。

2. 按桩身材料分类

根据桩身材料，可分为钢桩、混凝土桩、木桩和组合材料桩。其中应用较多的为混凝土桩和钢桩，混凝土桩又分为就地灌注桩和预制桩。这里不包括如碎石桩之类的散体材料桩和各类土桩、灰土桩、水泥土桩，与此有关内容将在第三篇中介绍。

3. 按桩径大小分类

根据桩截面直径的大小，可分为小桩($D\leqslant250$ mm)、中等直径桩(250 mm$<D<$800 mm)和大直径桩($D\geqslant800$ mm)。

4. 按桩的使用功能分类

根据桩所承受荷载的方向，可分为轴向抗压桩、抗拔桩和抗侧压桩。

5. 根据桩的承载性状分类

根据桩的承载性状，轴向抗压桩又可进一步分为摩擦桩、端承桩和端承摩擦桩。

6. 根据成桩方法分类

根据成桩方法可分为预制桩和就地灌注桩，预制桩又可分为打入桩和压入桩。

为了更好地发挥桩土作用，还出现了各种变截面桩，如：夯扩桩、扩底桩、支盘桩等。

2.1.2 各种常用检测方法的特点及适用范围

2.1.2.1 基桩检测方法的分类

1. 按检测内容分类

根据检测的内容不同，基桩检测分为成桩质量检测和单桩承载力检测。成桩质量检测对于混凝土灌注桩主要包括成孔质量检测、灌注前混凝土检测和成桩后的桩身质量检测，预制桩则主要包括制桩质量、桩的深度、停打(压)标准、桩位、垂直度和沉桩后的桩身质量检测等。这里我们仅介绍成桩后的检测和钻孔灌注桩成孔质量检测。桩的承载力检测包括单桩竖向抗压、抗拔和水平静载荷试验。

2. 按检测结果的目的分类

根据检测的目的不同，可分为：①为设计提供参数的检测；②选择和确定施工工艺的检测；③施工过程控制的检测；④桩基作为分项工程验收的检测。

3. 按检测对被检桩的损坏程度分类

根据检测对被检桩是否有损坏，可分为无损检测和有损检测两大类，其中有损检测可进一步细分为破坏性试验检测和轻微破损检测。像钻芯法检测混凝土桩身质量，检测虽然对桩身有一定的损伤，但损伤轻微，经水泥砂浆处理后仍可使用。单桩竖向抗压、抗拔静载荷试验通常属无破损检测。钢筋混凝土桩单桩水平静载荷试验，加载超过桩的极限承载力时，多数情况属破损检测，不宜在工程桩上直接进行。

4. 按得出检测结论的途径分类

此外，根据检测是否能够直接得到检测结果，检测可分为直接法和间接法。如单桩静载荷试验确定承载力、钻探取芯检测成桩质量属直接法，低应变检测桩身完整性、高应变测承载力属间接方法。

2.1.2.2 常用检测方法的适用范围及特点简述

基桩检测方法很多，工程中常用的8类检测方法的适用范围和优缺点见表2.1-1。

表2.1-1 基桩常用检测方法的特点

检测方法	适用范围	优点	缺点
低应变反射波法	检测桩身完整性，如果桩身有缺陷，推断缺陷的大致位置	设备简单，操作简便迅速，检测成本低经济合理，检测过程无破损	间接检测，检测及资料分析均需有丰富经验的人员来完成，对检测中出现的个别疑难问题，需要用直接检测法验证
单桩竖向静载荷试验法	检测单桩竖向承载力和刚度，通过桩身应变测试确定桩土作用参数	直接检测，结果可靠性高，检测过程无破损	设备笨重，检测成本高。用锚桩做反力时，不能随机抽样
单桩水平静载荷试验法	检测单桩水平承载力和桩侧土的抗力参数	直接检测，结果可靠性高	设备较笨重，检测成本高，加载至桩的极限时，对桩有破损
声波透视法	检测桩身完整性，如果桩身有缺陷，判断缺陷的位置	结果可靠性高	须在桩上预埋超声测管，对施工有干扰，经济性较差，测管堵塞时无法用该法检测
钻探取芯法	检测桩身完整性及混凝土质量，如果桩身有缺陷，判断缺陷的位置及性质	直接检测，结果可靠性高	对桩有轻微破损，检测后需处理钻孔，一孔之见具有片面性，对细长桩钻孔易偏出桩体
高应变法	检测桩身完整性，判断缺陷的位置，提供承载力参考值	对长大桩检测桩身完整性、发现深部缺陷优于低应变法	对同等条件下的基桩，承载力检测数据离散性大、结果可靠性低

续上表

检测方法	适用范围	优点	缺点
桩孔检测	检测钻孔灌注桩成孔质量	过程控制，可预防质量问题	间接检测，对局部小范围孔径变化误差较大
超声回弹法	检测混凝土预制桩制桩质量	事前控制，无破损，可预防质量问题	间接检测，判断混凝土强度需取得超声参数和强度的对比资料

2.1.3 检测方法和检测数量

制订检测方案除考虑检测项目的共性问题外，还应根据基桩类型、桩长、桩径等特点，合理选择检测方法，计划检测数量。

2.1.3.1 检测方法的选择

检测方法的合理选择是检测准备工作的重要内容，应根据检测目的、基桩情况和各种检测方法的特点合理选择。

为检测桩身质量，对桩长在 30 m 以内的桩应优先选择低应变反射波法，当桩长超过 30 m、且桩底反射信号不明显时，除做低应变检测外，还应辅助做一部分高应变，以检测深部桩身质量。当对桩身质量有疑问时，可用静载荷试验方法验证桩在荷载作用下的可靠性，以此来判定整桩是否可用，对大直径混凝土灌注桩，还可采用钻探抽芯的方法验证。对超过 40 m 的混凝土长桩(多数为灌注桩)，低应变法因桩的深部反射信号太弱，判定桩的深部质量是很困难的，应优先采用声波透射法，采用这种方法时应预先筹划，设计时应考虑声测管。对长大钻孔灌注桩，要坚持预防为主的原则，加强过程控制检测，除控制好混凝土质量外，还应对成孔质量进行检测。

为确定单桩承载力，有条件时应优先采用单桩静载荷试验，尤其是为设计提供依据的检测。竖向抗压静载荷试验反力装置的选择，从抽样是否具有随机性来考虑，应优先选择堆载法，这样就可以选择桩身质量检测中有疑问的桩。当通过桩身质量检测认定桩身质量良好，且具备做深孔静力触探的条件时，可采用静力触探确定的桩土作用参数来估算单桩承载力，用这种方法判定的单桩承载力，其可靠性不会低于高应变法。有经验的检测单位，也可采用高应变法估算单桩承载力。

综上所述，铁路基桩因岩土条件复杂多变，其检测不能简单地选用一种方法，而应该根据具体情况，选用一种主导检测方法，再辅助一定比例的其他方法，采用综合手段进行检测。

2.1.3.2 检测数量的确定

铁路桥梁具有动荷载大、重心高、墩台基础水平向尺寸相对较小等特点，因此对变形控制，尤其是对倾斜的控制要求较高，进而对基桩质量要求也较高。如有可能采用低应变反射波法和声波透射法检测，应尽量达到所有基桩全部检测。为验证或确定设计参数的承载力检测其数量应充分尊重设计单位的意见；为确定桩身质量有疑问桩是否可用而进行的承载力检测，其数量应根据具体需要而定。制订检测方案时，承载力检测可按桩身质量检测数量的 1% 考虑。对钻孔灌注桩，应按检测桩数的 1% 计划钻探抽芯检测，以验证可能出现的对桩身质量有疑问的桩，具体实施时可根据具体情况考虑增减。

2.2 低应变反射波法

2.2.1 测试原理

低应变反射波法是用力棒或手锤敲击桩头产生弹性纵波，弹性波沿桩身向下传播，遇到波阻抗界面时产生反射和透射。透射波继续向下传播，反射波到达桩顶时，引起桩顶质点振动，通过检测桩顶质点振动信号，来分析判定桩身质量。

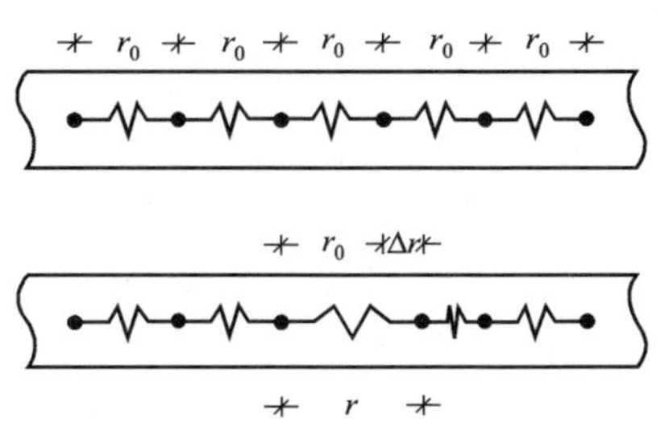

图 2.2-1　质点弹性变形

2.2.1.1　振动和波动的基本概念和理论

1. 物体的弹性与振动

从固体弹性理论来看，处在平衡状态下的物体中的微粒(以下简称质点)是以一定的排列方式分布，并在其平衡位置做微小的往复运动，这种运动称作质点的振动。设相邻质点的平衡位置的间距为 r_0，当物体受到外力作用时，物体中质点的距离将变为 $r=r_0+\Delta r$，其中，Δr 为质点间距改变量。质点的应变为 $\varepsilon=\Delta r/r_0$(图 2.2-1)。质点离开平衡位置，积蓄了势能，同时质点间存在着使其势能最小，恢复到平衡位置的作用力。当外力作用取消后，物体的质点开始在恢复力的作用下向原平衡位置移动，在此过程中势能转化为质点的动能，到平衡位置时，势能和恢复力为零，动能最大。质点在惯性力作用下继续向相反方向移动，如此形成质点振动，其振动状态可用图 2.2-2 的质量-弹簧振子来表示。通常振动过程中能量会逐渐耗散，质点最终将恢复到间距为 r_0 的原平衡位置。组成物体质点间的这种相互作用，宏观上反映为物体的弹性，即在一定的应变范围内，物体所受的应力与应变成正比。

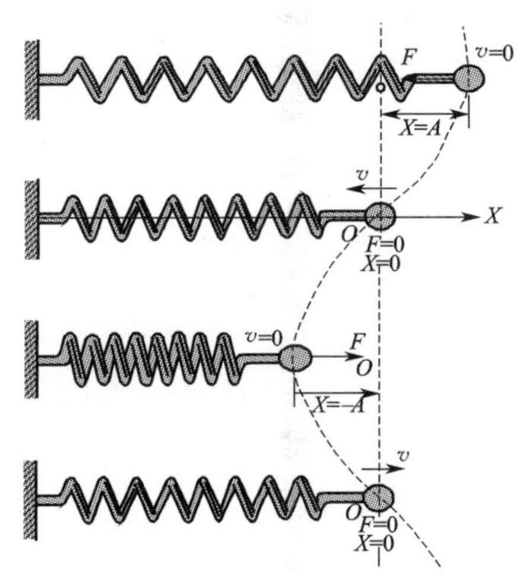

图 2.2-2　质弹体系的振动

低应变和高应变检测中所测的主要信息，就是安装传感器位置桩头质点的振动信号。低应变检测中桩身质点的动应变通常小于 0.01%。

质量-弹簧振子的振动是一种最简单的谐振动，振动质点的位置与时间的关系符合正弦(或余弦)函数。基桩动测中单质点振动是不存在的，都是由多个质点组成的振动系统。通常振动质点除了受恢复力作用外，还受到周围质点和介质的阻力，这种受到阻力的振动叫阻尼振动，有阻尼的振动在外作用力去掉后，质点振动很快就会停止。瞬态激振基桩动测，在激励作用结束后，桩头质点的振动就是一种阻尼振动，其波形图见 2.2-3。振动阻尼是普遍存在的，为了获得稳定的振动，就要在物体上施加一个周期性的外力，这种受周期性外力作用的振动叫受迫振动，基桩低应变检测中的稳态机械阻抗法就是一种受迫振动。

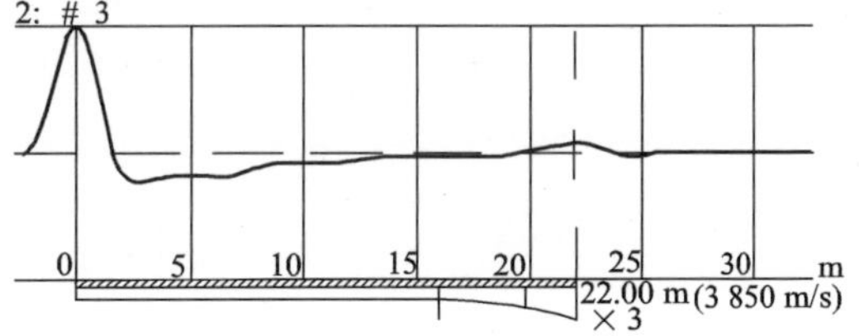

图 2.2-3　反射波法桩顶质点振动曲线

2. 弹性波的基本概念

如果弹性体内某一质点 A 受到外界扰动离开其平衡位置时，A 点周围的质点就将对 A 作用一个弹性力以对抗这一扰动，使 A 回到平衡位置，并在平衡位置振动。由牛顿第三定律可知，在 A 偏离平衡位置的同时，A 点周围的质点也受到 A 所作用的弹性力，于是周围质点也离开各自的平衡位置开始振动。就这样振动便一个质点接一个质点向周围传播，这种现象就叫弹性波动。所以振动和波动是密切相关的，振动是产生波动的根源，波动是振动的传播。

质点振动方向与波的传播方向平行的弹性波为弹性纵波。波在传播过程中，振动质点的位置随时间的变化可由正弦函数来表示，同一时刻振动相位相同点的集合叫波振面，波振面为平面的波动叫平面波。我们在基桩低应变检测中所涉及的波就是弹性平面纵波。

3. 平面应力波在一维弹性杆件中传播的微分方程

对于桩体来说，它的长度远大于它的直径，从而可视为一维弹性杆件，当在桩顶施加一个瞬态作用力后，弹性波就会沿桩身传播，当满足下列基本假设时，其传播规律服从一维波动方程。

1)材料均匀各向同性，应力应变为线弹性，服从虎克定律；

2)直杆等截面；

3)纵波沿杆长方向传播，波振面为平面，与杆的横截面平行，横截面上应力分布均匀，且为轴向力，其他方向的应力分量均为0；

4)忽略横向变形的影响。

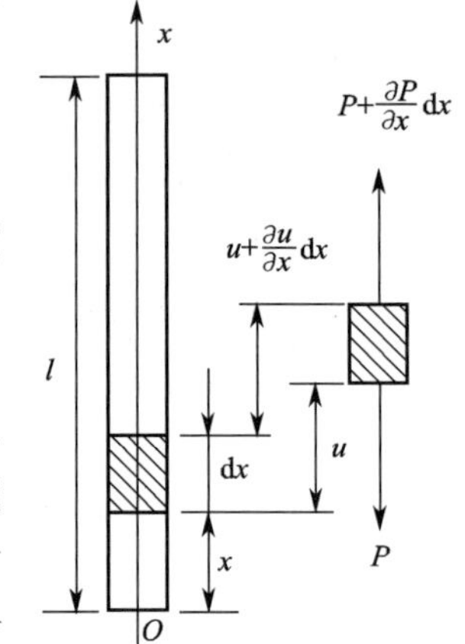

图 2.2-4　直杆的纵向振动

图 2.2-4 所示的一根长度为 l 的弹性直杆，取杆的轴线为 x 轴，设变形前杆的截面积 A、质量密度 ρ、弹性模量 E 及其他材料性能参数均与坐标无关，杆上各质点的振动参数仅与质点的位置 x 和时间 t 有关，各截面振动位移可表示为 $u(x,t)$。在杆的 x 处取一微分单元 $\mathrm{d}x$，设某一时刻任一截面 x 处质点位移为 u，应力为 σ(受压为正)，$x+\mathrm{d}x$ 处质点位移和应力分别为 $u+\frac{\partial u}{\partial x}\mathrm{d}x$ 和 $\sigma+\frac{\partial \sigma}{\partial x}\mathrm{d}x$。显然单元 $\mathrm{d}x$ 的长度变化量为$\frac{\partial u}{\partial x}\mathrm{d}x$，单元应变为$\frac{\partial u}{\partial x}$。由虎克定律可知，作用在 $\mathrm{d}x$ 单元两侧的应力分别为：

$$\sigma=E\varepsilon=E\frac{\partial u}{\partial x} \tag{2.2-1a}$$

$$\sigma+\frac{\partial \sigma}{\partial x}\mathrm{d}x=E\frac{\partial u}{\partial x}+E\frac{\partial^2 u}{\partial x^2}\mathrm{d}x \tag{2.2-1b}$$

单元 $\mathrm{d}x$ 的质量为 $\rho A\mathrm{d}x$，运动加速度为$\frac{\partial^2 u}{\partial t^2}$，所受的合力为 $A\mathrm{d}\sigma=AE\frac{\partial^2 u}{\partial x^2}\mathrm{d}x$，根据牛顿第二定律可知：

$$AE\frac{\partial^2 u}{\partial x^2}\mathrm{d}x=(\rho A\mathrm{d}x)\frac{\partial^2 u}{\partial t^2}$$

整理上式得：

$$\frac{\partial^2 u}{\partial t^2}-c^2\cdot\frac{\partial^2 u}{\partial x^2}=0 \tag{2.2-2a}$$

式 2.2-2 即为弹性平面纵波在一维弹性杆件中传播的微分方程，其中 c 为纵波传播速度，$c=\sqrt{\frac{E}{\rho}}$。考虑到$\frac{\partial v}{\partial t}=\frac{\partial^2 u}{\partial t^2}$($v$ 为质点的振动速度)，$\frac{\partial \sigma}{\partial x}=E\frac{\partial^2 u}{\partial x^2}$，波动微分方程还可表示为：

$$\rho\frac{\partial v}{\partial t}-\frac{\partial \sigma}{\partial x}=0 \tag{2.2-2b}$$

2.2.1.2　应力波传播中的反射和透射

1. 杆件中的波阻抗界面

弹性纵波在传播过程中，质点间的动应力 σ 与质点振动速度 v 成正比，其比值就是介质的弹性纵波阻抗 Z。

$$Z=\rho \cdot c \tag{2.2-3}$$

式中 ρ——材料的质量密度；

c——纵波波速。

波在传播过程中遇到两侧波阻抗不同的界面时，会发生反射和透射。我们这里所说的界面，是一个连续的接触面，接触面上两种介质的质点之间的连接是牢靠的。在弹性限度内，弹性纵波在界面处传播的连续条件为：①轴向力连续，即 $\sigma_1=\sigma_2$；②质点的法向速度连续。

2. 波阻抗界面与杆轴垂直且弹性纵波沿杆轴传播时的反射与透射系数

设 D'Alembert 应力解中传播方向与 x 轴一致的分量 σ（$\sigma=Pe^{j(\omega t-k_1x)}$，其中 $j=\sqrt{-1}$）入射到 $x=0$ 处的波阻抗界面 M 上，则产生反射波和透射波（图 2.2-5），反射和透射应力波 σ_1 和 σ_2 分别为：

$$\sigma_1=P_1e^{j(\omega t+k_1x)}$$

$$\sigma_2=P_2e^{j(\omega t-k_2x)}$$

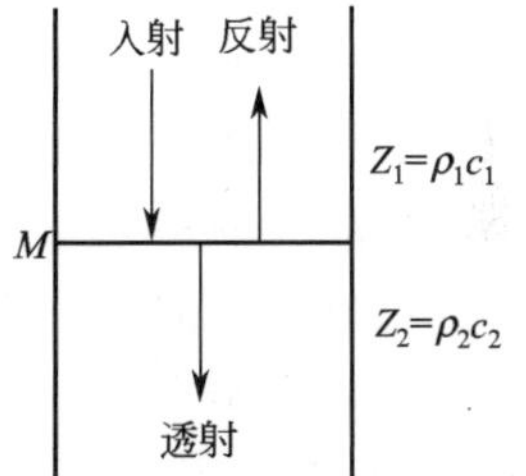

图 2.2-5 弹性波的反射与透射

由波动微分方程 2.2-2b 可得到对应的支点振动速度分别为：

$$v=\frac{P}{\rho c}e^{j(\omega t-k_1x)}$$

$$v_1=-\frac{P_1}{\rho c}e^{j(\omega t+k_1x)}$$

$$v_2=-\frac{P_2}{\rho c}e^{j(\omega t-k_2x)}$$

式中 ω 为振动圆频率，$k_1=\omega/c_1$，$k_2=\omega/c_2$。

波阻抗界面处满足：

$$\sigma+\sigma_1=\sigma_2 \tag{2.2-4a}$$

$$v+v_1=v_2 \tag{2.2-4b}$$

把 $x=0$，$Z_1=\rho c_1$，$Z_2=\rho c_2$ 代入整理得：

$$P+P_1=P_2 \tag{2.2-4c}$$

$$P/Z_1+P_1/Z_1=P_2/Z_2 \tag{2.2-4d}$$

定义质点振动应力的反射系数 $R=\sigma_1/\sigma$，透射系数 $T=\sigma_2/\sigma$，解方程组 2.2-4c 和 2.2-4d 得：

$$R=\frac{Z_2-Z_1}{Z_2+Z_1} \tag{2.2-5a}$$

$$T=\frac{2Z_2}{Z_2+Z_1} \tag{2.2-5b}$$

定义质点振动速度的反射系数 $R_v=v_1/v$，透射系数 $T_v=v_2/v$，同样可以推出：

$$R_v=\frac{Z_1-Z_2}{Z_1+Z_2} \tag{2.2-5c}$$

$$T_v=\frac{2Z_1}{Z_1+Z_2} \tag{2.2-5d}$$

3. 各种波阻抗性质界面的反射与透射情况讨论

1）$Z_2=Z_1$。这时 $R=0$，$T=1$。这表明只要波阻抗相同，就不会产生反射。

2）$Z_2>Z_1$，硬边界。则 $R>0$，$R_v<0$，$T>0$，$T_v>0$。表明反射波与入射波振动质点间的应

力同相位（压密波的反射波仍为压密波），界面处应力出现极大值；反射波质点振动速度与入射波相位相反，界面处质点振动速度出现极小值。

3）$Z_2 < Z_1$，软边界。则 $R<0, R_v>0, T>0, T_v>0$。反射波与入射波振动质点间的应力反相位（压密波的反射波为拉伸波），界面处应力出现极小值；反射波质点振动速度与入射波相位相同，界面处质点振动速度出现极大值，边界处呈“稀疏相”或“过冲”状态。

4）$Z_2 \gg Z_1$，极硬边界。则 $R=1, R_v=-1, T=2, T_v=0$。反射波与入射波振动质点间的应力大小相等相位相同，界面处应力出现最大值，为入射波的 2 倍，但为静压，Z_2 中不产生振动，为全反射；反射波质点振动速度与入射波绝对值相等相位相反，界面处质点振动速度为零。

5）$Z_2 \ll Z_1$，极软边界。则 $R=-1, R_v=1, T=0, T_v=2$。反射波与入射波振动质点间的应力绝对值相等相位相反，界面处应力为零；反射波质点振动速度与入射波大小相等相位相同，界面处质点振动速度为入射波的 2 倍，Z_2 中不产生振动，为全反射。

4. 杆件截面面积变化的情况

在杆件截面面积发生变化之处，质点间不仅存在沿纵波传播方向的拉（或压）应力，而且横向质点之间还产生剪应力，以分散（截面变大）或聚集（截面变小）质点间的拉压应力。在截面变化附近力的连续条件是沿纵波传播方向的总拉（或压）力 F(kN) 相等。对 F 来说杆件的波阻抗可由广义波阻抗来表示：$z=\rho \cdot c \cdot A$（A 为杆件截面面积）。

应当指出在截面变化处弹性纵波传播的微分方程 2.2-2 是不成立的，因此不能用式 2.2-5 计算反射系数，但是波的反射透射符合式 2.2-5 所反映的定性特征，即 A 变大时，z 也变大，相当于硬边界，反之相当于软边界。

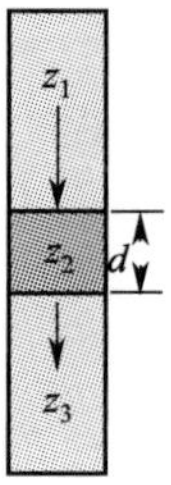

5. 两个波阻抗界面的情况

实际工程桩有只有两种波阻抗界面的情况是很少的，更多的是完好段中加软弱层。下面我们讨论一种理想的界面情况：在一维弹性杆件中，两个波阻抗界面平行且与杆轴垂直，见图 2.2-6。平面波垂直界面入射，则弹性波透过两个界面后的声强透射系数 α 为：

图 2.2-6 夹层透射

$$\alpha=\frac{4(z_1/z_3)}{(1+z_1/z_3)^2\cos^2(k_2 d)+(z_1/z_2+z_2/z_3)^2\sin^2(k_2 d)} \tag{2.2-6a}$$

$$k_2=2\pi/\lambda_2 \tag{2.2-6b}$$

式中 α——由 z_1 介质入射经过 z_2 介质再透射到 z_3 介质中的声强透射系数；

z——介质的波阻抗；

λ_2——波在中间介质中传播时的波长；

d——中间介质的厚度。

假定实际工程桩夹层两侧的材质均匀（即 $z_1=z_3$），那么从(2.2-6)式可以得出在下列两种情况下波能透过夹层（$\alpha=1$）：①中间介质的厚度等于中间层半波长的整数倍（$d=n \cdot \lambda_2/2$）；②夹层厚度很薄（$d \to 0$）。第①情况属于偶然的巧合，而第②种情况说明波能透过薄的夹层，并且波的频率越低，透过能量越强，这就是所谓的薄膜透声。

2.2.1.3 振动信号的频谱特性

1. 波动方程的分离变量解

采用分离变量法求解波动微分方程 2.2-2a，令其解的形式为：

$$u(x,t)=X(x) \cdot T(t) \tag{2.2-7a}$$

将上式代入偏微分方程后可得常微分方程组，并可解得：

$$T(t)=A\sin\omega t+B\cos\omega t \tag{2.2-7b}$$

$$X(x)=C\sin\frac{\omega}{c}x+D\cos\frac{\omega}{c}x \tag{2.2-7c}$$

式中，c 为纵波波速，ω 为振动圆频率。见图 2.2-7，设杆件的上端（$x=0$ 处）为自由端，下端（$x=L$ 处）作用一刚度系数为 k 的弹簧，相当于略去桩侧土阻力的基桩，则杆上下两端的边界条件为：

$$EA\frac{\partial u}{\partial x}\Big|_{x=0}=0 \tag{2.2-8a}$$

$$EA\frac{\partial u}{\partial x}\Big|_{x=L}=ku\Big|_{x=L} \tag{2.2-8b}$$

将波动微分方程的解（式 2.2-7）代入上述边界条件（式 2.2-8）得：

$$\tan\frac{\omega}{c}L=\frac{kc}{EA\omega} \tag{2.2-9}$$

则桩土体系的固有频率 $f_n(\omega=2\pi f_n)$ 为：

$$f_n=\frac{c}{2L}\left(n-\frac{1}{\pi}\tan^{-1}\frac{kc}{2\pi f_nEA}\right) \tag{2.2-10}$$

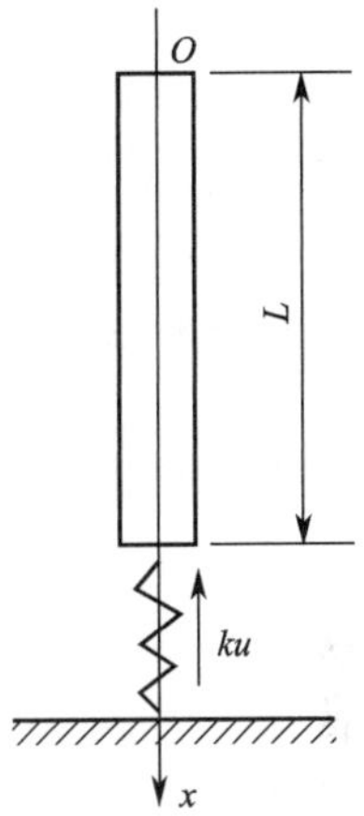

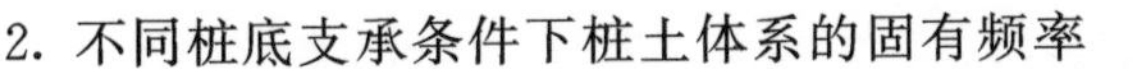

图 2.2-7 反射波法桩-土模型

2. 不同桩底支承条件下桩土体系的固有频率

1）$k\to0$，表示桩底支承为绝对柔性，相当于纯摩擦桩，相应的固有频率 f_n 和基频 f_1 分别为：

$$f_n=nc/(2L),f_1=c/(2L)\qquad(n=1,2,\cdots) \tag{2.2-11a}$$

2）$k\to\infty$，表示桩底支承为绝对刚性，相当于端承桩，相应的固有频率 f_n 和基频 f_1 分别为：

$$f_n=(n-0.5)c/(2L),f_1=c/(4L)\qquad(n=1,2,\cdots) \tag{2.2-11b}$$

3）$0<k<\infty$，表示一般支承条件，式 2.2-10 的固有频率可表示为：

$$f_n=(n-\alpha)c/(2L)\qquad(n=1,2,\cdots) \tag{2.2-11c}$$

式中 α——桩底土刚度系数 k 的函数，$0<\alpha<0.5$。

由式 2.2-11a 和 2.2-11b 可知相邻两阶固有频率之差（频差）相等，即：

$$\Delta f=c/(2L) \tag{2.2-12a}$$

桩底土自身的性质决定了振动频率对土的动刚度 k 有一定的影响，进而影响到 α 值。这种影响在低频段比较明显，因此低频段的频差不严格保持等间距，但随着阶数的增加，频差 Δf 趋于常数 $c/(2L)$。

如果在桩顶以下 h 处的桩身存在波阻抗界面，弹性纵波在桩顶与界面之间来回反射，在频谱图上会出现与界面以上桩段 h 的相应的频率峰 f'_n，其频差为：

$$\Delta f'=c/(2h) \tag{2.2-12b}$$

式 2.2-12 是频域法判断桩身质量的依据。

3. 波的叠加

1）波的叠加原理

就低应变所涉及的弹性纵波在一维直杆中的传播情况来说，若几个振源产生的波，同时在杆中传播。如果这几个波在杆中某一截面相遇，那么相遇截面的质点振动将是各个波所引起的分振动的合成，在各个波对该截面的扰动还没有平息的任意时刻，质点的位移是各个波在该点所引起的分位移的矢量和。换句话说，每个波都是独立地保持自己原有的特性，对该截面的振动给出自己的一份贡献，就像在各自的路程中没有遇到其他波一样。波的这种独立特性被称作波的叠加原理。

2）瞬态激振基桩检测中波的迭加情况

对于在桩顶采用瞬态方式激振的动测方法，在激励结束后，桩土体系是一个有阻尼的自由振动系统，系统有多个自振频率。我们在桩顶所测到的波形，是一组简谐振动叠加的信号。这些谐波中主要成分（能量比较大）是激励产生的直达波、桩身波阻抗界面反射波和桩底反射波，次要成分是桩身波阻抗的微小变化、桩周土阻力和噪声所产生的波。

由于阻尼作用，瞬态激励引起的波在某个截面的振动很快就会平息，这就使得我们有可能将桩底反射波和桩身深部界面的反射波与直达波区分开来。对于桩身浅部界面，其反射波与直达波在桩顶往往叠加在一起，很难区分，仅用时域波形判释这种情况需要一定的经验。

此外，在桩顶附近有严重缺陷的桩，如果在桩头用大能量激励，会得到一条低频波形曲线，改用低能量激励、高频率采集数据时，会得到一条高低频率迭加的波形曲线，见图 2.2-8。其中低频成分反映的是缺陷上部桩顶段和桩周土共同振动的信号，是桩头做刚体运动的反映，高频成分是浅部缺陷的反射。

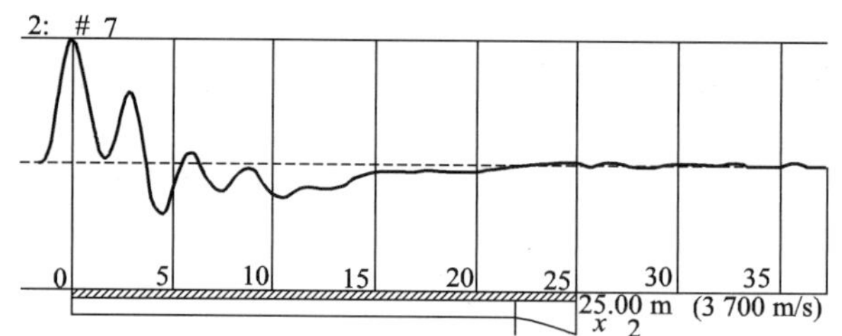

图 2.2-8　两种频率信号叠加后的曲线

4. 频谱分析与数字滤波

1）频谱分析

由波的叠加原理可知，任何一种复杂的波形都可由一组简单谐波的叠加来表示。频谱分析就是波叠加的逆过程，它是把复杂的波形分解成简单的谐波，并给出这些谐波的特征参数（幅值、频率、初相位）。

瞬态激振低应变反射波法所得到的桩顶振动信号，是非周期性振动信号，因此频谱分析应用 Fourier 积分进行变换。设 $y(t)$和 $Y(\omega)$分别为振动信号的时域和频域波形，当 $y(t)$在区间$[-\infty,\infty]$上为绝对可积函数时，则有：

$$Y(\omega)=\int_{-\infty}^{\infty} y(t)\cdot \mathrm{e}^{-j\omega t}\,\mathrm{d}t \tag{2.2-13a}$$

$$y(t)=\frac{1}{2\pi}\int_{-\infty}^{\infty} Y(\omega)\cdot \mathrm{e}^{j\omega t}\,\mathrm{d}\omega \tag{2.2-13b}$$

式 2.2-13a 是通过 Fourier 积分将时域波形 $y(t)$变换为频域波形 $Y(\omega)$，而式 2.2-13b 是代表相应的 Fourier 逆变换。

基桩动测时所采集的信号是有限长度的离散信号，设采样时间间隔为 Δt，采用点数为 N（通常为 1 024），则采集信号总时间长度 $T=N\cdot\Delta t$，则与式 2.2-13 所对应的有限离散 Fourier 变换为：

$$Y(f_n)=\frac{1}{N}\sum_{k=0}^{N-1} y(t_k)\cdot \mathrm{e}^{-j\frac{2\pi nk}{N}}\qquad (n=0,1,\cdots,N-1) \tag{2.2-14a}$$

$$y(t_k)=\sum_{n=0}^{N-1} Y(f_n)\cdot \mathrm{e}^{-j\frac{2\pi nk}{N}}\,(k=0,1,\cdots,N-1) \tag{2.2-14b}$$

$$f_n=n\cdot\Delta f,\ t_k=k\cdot\Delta t \tag{2.2-14c}$$

式中，Δf 为频率的分辨率，$\Delta f=1/T$。为提高频率分辨精度，就要增大信号采集总时间长度 T，在采样点数不变的情况下，就要加大采样间隔时间 Δt。加大 Δt，频率分辨率增加，但频谱图中的上限频率 $(1/\Delta t)$ 会降低，这样虽有利于分辨深部反射的低频信号，却不利于发现浅部的高频反射信号，因此在基桩动测时，应根据实际情况选取适当的 Δt。

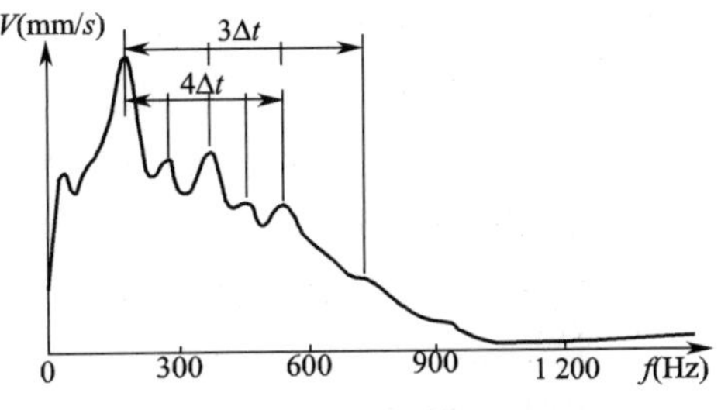

图 2.2-9 振动信号的幅频图

由式 2.2-14a 我们可以得到振动信号的频谱图，见图 2.2-9。根据图中特征频率的频差，按式 2.2-14 及其相关的原理，判定桩的质量。

2)数字滤波

滤波是将复杂信号中的某一谐频或某一谐频段的分量信号加强的同时，减弱其他频域分量信号。数字滤波就是通过数字运算方式实现上述目的的过程。数字滤波多数采用频域滤波，其原理也是基于波的可叠加性。其逻辑过程是首先根据实测时域波形 $y(t)$ 通过 Fourier 积分得到 $Y(f_n)$；对 $Y(f_n)$ 乘以一个响应函数 $H(f_n)$，将其结果代入式 2.2-13b 得：

$$y(t_k)=\sum_{n=0}^{N-1} Y(f_n)\cdot H(f_n)\mathrm{e}^{-j\frac{2\pi nk}{N}} \quad (k=0,1,\cdots,N-1) \tag{2.2-15}$$

式 2.2-15 即为滤波后的时域波形图。为了不同的滤波目的，可以设计不同的响应函数 $H(f_n)$，例如为了抑制高频所设计的低通滤波响应函数为：

$$H(f_n)=\begin{cases}1 & f<f_1 \\ 0 & f>f_1\end{cases} \tag{2.2-16a}$$

带通滤波的响应函数为：

$$H(f_n)=\begin{cases}1 & f_2<f<f_1 \\ 0 & f>f_1, f<f_2\end{cases} \tag{2.2-16b}$$

2.2.2 仪器设备

低应变反射波法典型测试系统见图 2.2-10。仪器设备包括：激振设备、传感器、信号放大器和采集仪，专用的测试仪器，信号放大器和采集仪为一体化仪器。

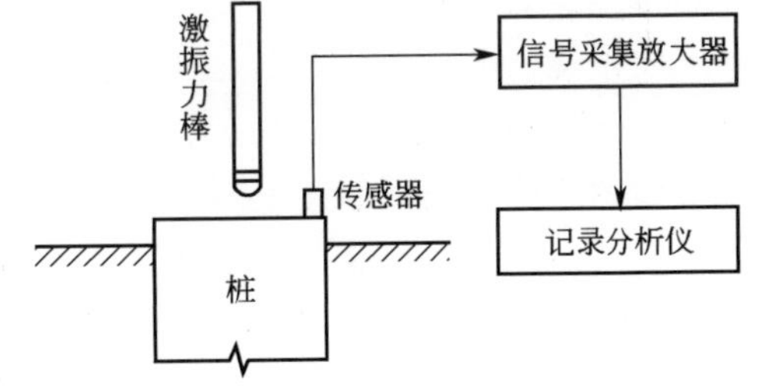

图 2.2-10 反射波法测试系统

2.2.2.1 激振设备

反射波法主要是采用力棒、手锤激振，其激励作用符合碰撞理论。用力棒或手锤激励桩顶是反射波法动测的输入，激励信号的主要特征是脉冲宽度和冲击能量。从实测信号可以看出脉冲力的特征与锤的形状(力棒或手锤)、质量大小、及锤头的材质以及锤撞击桩头时的速度有关。

手锤敲击桩顶时的冲击力具有脉冲尖、频带宽的特征。从结构模态分析角度来看，输入的频率越宽越好，这样能激发出桩土体系的多阶自振频率。但是这种脉冲力也有不利的一面，也就是频带太宽带来的单位频率上拥有的激励能量不高，高频成分传播过程中能量衰减太快，因此不容易得到桩底反射信号，不利于检测桩的深部缺陷。

相比之下，力棒的冲击力脉冲较宽、频带较窄，且低频成分相对较高，因此有利于得到桩底反射信号、发现深部缺陷。但另一方面接收到的桩顶信号中直达波频率太低，因此浅部缺陷容易和直达波叠加在一起而被遗漏。

为了获得不同的冲击能量，可通过改变锤重和锤撞击桩顶的速度来实现。增大锤撞击桩顶的速度虽然能增大冲击能量，但其脉冲中的低频成分相对较低，这样对检测桩的深部情况不会有太大的帮助，比较有效的措施是增加锤重。

锤头材质的软硬(弹性模量)也影响力脉冲的特性。检测中使用的主要锤头是尼龙头、铝合金头和橡胶头，以铝合金最硬，橡胶最软。软的橡胶头能增加力的脉冲宽度，突出低频成分，但其自身又吸收很多冲击能量，因此用橡胶头时，要加大锤的重量。通常使用尼龙头即可。有时也可以采用加橡胶锤垫来获得低频脉冲，尤其是对长大桩，使用现场就地取材得到的超大力棒时，不可能有合适的锤头，这时使用合适的锤垫也能达到好的效果。

铁路桥梁基桩多数为长大桩，为了能检测到桩的深部情况，应尽量使用力棒，根据需要使用尼龙头或橡胶头，力棒的重量应以在完整桩上检测能得到明显的桩底反射信号为标准。为了能得到清晰的浅部反射信号，还应同时配备小力棒或小手锤。

2.2.2.2　传　感　器

了解传感器的特性，进而选择适合的传感器是保障检测质量的关键。低应变反射波法所用的传感器有加速度型和速度型两种，目前加速度型传感器用得比较普遍。

1. 速度型传感器

速度型传感器的结构原理见图 2.2-11。磁钢固定在外壳上，线圈和阻尼环固定在一起，两端用弹簧片支撑，弹簧片固定在外壳上。当传感器随被测物体振动时，外壳和磁钢振动，线圈不动，这样线圈切割磁力线产生与振动速度成正比的电压。

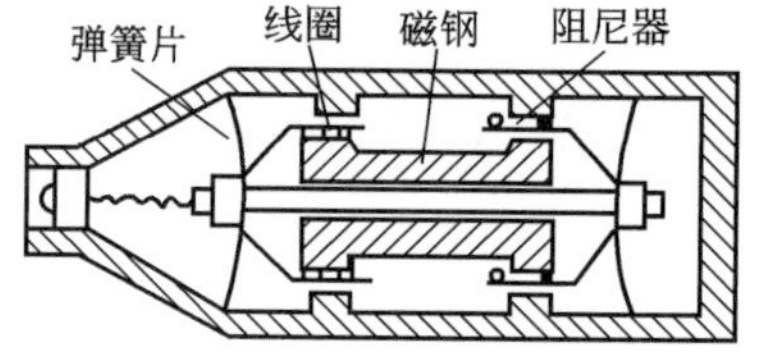

图 2.2-11　速度型传感器结构图

图 2.2-12 为速度型传感器的频响特性曲线，从中可以看出只有 λ(λ 为频率比，$\lambda=f/f_n$，f_n 为传感器的固有频率，f 为被测信号的频率)足够大时，即 $f\gg f_n$ 时，传感器输出的电压才与测量速度成正比。为了压低使用频率下限，一般采用适当的阻尼，当阻尼系数控制在 0.6 ～0.7 时，可以使用的频率下限为 f_n。低应变反射波法常用传感器的固有频率为 4.5～40 Hz，上限频率在 1 500 Hz 左右。

应该说明的是图 2.2-12 的频响特性是对稳态振动而言的，对低应变反射法的瞬态振动来说，传感器的自振不容忽视。为了减少传感器自振的影响，可采用高阻尼传感器，但阻尼过高又会影响传感器的灵敏度。

速度型传感器的相位频响特征也不应忽视，实测信号是由多个不同频率的谐波组成。对相位频响的要求是：对合成波中不同频率和相位的谐波所产生的滞后时间尽量为常数，以保证各谐波叠加后的合成波形不畸变(图 2.2-13)。

低应变反射波法所用传感器的灵敏度不宜低于 300 mV/(cm/s)。

2. 加速度型传感器

常见的加速度传感器结构原理见图 2.2-14。它是用一个质量块把一个压电晶体(石英晶体或压电陶瓷)牢固地压在传感器的基座上。当加速度传感器安装在被测物体并随之震动时，在质量块上就产生一个与振动加速度成正比的惯性力并作用在压电晶体上，压电晶体产生电荷。由于传感器的质量块、压电晶体和基座之间连接刚度很大，因此信号中自振成分很少，不需要设置阻尼器，传感器的阻尼接近于零。

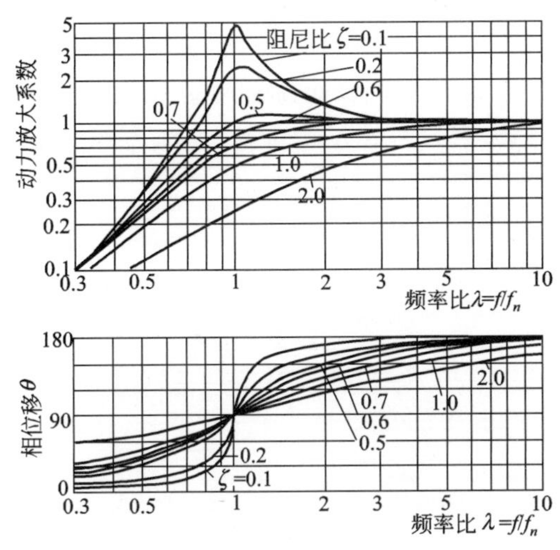

图 2.2-12　速度型传感器频响特性

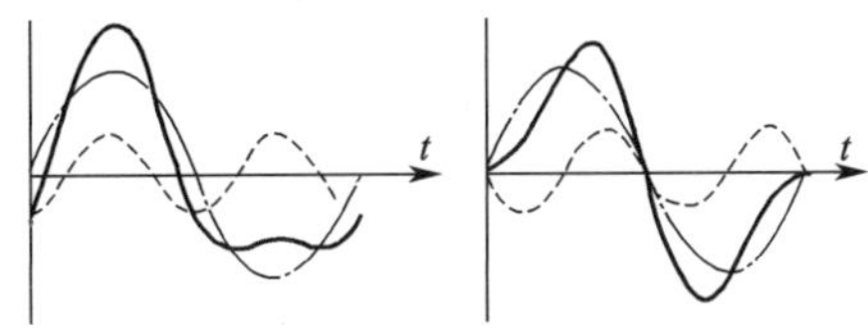

图 2.2-13　谐波的叠加

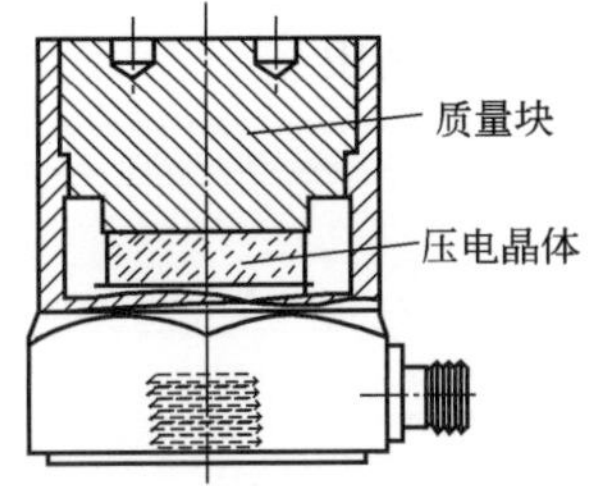

图 2.2-14　加速度型传感器结构

传感器的幅值频响特性见图 2.2-15。其可用下限频率在 1 Hz 以下，其上限频率一般可控制在 0.2～0.3f_n。一般来说质量块越小，f_n 越大，同时灵敏度也越低，因此在满足频率要求的前提下，灵敏度越高越好。一般选用固有频率在 20 kHz 左右，灵敏度不小于 100 pC/g，横向灵敏度不大于纵向的 5%。

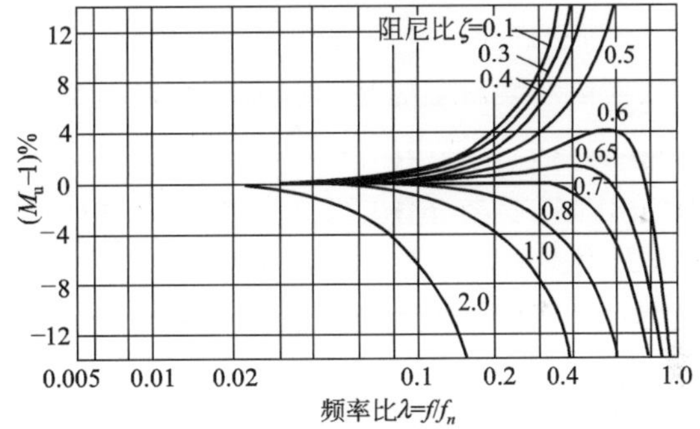

图 2.2-15　加速度型传感器频响特性

与动圈式速度传感器相比，压电式加速度传感器具有体积小、结构坚固、频带宽、稳定性好、自振低等特点，因此在低应变反射波法中被广泛应用。但它的输出为电荷信号，抗干扰性能差，并且信号需要转换，为了解决这个问题可使用内装前置放大器的加速度传感器，这种传感器中有一个阻抗变换器，将电荷信号直接转换成电压信号输出。

2.2.2.3　检测仪器

20 世纪 80 年代我国的基桩低应变检测仪器是单件仪器的组合体，其中包括信号放大器、采集仪、记录仪、监视器和控制器等组件。目前已发展成为集上述功能为一体的专用测试仪，仪器核心部件是放大器和信号采集器。

1. 几种基桩常用动测仪简介

1）PIT 桩身完整性测试仪

PIT 仪器由美国 Pile Dynamics Inc. 研制生产，其外形见图 2.2-16。主要性能特点：采用微处理器，内置 16 位 A/D 转换板，采样长度为 1 024 个点，采样频率大于 1 MHz，采样频率精度小于 0.01%，频响 22 kHz；可存储 3 500 个桩的测试数据；采用宽带低噪声电荷放大技术；触摸式屏幕可操作检测、监视采集的波形信号、进行简单的实时分析；通过 RS232 串口实现仪器和计算机之间的数据传输；主机质

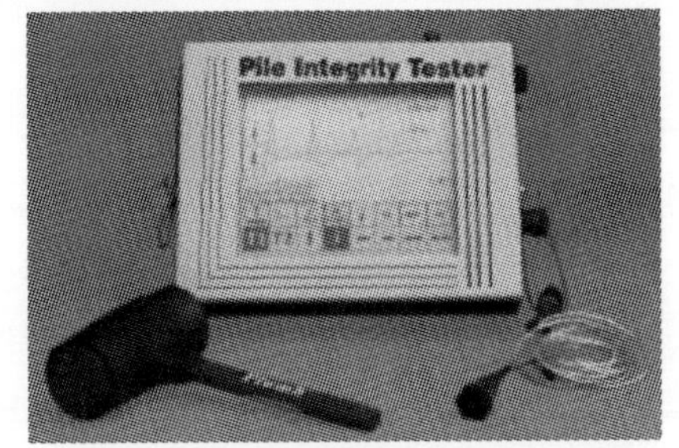

图 2.2-16　PIT 桩身完整性测试仪

量 1.6 kg,体积为 65 mm×150 mm×200 mm,内置可充电电池,可连续使用 8 h。

2)TNO 基桩诊断系统

TNO SIT(Sonic Integrity Testing)由荷兰建筑材料与建筑结构研究所研制,professional 型仪器的外观见图 2.2-17。主要性能特点:内置微处理器,32 位 A/D 转换,最高采样频率 300 kHz,可采用触摸屏幕、光笔或键盘操作;其曲线拟合软件可结合测试信号、土性和阻力等参数进行桩身外形分析;仪器体积为 55 mm×190 mm×240 mm。

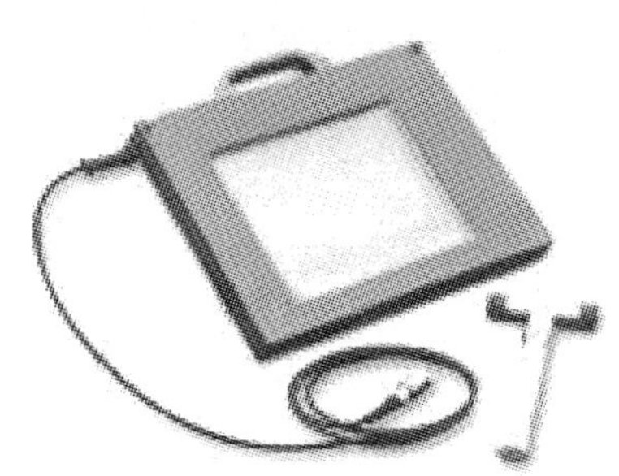

图 2.2-17　professional 型仪器

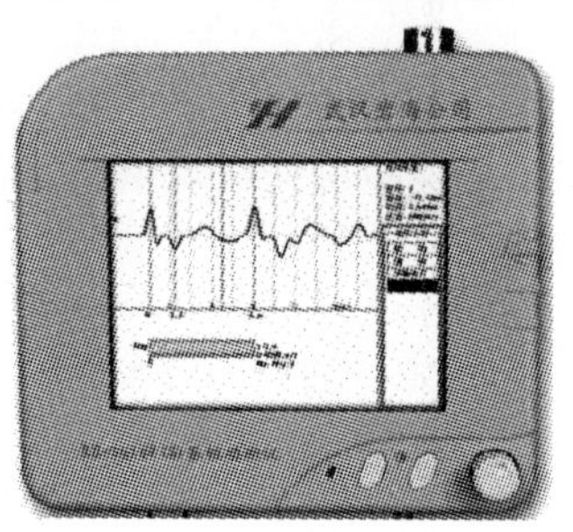

图 2.2-18　RS-1616K(S)基桩动测仪

3)RS 系列基桩动测仪

由武汉岩海工程技术开发公司研制生产,RS-1616K(S)型仪器见图 2.2-18。主要性能特点:内置微处理器,16 为 A/D 转换,最高采样频率 100 kHz,采样长度 1 024 点,硬盘容量 16 Mb,有速度传感器和加速度传感器接口;显示屏为带背光、彩色 640×200 液晶显示屏,用光电式旋转开关操作;放大器最高放大倍数为 128 倍,最高浮点放大为 100 倍;主机质量 4 kg,体积 250 mm×280 mm×110 mm,内置充电电池可连续工作 6 h。

2. 信号放大器

压电式加速度传感器具有很高的输出阻抗,输出的电荷量很弱,因此在 A/D 转换以前必须进行信号放大,并把电荷信号转换成低阻抗的电压信号;速度传感器输出的为电压信号,但电压值相对较低,通常也应进行电压放大。

放大器的频响线性段的范围不宜窄于 10～2 000 kHz,最大增益宜大于 60 dB,折合输入端的噪声水平应低于 3 μV。

使用内装前置放大器的加速度传感器,其电荷放大器置于传感器内,其输出为低阻抗电压信号,必要时可进行电压放大。

3. 信号采集仪

信号采集仪是通过模拟/数字(A/D)转换器实现的,经转换后的数字信号可存储在仪器中。由于铁路桥梁基桩多为长大桩,深部反射信号相对较弱,因此 A/D 转换器的位数不应低于 16 位。数据暂存器的容量不应少于 1 024 个点的数据,多通道采集系统应具有一致性,振幅偏差应小于 3%,相位偏差应小于 0.1 ms,采样频率可调,最高采样频率不宜小于 32 kHz。

2.2.3　现场测试方法

2.2.3.1　仪器参数的选择

需要选择的仪器参数主要是采样频率,其次是滤波参数。

1. 采样频率

A/D 转换器采样的时间间隔为 Δt，则 Δt 的倒数为采样频率 $f_s=1/\Delta t$。

1)从时域分析考虑

从时域波形来说，采样的总长度应满足看到桩底反射信号的要求。假设桩长为 L，桩身混凝土波速为 c，计算点数为 N，则采样时间 T 必须大于 $2L/c$，亦即 $\Delta t>2L/(N\cdot c)$才能保证时域信号中能看到桩底反射信号。考虑到前面需要一定的采样延迟，桩底反射信号后也需要有一段波形，实际使用中宜取 1.5 倍，这样采样频率可选为 $N\cdot c/(3L)$。设 $L=36$ m，$c=3\ 600$ m/s，$N=1\ 024$，则采样频率 f_s 宜选为 32 kHz。在满足采样长度大致能看到 1.5 倍桩长信号的前提下，采样频率越高越好。通常仪器的采样频率为 2^n kHz。当从实测波形中如发现长桩浅部存在缺陷时，除采集整桩波形外，还应提高采样频率采取详细的浅部反射信号。有些仪器智能化程度高，不需要(也不能)直接设置采样频率，而是需要输入桩长 L 和预估混凝土波速 c，仪器会根据你输入的参数自动选取适合整桩的采样频率，对此如果想看清楚浅部缺陷反射，可以把预估的缺陷位置当作 L 输入。

2)从频域分析考虑

设一个模拟振动信号的最高频率为 f_m，当采样频率满足 $f_s\geqslant 2f_m$ 时，则采样所得的离散数据具有原模拟信号的全部信息，信号的频谱不会发生混叠，这就是采样定理。从前述理论分析可知，频域图中频率的分辨率 Δf 为：

$$\Delta f=1/T=1/(N\cdot\Delta t)=f_s/N \tag{2.2-17}$$

从式 2.2-17 可以看出，采样频率 f_s、频率分辨率 Δf、采样点数 N 三个参数是相互制约的。采样频率越高，时域信号精度越高，但频域分辨率低，反之依然。

因此为了能在频域图上，得到整桩的频差，宜使整桩的频率 $c/(2L)$不小于 10 倍频率分辨率，即：$c/(2L)\geqslant 10f_s/N$，因此采样频率应满足：

$$f_s\leqslant N\cdot c/(20L) \tag{2.2-18}$$

设一混凝土桩长 $L=36$ m，混凝土波速 $c=3\ 600$ m/s，$N=1\ 024$，则采样频率 f_s 应不高于 5 kHz。

为了在频域图上得到浅部缺陷的频差，频谱图的频率范围(等于采样频率 f_s)应不小于浅部缺陷特征频率的 3 倍。设桩头下 1 m 有一缺陷，$c=3\ 600$ m/s，则采样频率宜为 6 kHz。

综上所述，检测时仪器的采样频率应根据桩的长度，缺陷位置，是进行时域分析还是进行频域分析来综合确定。进行时域、频域综合分析时，应分别用高采样频率和低采样频率各采一组数据。

2. 滤波参数

为了排除工地一些高频噪声的干扰，不少仪器带有物理滤波器，我们在测试时可根据需要设置低通滤波。一般来说使用低通滤波是为了抑制高频成分，增强低频成分，突出桩底和深部缺陷反射信号。如果桩底反射信号已很明显，就不必再使用低通滤波。因为低通滤波削弱了高频成分，会遗漏浅部缺陷反射信号。为了得到桩底反射信号需要使用低通滤波时，也要采集一组不使用滤波器的信号。低通滤波器宜选择 1 kHz 左右。

对带有前置物理可调放大器的仪器，还应调整好放大倍数，使所采集的波形曲线在显示器上幅值合适。对于智能化程度较高的仪器，一般不需要调整物理放大器，仪器会自动调整增益。

2.2.3.2 桩头处理

对预制桩来说，如果桩头没有损坏可不做处理。对灌注桩，尤其是长大桩，桩头处理的好坏对测试质量影响很大，必须高度重视。

桩头应凿去浮浆，露出密实混凝土。桩头平面应基本水平，不宜有过大的起伏。

激振点和传感器安装位置应凿成大小合适的平面，平面应平整并与桩轴线基本垂直。对长大桩安装传感器的平面，更应处理平整，需要时应用砂轮打磨，以保证传感器和桩头耦合牢靠，这样有利于测到桩底反射信号。

2.2.3.3　传感器的安装与激振

1. 实心桩的激振点位置宜选择在桩头中心部位，传感器应黏结在距桩中心约 2/3 半径处。空心桩的激振点及传感器安装位置应选择在桩壁厚的 1/2 处，与桩中心连线形成的夹角宜为 90°。对混凝土灌注桩，激振点和传感器安装点应远离钢筋笼主筋，若外露主筋过长而影响正常测试时，应将其截短。

2. 当桩径较大且存在浅部缺陷时，在不同的测点获得的波形会有差异，因此应视桩径大小，选择 2～4 个测点，测点应沿圆周均匀分布。

3. 传感器宜用橡皮泥、黄油或口香糖黏结，黏结层应尽可能薄，黏结应牢固可靠。

4. 为得到高质量的信号，应使用不同质量、不同材质锤头的力棒激振。对浅部有缺陷的桩还应换用小手锤激振。对长大桩，不容易得到明显的桩底反射信号，在开始检测头几根桩时，应进行试敲，变换力棒的质量、锤头和落距，以获得最佳的效果。激振时应保证力棒自由下落，竖直撞击桩头。

5. 为了抑制噪声，突出有效信号，每一条记录至少应由三次有效激振信号进行叠加平均。参与叠加的每一次激振信号的波形应当一致。

6. 当测试信号异常时，应首先检查传感器及其安装位置的桩头是否有破损、松动等情况，变化传感器位置，再进行检测，必要时重新处理桩头。

2.2.4　资料分析与整理

2.2.4.1　应力波在桩身传播时桩顶接收到的振动信号特征

低应变反射波法是通过检测桩顶质点的振动来判定桩身质量，下面我们先来分析波在桩身的传播与桩顶振动之间的关系。

假定桩身只有一个波阻抗界面，桩顶和桩底均为自由端，见图 2.2-19。$t=0$ 时，在桩顶 $x=0$ 处输入一个振动脉冲。图中的虚线表示波前沿在 h-t 坐标平面内的传播轨迹。从图中可以看出，在桩顶所测的振动信号，反映了波在桩身的反射特征，从中可以看到桩底反射、桩身波阻抗变化界面及其位置。

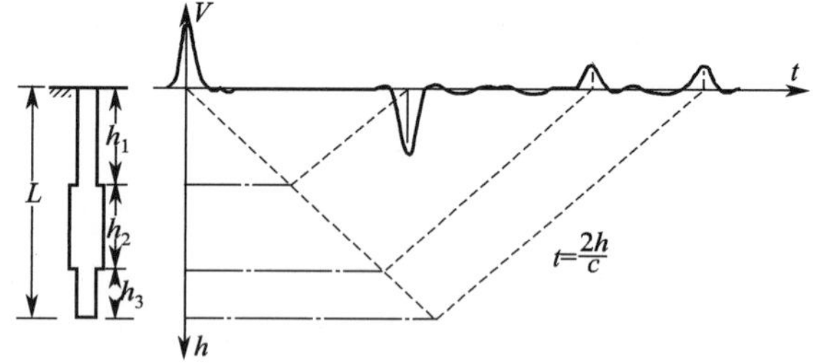

图 2.2-19　弹性波在桩身传播示意图

2.2.4.2　桩底反射信号识别与桩身波速的确定

在低应变反射波法检测中，最重要的问题就是如何得到和识别桩底反射信号。低应变桩顶激励能量相对较弱，且波在传播中能量衰减很快，因此对长大桩来说，即使桩身完整，有时也不易得到桩底反射信号。从前面的理论分析可知桩身有缺陷时，透过缺陷的能量将减弱，透射波经过桩底反射还要损失能量，桩底反射波向上传播还要再透过缺陷界面，到桩顶时的能量就更弱了，因此桩身存在严重缺陷时几乎得不到桩底反射。反过来推理便可以得到：只要有明显的桩底反射信号，桩身质量就没有大的问题。

前面已经谈了如何采集到有明显桩底反射的波形信号，为了能更好地识别桩底反射，必要时可对信号进行处理。

1. 数字滤波

由于各种原因，我们所测的波形有时会有很强的高频谐波干扰，从而掩盖了桩底和深部缺陷反射，这时可采用数字滤波过滤与桩身质量无关的高频干扰成分。图 2.2-20 为滤波所产生的效果，经过低通滤波后的波形，能清楚地识别桩底反射信号。

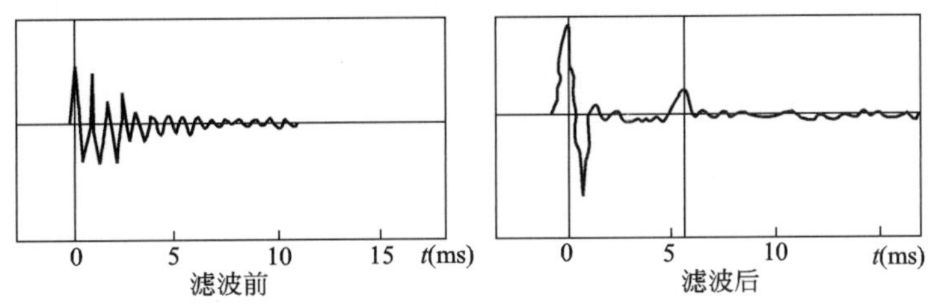

图 2.2-20　时域信号的低通滤波

2. 局部增益放大

弹性纵波沿桩身传播时，随传播距离增加信号衰减很快。对长桩有时桩底反射信号与直达波的幅值相比，显得太小以至于在显示器或打印出的波形图中看不到桩底反射，这时可通过对桩底部位的信号进行局部放大，以突出桩底反射。

常见的局部增益是按时间的指数函数进行增益（加指数窗），也就是将信号的量值乘以 $e^{\alpha t}$。可以根据需要选取时间的起点（$t=0$）和系数 α，以获得理想的效果。

应当说明的是：指数放大的前提是信号中本身就有明显的桩底反射信息，只是和直达波的量值相比太小而分辨不出来。如果桩底反射信号比噪声还低很多，那么当指数放大时间起点很接近桩底位置，且系数 α 很大时，就会得到假的桩底反射，这个反射其实是噪声。

为了消除上述指数放大带来的假象，可对信号采用局部算术放大（加矩形窗），也就是将信号的量值乘以常数 α，这样处理过的波形，如果有桩底反射，就能很容易地识别。

3. 桩身平均纵波波速与桩底反射的确认

1）桩身混凝土波速

为了确认桩底反射信号和桩身缺陷位置，需要确定桩身纵波波速特征值。这里所谓的波速特征值是指与桩身混凝土相适应的正常波速的范围值。

我们从波形图上得到的桩底位置是一个桩底反射波的走时，时间、速度和桩长三者之间相互制约，知道其中的两个参数，才能确定第三个。桩长通常以施工单位提供的经监理确认的数据为准。当桩长已知、桩底反射信号明确时，在条件基本相同的基桩中，选择完整桩按式 2.2-19 计算完整桩波速平均值 c_{m}。

$$c_{\mathrm{m}}=\frac{1}{n}\sum_{i=1}^{n}c_i \tag{2.2-19a}$$

$$c_i=2L/\Delta t \tag{2.2-19b}$$

$$c_i=2L\cdot\Delta f \tag{2.2-19c}$$

式中　c_i——第 i 根受检桩的桩身波速值；

L——检测时的桩长；

Δt——时域波形图中直达波与桩底反射波间的时差；

Δf——频域图上整桩长度的频差；

n——参加波速平均值计算的完整桩数量。

桩身混凝土波速的范围值，可结合混凝土等级、骨料的品种依据经验确定，当按式 2.2-19b 和 2.2-19c 计算出的混凝土波速超出经验范围值时，可采用声波透射法测量桩头或钻探取出的芯样的声速来评价计算值的可靠性。

2)桩底的确认

根据波形图上初步确定的桩底反射位置和桩长计算所测桩的波速，在合理范围内时，可确认为桩底反射。

2.2.4.3 *桩身缺陷及其位置的确定*

在时域图上，桩底反射信号以前的反射信号表明桩身有波阻抗变化，与入射波同相位的反射，表明桩身波阻抗变小，缺陷性质为断裂、缩径、离析或预制桩接桩不良等，反相位反射表明桩身波阻抗变大，为扩径或嵌岩桩的入岩位置。

缺陷的位置可按式 2.2-20a 或 2.2-20b 计算。

$$h=c_{\mathrm{m}}\cdot\Delta t_h/2 \tag{2.2-20a}$$

$$h=c_{\mathrm{m}}\cdot/(2\Delta f') \tag{2.2-20b}$$

式中 h——桩身缺陷至桩顶的距离；

Δt_h——时域波形图中直达波与缺陷反射波间的时差；

$\Delta f'$——频域图上缺陷的频差。

2.2.4.4 *桩身完整性判定*

1. 判别标准

桩身完整性是基桩质量的综合评价，通常应根据各种测试方法所得的结果综合评定。《铁路工程基桩检测技术规程》(TB 10218—2008)根据低应变反射波法实测信号特征规定了桩的分类标准，见表 2.2-1。

表 2.2-1 桩身完整性判定

时域信号特征	幅频信号特征	判定
$2L/c$ 时刻前无缺陷反射波，有桩底反射波	桩底谐振峰排列基本等间距，其相邻频差 $\Delta f\approx c/2L$	Ⅰ类桩
$2L/c$ 时刻前出现轻微缺陷反射波，有桩底反射波	桩底谐振峰排列基本等间距，轻微缺陷产生的频振峰之间的频差 $\Delta f'>c/2L$	Ⅱ类桩
$2L/c$ 时刻前有明显缺陷反射波	缺陷谐振峰排列基本等间距，相邻频差 $\Delta f'>c/2L$	Ⅲ类桩
$2L/c$ 时刻前出现严重缺陷反射波，无桩底反射波；或因桩身浅部严重缺陷使波形呈现低频大振幅衰减振动，无桩底反射波；或按平均波速计算的桩长明显短于设计桩长	缺陷谐振峰排列基本等间距，相邻频差 $\Delta f'>c/2L$，无桩底谐振峰；或因桩身浅部严重缺陷只出现单一谐振峰，无桩底谐振峰	Ⅳ类桩

《建筑基桩检测技术规范》(JGJ 106—2003)有关规定见表 2.2-2。

表 2.2-2 桩身完整性判别

类别	信号时域特征	信号频域特征
Ⅰ	$2L/c$ 时刻前面无缺陷反射波，有桩底反射波	桩底谐振峰排列基本等间距，其相邻频差 $\Delta f\approx c/2L$
Ⅱ	$2L/c$ 时刻前面出现轻微缺陷反射波，有桩底反射波	桩底谐振峰排列基本等间距，其相邻频差 $\Delta f\approx c/2L$，轻微缺陷产生的频振峰与桩底频振峰之间的频差 $\Delta f'>c/2L$

续上表

类别	信号时域特征	信号频域特征
Ⅲ	有明显缺陷反射，其他特征介于Ⅱ类和Ⅳ类之间	
Ⅳ	$2L/c$ 时刻前面出现严重缺陷反射波或周期性反射波，无桩底反射波；或因桩身浅部严重缺陷使波形呈现低频大振幅衰减振动，无桩底反射波	缺陷谐振峰排列基本等间距，其相邻频差 $\Delta f' > c/2L$，无桩底谐振峰；或因桩身浅部严重缺陷只出现单一谐振峰，无桩底谐振峰

注：对同一场地、地质条件相近、桩型和成桩工艺相同的基桩，因桩端部分桩身阻抗与持力层阻抗相匹配导致实测信号无桩底反射波时，可按场地同条件下有桩底反射波的其他实测信号判定桩身完整性类别。

2. 应注意的问题

桩身完整性评价关键是要区分出合格桩(Ⅰ、Ⅱ类)、不合格桩(Ⅳ类)和有疑问桩(Ⅲ类)。从低应变反射波法的角度来看Ⅲ类桩不一定就是坏桩，应该是指那些低应变理论不适合的、无法下结论的桩。

只要桩身存在明显的波阻抗界面，透射波的能量就会衰减很多。因此桩身有明显反射波时(哪怕是扩径等反相位反射)，就很难得到反射界面下部的信息，也就得不到桩底反射波。这类桩都应当定为有疑问桩，原因是不知道反射界面以下的情况。

对有疑问的桩(Ⅲ类)可采用其他方法进一步验证。对桩顶扩径的桩(大脑袋桩)，可以将扩径部分凿掉后，再进行低应变检测；对于缺陷位置较浅的桩，如有可能凿去缺陷以上部分，再进行检测；对于缺陷反射信号不强，但没有桩底反射的桩，可采用高应变进行检测，用高应变检测的主要目的不在于确定承载力，而是看一看缺陷的严重程度，是否能得到桩底反射信号。如果采用上述方法仍不能得出结论时，应会同有关单位研究解决。进一步验证的方法主要有钻探取芯和单桩静载荷试验。

对上部有严重缺陷的不合格桩(Ⅳ类)，如有可能，可先将缺陷以上的部分凿去，再进行检测。在确认下部桩身完整的条件下，可按有关要求补接桩头，再进行检测，没有问题的可定为合格桩。

对于某些短桩，如果桩身没有反射波，但也没有桩底反射波，场地内有能见到桩底反射波的好桩，相当于表 2.2-2 注的情况。这时，如果其直达波的波形、频率和幅值均和完整桩相似时，可定为合格桩。

2.2.5 工程实例分析

2.2.5.1 完 整 桩

图 2.2-21 为一完整桩的时域波形，桩长 22 m，桩直径 0.6 m。从图中可以看出桩底位置有明显的反射信号，桩底反射与入射波同相位。在收到桩底反射以前没有明显的缺陷反射，桩身完整，桩身混凝土波速 3 850 m/s。

2.2.5.2 断 桩

图 2.2-22 为一断桩时域波形，桩长 21.5 m，桩径 0.6 m。图中 8.5 m 处有明显的同相位反射，并有 2 次反射，判定该桩为断桩。经开挖验证，该桩在 8.3 m 处为泥夹层。

2.2.5.3 浅部断桩

图 2.2-23 为两根浅部断裂桩。(a)图中高频子波和低频子波叠加，从高频子波分析，断裂位置在桩顶以下 3.0 m 附近，并有多次反射。(b)图中为一低频波形，其频率特征反映了上部断桩部分与土体共同振动的频率特性，特点是频率低，振幅大，桩土体系刚度小，说明缺陷在桩

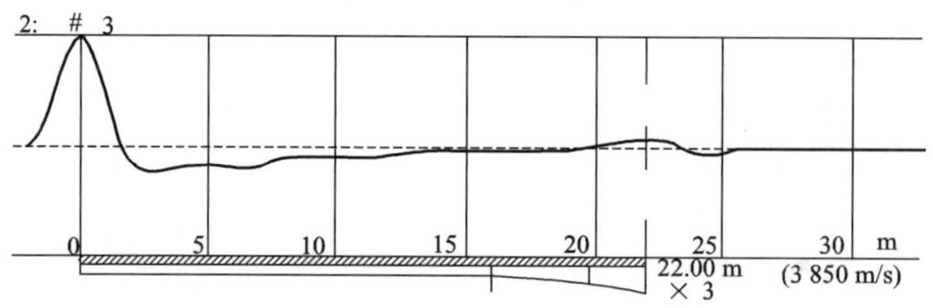

图 2.2-21　完整桩时域波形

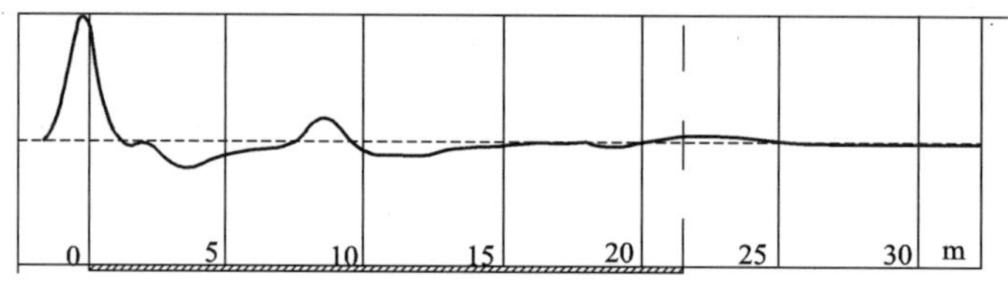

图 2.2-22　断桩时域波形

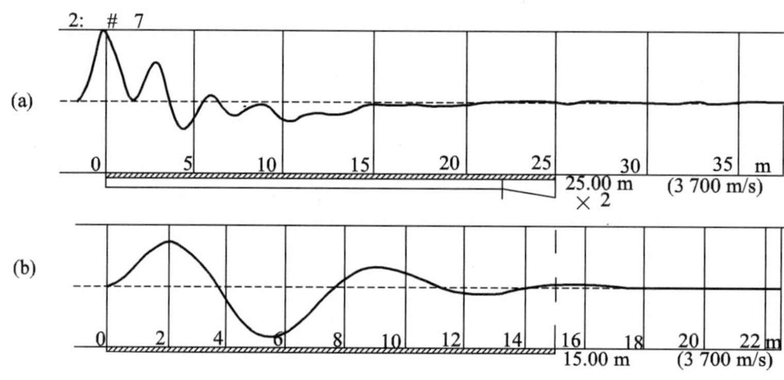

图 2.2-23　浅部断裂桩

顶附近，但得不到缺陷位置，这时换小锤轻击可得到缺陷反射。这两根浅部断裂桩均被开挖证实。

2.2.5.4　混凝土离析桩

××客运专线桥梁基桩，桩长 23.5 m，桩直径为 1.0 m。图 2.2-24 为一根桩的时域波形，从图中可以看出在桩顶下 5 m 处有明显的同相位反射，没有桩底反射信号。初步判断为断桩，经开挖验证在 4.8 m 以下混凝土离析。截去桩的上部后，发现断面处混凝土强度很低，再次检测虽没有缺陷反射，但仍得不到桩底反射信号。为此继续凿除低强度混凝土，直到 10.5 m。后经检测得到明显的桩底反射信号。

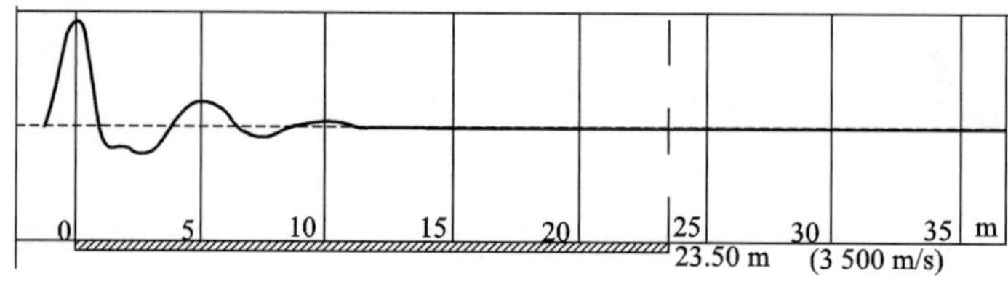

图 2.2-24　混凝土离析桩

2.2.5.5 扩 径 桩

××客运专线桥梁基桩，桩长 22.5 m，桩直径为 1.0 m。图 2.2-25 为一根桩的时域波形，从图中可以看出在桩顶下 8 m 处有明显的反相位反射，经核对施工记录，该桩灌注混凝土充盈系数达到 1.4(该桥平均值为 1.2)。其中 11～7 m，超灌约 3 m^3。综合分析判定该桩在 8.0 m 扩径。

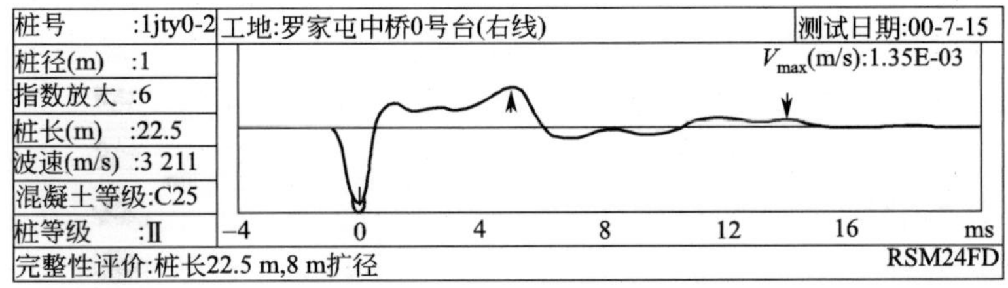

图 2.2-25 扩径桩

图 2.2-26 为××工程基桩的时域波形，设计桩长 23 m，桩直径 1.0 m。图(a)为完整桩的时域波形，在速度波形曲线上，完整桩通常没有明显的波谷。图(b)与完整桩波形相比有明显的波谷。经开挖验证该桩浅部扩径(大头桩)。钻孔灌注桩浅部扩径是一常见现象，深度多出现在护筒底部。

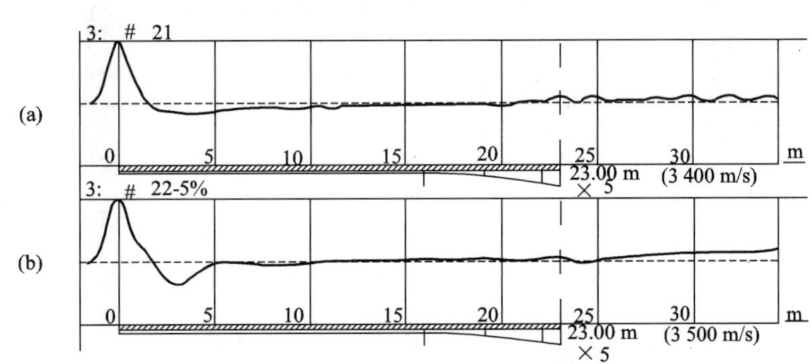

图 2.2-26 完整桩与浅部扩径桩对比

2.2.5.6 嵌 岩 桩

不宜风化的硬质岩(石灰岩、硅质胶结的石英砂岩、安山岩等)在桩入岩的位置经常出现反相位反射，类似于扩径桩，但没有桩底反射信号。图 2.2-27 为一安山岩中嵌岩桩的时域波形，该桩为××客运专线的一根桥梁基桩，地貌为丘陵缓坡，基岩为安山岩，轻微风化，设计桩长 9 m，桩顶下 3 m 入岩。采用冲击成孔，成孔后观察孔壁平滑顺直规整，入岩面清晰，混凝土灌

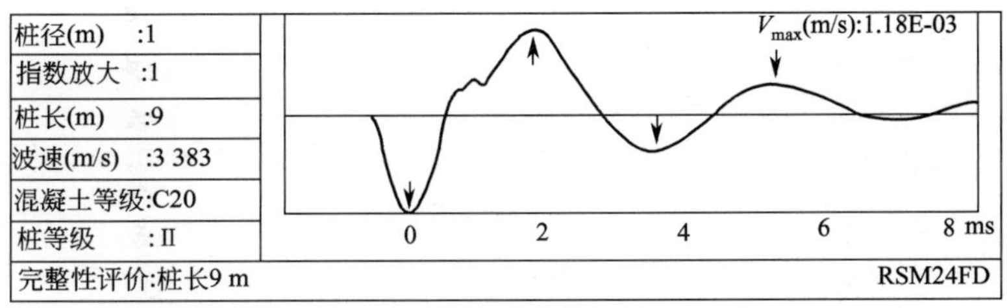

图 2.2-27 安山岩中的嵌岩桩

注过程正常。实测波形图中在 3 m 位置有明显反相位反射，无桩底反射。

软质岩和软硬不均的岩石（砂页岩互层、板岩、片岩等）中的嵌岩桩，有时在入岩位置会出现同相位反射，类似于缩径或断桩。这种情况多半是因为入岩段桩径基本同设计要求，而基岩面上部接近基岩面的位置，很容易出现渐变的扩径。入岩面处从扩径变为正常，有假缩径反射。图 2.2-28 为××电气化改造项目的一根桥梁基桩，设计桩长 24 m，基岩为砂岩与泥岩互层，桩的入岩位置在 15.5 m。图中 15.2 m 位置有同相位反射信号，经钻取岩芯验证，桩身质量良好。其后又考察了同条件下的桩孔，发现冲击成孔入岩后，孔直径略小于设计直径，基岩上部桩径大于设计直径。2.5.5.1 中的工程实例也属于类似的情况。

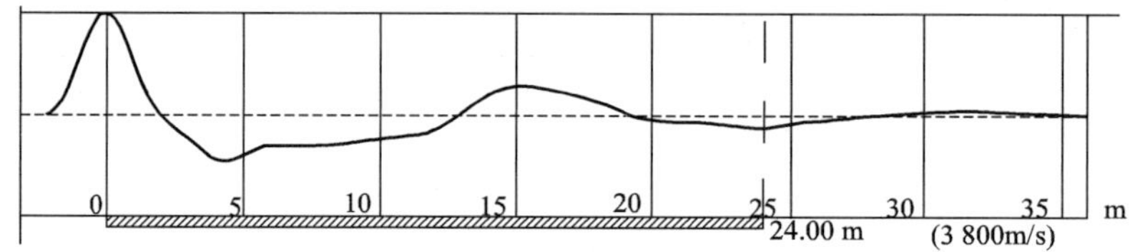

图 2.2-28 砂岩与泥岩互层中的嵌岩桩

对于粗粒花岗岩、片麻岩风化层中的基桩，其实测波形有时类似于第四系地层中的情况，有明显的桩底反射信号。图 2.2-29 为××客运专线的桥梁基桩的实测时域波形。设计桩长 12 m，桩直径 1.0 m。12 m 的桩长全部嵌入混合花岗岩强风化层中。波形图中有明显的桩底同相位反射，为典型的完整桩波形。

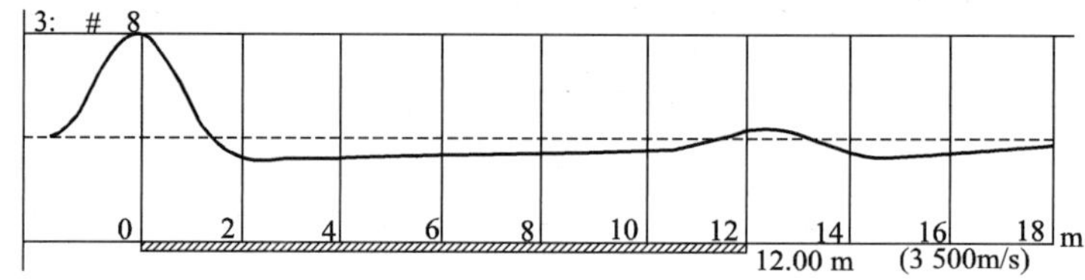

图 2.2-29 混合花岗岩风化层中基桩

2.3 静载荷试验法

桩的静载荷试验，就是在桩上施加接近于其实际工作条件的荷载，测试桩在荷载作用下的响应，进而确定桩的承载力的方法。根据桩所受荷载的方向，单桩静载荷试验分为竖向抗压静载荷试验、竖向抗拔静载荷试验和水平静载荷试验。

2.3.1 单桩竖向抗压静载荷试验

2.3.1.1 单桩竖向抗压承载的基本理论

1. 竖向抗压桩的桩土荷载传递

对单桩来说，桩顶竖向荷载由桩侧摩阻力和桩端阻力承受。当桩顶受到竖向荷载作用时，桩相对桩侧土来说有向下移动的趋势，因而桩侧土对桩产生向上的摩阻力，同时桩侧土受到桩传来的荷载，并以剪应力的形式向土中扩散。当作用荷载相对较小，且桩的长径比相对较大时，由于桩体受力后产生压缩变形，桩土间的相对位移和桩土摩阻力主要发生在桩的上部（图 2.3-1a）；随着桩顶荷载的增加，桩土之间的相对位移增大，并向深部发展，桩侧摩阻力也随之变大；荷载和桩土之间相对位移继续增大，在桩的上部桩土摩阻力达到峰值，加工软化型土的摩阻力开始降低，桩土相对位移传到桩底，桩端土对桩产生阻力(如图 2.3-1b)；对桩土作用控制单桩承载力的情况，荷载继续增大，桩侧摩阻力和桩端阻力相继达到极限，整桩达到承载力极限状态(图 2.3-1c)。图 2.3-1d,e 分别表示单桩达到极限状态时的位移 S 和轴力 Q 沿桩身的分布曲线。

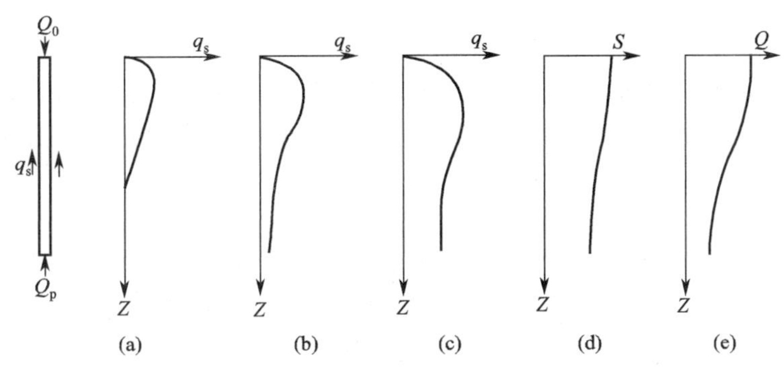

图 2.3-1　竖向抗压单桩的荷载传递

2. 竖向抗压承载单桩的破坏模式及 Q-S 曲线的形态

单桩的破坏模式分为桩体材料破坏和桩周地基土破坏两种模式。桩顶的荷载沉降关系曲线 Q-S 有陡降型、缓变型和台阶型三种形态(图 2.3-2)。

1)桩体材料的破坏

单桩抗压试验中，桩体材料破坏主要有两种情况：一是桩身存在质量缺陷，在桩周土未达到极限的情况下，桩体就出现破坏；二是基桩为嵌岩桩等端承桩，桩体质量完好，桩的承载力本来就是由桩体强度控制。

桩身存在缺陷的破坏属非预期性的，通常桩的承载力不满足要求。Q-S 曲线表现为陡降型和台阶型两种形态。其中陡降型属于桩体折断或上下两段错位；台阶型属上下脱开段在荷载作用下又闭合。桩体上下脱开主要有三种情形：混凝土预制桩接桩不良；挤土沉管灌注桩因挤土效应上拔而被拉断；挤土夯扩类桩，直杆和扩体部分脱开。

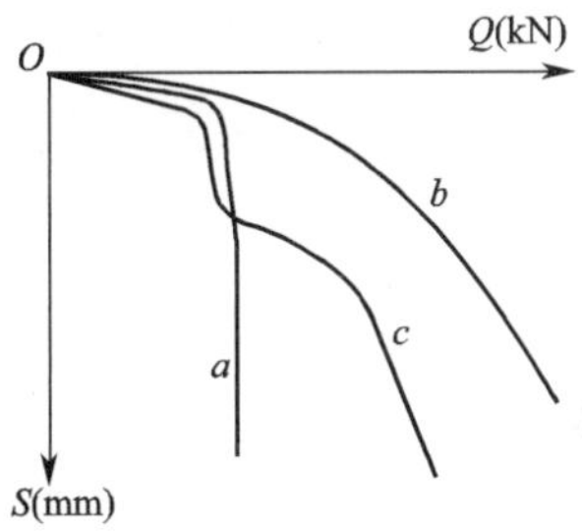

O　Q(kN)　b　c　a　S(mm)

图 2.3-2　三中典型的 Q-S 曲线

嵌岩桩等端承桩的破坏是一种预期性破坏，试验用的桩仅以试验为目的，试验桩不能再作为工程桩使用。超过极限状态时，桩体折断，Q-S 曲线呈陡降型。

2)桩周土强度达到极限状态

竖向抗压桩所受荷载达到桩周土的极限状态后，在桩侧土体中会形成一个近似圆柱形的剪切破裂面，桩端附近的土体会出现剪切滑动破裂面，破裂面的形状很复杂。

通常情况下 Q-S 曲线有两种形态，即陡降型和缓变型。前者主要为摩擦型桩，这类桩的桩端阻力相对较小，桩顶荷载达到极限后，桩端阻力随沉降增加变化不大，达到极限后 Q-S 曲线出现陡降；后者主要是摩擦端承桩和端承摩擦桩。

此外，对钻孔灌注桩而言，孔底沉渣也会影响 Q-S 曲线的形态，孔底沉积有较厚的淤泥时，Q-S 曲线呈陡降型；有不太厚的虚土时，Q-S 曲线会出现台阶型。预制桩由于挤土效应上拔，带预制桩尖沉管灌注桩吞桩尖而形成的‘吊脚桩’，会出现台阶型或陡降型 Q-S 曲线。

3. 影响单桩竖向承载力的因素

影响单桩承载力的因素主要有以下四个方面，在分析试验成果时应引起注意。

1)桩周土层的性质及分布

桩周土层的强度直接影响桩侧阻力的大小。桩周土的某些特性，如液化性、湿陷性、欠固结等，将在一定条件下引起桩侧阻力的降低，甚至会出现负阻力。当这些特殊土层处在桩的下部时，其上覆土层会因为这些特殊土层的的沉降而出现负侧阻力。桩端土层的强度、压缩性和厚度，影响桩的端阻力。

2)桩的几何特征

桩的总侧阻力与桩侧表面积成正比，因此工程中常采用增大侧表面积的桩形，如薄壁混凝土管桩、工字形桩等。为提高桩端阻力常做成各种扩底桩。为充分利用桩侧好土层，出现了支盘桩、夯扩桩等。

3)成桩工艺

不同的成桩工艺会影响桩的承载力，干作业的挖孔混凝土灌注桩优于泥浆护壁的钻孔灌注桩。施工中挤土、非挤土和部分挤土对桩的承载力有不同的影响，这种影响与桩的面积置换率、桩的总数及土的性质有关，而且这种影响随时间在变化。

4)施工质量

钻孔灌注桩孔底沉渣和孔壁泥皮厚度会影响桩端阻力和侧阻力的发挥。桩身有严重缺陷时会降低桩的承载力。

5)桩的休止时间

2.3.1.2 试验仪器设备

单桩竖向抗压静载荷试验仪器设备主要包括：加荷反力装置、加荷与控制系统和测量系统三部分。

1. 加荷反力装置

加荷反力装置主要有：锚桩反力梁装置、压重平台装置、压重锚桩联合装置三种类型(图2.3-3)。试验前可根据现场条件选择。

1)锚桩反力梁装置

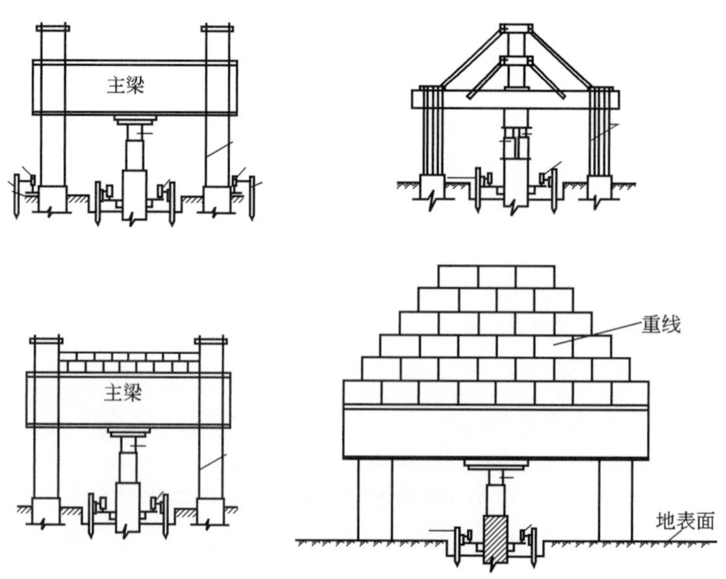

图 2.3-3 载荷试验反力装置

一般锚桩至少需要 4 根。用灌注桩做锚桩时，其钢筋笼应通长配置；如用多节预制桩做锚桩，要加强接头的连接。桩身配筋量、桩土作用应按上拔桩计算，并应满足试验上拔力的要求。反力梁应根据要求按钢结构进行设计计算和加工。

2)压重平台装置

压重平台装置通常由支墩(枕木垛)、荷载平台和压重材料组成，压重一般为钢锭、混凝土块或砂袋，压重不得小于预估试桩破坏荷载的 1.2 倍。

3)压重锚桩联合装置

当试验最大加荷超过锚桩的抗拔能力时，在横梁上加配重，由锚桩与压重共同提供试验反力。

2. 加荷及其测量、控制系统

试验荷载采用油泵联接千斤顶施加。

荷载测量可采用以下两种方式：一是用放置在千斤顶上的荷重传感器量测，二是用并联于千斤顶油路的压力表或油压传感器量测油压，根据千斤顶率定曲线换算荷载。

荷载控制分为手动和自动两种方式。手动控制是由试验人员监视试验荷载值，当其小于要求值的 2%时，手动控制手摇油泵或油泵电机进行加荷。自动控制是采用自动化静载荷试验设备进行试验，仪器可根据试验要求和测量信息，控制加、卸荷载和稳压。图 2.3-4 为国内常见几种自动化载荷试验仪器。

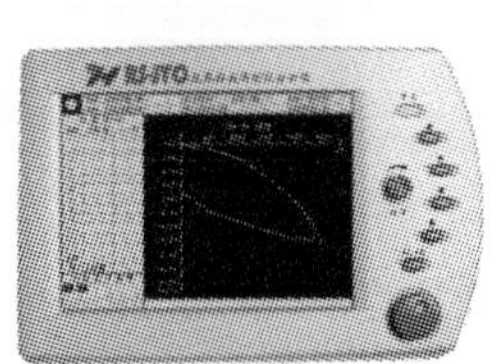
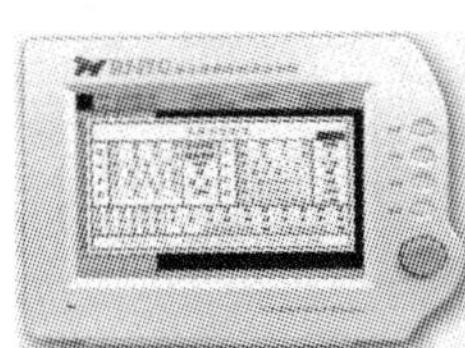
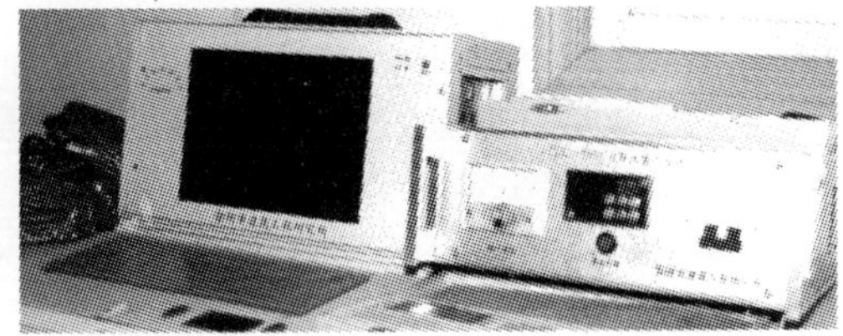

图 2.3-4　载荷试验仪

3. 桩顶沉降测量系统

桩顶沉降一般采用安装在桩顶的百分表或电子位移计测量。记录方式有两种，一种是人工记录；另一种是用自动化试验仪器自动记录。

4. 桩身应变测量系统

国内桩身埋设的应变测量元件主要是电阻应变式应变计和振弦式钢筋应力计，桩底埋设压力盒(电阻应变式或振弦式)，地表的测量仪表分别为电阻应变测量仪器和频率仪。国外有通过在桩身分层埋设沉降杆和使用工具式滑动测微计来测量桩身应变，前者使用的测量仪表为百分表，后者为专用测量仪器。

各种计量器具应按规定的周期进行校准。传感器、连接线和仪器应固定配套使用，并应进行系统校准。

2.3.1.3　现场测试

1. 准备工作

试验准备工作主要包括处理桩头、设备安装和系统检查三项内容。

1)处理桩头

预制桩在制作时，桩头一般都有加强措施，若施工后桩头完好，可不做处理。对桩头破损或截桩的预制桩和混凝土灌注桩，均应进行桩头处理。空心预制桩的桩头应用混凝土填心。

混凝土桩头处理应先凿掉桩顶的松散破碎层和低强度混凝土，露出主筋，冲洗干净后再浇注桩帽。

对桩帽制作要求：桩帽顶面应水平、平整，桩帽中轴线与原桩身顶部的轴线重合，桩顶面积应能摆放试验用千斤顶，并不小于原桩截面积；距桩顶 1 倍桩径范围内宜用 3～5 mm 厚的钢板围裹，或设置箍筋，间距不宜大于 150 mm，桩帽应设置钢筋网片；桩帽混凝土强度等级应比桩身混凝土高 1～2 级，且不得低于 C30，必要时可加早强剂。

从成桩到开始试验的间隔时间：在桩身强度达到设计要求，桩头强度满足试验的前提下，对砂类土不应少于 10 天；对粉土和黏性土不应少于 15 天；对淤泥或淤泥质土不应少于 25 天。

2）设备安装

设备安装应注意以下几点：

①试桩、锚桩（压重平台支墩）和基准梁之间的中心距离应符合表 2.3-1 的规定。反力梁或压重平台的中心应和桩的轴线重合。以压重平台作反力装置时，压重最好在试验前一次加上，并均匀稳固地放置在平台上。在软弱地基上，枕木垛下可垫放大块厚钢板以增加其稳定性，必要时可分两次加、卸压重。

表 2.3-1　试桩、锚桩（或压重平台支墩边）和基准梁之间的中心距离

反力装置	试桩中心与锚桩中心（或压重平台支墩边）	试桩中心与基准桩中心	基准桩中心与锚桩中心（或压重平台支墩边）
锚桩横梁	≥4(3)D 且>2.0 m	≥4(3)D 且>2.0 m	≥4(3)D 且>2.0 m
压重平台	≥4D 且>2.0 m	≥4(3)D 且>2.0 m	≥4D 且>2.0 m

注：1. D 为试桩或锚桩的设计直径或边宽，取其较大值，如试桩或锚桩截面为局部扩大的异型桩时，试桩与锚桩的中心距不应小于 2 倍扩大截面直径。

2. 括号内数值用于工程桩验收时多排桩设计桩中心距离小于 4D 的情况。

②桩顶宜加厚钢板作垫板，千斤顶的轴线应与桩轴线重合。使用多个千斤顶时，千斤顶型号、尺寸应一致，相互之间应并联，其几何中心应和桩的轴线重合。

③对大直径桩应在其两个正交直径方向安置 4 个位移计，中等和小直径桩可安置 2 个或 3 个位移计。沉降测量平面离桩顶距离不应小于 0.5 倍桩径（不宜将位移计安装在桩顶以上）。安放位移计的基准梁两端宜设在工程桩上，试验阶段无工程桩时，宜设置地锚。固定和支承位移计的夹具和基准梁在构造上应确保不受气温、振动等外界因素影响而发生竖向变位。

3）系统检查

在所有设备安装完成后应对整个系统进行检查。可采用轻击安放位移计的横梁来检查桩顶位移测量系统的有效性。此外还应对桩施加一个较小的荷载进行预压，以便检查油路、阀门等是否漏油，压力测量系统是否正常。确认无误后，卸荷至零，待位移计读数稳定后，记录读数（或将位移读数置零），即可开始试验。

2. 试验方法及选择

加荷方法分为维持荷载法和多循环加荷法两类。国内通常采用维持荷载法。维持荷载法又分为稳定法（通常称慢法）和快法，稳定法是传统的试验方法。表 2.3-2 为上海市 23 根摩擦桩慢法和快法桩顶沉降量对比资料，表 2.3-3 是上海市慢法和快法所得极限承载力的统计结果。从中可以看出快法比慢法所得的极限承载力略高，但差值不超过 5%。同时考虑到实际桩基多为多桩组成的群桩基础，其承载作用与单桩相比有较大的差异，单桩承载力只是桩基承载力的一个特征参数。因此工程检测中可以采用快法。当有特殊要求时可采用循环加荷法。

表 2.3-2 某级荷载下的稳定沉降量 s_w 与 1 h 时的沉降量 s_{1h} 的对比

相对荷载量	s_w-s_{1h}(mm)		s_w/s_{1h}(%)	
	范围值	平均值	范围值	平均值
极限荷载	0.57～6.07	2.89	71～96	86
1/2 极限荷载	0.01～0.51	0.20	95～100	98

表 2.3-3 快速法与慢速法所得极限承载力比较

桩端土类别	快速法比慢速法极限荷载提高幅度
黏性土	范围 0～9.6%，平均 4.5%
砂土	范围－2.5%～9.6%，平均 2.3%

3. 试验与观测

1)加荷。试验荷载应逐级等量分级施加，每级加荷宜为预估极限荷载(或设计要求极限荷载)的 1/10，第一级可按 2 倍分级荷载加荷。

2)沉降观测。每级加荷后，间隔 5 min、10 min、15 min 各测读一次沉降，以后每隔 15 min 测读一次。对快法到 1 h 测读沉降后，即施加下一级荷载；对慢法 1 h 后每隔 30 min 测读一次沉降，直到每小时沉降不超过 0.1 mm，并连续出现两次(由 1.5 h 内连续三次观测值计算)，认为已达到相对稳定，可加下一级荷载。

3)终止试验条件。当出现下列情况之一时，可终止加荷：

①在某级荷载作用下，桩顶沉降量为前一级的 5 倍，且其总沉降量已超过 40 mm 时。这里提出的 5 倍，是对 *Q-S* 曲线出现明显陡降的量化。同时考虑总沉降量控制是基于两种情况：一是荷载较小时，沉降很小，荷载达到一定量时才有明显的沉降，这时很可能满足上述 5 倍的条件，但总沉降量不过数毫米或十数毫米，显然不能终止试验；其二是考虑桩身有一定的缺陷，在荷载作用下会被压密，*Q-S* 曲线呈台阶型的情况，对此设计可以根据 *Q-S* 曲线的后面平缓段的斜率、总荷载量及总沉降量判定桩的可利用程度。

②对慢法在某级荷载作用下，桩顶沉降量大于前一级的 2 倍，且经 24 h 尚未达到稳定。这种情况桩顶的总沉降量也应达到一定的程度，建议为 40 mm。

③对工程桩验收检测，加荷达到设计要求的最大加荷量。

④加荷已达到反力装置的极限，或工程桩作锚桩时，锚桩上拔量达到容许值。锚桩的容许上拔量由设计确定，当设计没有具体要求时，建议采用 15 mm。

⑤对缓变型荷载沉降曲线，当桩顶累计沉降量超过 60～80 mm 时。

4)卸荷与观测。每级卸荷值为每级加荷值的 2 倍，每级卸荷后隔 15 min 测读一次沉降，读两次后，隔 30 min 再读一次，即可卸下一级荷载，全部卸完后，隔 3～4 h 再读一次。

2.3.1.4 资料整理与单桩承载力的确定

1. 资料整理

1)试验概况。试验前要收集工程的勘察报告、设计文件、施工记录等。并按要求对这些资料进行整理。

2)试验记录。原始记录有手记和仪器自动记录两种形式，对原始记录进行整理，统计、计算出各级荷载下的沉降量及累计沉降量，对慢法需要时还应统计各级荷载的试验历时。统计结果见表 2.3-4。

表 2.3-4 单桩静载荷试验数据统计汇总表

工程名称： 试验日期： 桩号： 试验编号：

荷载分级	荷载(kN)	历时(min)		沉降(mm)	
		本级	累计	本级	累计

③绘制试验曲线。一般应绘制试验的 Q-S 曲线、S-lgt 曲线和 S-lgQ 曲线(图 2.3-5),需要时还可绘制其他曲线。为了更好地反映 Q-S 曲线的特征,Q-S 曲线坐标轴可按最终荷载 Q 与对应的最大沉降量 S 在图幅上之比为 1∶1～1∶2 进行绘制,最大沉降量不足 40 mm 时,坐标轴画足 40 mm。

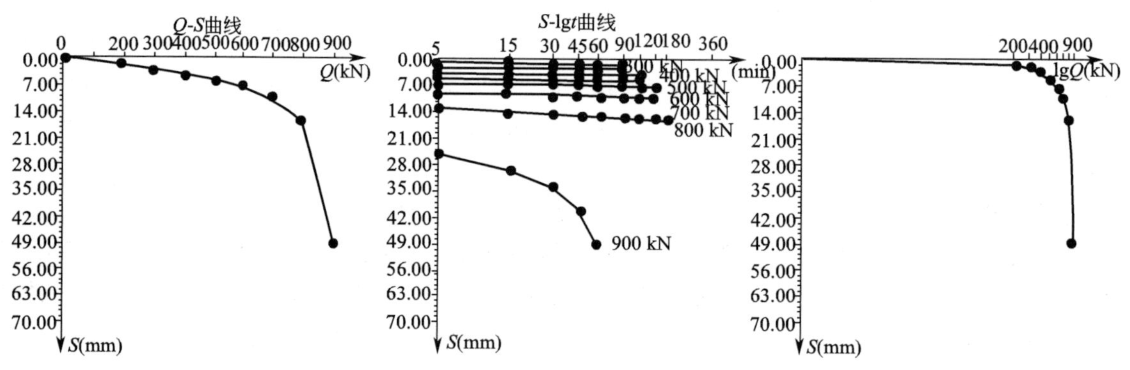

图 2.3-5 竖向抗压载荷试验曲线

2. 单桩极限承载力的确定

1)根据 Q-S 曲线的特征确定。对陡降型 Q-S 曲线,取发生明显陡降起始点对应的荷载作为单桩极限承载力。

2)根据 S-lgt 曲线的特征确定。对 S-lgt 曲线曲线尾部出现明显下弯的情况,取其前一级荷载作为单桩极限承载力。

3)按相对沉降量确定。对于缓变型 Q-S 曲线,一般可取 S=40 mm 对应的荷载;当桩长大于 40 m 时,宜考虑桩身弹性压缩量;对直径大于或等于 800 mm 的桩,可取 S=0.05D(D 桩端直径)对应的荷载作为单桩极限承载力。

4)对于工程验收检测,当试验加荷未达到极限荷载时,可认为极限承载力不小于试验最大加荷值。

3. 场地单桩承载力的确定

场地地质条件、桩型、桩长、桩径、施工工艺均相同时,应对承载力试验结果进行统计;不同时应进行单独评价。

试验结果可根据要求提供容许值或极限值。容许值等于极限值除以安全系数(一般取 2～3)。

《铁路工程地质原位测试规程》和《建筑地基基础设计规范》规定载荷试验承载力的统计应

符合下列规定：①参加统计的试桩不应少于 3 根。②当满足极差不超过平均值的 30%时，可取其平均值为单桩竖向抗压承载力统计值；极差超过平均值的 30%时，应分析原因，必要时增加试桩数量。

对试验最大加荷达到设计要求的荷载即终止试验的情况，不应综合统计承载力，应划分出合格与不合格的情况：对合格部分应评价为桩的极限承载力不低于设计要求值，满足设计要求；对不合格部分应给出试验承载力值，指出未达到设计要求。

2.3.1.5　*桩侧阻力分布和桩端阻力的测试*

桩侧阻力分布是通过在桩身埋设测量传感器，测量在各级荷载作用下桩身的应变（或变形），在桩身截面和弹性模量变化不大的情况下，根据应力应变关系计算桩身不同截面的应力及轴力，进而计算两层传感器之间的桩侧摩阻力。桩端阻力是通过在桩底埋设压力盒来进行测试。

桩身内力测试适用于预制钢桩、混凝土预制桩、组合型桩及桩身截面和混凝土模量变化很小的灌注桩。

1. 钢筋应力计法

通常使用的桩身测量传感器是电阻应变式和振弦式钢筋应力计。预制桩在制作时将传感器埋于桩内，灌注桩通常焊在钢筋笼上，用屏蔽线引出。

测量传感器应分层埋设，埋设层数及位置应根据桩周地层情况确定。一般埋设在不同性质土层的界面处；当同一土层较厚时，可在其中部加设一层；当相邻土层较薄且性质相近时，可视为一层。同一测量断面处可对称设置 2～4 只传感器，桩径较大或试验要求较高时取大值。最上和最下层传感器的埋设断面距桩顶和桩底的距离不应小于 1 倍桩径，最上层传感器还要尽量接近地表。

1)电阻应变式钢筋计

电阻应变式传感器是测量在各级荷载下桩身的应变。试验时应清理掉最上层传感器以上的桩侧土，根据桩顶荷载和最上层所测的应变值，按式 2.3-1 计算桩的压力阻抗 Z。

$$Z=Q_0/\varepsilon_1 \tag{2.3-1}$$

式中　Z——桩的压力阻抗(kN)；

Q_0——桩顶所受荷载(kN)；

ε_1——最上层传感器所测的应变量(无量纲)。

然后根据各层传感器所测的应变值，按式 2.3-2 计算传感器所在位置桩身轴力 Q_i(kN)。

$$Q_i=Z\cdot\varepsilon_i \tag{2.3-2}$$

式中　ε_i——某级荷载下，第 i 层传感器所测的应变量(无量纲)。

得到各层传感器位置桩身轴力后，可计算出相邻传感器间的桩身轴力差值 $\Delta Q_{i-1,i}$。根据静力平衡条件可知：$\Delta Q_{i-1,i}$就等于相邻传感器间的桩侧土总阻力，进而可按式 2.3-3 计算出桩侧土的单位摩阻力 $q_{i-1,i}$(kPa)。

$$q_{i-1,i}=\Delta Q_{i-1,i}/(\pi\cdot d\cdot(h_i-h_{i-1})) \tag{2.3-3}$$

式中　$\Delta Q_{i-1,i}$——第 $i-1$ 层和第 i 层传感器之间桩的轴力差值(kN)；

$q_{i-1,i}$——第 $i-1$ 层和第 i 层传感器之间桩侧土的单位平均摩阻力值(kPa)；

d——桩的直径(m)；

h_i——第 i 层传感器的埋深(m)；

h_{i-1}——第 $i-1$ 层传感器的埋深(m)。

2)振弦式钢筋应力计

振弦式钢筋应力计内部有一根绷紧到一定程度的钢弦。在钢弦材质、长度和直径确定的条件下,其振动频率取决于钢弦承受的拉力。在桩顶荷载作用下,埋设于桩身的应力计会产生微量变形,改变了钢弦所受的拉力,进而改变了其自振频率。在桩顶荷载作用下,测得钢弦的频率变化,即可根据应力计的率定曲线,求得钢筋所受的应力变化。再根据钢筋计的应力应变关系,得到应力计所在位置的桩身应变。有了桩身应变值后,就可按上述方法计算桩的侧阻力。

2. 沉降杆法

美国材料及试验学会(ASTM)推荐使用沉降杆测量钢管桩桩身变形来计算其轴力,其装置见图 2.3-6。沿桩身的不同高程处设置不同长度的金属管,内设测杆。外管固定在桩身,其内的测杆顶端高出外管 100～200 mm,下端固定在需测试的断面处。

当桩顶受到竖向荷载作用时,桩体出现沉降,桩身受到一定程度的压缩。在桩顶可用百分表检测到不同位置测杆趾部的下沉量 s_i,按式 2.3-4 计算出相应部位以上桩身压缩变形值 Δ_i。根据虎克定律可按式 2.3-5 计算出测杆趾部桩的轴力 Q_i。

$$\Delta_i = s_0 - s_i \tag{2.3-4}$$

$$Q_i = 2AE\Delta_i / L_i - Q_0 \tag{2.3-5}$$

式中 s_0——桩顶所测的沉降量(mm);

s_i——第 i 个测杆趾部的沉降量(mm);

Δ_i——桩身第 i 个测杆趾部以上的变形量(mm);

A——桩身截面积(m^2);

E——桩身材料的弹性模量(MPa);

L_i——第 i 个测杆趾部到桩头沉降测点的长度(m);

Q_0——施加于桩顶的荷载值(kN)。

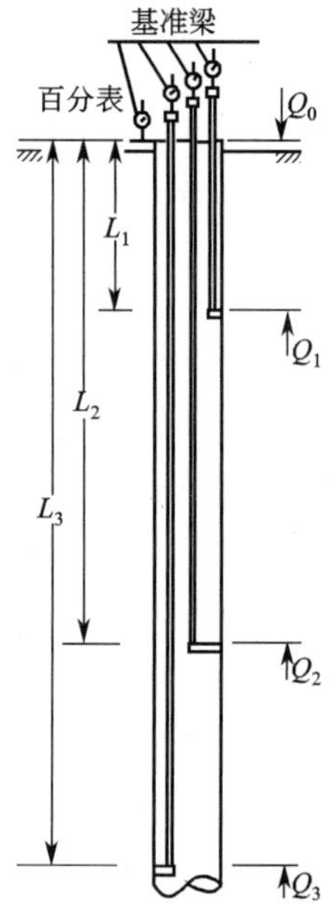

图 2.3-6 测杆式应变计

有了桩身轴力 Q_i,就可按上述方法计算出桩侧阻力。

应该说明一点,按式 2.3-5 计算轴力 Q_i 是假定桩的侧阻力为定值,这一假定与实际情况相差较大。实际检测中为减少所造成的误差,应采取两项措施:①相邻沉降杆间的土质应相同,距离不宜太大;②桩身轴力计算从桩顶向下逐层递推,即先用 Q_0 计算 Q_1,再用 Q_1 计算 Q_2,依次计算到桩底。桩底埋有测量桩端阻力元件时,应与桩端阻力闭合平差。

3. 滑动测微计法

该方法是瑞士 K. Kovari 等人提出的,它可以连续测量相邻两点间的长度变化,测试仪器见图 2.3-7,测试原理见图 2.3-8。

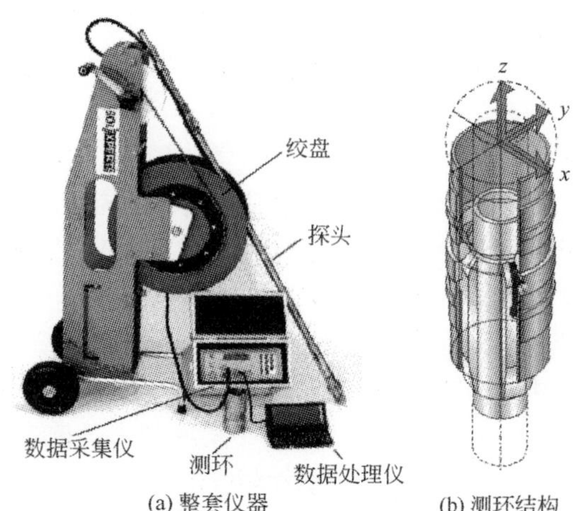

(a) 整套仪器 (b) 测环结构

图 2.3-7 滑动测微仪

滑动测微计的探头内装有电感位移计和温度传感器,其基准长度为 1 000 mm,量程为 10 mm,灵敏度为 0.001 mm。与滑动测微计配

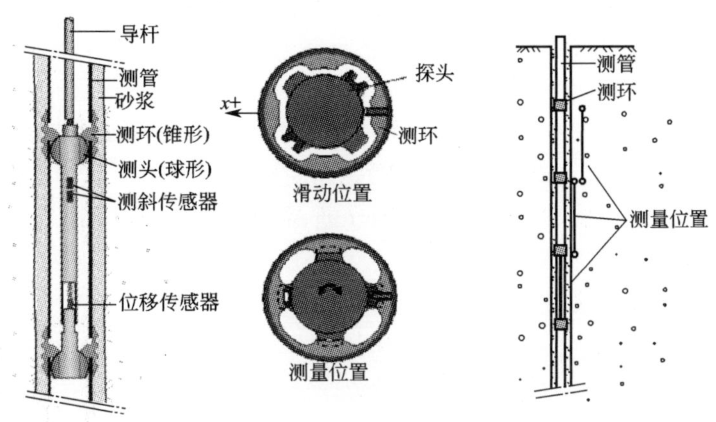

图 2.3-8　滑动测微计原理示意图

套的是 PVC 专用测管，需要在成桩前预设，封底加盖。PVC 专用测管每间隔(1 000±1)mm 设置一个测环，测量时通过操作杆将探头卡在两个相邻测环上，即可测量出相邻测环间的应变。测试过程中随时测记温度，进行温度校正。

数据分析时应将个别异常点舍去，并进行平滑处理。测得各级荷载下桩身不同位置的应变值后，即可按前述方法计算桩身轴力和桩侧阻力。

4. 桩端阻力测量

桩的端阻力是根据桩底压力盒的测量数据，依据其率定曲线直接计算出桩底土压力 R(kPa)，再根据桩底面积计算出桩端总阻力(kN)。

5. 资料整理

绘制：①各级荷载下的桩身轴力变化图(图 2.3-9)；②各级荷载下桩侧土分层侧阻力值变化图(图 2.3-10)。其中桩身轴力变化图中应标明桩周土层情况，并按桩身传感器的埋置情况进行分层，标明测试层的土层名称。

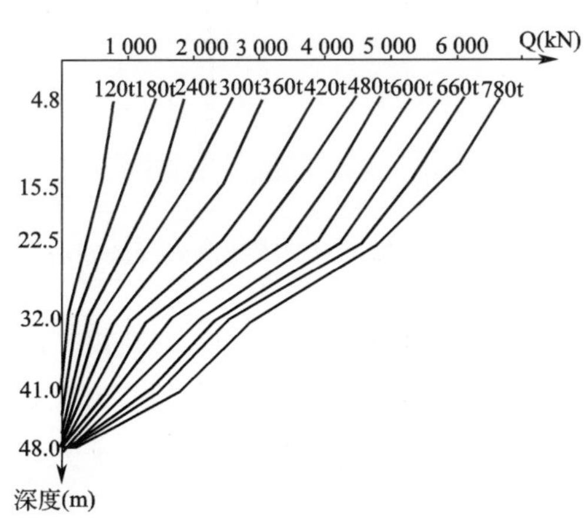

图 2.3-9　各级荷在下桩身轴力变化图

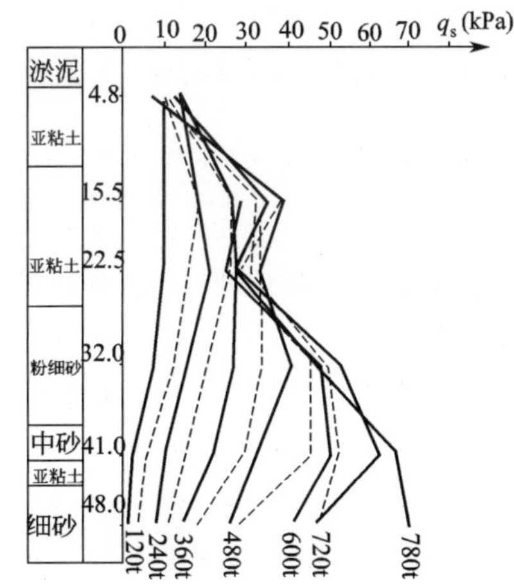

图 2.3-10　桩周土的侧阻力值变化图

2.3.1.6　自平衡载荷试验法简介

自平衡载荷试验方法在国外被称为 Osterberg 试桩法，也称为桩端加载试桩法。这种试验方法是用安置在桩底的专用荷载箱，沿竖直方向进行加荷，桩侧阻力和桩端阻力互为反力，自相平衡。通过引到地面的位移测杆测量每级荷载作用下荷载箱上下的位移，根据荷载位移曲线 Q-S 确定桩的承载力。自平衡法试验装置见图 2.3-11。

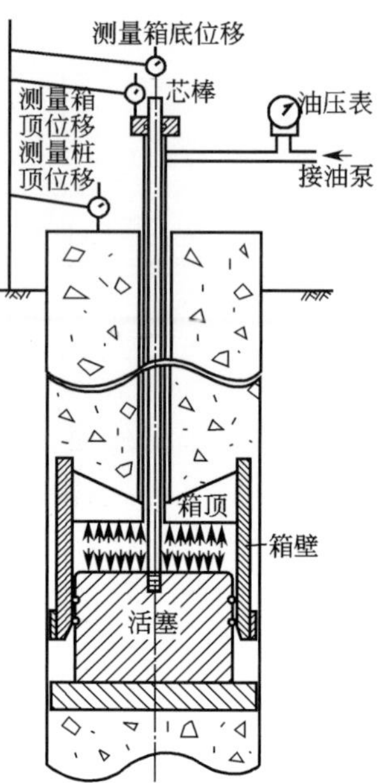

图 2.3-11 自平衡法载荷试验装置图

我国东南大学等单位对 Osterberg 试桩法进行了深入研究，编制了江苏省地方标准《桩承载力自平衡测试技术规程》(DB32/T 291—1999)，对荷载箱的设置位置进行了改进，不再局限于桩底，可根据试验需要设置在桩身中。这种方法具有以下优点：

1)解决了大吨位桩试验中反力这个难题，使静载荷试验荷载达到 100 MN 以上；

2)在水上、坡地等不易设置反力装置的条件下，使用本方法可进行试验；

3)对较大吨位试桩，相对锚桩和压重反力装置来说，本方法试验成本低，经济效果好；

4)可在工程桩上试验，必要时可利用预埋管对荷载箱进行压力灌浆。

从成桩到试桩的间隔时间、试验加荷与观测、终止试验条件，与桩的常规载荷试验基本相同。

对于泥浆护壁水下混凝土灌注桩，荷载箱一般设在桩底；对预制桩和干成孔作业混凝土灌注桩，荷载箱宜设置在适当位置，尽量使试验中荷载箱上、下同时达到极限状态。

荷载箱上、下两段桩的极限承载力($Q_{u上}$ 和 $Q_{u下}$)的确定方法同常规载荷试验，整桩极限承载力可按式 2.3-6 计算。

$$Q_u=(Q_{u上}-W)/\gamma+Q_{u下} \tag{2.3-6}$$

式中 W——荷载箱上部桩的自重；

γ——桩侧土抗拔阻力与抗压阻力的比值，为经验系数，缺乏经验时对黏性土、粉土可取 0.8，砂类土取 0.7。

2.3.2 单桩竖向抗拔静载荷试验

2.3.2.1 抗拔桩的极限状态与破坏模式

单桩在上拔荷载作用下，桩身将荷载以摩阻力的形式传递到桩周土中，其作用机理同竖向抗压桩，只是力的方向相反。

桩的抗拔极限状态分为桩身材料的极限状态和桩土作用极限状态。对钢筋混凝土桩而言，混凝土抗拉强度相对较低，桩身抗拉强度主要由桩的纵向钢筋控制，预制桩还与接头的连接有关。通常设计中桩身材料有足够的抗拉安全度，桩的抗拔承载力由桩土作用控制。

2.3.2.2 试验装置与仪器

单桩抗拔载荷试验常用装置见图 2.3-12。支座反力通常由工程桩提供，当地基土层较好时，也可将支座设在天然地基上。反力系统的承载能力不宜小于最大试验荷载的 1.3 倍。

试验用的其他仪器设备同竖向抗压载荷试验。

2.3.2.3 现场测试

加荷、观测、记录和稳定标准同竖向抗压载荷试验。出现下列情况之一时，可终止试加荷：

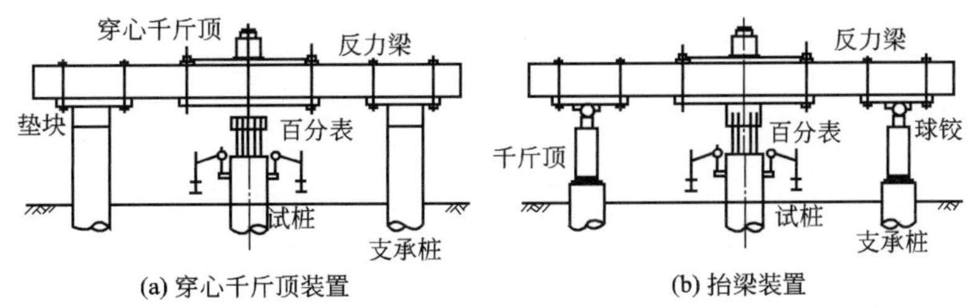

图 2.3-12 单桩抗拔载荷试验装置图

1. 某级荷载作用下，桩顶上拔量大于前一级荷载作用下上拔量的 5 倍；

2. 按钢筋抗拉强度控制，钢筋应力达到钢筋强度标准值的 0.9 倍；

3. 按桩顶上拔量控制，累计桩顶上拔量超过 100 mm，对于工程验收检测，在工程桩上测试时达到设计要求的上拔值。

如果在较小荷载下，桩顶上拔量陡增，达到上述条件 1 时，应综合分析原因。若为试验桩，必要时可继续加荷，直到上拔量达到 100 mm。

2.3.2.4 资料整理与单桩抗拔承载力的确定

1. 资料整理

试验概况和试验记录整理同抗压载荷试验。绘制上拔荷载—上拔量 U-Δ 关系曲线和每级荷载下上拔量—时间对数 Δ-lg$t$ 关系曲线，见图 2.3-13。

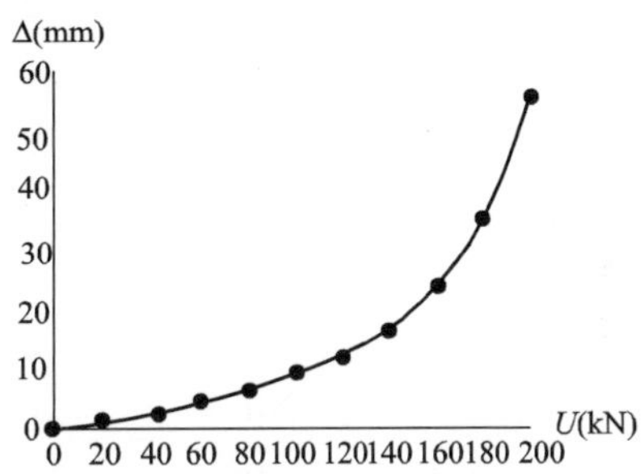

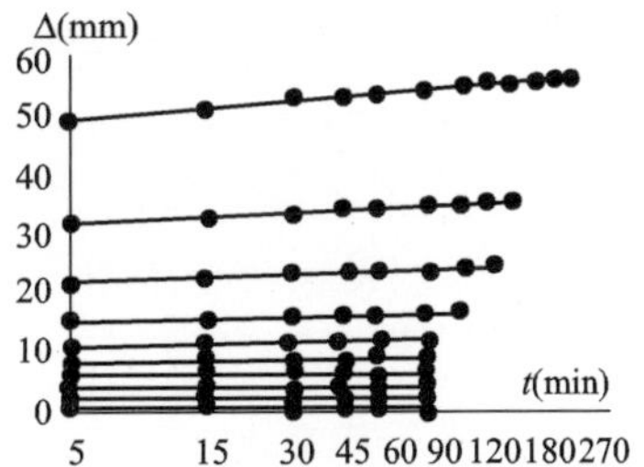

图 2.3-13 单桩抗拔载荷试验曲线

2. 单桩抗拔承载力的确定

对于陡变型 U-Δ 关系曲线，取陡升起始点荷载为极限荷载。对于缓变型 U-Δ 关系曲线，根据上拔量和 Δ-lg$t$ 曲线变化特征综合判定，Δ-lg$t$ 曲线斜率明显变陡或尾部明显弯曲时，取其前一级荷载为极限荷载。

2.3.3 单桩水平静载荷试验

2.3.3.1 与水平承载桩有关的概念

在桩体强度有保证的前提下，桩的水平承载性能是一个桩土相互作用问题。桩在水平荷载作用下会产生水平变位，这种变位使桩侧土发生相应的变形而产生抗力，这一抗力同时阻止桩的变形进一步发展。

桩土体系的相互作用取决于桩土相对刚度。对于桩土刚度相对较大的刚性短桩（$\alpha h<2.5$，α 为桩的水平变形系数，h 为桩的长度）来说，桩在水平荷载作用下产生刚体转动（桩顶自由）或平移（桩顶被约束），其破坏形式一般是土体超过强度极限或桩产生了过大的变形，桩体一般不发生破坏（图 2.3-14）。

对桩土刚度相对较低的弹性长桩（$\alpha h>4.0$）来说，在水平荷载作用下桩身将产生挠曲变形（位移和转角）。当荷载较小时，抗力主要由接近地表的土提供，桩身变形也相对较小。随着荷载的增大，桩的变形加大，荷载也同时向更深处的土层传递。这种桩的下段（$\alpha h>4.0$ 所对应

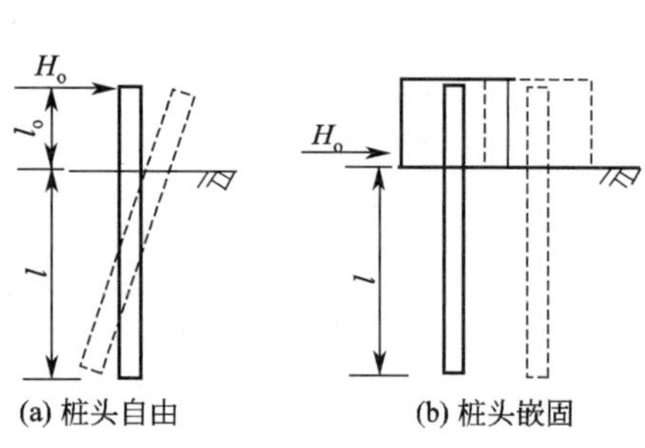

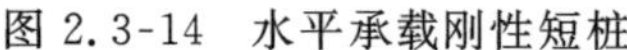

图 2.3-14 水平承载刚性短桩

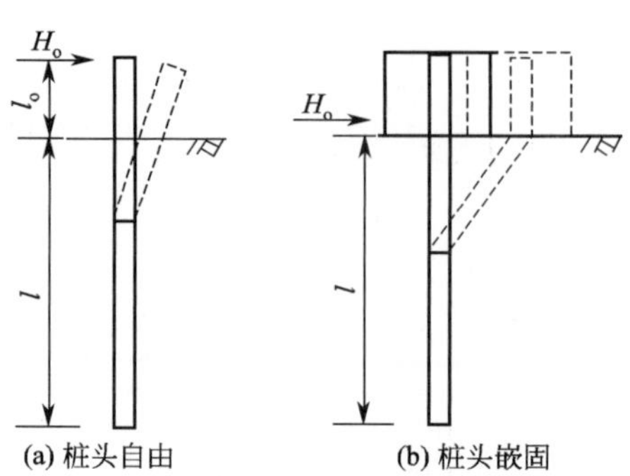

图 2.3-15 水平承载弹性长桩

的深度 h 以下)可视为嵌固在土中不能转动,荷载继续增大,桩身弯曲变形超过其极限时,将发生折断破坏(图 2.3-15)。对这种长桩来说,桩身材料性质不同的钢筋混凝土桩和钢桩,其破坏模式略有不同:钢桩一般都做成管状或工字形,其强度与抗弯刚度之比相对较大,桩身能忍受较大的挠曲而不致产生破坏,因此水平承载力由位移来控制而不是桩身强度;对钢筋混凝土桩而言,桩的抗弯刚度(EI)与其抗拉强度之比相对较大,因此桩身强度(桩截面混凝土开裂)控制桩的水平承载力。

在桩土相互作用中,土的简化模型主要有两种,一是 Winkler 地基模型,二是各向同性弹性体模型。常用的是 Winkler 模型,他是把桩周土离散为一个个单独作用的弹簧,桩土相互作用使土产生水平位移时,土的抗力等于其水平位移与弹簧系数(地基抗力系数)的乘积。

桩的水平载荷试验主要是对弹性长桩而言,通过试验可确定单桩水平承载力;桩身埋有测量元件时,可得到水平荷载作用下桩身弯矩的分布情况;进而可求出桩侧土的抗力分布;根据桩顶变形和桩身应变测量数据,可得到桩身挠度曲线(各点的位移和转角);根据桩侧土的抗力和位移分布,可求出地基的水平抗力系数。

2.3.3.2 试验装置与仪器设备

单桩水平载荷试验通常包括加荷装置、反力装置和测量装置三部分,见图 2.3-16。

1. 加荷装置

加荷一般使用卧式油压千斤顶,加荷能力一般不小于最大试验荷载的 1.2 倍。由于桩的水平承载力都相对较低,所以千斤顶吨位不宜过大。采用循环加卸荷方式试验时,宜选用往复式油压千斤顶。千斤顶所加的水平力应通过桩轴线,千斤顶与桩接触面间应设置一球形铰座,注意两根桩对顶时也只能设一个。

为防止试验时桩顶力作用点处因应力集中而破坏,千斤顶与试桩接触处宜适当加强。

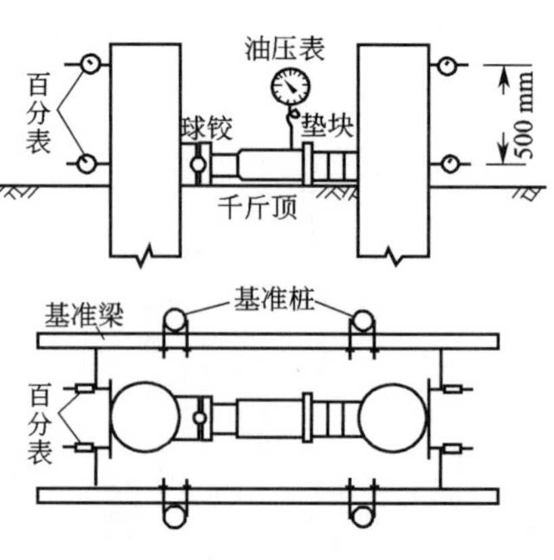

图 2.3-16 水平载荷试验装置

2. 反力装置

反力装置应根据现场条件选择,最常见的方法是利用相邻桩提供反力,即两根试桩对顶。也可利用周围现有的结构物作为反力装置或专门设置反力结构。反力装置在受力方向上应有足够的刚度和抗力。

3. 测量装置

量测桩的水平位移宜采用大量程位移计。在试桩力作用平面和该平面以上 50 cm 左右各对称安置两个位移计。当仅需要测定单桩水平承载力，且桩身露出地面较短时，可只在试桩力作用平面安装位移计。

固定位移计的基准桩宜打设在试桩影响范围以外，试桩的影响范围见图 2.3-17。基准桩宜设置在与试桩荷载方向垂直且于试桩位移相反侧，基准点与试桩的静距不小于 1 倍桩径。在陆上试桩可用入土 1.5 m 的钢钎或型钢作基准桩，水上试桩需设置专用的基准桩。同组试桩基准点不少于 2 个。安置在基准点上的基准梁要有一定的刚度，整个基准系统应保持相对独立。为减少温度对测量结果的影响，基准梁应采用简支形式，顶上有蓬布遮阳。

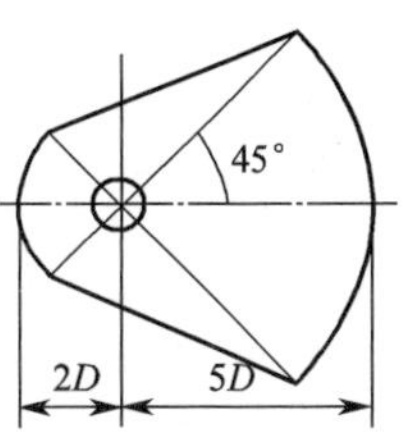

图 2.3-17 水平受力桩影响区

当要测定在水平荷载作用下桩身弯矩，桩侧土的抗力和地基土的水平抗力系数时，需在桩身埋测量元件，通常测量元件选用电阻应变式和振弦式钢筋应力计，对钢筋混凝土桩应沿受力方向对称布置在远离中性轴的受拉和受压主筋上，以保证各截面应变的测试精度。由桩顶水平荷载所引起的桩身内力和桩侧土的抗力变化主要发生在桩的上部，因此在桩的上部($\alpha h=4.0$ 所对应的深度 h 以上)应加密测试断面，相邻传感器间的距离宜控制在 1～1.5 倍桩径(上部密)，下部间距可适当加大。

2.3.3.3 现场测试

单桩水平载荷试验宜根据工程桩实际受力特性，按设计要求选用单向多循环加卸载法或维持荷载法。测试桩身内力时宜采用维持荷载法。通常试验桩头自由无约束，实际工程桩顶有约束时应将试验结果作为参数，确定实际工程条件下桩的承载能力。

1. 维持荷载法

上海市《地基基础设计规范》和《港口工程桩基规范》中推荐该方法。加荷分级一般取最大荷载的 1/10。加荷时每级荷载维持 20 min，卸荷时每级维持 10 min，均为每隔 5 min 测读一次位移，荷载卸至零时，测读位移 30 min。

《铁路工程基桩检测技术规程》(TB 10218—2008)和《建筑基桩检测技术规范》(JGJ 106—2003)中的方法同桩的竖向抗压载荷试验。

2. 单向多循环加卸荷法

加荷分级同荷载维持法。每级荷载施加后恒载 4 min 测读水平位移，然后卸荷至零，停 2 min 测读残余水平位移，至此完成一个加卸荷循环。如此循环 5 次完成一级荷载的试验，接着加下一级荷载，试验不得中途停顿。位移记录格式可参见表 2.3-5。

表 2.3-5 单桩水平静载荷试验记录表

工程名称： 桩号： 试验日期： 上下表距：

油压(MPa)	荷载(kN)	观测时间	循环数	加载		卸载		水平位移(mm)		加载上下表读数差	转角	备注
				上表	下表	上表	下表	加载	卸载			

3. 终止加荷标准

对纯粹为试验而设的桩，当桩身折断或桩顶水平位移超过 40 mm 时可终止加荷；对工程桩上的水平载荷试验，桩顶水平位移达到设计要求时，就要终止加荷。

4. 桩身内力测试

测试桩身内力时宜采用维持荷载法。测读时机同位移观测，测量方法同竖向抗压载荷试验。

2.3.3.4 资料整理和试验成果的确定

1. 确定单桩临界荷载和极限荷载

1)曲线绘制

以受力平面所测的位移作为试验的桩顶位移 x_0。采用单向多循环加卸荷法时绘制水平力-时间-作用点位移（H-t-x_0）关系曲线和水平力-位移梯度（H-$\Delta x_0/\Delta H$）关系曲线（图 2.3-18）；采用维持荷载法时绘制水平力-作用点位移（H-x_0）关系曲线、水平力-位移梯度（H-$\Delta x_0/\Delta H$）关系曲线、力作用点位移-时间对数（x_0-lg$t$）关系曲线和水平力-作用点位移双对数（lg$H$-lgx_0）关系曲线。

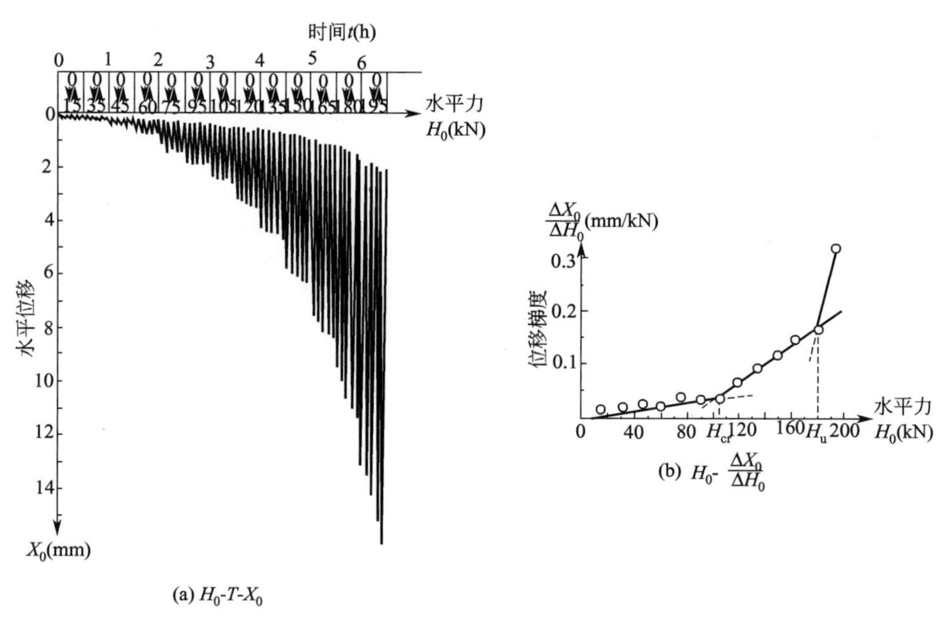

图 2.3-18 单桩水平静载荷试验成果曲线

2)承载力确定

单桩水平临界荷载可按下列方法综合确定：

①取单向多循环加卸荷法时的 H-t-x_0 曲线或维持荷载法时的 H-x_0 曲线出现拐点的前一级水平荷载值；

②取 H-$\Delta x_0/\Delta H$ 曲线或 lg$H$-lgx_0 曲线上第一拐点对应的水平荷载值。

单桩水平极限承载力可按下列方法综合确定：

③对单向多循环加卸荷法，取 H-t-x_0 曲线产生明显陡降的前一级荷载；维持荷载法时，取 H-x_0 曲线发生明显陡降的起始点对应的水平荷载值；

④对慢速维持荷载法，取 x_0-lg$t$ 曲线尾部出现明显转弯的前一级水平荷载；

⑤取 H-$\Delta x_0/\Delta H$ 曲线或 lg$H$-lgx_0 曲线上第二拐点对应的水平荷载值。

2. 确定地基土水平抗力系数的比例系数

1)地基土水平抗力系数的比例系数 m 值的计算

当试验桩顶自由,且水平力作用于地面处时,m 值可按下式计算:

$$m=\frac{\left(\frac{H}{x_0}\nu_x\right)^{5/3}}{B(EI)^{2/3}} \tag{2.3-7a}$$

$$\alpha=\sqrt[5]{\frac{mB}{EI}} \tag{2.3-7b}$$

式中 m——地基土水平抗力系数的比例系数(kN/m^4);

H——单桩水平临界荷载(kN);

x_0——单桩水平临界荷载对应的位移(m);

α——桩的水平变形系数(m^{-1});

EI——桩身抗弯刚度(kN · m^2);

ν_x——桩顶水平位移系数,根据 αh 值查表 2.3-6 求得,h 为桩长(m);

B——桩身计算宽度(m);对圆形桩:当桩直径 $D\leqslant 1$ m 时,$B=0.9(1.5D+0.5)$;当桩直径 $D>1$ m 时,$B=0.9(D+1)$;对矩形桩:当边宽 $b\leqslant 1$ m 时,$B=1.5b+0.5$;当边宽 $b>1$ m 时,$B=b+1$。

表 2.3-6 桩顶自由或铰接时的水平位移系数

桩的换算深度 αh	4.0	3.5	3.0	2.8	2.6	2.4
ν_x	2.441	2.502	2.727	2.905	3.163	3.526

注:当 $\alpha h>4.0$ 时,取 $\alpha h>4.0$。

计算时先假设 m 值,按式 2.3-7b 计算 α 值,再根据 αh 值查表 2.3-6 得到 ν_x 值,然后按式 2.3-7a 计算各级荷载下的 m 值,将得出的 m 值与假设值对比试算,求得最终的 m 值。

2)曲线绘制与 m 值的推荐值

根据求出的各级荷载下的 m 值,绘制水平力、水平力作用点水平位移-地基土水平抗力系数的比例系数的关系曲线(H-m、x_0-m)。桩侧土并不是理想的"弹簧",m 值与单桩所受的荷载水平有关,通常取单桩水平临界荷载对应的 m 值为推荐值,该数值为地面以下 $2(D+1)m$ 深度范围内各层土的综合值。

3. 有桩身测量元件时的资料整理

1)桩身弯矩计算

试验中我们所测的桩身参数是桩身传感器位置的应变值,根据应变值来确定桩身弯矩。

对预制桩,尤其是预应力钢筋混凝土桩,应在地表通过率定试验得到桩身应变和相应弯矩的关系曲线,以此来确定桩身弯矩。对混凝土灌注桩可通过下列方法和步骤计算桩身弯矩。

①假定所测受拉面的应变为 ε_+(正值),受压面应变为 ε_-(负值),则可按线性关系得到桩截面的应变分布值及中性轴的位置(图 2.3-19b)。

$$x=b_0\frac{|\varepsilon_-|}{|\varepsilon_+|+|\varepsilon_-|} \tag{2.3-8}$$

式中 b_0——同一平面内受压面与受拉面传感器之间的距离(m);

x——中性轴到受压传感器的距离(m)。

②根据钢筋所处位置的应变值、钢筋面积和模量确定钢筋所受的力。

③受压侧混凝土的压应力根据应变值与混凝土的受压模量确定;受拉侧要先根据应变值

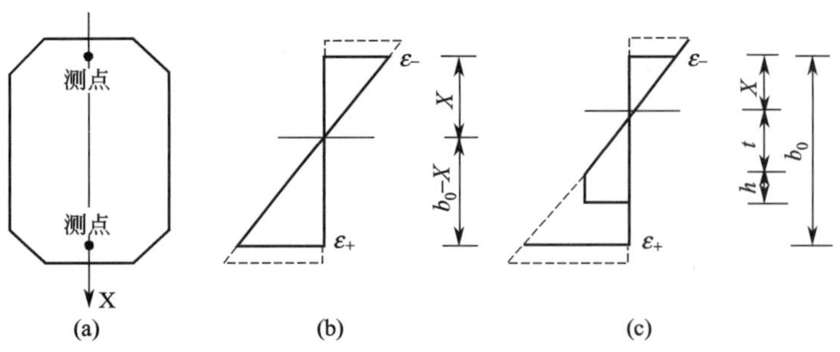

图 2.3-19　桩身截面应力计算

判定混凝土是否开裂及开裂程度，当受拉侧发生开裂但未破坏时，受拉区混凝土并未完全退出工作，此时还有一部分混凝土的拉应力达到其极限强度(σ_f)而产生塑性变形，其塑性区拉应力按矩形分布考虑，在中性轴附近 t 范围内为弹性区，其拉应力按三角形分布(如图 2.3-19c)。弹性受拉区的高度 t 按下式计算：

$$t=x\cdot(\sigma_f/E)/\varepsilon_- \tag{2.3-9}$$

式中，σ_f 和 E 分别为桩身混凝土的极限抗拉强度和弹性模量。塑性区的高度 h 可根据该截面所受拉力和压力平衡的条件求得。

④有了传感器所在截面的钢筋受力和混凝土应力分布后，即可算出截面的弯矩。截面弯矩以水平力作用点侧受拉为正。

⑤埋有桩身测量元件时，可将最上层传感器以上的桩侧土卸去，用最上层桩身应变测量值算出的弯矩与实际荷载(弯矩)对比，校核桩身混凝土模量值。

得出各测点的弯矩后，绘制桩身弯矩随深度的变化图，见图 2.3-20。

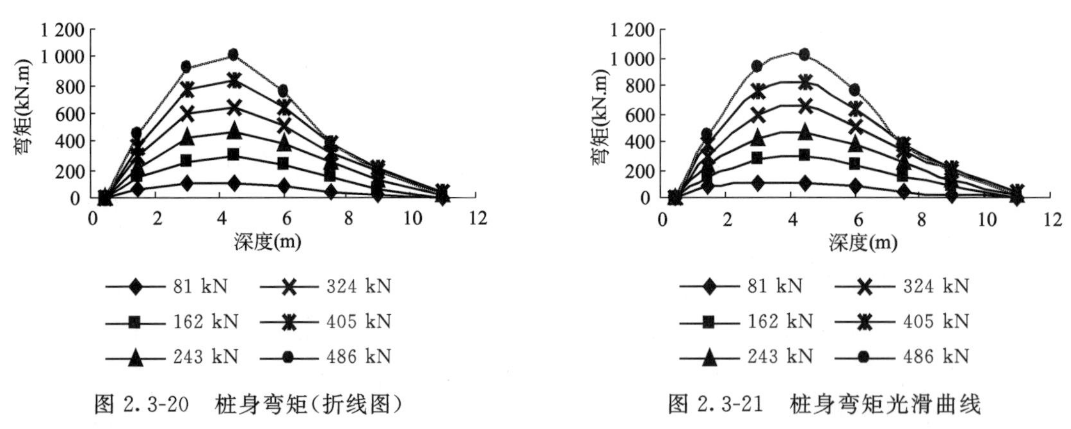

图 2.3-20　桩身弯矩(折线图)　　　　图 2.3-21　桩身弯矩光滑曲线

2)桩侧土水平抗力计算

有了各级荷载下桩身弯矩随深度的变化图，即可依据材料力学中弯矩和分布荷载的关系(2.3-10)，用深度 h 二次微分弯矩得到桩侧土水平抗力随深度的变化曲线。

$$\frac{\mathrm{d}^2M}{\mathrm{d}x^2}=q \tag{2.3-10}$$

式中　q——分布荷载(kN/m)。

前面得到的弯矩随深度的变化图是由一组离散数据连成的折线。桩周土抗力是一种连续分布荷载，对应的桩身弯矩曲线应该是一条光滑曲线，因此在微分前宜对弯矩曲线进行光滑处理(图 2.3-21)。处理方法可利用 Excel 自带光滑处理功能。

对于光滑处理后的弯矩曲线，事实上我们很难给出它的解析解，这里可用数值微分的方法求解桩身剪力和桩侧土抗力。式(2.3-11a)和式(2.3-11b)分别为三点微分和五点微分计算式。相对来说五点微分比三点微分得到的曲线更圆滑，但个性特点被削弱，实践中可根据具体情况选用。

$$\begin{pmatrix} f'(a-h) \\ f'(a) \\ f'(a+h) \end{pmatrix} = \frac{1}{2h} \begin{pmatrix} -3 & 4 & -1 \\ -1 & 0 & 1 \\ 1 & -4 & 3 \end{pmatrix} \begin{pmatrix} f(a-h) \\ f(a) \\ f(a+h) \end{pmatrix} \tag{2.3-11a}$$

$$\begin{pmatrix} f'(a-2h) \\ f'(a-h) \\ f'(a) \\ f'(a+h) \\ f'(a+2h) \end{pmatrix} = \frac{1}{20h} \begin{pmatrix} -21 & 13 & 17 & -9 & 0 \\ -11 & 3 & 7 & 1 & 0 \\ -4 & -2 & 0 & 2 & 4 \\ 0 & -1 & -7 & -3 & 11 \\ 0 & 9 & -17 & -13 & 21 \end{pmatrix} \begin{pmatrix} f(a-2h) \\ f(a-h) \\ f(a) \\ f(a+h) \\ f(a+2h) \end{pmatrix} \tag{2.3-11b}$$

式中　$f'(a+2h)$——$a+2h$ 深度位置的微分值(由弯矩计算出的剪力，或土抗力)；

$f(a+2h)$——$a+2h$ 深度位置函数值(弯矩，或计算土抗力时的剪力)；

$a+2h$——函数的深度位置(m)；

h——差分的深度步长(m)。

计算时应注意：①先确定差分步长 h，按步长从光滑的弯矩曲线上采集不同深度的弯矩值，然后用(2.3-11)式计算；②中间截面用(2.3-11)式中间的行计算，上部和下部边界分别用(2.3-11)式中上面的行和下面的行计算；③桩顶作用作为计算的边界条件，土面以上桩顶弯矩等于水平力乘以作用点到计算点的距离，剪力等于水平荷载。

计算出各截面处土的单位长度水平抗力 q_i(kN/m)后，按式 2.3-12 计算相应的单位水平抗力 p_i(kPa)。

$$p_i = q_i / B \tag{2.3-12}$$

式中　q_i——由式(2.3-11)计算出的桩侧土单位长度水平抗力(kN/m)；

p_i——桩侧土单位水平抗力(kPa)；

B 同式(2.3-7)。

得到各测点间土的单位水平抗力后，绘制其随深度的变化图，见图 2.3-22。

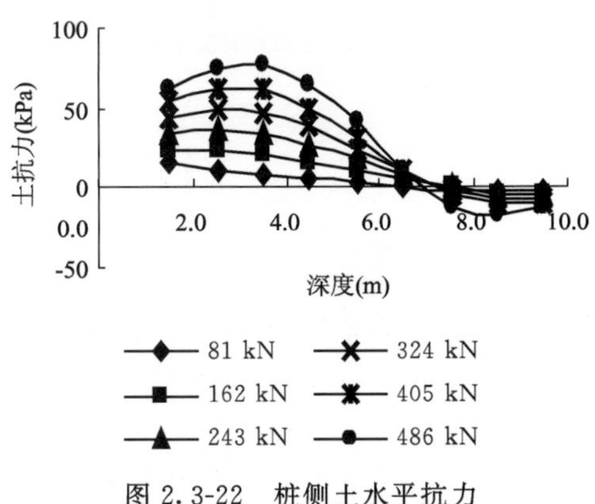

图 2.3-22　桩侧土水平抗力

3)桩身水平位移计算

桩的挠曲线可由各截面所测得的弯曲应变求得。

从弯曲构件的几何关系可得到各深度 h 处桩身水平位移 x、转角 θ、弯曲曲率半径 ρ 和截面应变 ε 的微分方程为：

$$\frac{d^2 x}{dh^2} = \frac{d\theta}{dh} = \frac{1}{\rho} = \frac{\varepsilon}{b_0} \tag{2.3-13a}$$

$$\varepsilon = \varepsilon_+ - \varepsilon_- \tag{2.3-13b}$$

式中　ε_+——桩顶水平荷载作用点对侧桩身传感器所测的应变值(受拉为正，受压为负)；

ε_-——桩顶水平荷载作用点对侧桩身传感器所测的应变值；

ε——同一层面水平力作用方向上两传感器所测应变的差值；

b_0——同一层面两传感器间的水平距离(m)。

设各相邻测试截面间弯曲应变按线形变化，则相邻截面 i 和 $i+1$ 内到 i 截面距离为 h 处的应变为：

$$\varepsilon_h=\varepsilon_i+(\varepsilon_{i+1}-\varepsilon_i)h/l_i \tag{2.3-14}$$

式中 l_i——i 截面到 $i+1$ 截面的距离(m)。

把式(2.3-14)代入(2.3-13a)分别积分一次、二次得到各断面的转角和位移：

$$\theta_{i+1}=\theta_i+(\varepsilon_{i+1}+\varepsilon_i)l_i(2b_0) \tag{2.3-15a}$$

$$x_{i+1}=x_i+\theta_i l_i+(\varepsilon_{i+1}+2\varepsilon_i)l_i^2/(6b_0) \tag{2.3-15b}$$

式中 $\varepsilon_i,\varepsilon_{i+1}$——分别为 $i,i+1$ 截面的弯曲应变；

θ_i,θ_{i+1}——分别为 $i,i+1$ 截面的弯曲转角(rad)；

x_i,x_{i+1}——分别为 $i,i+1$ 截面的弯曲水平位移(m)。

以水平荷载作用平面作为桩深度 h 的 0 点，向下为正；以该位置所测的位移作为桩顶的位移初值 x_0(正值)，以上下两层位移计所测位移的差与位移计的竖向距离的比值求得的转角，作为桩顶转角初值 θ_0(负值)。

有了桩顶变形初值(x_0、θ_0)和各层传感器所代表的桩段长度(l_i)，即可从上到下依次算出各测试截面桩的水平位移。当桩的计算长度 $\alpha h>4$ 时，桩底的变形应为 0，以此来检查计算结果，必要时可进行平差。

根据计算结果绘制桩身挠度(位移)曲线，见图 2.3-23。

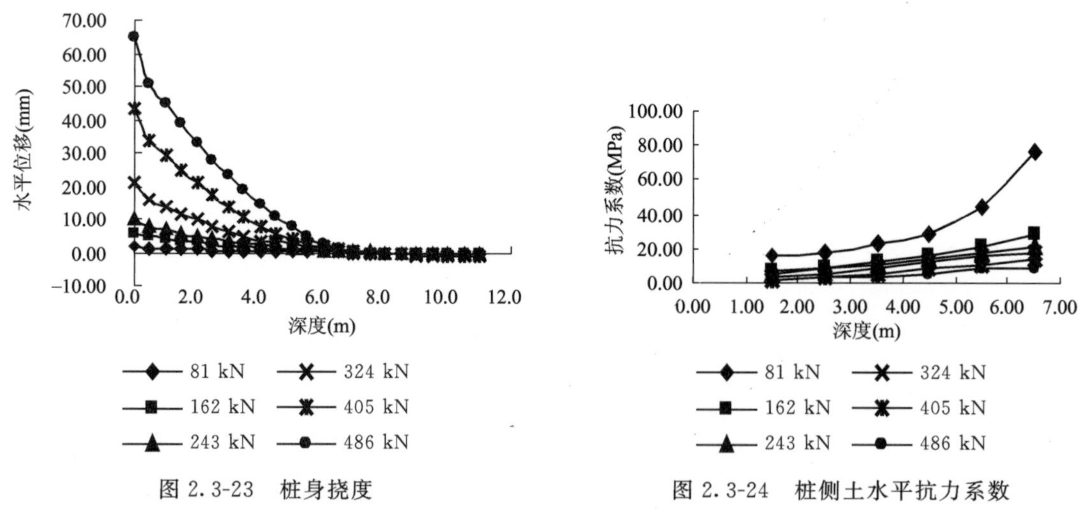

图 2.3-23 桩身挠度

图 2.3-24 桩侧土水平抗力系数

4)桩侧土水平抗力系数计算

根据桩侧土水平抗力值和桩身位移，可计算出桩侧土的水平抗力系数 C_i(kN·m^{-3})。

$$C_i=p_i/x_i \tag{2.3-16}$$

式中 p_i,x_i 分别同式(2.3-12)，(2.3-15)。

绘制桩侧土的水平抗力系数随深度的变化图(图 2.3-24)。

当桩侧土的水平抗力系数与深度成正比例时，可按式 2.3-17 算出分层土的水平抗力系数的比例系数 m(kN · m^{-4})。

$$m = C/h \tag{2.3-17}$$

绘制桩侧土水平抗力系数的比例系数图(图 2.3-25)。

2.3.4 工程实例分析

2.3.4.1 ××铁路××特大桥基桩载荷试验

1. 工程概况

试验点位于天津市西青区，桥梁结构为 32 m 预应力混凝土梁。试验项目有单桩竖向抗压静载荷试验、水平静载荷试验等。该组试桩由 3 根试验桩和 8 根锚桩组成，均为钻孔灌注桩，成孔施工采用泥浆反循环工艺。桩长为 52.9 m，桩直径为 1.0 m，为了安装测试元件，试桩钢筋笼主筋为 15 根 ϕ20 mm 的通长钢筋，顶部双筋段长 5.95 m。设计单桩竖向抗压承载力 4 335 kN，水平承载力 159 kN。为保证试验结果的可靠性，还进行桩孔成孔质量超声波检测和桩身质量低应变、超声透射法检测。成桩日期为 2006 年 5 月 20 日，试验开始日期 2006 年 6 月 23 日。

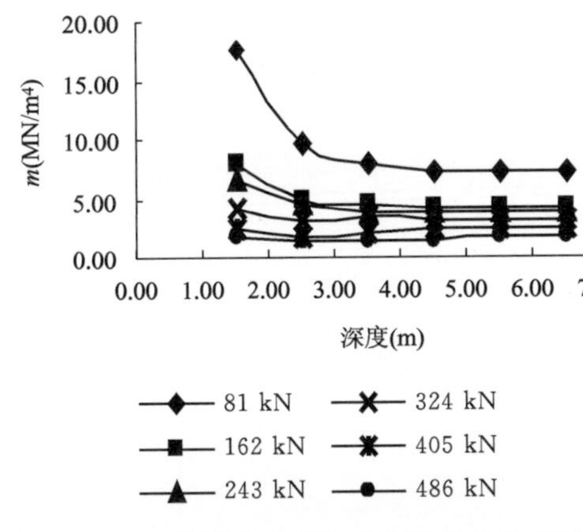

图 2.3-25 桩侧土水平抗力系数的比例系数 m

图 2.3-26 试验装置

2. 单桩竖向抗压静载荷试验

试验采用锚桩反力梁装置，见图 2.3-26。试验控制与数据采集由专用的载荷试验仪完成，具有自动补载、自动判稳、记录等功能。试验分级荷载为 950 kN，第一级为分级荷载的二倍，按慢速维持荷载法试验。

根据各级荷载下的桩顶观测数据绘制荷载—沉降(Q-S)曲线、沉降-时间对数(S-lg$t$)曲线、沉降—荷载对数(S-lg$Q$)曲线。图 2.3-27 为 1 号试桩曲线，根据曲线特征判定 1 号试桩单桩极限承载力为 9 500 kN。

根据试验点的地层分布情况在桩身共埋设了 13 层测试元件，见图 2.3-36。其中最上层位于桩顶下 0.5 m，为桩身混凝土模量标定层；最下层位于桩底以上 0.5 m，为桩端阻力校核层。桩底埋设 3 个压力盒。测试元件均为振弦式。

根据各级荷载下的测试数据整理计算桩身轴力，计算时测试截面处的桩身截面积依据超声测孔资料计算确定，图 2.3-28 为超声测孔曲线，图 2.3-29 为轴力分布图。

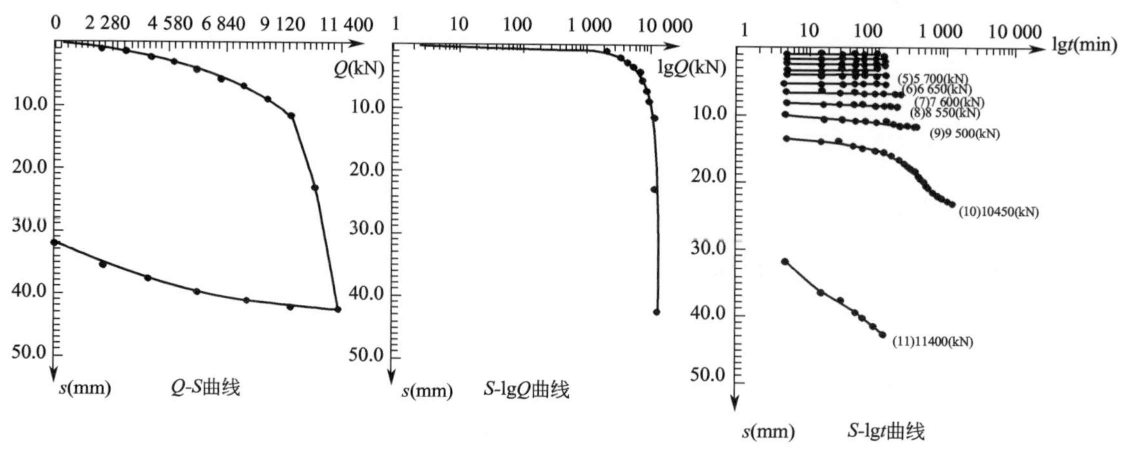

图 2.3-27　荷载、沉降、时间关系曲线

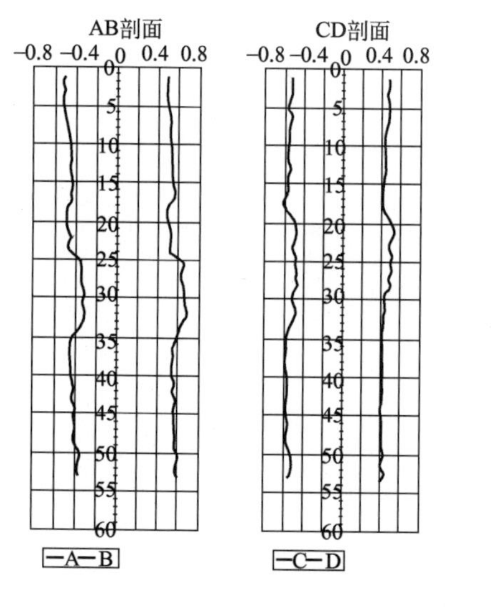

图 2.3-28　超声波测孔曲线

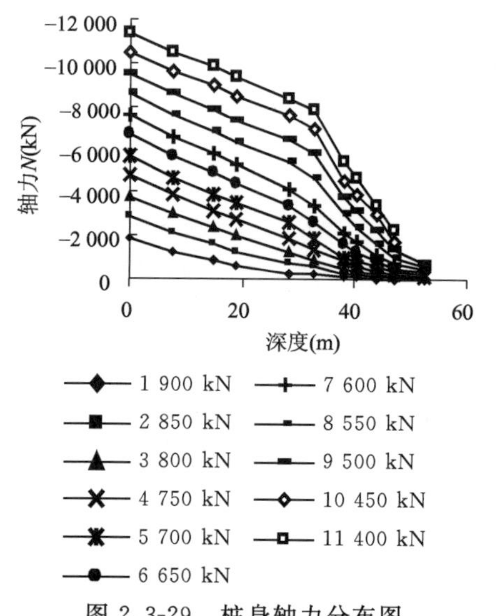

图 2.3-29　桩身轴力分布图

图 2.3-30～图 2.3-35 分别为各级荷载下桩身沉降、桩侧及桩端土阻力变化曲线图。图 2.3-36 为各级荷载下桩侧土摩阻力最大值分布图。

3. 单桩水平静载荷试验

试验条件为桩顶自由。由于锚桩纵向配筋远大于试桩，锚桩相对试桩有足够的抗弯刚度和水平承载力，用锚桩作试验反力有足够的安全储备，因此采用锚桩与试桩对顶。试验装置与图 2.3-16 相似，不同之处在于荷载和桩顶水平位移分别采用荷重传感器和位移传感器测量，由主机实现自动加载、稳压补载和自动记录。3 根试桩有 2 根采用单向多循环方式加载，另 1 根采用维持荷载法(稳定法)，试验开始时间控制在完成竖向抗压试验 5 天后进行。根据桩及桩侧土的参数预估 $\alpha h=4.0$ 对应的深度为 9.0 m，因此抗弯测试元件布置在桩顶下 11 m 深度范围内，其竖向深度位置见表 2.3-7。每层受拉、受压侧各布置一个，拉、压侧传感器的水平间距 $b_0=0.816$ m，测试元件为振弦式。分级荷载为 30 kN。

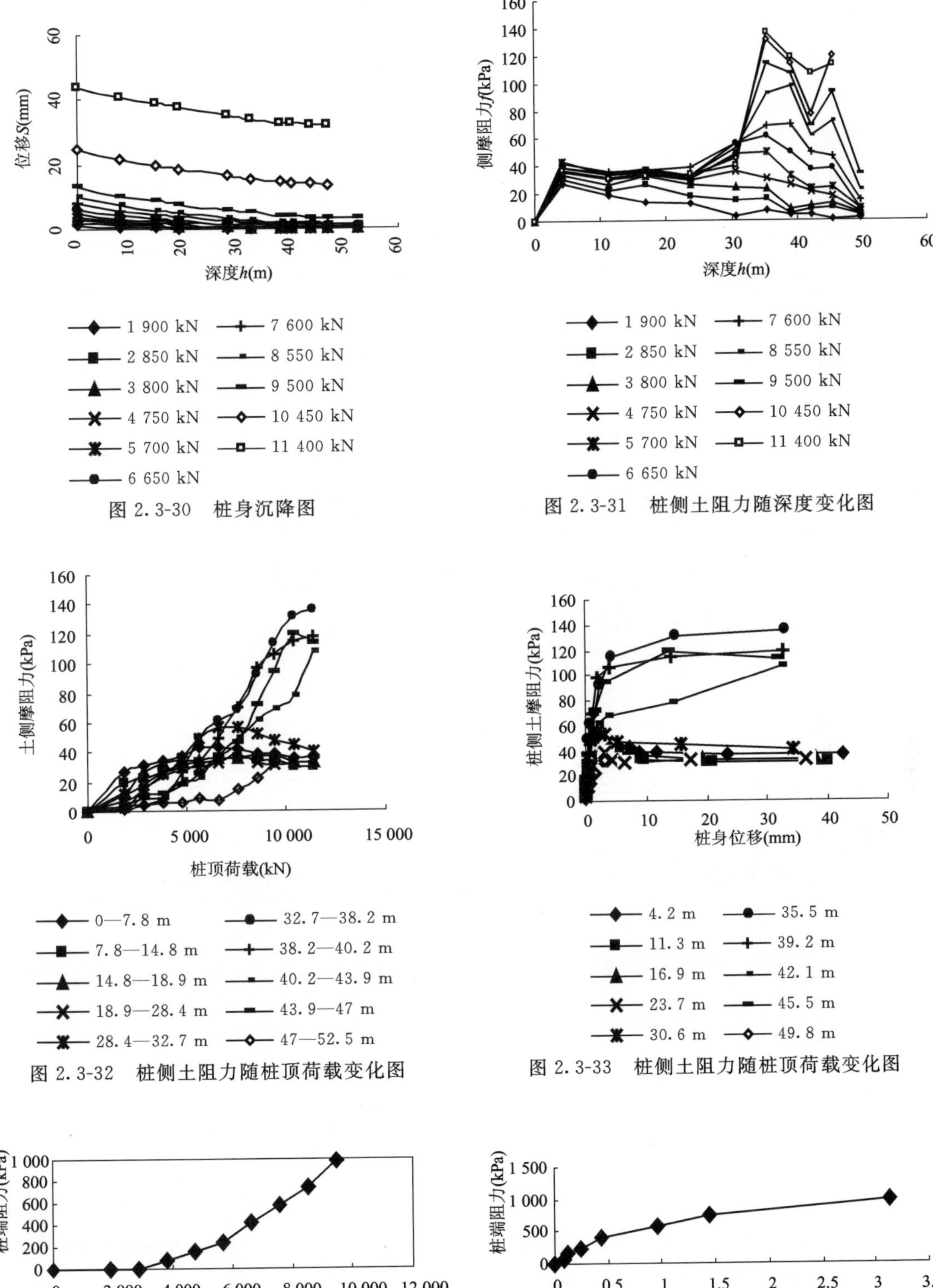

图 2.3-30 桩身沉降图

图 2.3-31 桩侧土阻力随深度变化图

图 2.3-32 桩侧土阻力随桩顶荷载变化图

图 2.3-33 桩侧土阻力随桩顶荷载变化图

图 2.3-34 各级荷在下桩端阻力

图 2.3-35 桩端阻力随桩端位移变化图

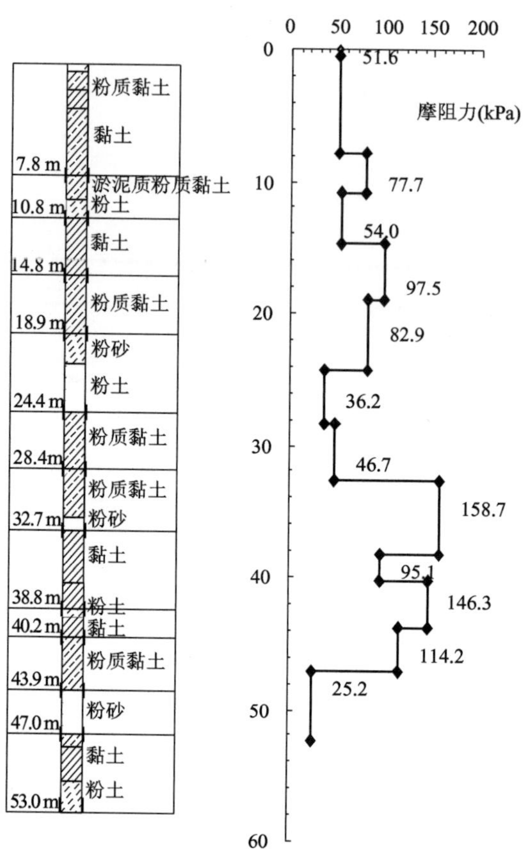

图 2.3-36　各级荷载下桩侧土摩阻力最大值

表 2.3-7　桩身水平测试元件深度位置

层号	1	2	3	4	5	6	7
深度(m)	1.5	3.0	4.5	6.0	7.5	9.0	11.0

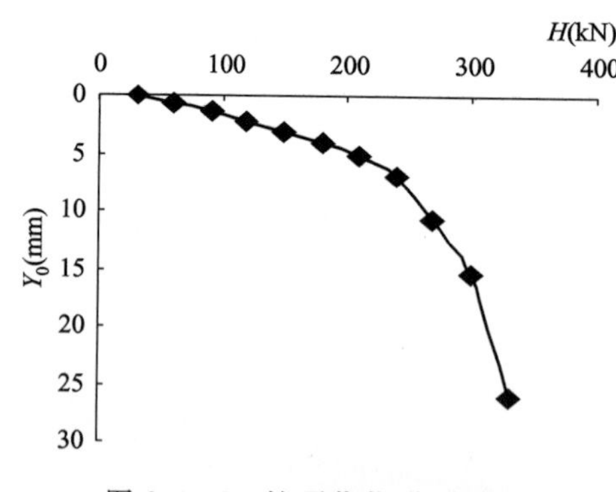

图 2.3-37　桩顶荷载-位移曲线

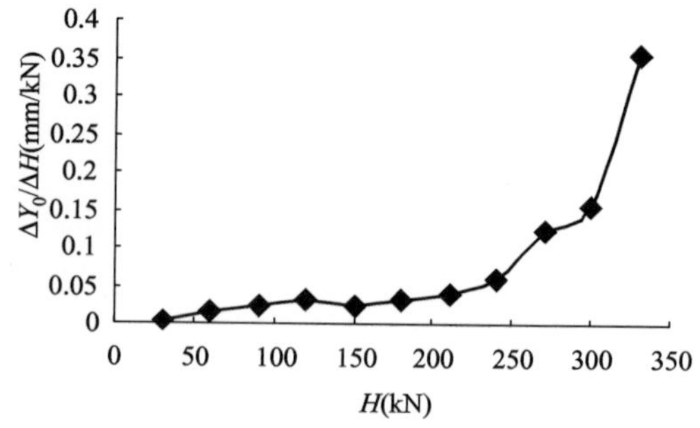

图 2.3-38　桩顶荷载-位移梯度曲线

3 号试桩采用慢速维持荷载法，共施加荷载 11 级。图 2.3-37～图 2.3-44 为 3 号桩的试验成果曲线。根据曲线特征判定单桩水平临界荷载 $H_{cr}=240$ kN，极限荷载 $H_u=300$ kN，临界荷载对应的桩侧土水平抗力系数的比例系数 $m=6.6$ MN/m^4，桩身最大弯矩出现在桩顶以下 5 m 附近。

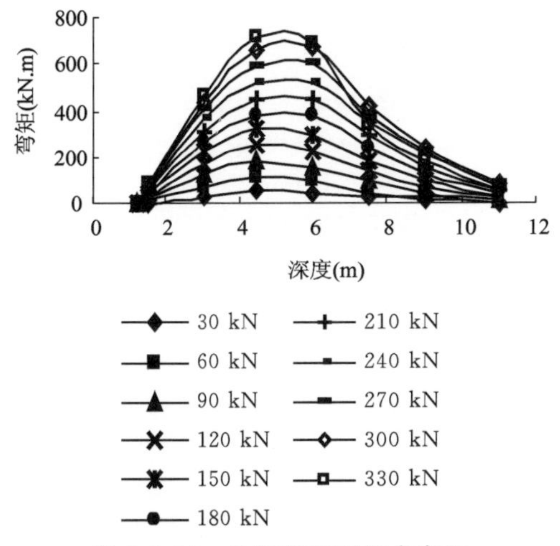

图 2.3-39 各级荷载下桩身弯矩

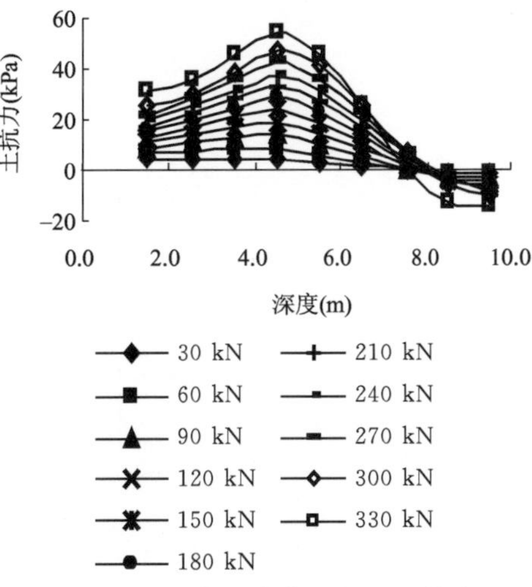

图 2.3-40 各级荷载下桩侧土抗力

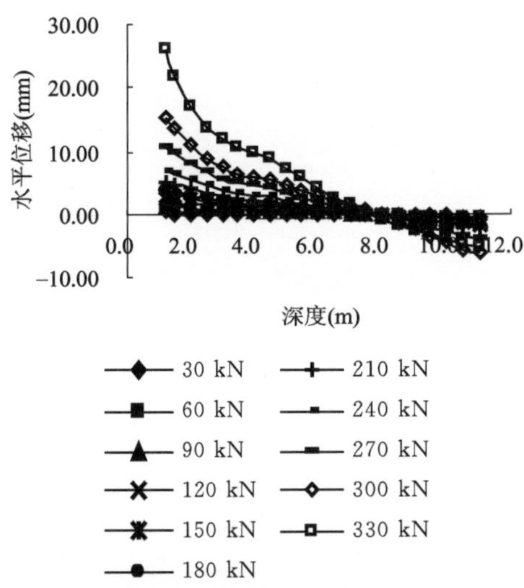

图 2.3-41 各级荷载下桩身位移

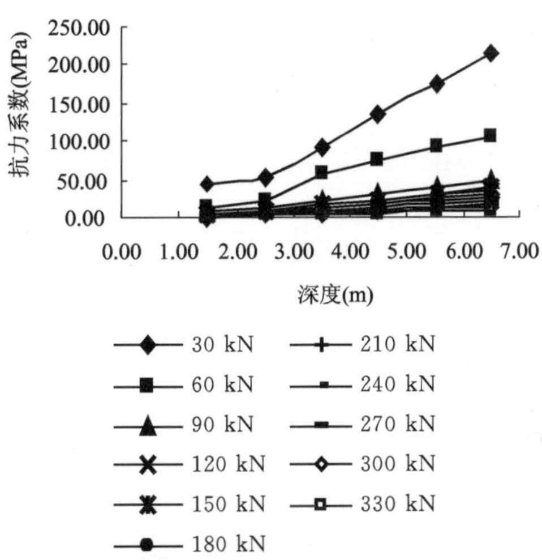

图 2.3-42 各级荷载下桩侧土抗力系数

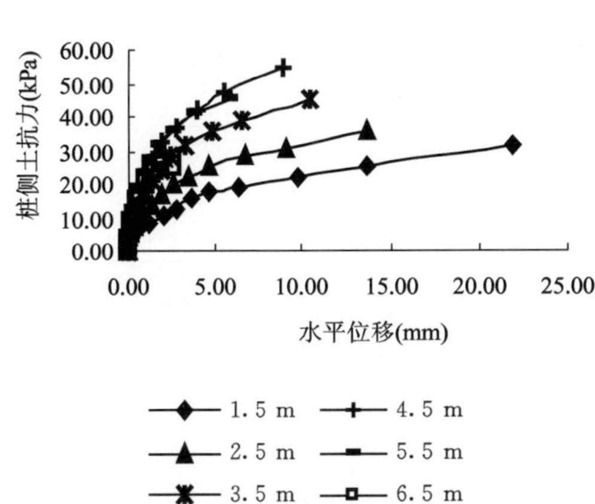

图 2.3-43 不同深度桩身位移-土抗力曲线

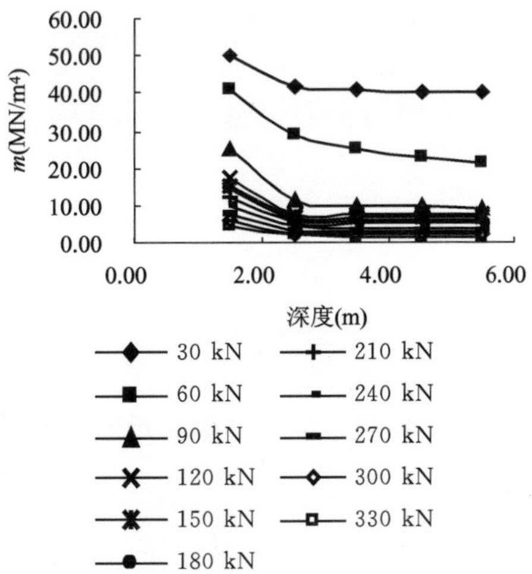

图 2.3-44 各级荷在下不同深度的 m 值

2.3.4.2　××工程基桩载荷试验

工程地点位于苏州市。试验桩为钢筋混凝土预制方桩，混凝土等级为 C30，桩截面为 450 mm×450 mm，桩长为 23 m。地表为素填土，厚度 0.7～1.5 m，其下为黏土和粉质黏土互层，可塑～流塑，桩端持力层为粉细砂，中密。沉桩工艺采用打入法。

设计预估单桩极限抗压承载力 2 000 kN，抗拔承载力 750 kN，水平承载力 50 kN。抗压和抗拔采用慢速维持荷载法，荷载分级分别为 250 kN 和 60 kN。单桩水平静载荷试验，桩顶自由，采用多循环加卸载法，荷载分级为 10 kN。

图 2.3-45 至图 2.3-47 分别为 3 号桩竖向抗压、6 号桩抗拔和 11 号桩水平载荷试验成果曲线，根据曲线特征判定 3 号桩单桩竖向抗压极限承载力为 2 500 kN；6 号桩单桩抗拔极限承载力为 600 kN；11 号桩单桩水平临界荷载为 50 kN，极限荷载为 115 kN。

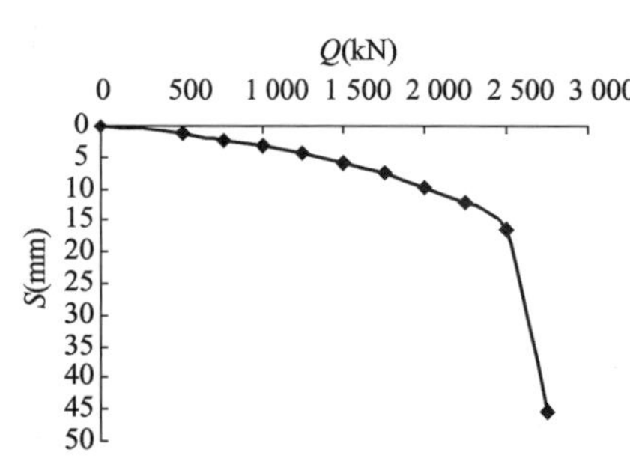

图 2.3-45　3 号桩 Q-S 曲线

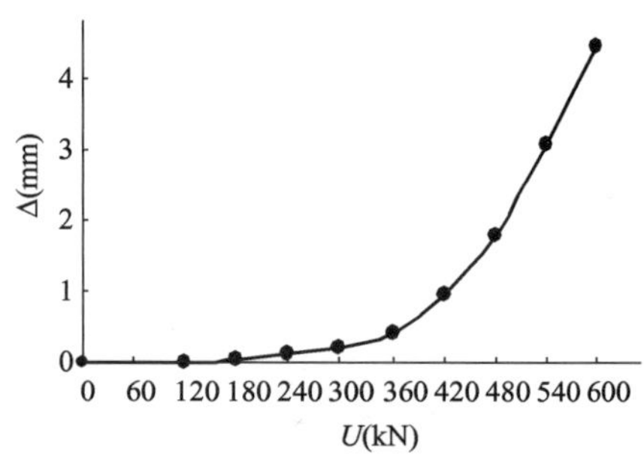

图 2.3-46　6 号桩 U-Δ 曲线

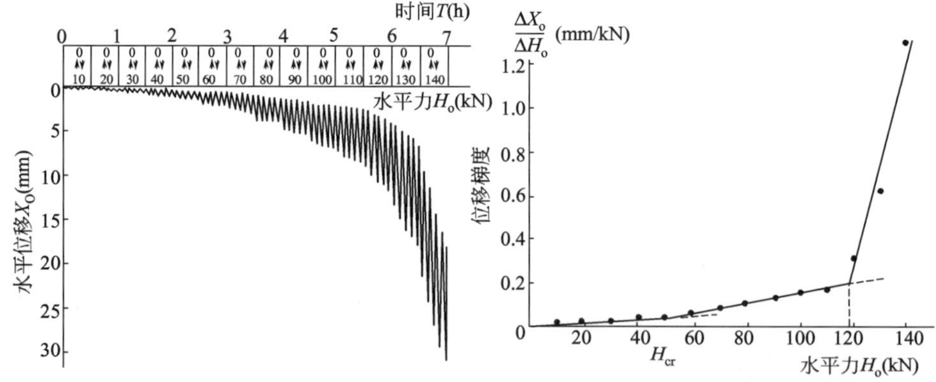

图 2.3-47　11 号桩单桩水平载荷试验曲线

2.3.4.3　××工程基桩竖向抗压载荷试验

工程地点位于天津市。桩型为振动沉管混凝土灌注桩，桩直径 450 mm，桩长 19 m，钢筋笼长 12 m，混凝土等级 C25。地基土表层为淤泥质土，厚约 11 m，其下为粉质黏土，桩端为粉土。由于打桩过程中的挤土效应，个别桩在钢筋笼底部被拉断，其桩竖向抗压静载荷试验曲线如图 2.3-48 所示。

载荷试验曲线特征表明，单桩在加载到 480 kN 时被压密，拉断层厚约 30 mm。Q-S 曲线后段表明桩断裂部位被压密闭合后，有一定的竖向抗压承载能力。

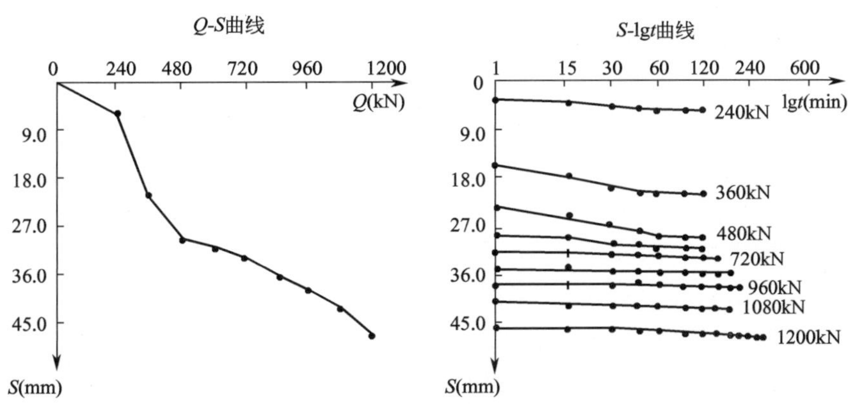

图 2.3-48 ××桩竖向抗压载荷试验曲线

2.4 声波透射法

2.4.1 基本原理

2.4.1.1 *声波的基本概念*

波动，简称波，是振动的传播。通常的波动可分为机械波和电磁波两大类。声波是一种机械波，它在固体弹性介质中传播时服从虎克定律、牛顿三定律等力学基本理论。根据波动频率不同，声波可分为次声波、可闻声波和超声波。声波频率超过 20 kHz 时，正常的人耳就听不到了，声波透射法通常所涉及的声波是 30～60 kHz 的超声波。

激发波动的振动系统称为波源，介质中质点的振动情况很复杂，由此而产生的波动也很复杂。介质中各质点均作连续不断的振动，这种波称为连续波，各质点均作简谐振动的连续波叫做简谐波。如果介质中各质点作单一或间歇的脉冲振动，这种波称为脉冲波。声波透射法的波源为间歇的脉冲波，脉冲频率通常为 50 Hz。

根据质点振动方向和波传播方向的关系，声波分为纵波、横波和表面波。质点振动方向与波传播方向平行的波称为纵波。声波透射法涉及的是纵波。

波从波源出发，在介质中传播。我们认定波源在某一时刻 t 的振动相位，考察这一相位在 $t+\Delta t$ 时刻的质点位置，这些相位相同的质点构成的面叫波振面。一列脉冲波中最前面的波振面叫做波前。根据波振面的形状，声波可分为平面波、球面波和柱面波等，声波透射法主要涉及柱面波。柱面波的波振面为同轴的圆柱面。波的传播方向称为波线或波射线。见图 2.4-1。

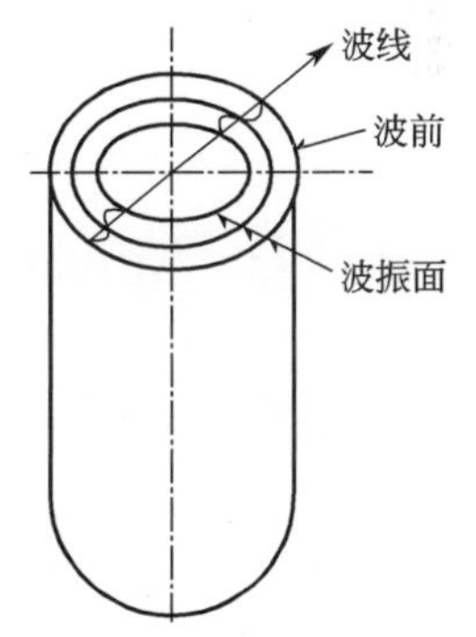

图 2.4-1 柱面波特征

有声波在其中传播的那部分介质范围称为声场。声压、声强和声阻抗是声场的特征参数。

声压是指声场中某一点在某一时点所具有的压强与没有声场存在时同一点的静态压强之差，其大小为：

$$p_t=\rho\cdot c\cdot v_t \tag{2.4-1}$$

式中 P_t——声场中某一点在 t 时点的声压(Pa)；

ρ——声场介质的质量密度(kg/m^3)；

c——声场介质的纵波波速(m/s)；

v_t——声场中某一点在 t 时点的质点振动速度(m/s)。

声波透射法所用的接收换能器为压电晶体，直接检测到的是声压，最终转换为电压输出，因此声波透射法中的振幅值为声压幅值。

由于声压数量级相差悬殊，为了叙述和表示的方便引入了声压级的概念。声压级可由(2.4-2)式计算，单位：dB。

$$L_P = 20\lg(P/P_0) \tag{2.4-2}$$

式中　L_P——声压级(dB)；

P——声压值(Pa)；

P_0——基准声压值(Pa)。

2.4.1.2　声波在介质中的传播

1. 声波在介质中的传播速度

声波的种类不同，在介质中的传播速度也不同，纵波传播速度最快，这里仅介绍纵波波速。纵波传播速度主要取决于介质的质量密度、弹性模量和泊松比，此外还受介质的横向(垂直于波的传播方向)尺寸与波长的比值影响，横向尺寸越大，波速越快。

1)纵波在无限大固体介质中的传播速度

$$c = \sqrt{\frac{E}{\rho} \cdot \frac{1-\mu}{(1+\mu)(1-2\mu)}} \tag{2.4-3a}$$

2)纵波在薄板中的传播速度

$$c = \sqrt{\frac{E}{\rho} \cdot \frac{1}{(1-\mu^2)}} \tag{2.4-3b}$$

3)纵波在细长杆中的传播速度

$$c = \sqrt{\frac{E}{\rho}} \tag{2.4-3c}$$

式中　c——纵波在介质中的传播速度(m/s)；

E——介质的弹性模量(Pa)；

ρ——介质的质量密度(kg/m^3)；

μ——介质的泊松比。

与声波透射法有关的主要介质无限大空间的纵波波速见表 2.4-1。

表 2.4-1　主要介质的声波纵波波速

介　质	钢	混凝土	淡水(20℃)	空气(20℃)
波速(m/s)	5 940	4 500	1 481	343

上述分析可以看出介质的声速与介质的弹性模量正相关。大量试验结果也表明混凝土的声速与混凝土的强度正相关，因此可将混凝土的声速作为声波透射法检测的一个判据。

2. 费马原理

波在均匀介质中从一点传播到另一点时，沿所需时间最短的路径传播，这就是费马(Fermat)原理，又称最小时间原理。据此原理我们可按(2.4-4)式计算声波透射法中桩身混凝土的声速。

$$c=\frac{l}{t} \tag{2.4-4}$$

式中 c——声波透射法所测的桩身混凝土声速(m/s)；

l——收发换能器之间混凝土的距离(m)；

t——声波在收发换能器之间混凝土中的走时(s)。

3. 惠更斯原理

介质中波动传到的各点，都可以看作是发射子波的波源，在其后的任一时刻，这些子波的包迹就决定新的波振面，这就是惠更斯(Huygens)原理。

图 2.4-2 为均匀介质中柱面波的惠更斯原理解析，在 t 时刻的波振面是半径为 R_1 的圆柱面 S_1，以 S_1 面上各点为发射子波振源的中心，以 $r=c\Delta t$ 为半径，画出许多半球形子波，这些子波的包迹面 S_2 就是以 O 为轴心，以 R_2 为半径的圆柱面。

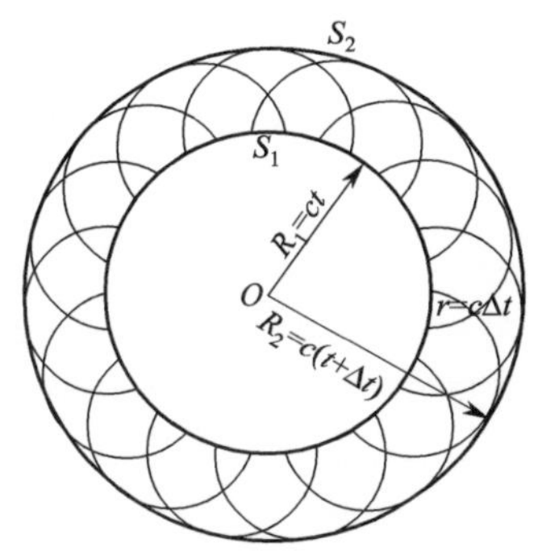

图 2.4-2 柱面波惠更斯解析

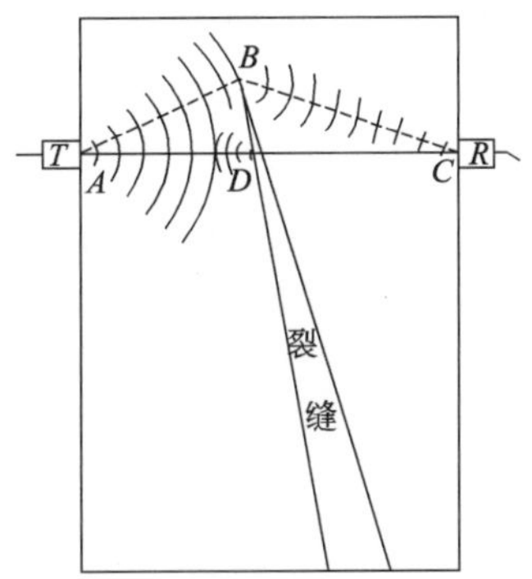

图 2.4-3 声波的绕射

图 2.4-3 为介质中有空洞(其声阻抗远远小于介质的声阻抗)时柱面波的惠更斯原理解析，声波先由振源 A 点出发，在介质中传播到达 B 点，以 B 点作为子波振源，产生的子波在介质中传播从 B 点到达 C 点。沿直线 AC 传播的波，在 D 点(极软边界)处发生反射和散射，几乎没有透射波。在 C 点接收到的波是由 A 点出发，经由 B 点绕射到 C 点的信号。

上述解析说明波在各向同性均匀介质中传播时，波速、波振面形状、波的传播方向等均保持不变。但是，如果波在传播过程中遇到障碍物时，则波速、频率、波振面形状、以及波的传播方向都要发生变化，产生绕射、反射和散射等现象。

4. 波的叠加原理

设几个波源产生的波，同时在同一介质中传播，如果这几个波在空间某点相遇，那么相遇处的质点的位移是各个波所引起的分振动的合成，在任一时刻质点的位移是各个波在该点所引起的分位移的矢量和。通俗地说，每一个波都独立地保持自己原有的特性(频率、振幅、相位、振动方向等)，对该点的振动给出自己的一份贡献，就像在各自的路程中并没有遇到其他波一样。这种波传播的独立性是实验事实，称为波的叠加原理。

声波透射法检测混凝土桩，声波从发射换能器出发在混凝土中传播，遇到不规则形状的缺陷时，会产生多个特性不同的子波(惠更斯原理)，这些子波到达接收传感器时将产生迭加，接收换能器会收到一列不规则的波形，见图 2.4-4。

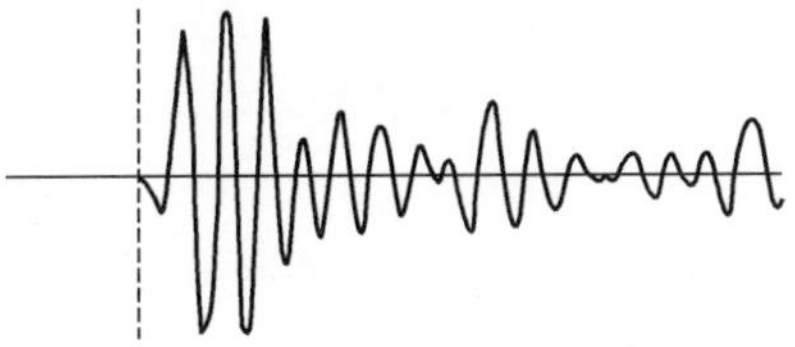

图 2.4-4 叠加后的波形

上述分析表明波形可作为声波透射法检测的判据。

5. 波在介质中传播时的衰减

波在介质中传播时，其能量或者振幅会逐渐减小，这种现象叫作衰减。声波透射法检测中的衰减通常是以接收波的幅值变化来衡量。压电式换能器接收的信号是声压值，其衰减指的就是声压幅值的衰减，通常以声压级(单位:dB)来表示。

声波在混凝土中传播时的衰减主要来源于三个方面。

1)吸收衰减

声波在介质中传播时，介质对其质点振动会有黏滞阻尼，因此波的一部分能量会转化成介质的内能，这种现象叫作波的吸收。吸收衰减通常用吸收系数来表示。吸收系数与声波的频率和介质的塑性有关。声波频率越高，吸收系数越大；声波透射法检测中，声波频率一定时，混凝土的弹性模量(E)越低，其吸收系数越大。

2)散射衰减

从惠更斯原理分析可知，声波在介质中传播遇到声阻抗不同的界面时会产生散射。散射导致原来波线方向上波的衰减，这种衰减叫作散射衰减。声波透射法检测中，混凝土越不均匀，尤其是含有蜂窝等空洞时，散射衰减越大。

3)扩散衰减

除了平面波在一维杆件中传播的特例外，波在介质中传播时，其波振面都随传播距离的增大而增大。波振面面积的扩大引起波振面上能量密度的减弱，由此而引起的衰减叫做扩散衰减。声波透射法检测中为近似的柱面波，波振面随其半径的增大而增大，因此波的扩散衰减与传播距离成反比。

声波透射法检测中，收、发换能器距离恒定时，声幅的变化仅与吸收衰减和散射衰减有关，且混凝土强度越低、越不均匀衰减越大，因此可将声幅作为异常的判据。

6. 波在介质中传播时的频率特性

声波透射法检测中的声波为脉冲波，从振源发出的波为复频波，含有丰富的频率成分，其主频接近发射换能器的标称频率。脉冲波在介质中传播时，一方面继承振源的频率特性，另一方面被介质所调制，反映介质的频率特性。

从前述分析可知，声波传播过程中不同频率成分衰减是不同的，频率越高吸收越大，衰减越快。因此声波在混凝土中传播一段距离后，其脉冲波的频谱将发生变化，主频向低端漂移，这种现象称为频漂。传播距离一定时，混凝土弹性模量越低，脉冲波的主频向低频端漂移越多，接收信号的主频越低。

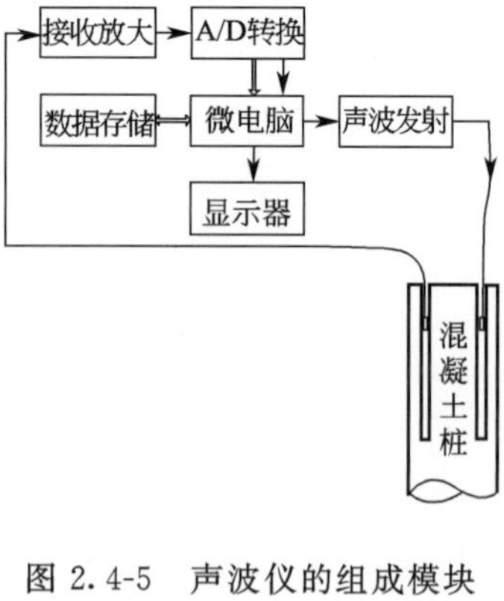

图 2.4-5 声波仪的组成模块

2.4.2 仪器设备

声波透射法主要仪器设备为声波仪和换能器。

2.4.2.1 声 波 仪

目前声波透射法所用的声波仪大都属于数字式声波仪。其基本模块组成见图 2.4-5。

现行《铁路工程基桩检测技术规程》(TB 10218—2008)对声波仪的要求如下：

1)具有实时显示和记录接收信号的时程曲线以及频谱分析的功能。

2)声时显示范围应大于 2 000 μs，测量精度优于或等于 0.5 μs，声幅值测量范围不小于

80 dB，声时声幅测量相对误差小于 5%，系统频带宽度为 5～200 kHz，系统最大动态范围不小于 100 dB。

3）声波发射脉冲宜为阶跃或矩形脉冲，电压幅值不小于 500 V。

4）采集器模/数转换精度不应低于 12 位，采样间隔应小于 1 μs，采样长度不应小于 1 024 点。

目前声波仪产品种类较多，根据声波仪的通道数可分为：一发一收、一发双收、和多通道循环发射接收。有的仪器配有记数滑轮系统，可实现连续提升自动采集。图 2.4-6 为武汉岩海公司的最新产品 RS-ST06D(T)型非金属超声检测仪，该仪器具有多通道自动循测功能，可一次完成 4 管 6 剖面检测。

外观

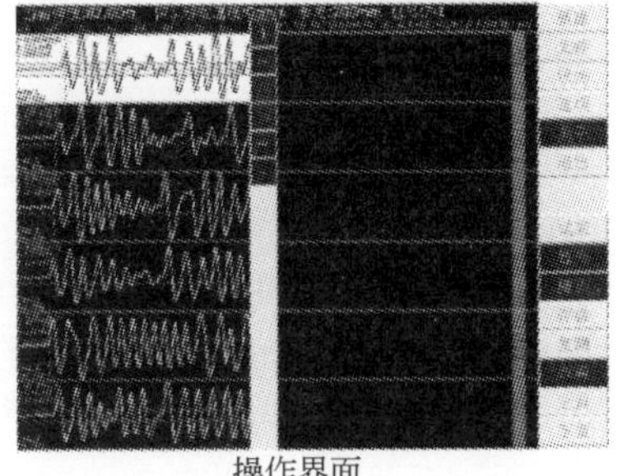

操作界面

图 2.4-6　RS-ST06D(T)型声波仪

2.4.2.2　换 能 器

声波透射法检测所用的换能器为圆管式径向增压换能器，图 2.4-7 为换能器的结构示意图，其核心为压电陶瓷。压电式换能器能量转换具有可逆性，压电陶瓷受到电压脉冲时会产生振动；换能器受到振动压力时，压电陶瓷会产生电荷。因此换能器可作为发射和接收探头。为了增益接收信号，接收换能器可采用内装前置放大的换能器。

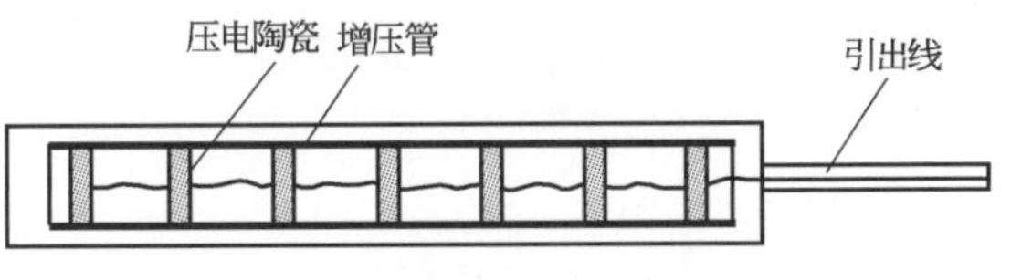

图 2.4-7　圆管换能器结构示意图

圆管式换能器沿径向无指向性，沿轴向具有指向性(图 2.4-8)。声波透射法检测时，除进行平测外，对于有缺陷的位置通常要进行斜测和扇形扫测。这时要求发射换能器声场沿轴向的扩散角 θ 尽量地大。

圆管换能器的扩散角 θ 与其长度有关，传感器越短，扩散角越大。图 2.4-9 为一圆管换能器轴向指向性试验，从图中可以看出平测时(θ=0)接收信号的声幅最大；θ=60°时，为平测时声幅的 1/3。

现行《铁路工程基桩检测技术规程》(TB 10218—2008)对换能器的要求如下：

1）圆柱状径向振动，沿径向无指向性。

2）谐振频率宜为 30～60 kHz。

3）当接收信号较弱时，宜选用带前置放大器的换能器。

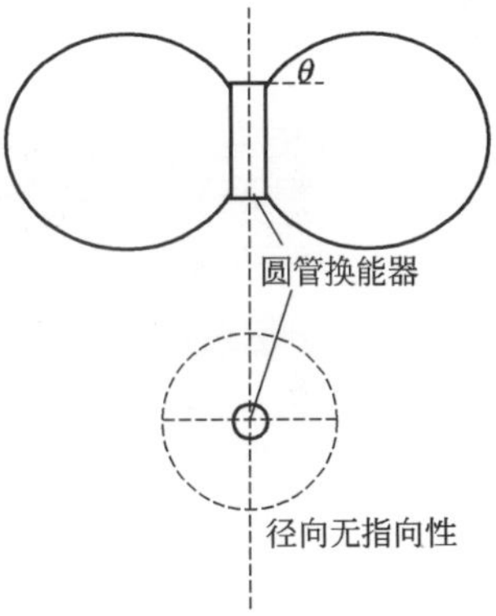

图 2.4-8　圆管换能器的指向性

4）收、发换能器的导线均应有长度标注，其标注允许偏差不应大于 10 mm。

5）水密性满足 1 MPa 水压不渗水。

2.4.3　现场测试

2.4.3.1　声测管的埋设

现行《铁路工程基桩检测技术规程》(TB 10218—2008)对声测管的埋设要求如下：

1）桩身直径 $D \leqslant 0.8$ m 时，应埋设不少于 2 根管；当 0.8 m$< D \leqslant 2.0$ m 时，应埋设不少于

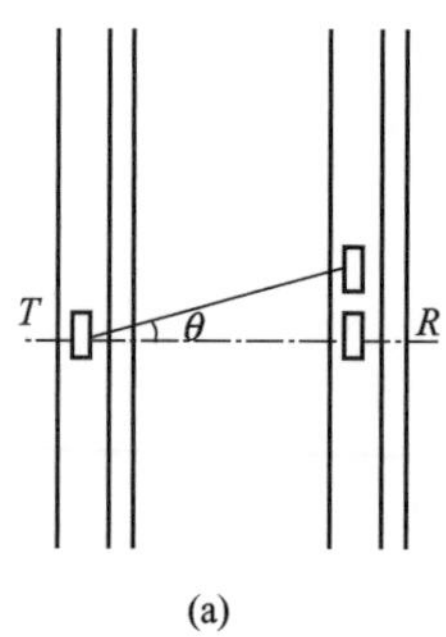

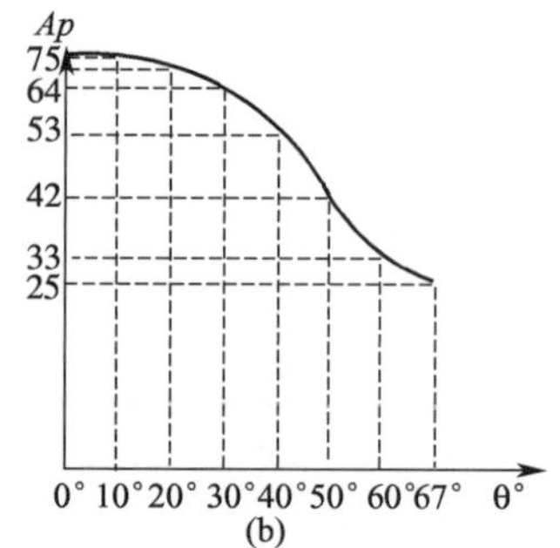

图 2.4-9　圆管换能器指向性试验

3 根管；当 $D>2.0$ m 时，应埋设不少于 4 根管。

2）声测管应采用金属管，内径不小于 40 mm，壁厚不小于 3.0 mm。

3）声测管下端封闭、上端加盖，管内无异物，连接处应光滑过渡，不漏水。管口应高出桩顶 100 mm 以上，且各声测管管口高度一致。

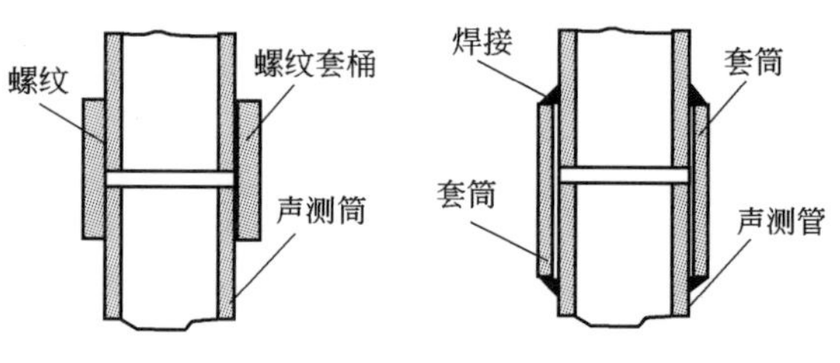

图 2.4-10　声测管螺纹、套筒联接

实际检测中经常出现声测管堵塞的情况，为了减少堵管除要加强施工管理外，还要特别注意下列情况。

1）声测管的壁厚和质量应尽量选用符合规范要求的声测管，焊接管不能有开裂和孔眼，不宜用脚手架管代替声测管。

2）分段下放安装声测管时，分段长度不宜太大，以声测管不因弯曲挤瘪为准。

3）声测管的接头宜选用适当的方式联接，常见的联接方式螺纹联接、套筒衔接（图 2.4-10）。图 2.4-11 为采用专用声测管及其专用接头的情况，该种联接方式效果较好。

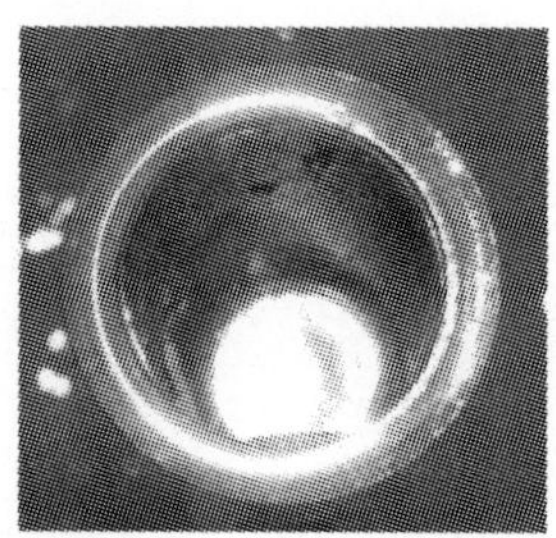
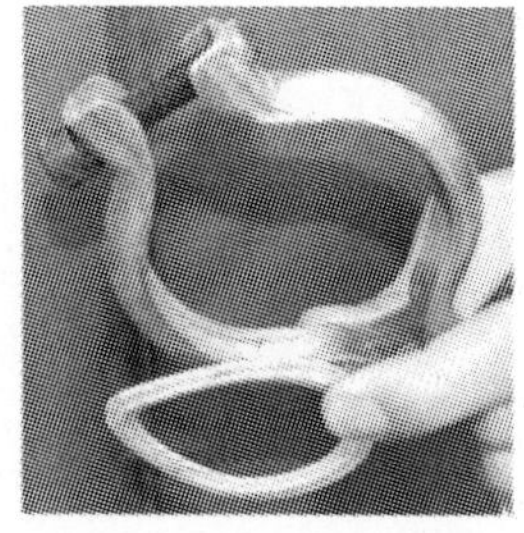

图 2.4-11　专用声测管及其接头

4）混凝土桩施工过程中，如果声测管顶端在地面以下，应采用可靠的措施封闭声测管的顶端，检测前再将声测管上端打开、加盖。

为了保证成桩后声测管平行，宜采用可靠的措施固定声测管。

2.4.3.2　检测前的准备

1. 收集资料

现场测试前应搜集受检桩的设计和施工资料，包括桩长、桩径、桩顶高程、成孔工艺、混凝土灌注日期、混凝土等级、施工过程中的异常情况等，必要时了解地层、地下水、孔底地层、沉渣等情况。

2. 仪器检查及系统延迟时间标定

检查测试系统的工作状况，测试工作前或按一定的周期进行系统延迟时间 t_0 标定。t_0 标定可采用“时-距”法，具体方法为：选 2 根实际工程使用的声测管（两端敞开）竖直悬于清水中，收发换能器分别悬于 2 根声测管中，换能器与声测管同轴，收、发换能器高度保持一致（图 2.4-12a）。

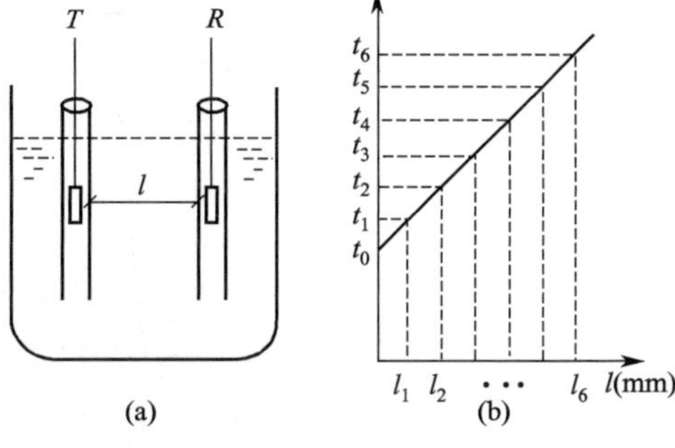

图 2.4-12 系统延迟时间标定

测量 2 根声测管外壁之间的距离 l_i 和对应声时 t_i，逐次改变收、发换能器之间的距离，进行相应的测量。对测量的一组时间 t 和距离 l 数据进行回归，即可求得系统延迟时间 t_0 值（图 2.4-12b）。

$$t=t_0+c/l \tag{2.4-5}$$

式中 t——仪器各次测读声时的回归值（μs）；

t_0——测试系统的延时（μs）；

c——标定所用水的声速（km/s）；

l——收、发换能器所在声测管外边缘的距离（mm）。

3. 桩头处理

通常应先剔除桩头至设计高程，桩顶的声测管口高程应一致，测量管口高程作为测量深度的顶端基准。

4. 声测管通畅情况检查

放置换能器以前，先用与换能器尺寸相同的圆钢在声测管内走一边，检查声测管的畅通情况以免换能器卡在孔内。如遇到不通畅的情况，采取措施进行疏通。确认声测管畅通时，向管内注入清水，准备检测。

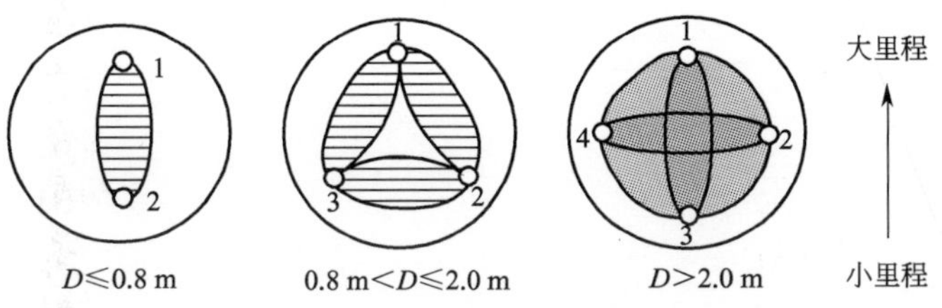

图 2.4-13 声测管编号

5. 声测管编号及管距测量

声测管以线路大里程方向为起始点，沿顺时针方向进行编号（图 2.4-13），测量并记录各剖面声测管外壁之间混凝土的距离。

2.4.3.3 *测试步骤及要求*

1. 常规平测

将发射与接收换能器置于两根声测管中的测点处，发射与接收换能器以相同高程或保持固定高差（图 2.4-14a）同步升降，测点间距不宜大于 250 mm。

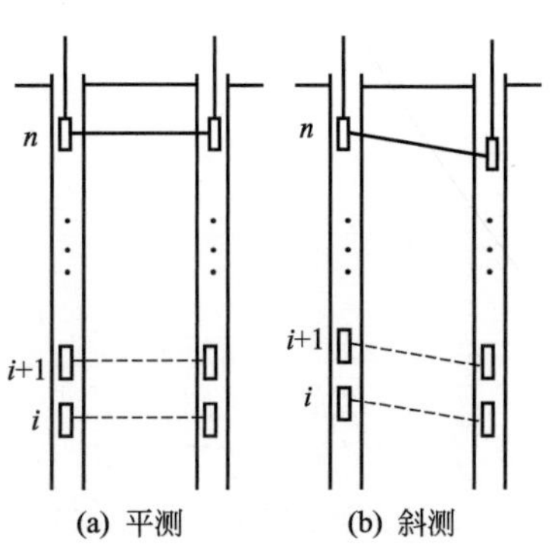

图 2.4-14 平测和斜测

调整好发射电压，输入标定的“系统”延迟时间 t_0、声测管外壁之间的距离等参数，这些参数在测试过程要保持不变。

对于单点测量方式要等接收信号的时程曲线形状、首波到达的声时、峰值和周期值稳定时再记录，然后移动换能器进行下一点的测量，要记录上述声学参数异常的情况以便重点测量。对于连续提升测量方式，应在测量的同时监视声波同相轴影像图(图 2.4-15)，对影像图异常的部位进行记录和重点测量。

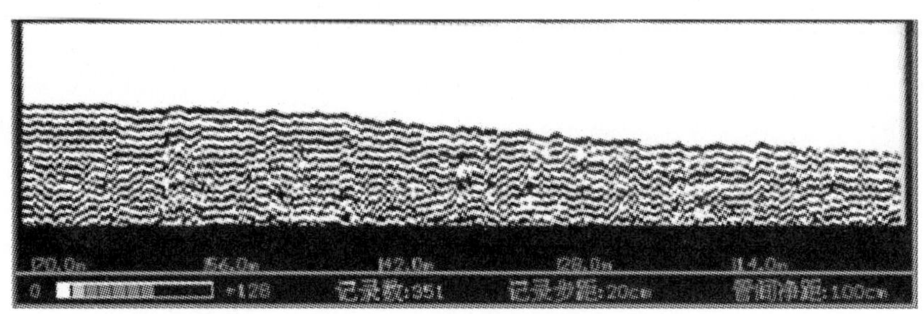

图 2.4-15　声波同相轴影像

2. 异常部位的重点测量

在桩身质量可疑的测点周围，应采用加密测点、斜测、扇形扫测方法进行重点复测(图 2.4-14b)，进一步确定桩身缺陷的位置和范围。考虑到换能器的指向性，斜测时两个换能器中点连线与水平面的夹角不宜大于 40°。

2.4.4　资料整理与分析

2.4.4.1　声学参数的计算

1. 声速

由于系统延迟时间 t_0 标定时计入了仪器延迟、声波在声测管内清水中和管壁的走时三部分，因此实测的声时就是声测管外壁之间混凝土中的声波走时，可按(2.4-4)式计算各测点混凝土的声速。

2. 声幅

以首波幅值为准作为声幅的测量目标，可以直接读取各测点首波谷(或峰)值 a_i，单位为 mV，也可以按(2.4-6)式换算成声压级 A_{pi}，单位：dB。

$$A_{pi}=20\lg\frac{a_i}{a_0}\tag{2.4-6}$$

式中　A_{pi}——第 i 个测点声幅级(dB)；

a_i——第 i 个测点信号首波谷(或峰)值(mV)；

a_0——基准幅值(mV)。

3. 频率

这里指的是信号的主频，通常有以下两种计算方法。

1)周期法。可直接读取信号的周期长度(单位：μs)，根据周期和频率的倒数关系计算频率。由于频漂、绕射、叠加等原因，波形往往会发生畸变，因此采用这种方法时最好选取前面的第一个周期。

2)傅里叶(Fourier)变换。可对实测的时域波形信号进行傅里叶变换，得到信号的幅值频谱图，幅频图中的峰值对应的频率即为信号的主频。通常声波仪都带有傅里叶分析软件。

4. PSD 值

当采用斜率法的 PSD 值作为辅助异常点判据时，PSD 值按下列公式计算。

$$\mathrm{PSD}=K\cdot\Delta t \tag{2.4-7a}$$

$$K=\frac{t_i-t_{i-1}}{z_i-z_{i-1}} \tag{2.4-7b}$$

$$\Delta t=t_i-t_{i-1} \tag{2.4-7c}$$

式中　t_i——第 i 测点声时(μs)；

t_{i-1}——第 $i-1$ 测点声时(μs)；

z_i——第 i 测点深度(m)；

z_{i-1}——第 $i-1$ 测点深度(m)。

2.4.4.2　声学参数-深度曲线绘制

计算得到各测点的声学参数后，绘制声学参数随深度的变化曲线，这些曲线包括：声速-深度曲线、声幅-深度曲线、主频-深度曲线、PSD-深度曲线，为便于分析，这 4 条曲线通常绘制在一张图上，图 2.4-16 为武汉岩海软件绘制的声学参数-深度曲线。

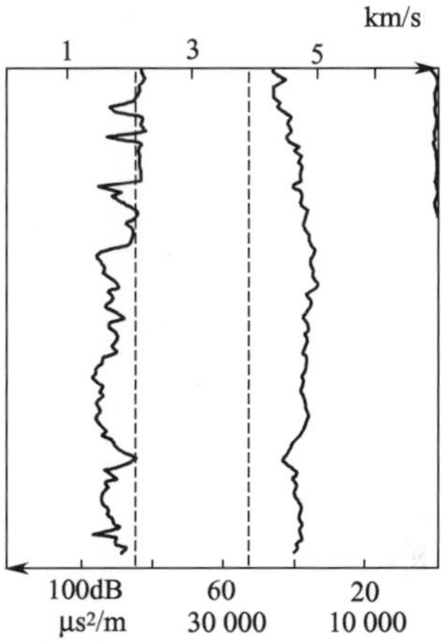

图 2.4-16　声学参数曲线

2.4.4.3　声学参数与桩身质量判释

这里仅介绍现行《铁路工程基桩检测技术规程》(TB 10218—2008)的有关规定。

1. 声速判释

声速临界值采用正常混凝土声速平均值与 2 倍声速标准差之差，即：

$$c_\mathrm{D}=c_\mathrm{m}-2\sigma_\mathrm{c} \tag{2.4-8a}$$

$$c_\mathrm{m}=\frac{1}{n}\sum_{i=1}^{n}c_i \tag{2.4-8b}$$

$$\sigma_\mathrm{c}=\sqrt{\sum_{i=1}^{n}\frac{(c_i-c_\mathrm{m})^2}{n-1}} \tag{2.4-8c}$$

式中　c_D——临界声速值(km/s)；

c_m——正常混凝土声速平均值(km/s)；

σ_c——正常混凝土声速标准差(km/s)；

c_i——第 i 个测点声速值(km/s)；

n——测点数。

当实测混凝土声速值低于临界声速值时，声速可判为异常。

当检测剖面 n 个测点的声速值普遍偏低且离散性很小时，宜采用声速低限值判据，即实测混凝土声速值低于声速低限值时，可直接判定为异常。声速低限值应由预留同条件混凝土试件的抗压强度与声速对比试验结果，结合本地区经验确定。

2. 声幅判释

当某测点声幅值级低于声幅级平均值 6 dB 时，可判为异常。声幅级低 6 dB 相当于平均声幅的一半。换算关系为：$A_\mathrm{pD}=20\lg\frac{a_i}{a_\mathrm{m}}=20\lg 0.5\approx-6$。

3. 主频判释

可采用信号主频值作为辅助异常点判据。主频-深度曲线上主频值明显降低可判为异常。

4. PSD 判释

由于声测管间距的变化会引起测点声速和声幅的变化，为了降低这种情况对判释的不利影响，可采用斜率法的 PSD 值作为辅助判据。

从(2.4-7)式可以看出：当声测管距离不变且混凝土均匀时，$\Delta t \to 0$，PSD→0，因此正常情况下 PSD 趋于 0；当声测管距离变化(这种变化一般为缓变)，但混凝土均匀时，Δt 和 PSD 均趋于常数；当混凝土不均匀时，PSD 会发生突变。因此将 PSD 发生突变段可判为异常(如图 2.4-17)。

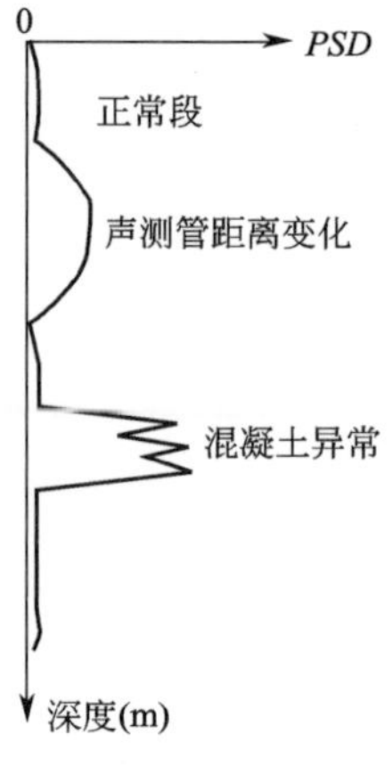

0　PSD
正常段
声测管距离变化
混凝土异常
深度(m)

图 2.4-17　PSD 判释

5. 波形判释

前述分析可知声波在不均匀的混凝土中传播时会产生波形畸变。因此可根据波形辅助判断异常。图 2.4-18 为正常混凝土的波形；图 2.4-19 为有缺陷混凝土造成前面声幅降低的喇叭形波形，这种现象严重时，会出现首波判读不准(掉波)的情形；图 2.4-4 为混凝土不均匀时产生叠加的波形。

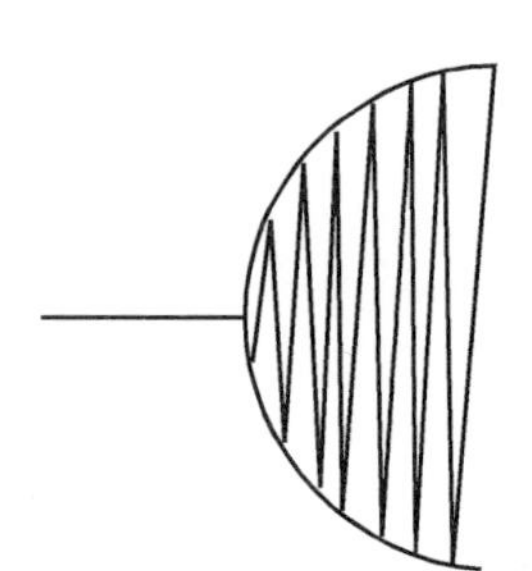

图 2.4-18　正常混凝土波形

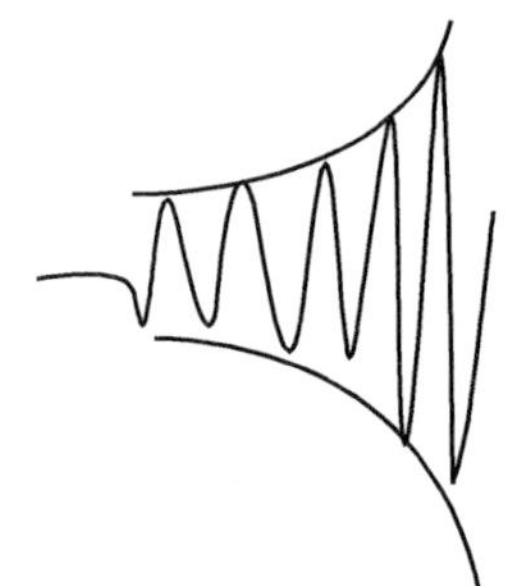

图 2.4-19　缺陷混凝土波形

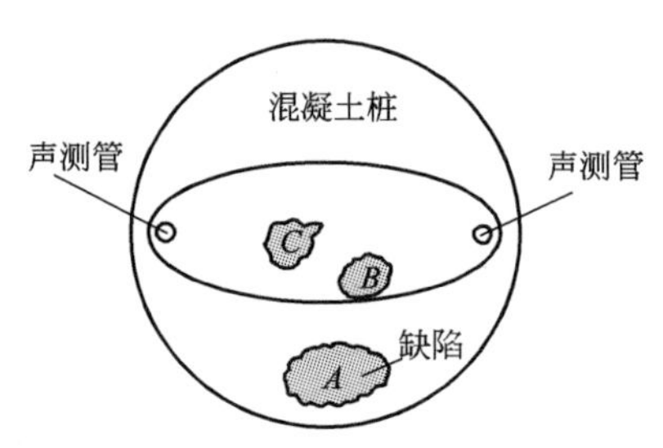

图 2.4-20　缺陷平面位置

2.4.4.4　缺陷位置的推断

1. 平面图中缺陷位置的推断

在收发换能器所在的水平面内，有效声场是一个椭圆(图 2.4-20)，收、发换能器位于椭圆的两个焦点上。根据惠更斯原理分析可知，在均匀混凝土中，声波从发射换能器出发，经过椭圆上各点到达接收换能器的行程相等。椭圆的大小与声源的发射能量及混凝土的质量有关，发射能量越大、混凝土越密实，椭圆越大。

当缺陷位于椭圆以外时(图 2.4-20 中的 A)，对声幅和声时均无影响；缺陷(C)位于收、发换能器连线上时，声幅下降，声时加大；缺陷(B)位于椭圆内但不在收、发换能器连线上时，声时不变，声幅下降。

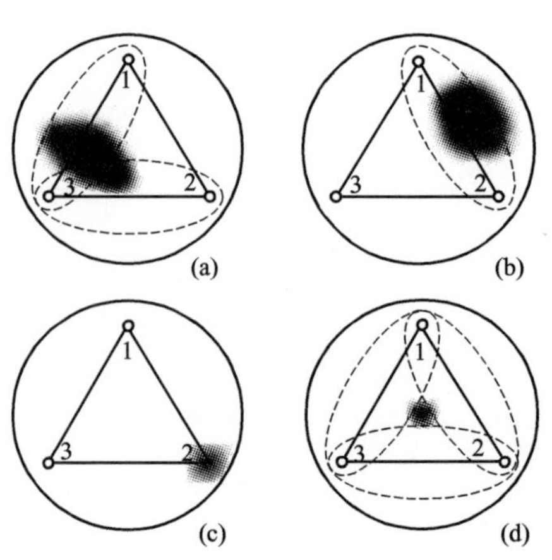

图 2.4-21　缺陷平面位置与声学参数

图 2.4-21 为 3 根声测管的情况。(a)图中 1～3 剖面声幅、声速均降低，2～3 剖面只有声幅降低，1～2 剖面正常；(b)图中 1～2 剖面声幅、声速均降低，其他剖

面正常；(c)图中 1～2、2～3 剖面声幅、声速均降低，1～3 剖面正常；(d)图中所有剖面声速、声幅均正常。

2. 斜测推断缺陷位置的解释模型

1)局部缺陷。如图 2.4-22a 所示，在平测中发现某测线测值异常，对此进行斜测时，在多条斜测线中，如果仅有一条斜测线测值异常，则可以判断异常属于局部缺陷，位置就在平测和斜测异常测线交点处。

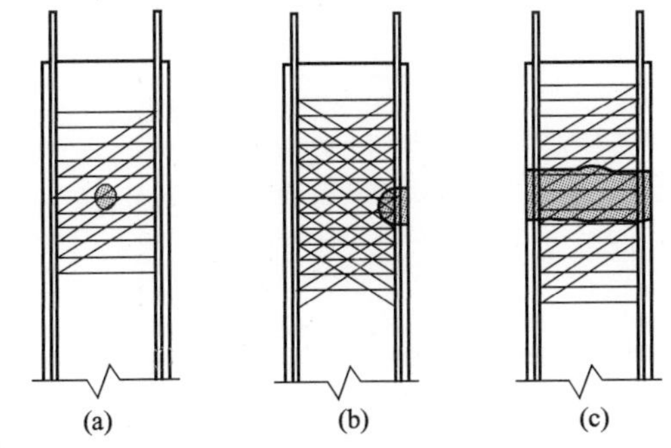

图 2.4-22 缺陷剖面位置

2)缩颈或声测管附着泥团。如图 2.4-22b 所示，在平测中发现某(些)测线测值异常，对此进行斜测时，如果通过平测异常测线收(或者发)测点处的斜测线测值异常，而穿过平测异常测线中间部位的斜测线测值正常，则可判断缺陷在声测管附近，其性质可能是缩颈或声测管附着泥团。

3)层状缺陷或断桩。如图 2.4-22c 所示，在平测中发现某(些)测线测值异常，对此进行斜测时，如果通过平测异常测线的斜测线测值均异常，则可判断缺陷连成一片，其性质可能是层状缺陷。如果缺陷的位置不是在桩的底部，且测值严重偏低，则可判定为严重疏松层或断桩。

2.4.4.5 桩身质量的综合评价

现行《铁路工程基桩检测技术规程》(TB 10218—2008)规定，应结合桩身混凝土声学参数临界值、PSD 判据、混凝土声速低限值以及桩身可疑点加密测试资料综合确定缺陷范围，按表 2.4-2 综合判定桩身完整性类别。

表 2.4-2 桩身完整性判定

特　征	判定
各检测剖面的声学参数均无异常，无声速低于低限值异常	Ⅰ类桩
某一检测剖面个别测点的声学参数出现异常，无声速低于低限值异常	Ⅱ类桩
某一检测剖面连续多个测点的声学参数出现异常；两个或者两个以上检测剖面在同一深度测点的声学参数出现异常；局部混凝土声速出现低于低限值异常	Ⅲ类桩
某一检测剖面连续多个测点的声学参数出现明显异常；两个或者两个以上检测剖面在同一深度测点的声学参数出现明显异常；桩身混凝土声速出现普遍低于低限值异常或无法检测首波或声波接收信号严重畸变	Ⅳ类桩

2.4.4.6 层析成像技术简介

声波层析成像技术(Computerized Tomography)俗称声波 CT，能检测某剖面内缺陷的位置和程度。现场实测采用一发多收，波线能密集覆盖被测体的剖面，见图 2.4-23。

将被测剖面分成 $M\times N$ 个方格，见图 2.4-24。波线之一 $T\sim R$ 穿过若干方格，若此波线穿过第 ij 块方格的波线长度为 l_{ij} $(i=1,2,3,\cdots,m;j=1,2,3,\cdots,n)$。设 ij 块方格的声速为 c_{ij}，则波线的声时 t_{ij} 可按(2.4-9)式计算。

$$t_{ij}=\frac{l_{ij}}{c_{ij}}=l_{ij}\cdot S_{ij} \tag{2.4-9a}$$

$$S_{ij}=\frac{1}{C_{ij}} \tag{2.4-9b}$$

式中 t_{ij}——波线在第 ij 块方格的走时(μs)；

l_{ij}——波线穿过第 ij 块方格的波线长度(mm)；

c_{ij}——第 ij 块方格的声速(km/s);

s_{ij}——第 ij 块方格的慢度(s/km)。

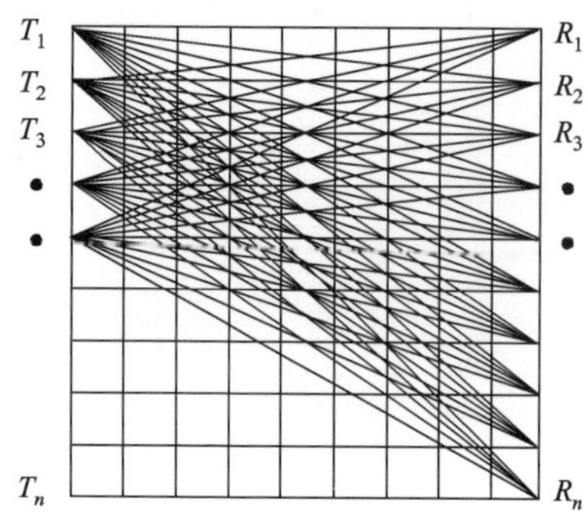

图 2.4-23　CT 扫测波线网

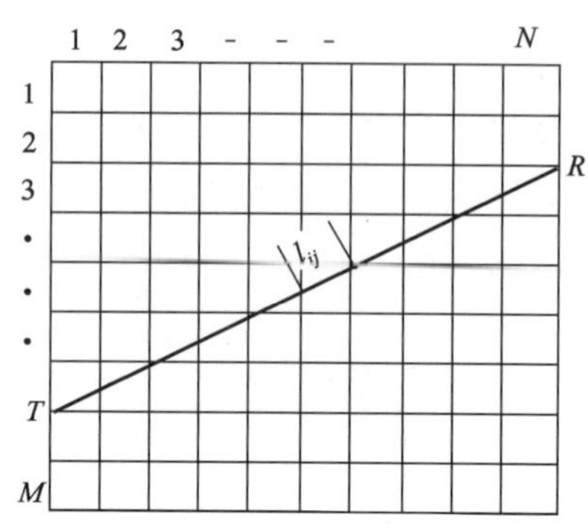

图 2.4-24　CT 波线的微分

由此可写出第 1 行方格的声时方程。

$$l_{11}\cdot s_{11}+l_{12}\cdot s_{12}+l_{13}\cdot s_{13}+\cdots+l_{1n}\cdot s_{1n}=t_{1n} \tag{2.4-10a}$$

所有波线将组成一个大型稀疏超定矛盾方程组,可简化表示为:

$$[l]\times[s]=[t] \tag{2.4-10b}$$

实际工程中解这个方程组大多采用各种迭代方法。先赋[s]值,计算[t]值,将计算的[t]值与实测[t]值比较,如偏差不满足要求,调整[s]值重新计算,如此反复迭代。当计算[t]值与实测[t]值偏差小到规定值时,每块网格的慢度计算值 s_{ij} 便与实际值一致。用各块网格的声速值 c_{ij}(慢度 s_{ij} 的倒数)构建剖面的声速影像,从而将被测剖面的缺陷直观显示出来。见图 2.4-25。

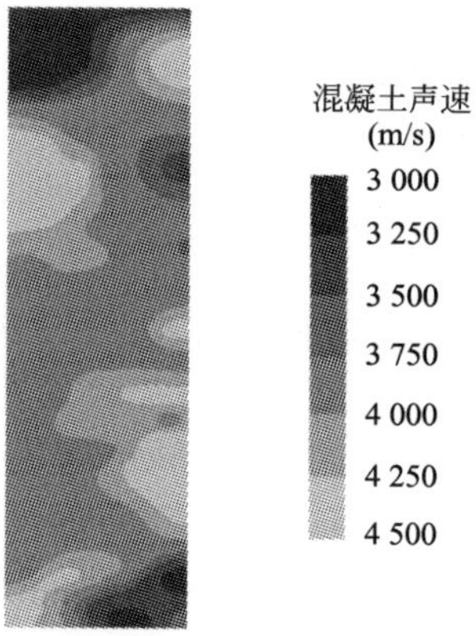

图 2.4-25　混凝土声速灰阶 CT 影响像

2.4.5　工程实例分析

2.4.5.1　缩 径 桩

某特大桥 60-2 号桩,设计混凝土强度 C30,桩长 30.0 m,桩径 1 800 mm,嵌岩桩,予埋设三根声测管。该桩三个检测剖面在 8.5～9.5 m 段测点波形均异常,无法接收到正常声波,其他测点均正常。图 2.4-26 为 4.7-12.3 m 段波列图。斜测结果表

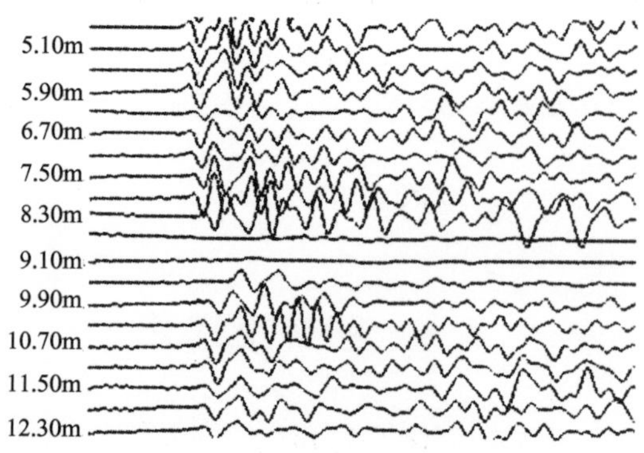

图 2.4-26　缩径附近波列图

明缺陷位于声测管附近，综合各剖面声学参数判定该桩为Ⅲ类桩。低应变检测实测曲线（图2.4-27）表明在桩顶以下9.0 m左右同相位反射信号明显。对该桩进一步抽芯检验，开孔位置距钢筋笼15 cm，芯样（图2.4-28）表明8.5 m附近芯样呈短柱状，并有明显的凹槽。经开挖验证，该桩在桩顶以下8.0 m严重缩颈，声测管位于桩的外边缘。

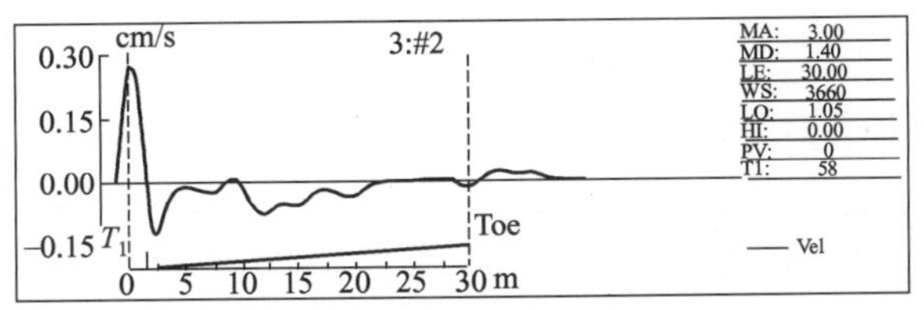

图 2.4-27　缩径桩低应变曲线

2.4.5.2　离析桩

某特大桥0—6号桩，设计混凝土强度C30，桩长33.0 m，桩径1 800 mm，予埋设三根声测管。该桩*AB*、*AC*两个检测剖面在26.5～27.0 m段各测点波形均异常，声速声幅均偏低；*BC*剖面测点的声学参数均正常，声速4 296 m/s。图2.4-29为*AB*剖面21.0～31.0 m段波列图。图2.4-30为正常测点波形曲线。图2.4-31为异常测点接收波形曲线。综合各剖面声学参数分析该桩在26.5～27.0 m深度的*A*管附近局部区域混凝土存在缺陷。在*A*管内侧15 cm处钻芯验证结果表明，上述部位混凝土轻微离析，岩芯呈块状，强度偏低。综合判定该桩为Ⅱ类桩。

图 2.4-28　缩径部位岩心照片

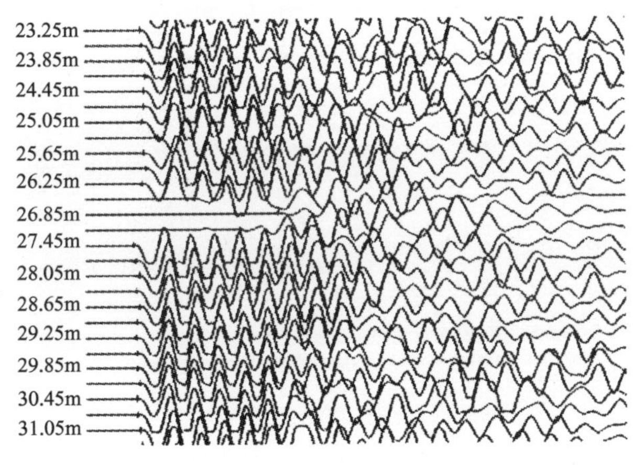

图 2.4-29　*AB*剖面离析段波列图

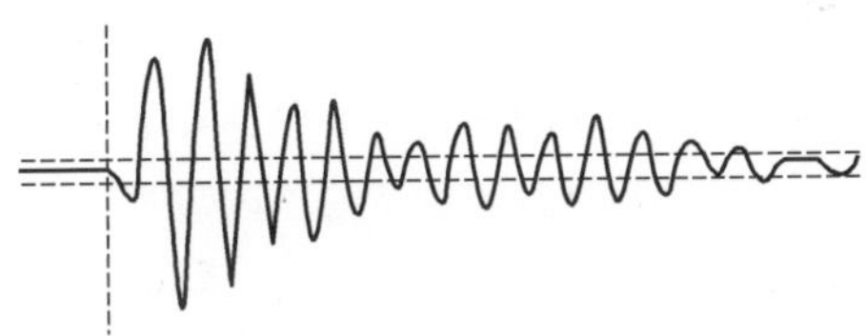

图 2.4-30　正常测点波形

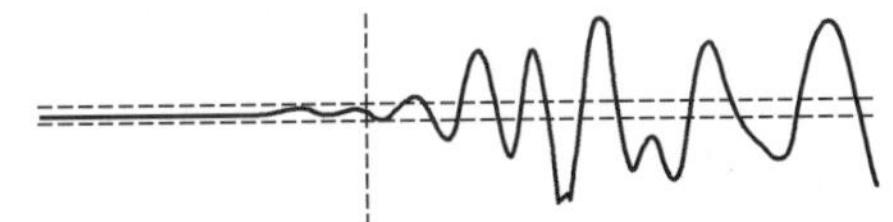

图 2.4-31　异常测点波形

2.5　钻探取芯法

2.5.1　概　　述

该方法是采用岩芯钻探的方法，在桩身沿长度方向连续钻取混凝土芯样，通过观测记录钻

探过程、观察和测试岩芯、测试钻孔(有条件时),以评价成桩质量的检测方法。钻探取芯法适用于下列情况:

①验证桩身完整性类别。如桩身混凝土是否有离析、夹泥和断桩等缺陷。

②验证混凝土灌注桩桩长。

③桩底沉渣是否满足要求。

④桩身混凝土强度是否达到设计要求。

⑤桩底持力层的强度和厚度是否满足要求。

钻探取芯法是一种直观、实用的检测方法,可以对低应变检测中桩身质量有疑问的桩给出完整性结论。因此对于验证低应变检测结果的钻探取芯,检测数量和钻探深度应根据低应变检测的需要确定。对于检测嵌岩桩(桩端阻力起主要作用的桩)桩底沉渣厚度的情况,其检测数量应符合有关要求。

因为钻探孔和桩身都不可避免会有一定的垂直度偏差,因此使用钻芯法检测的桩,其桩径不宜小于 800 mm、长径比不宜大于 30,以免钻探中钻孔偏出桩体。

钻探取芯法是一种轻微破损检测方法,因此在钻探和孔内试验完毕,且满足设计要求时,应向钻探孔灌注水泥砂浆封孔。

2.5.2　钻探及测试设备

钻探取芯法的主要设备是岩芯钻机,如需检测桩身混凝土强度,还包括抗压强度试件的加工设备和进行抗压强度试验的压力机。

2.5.2.1　钻　　机

为了保证岩芯的完整性和采取率,灌注桩取芯宜选用振动小、扭矩大、调速范围广的高速液压给进钻机。图 2.5-1 为常用的 XY-100 型钻机,最大钻孔深度为 100 m。

钻杆的刚度和顺直程度是影响钻孔垂直度和钻探过程平稳性的的重要因素之一,宜选用直径 50 mm 的顺直钻杆。

可用于混凝土桩钻探取芯的钻头有金刚石钻头、合金钻头和钢粒钻头。为了保证取芯质量,宜选用金刚石钻头。金刚石钻头应符合国家专业标准《人造金刚石薄壁钻头》(ZB 400-85)的要求,胎体不得有肉眼可见的裂纹、缺边、少角、倾斜和喇叭口变形等。钻头的直径应根据混凝土粗骨料的粒径确定,芯样直径一般不小于骨料最大粒径的 3 倍,在任何情况下都不得小于粗骨料最大粒径的 2 倍。通常选用外径为 101 mm 和 110 mm 的钻头。

图 2.5-1　XY-1 型钻机

为保证岩芯采取率,宜选用双管单动岩芯管。其结构见图 2.5-2。当桩身质量存在问题,岩芯完整性差时,可在内管之中安装衬管(相当于样品盒),形成三重管取芯器。

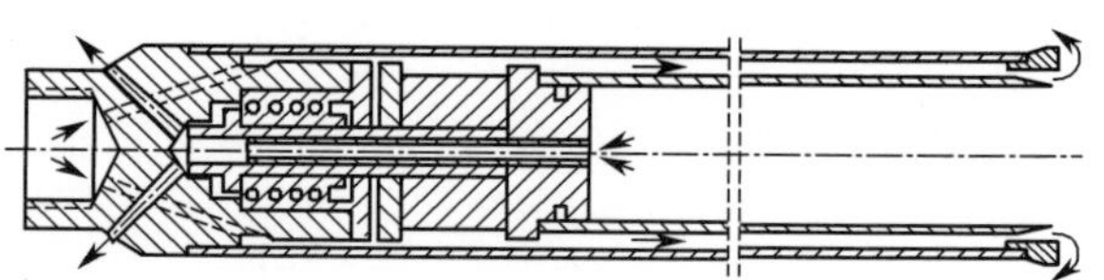

图 2.5-2　双管单动钻头示意图

2.5.2.2　*岩芯抗压试验设备*

岩芯抗压强度试验通常由具备材料试验能力的实验室来完成,应具备试件加工设备和压力机。试件加工设备包括锯切机、补平器和磨平机。锯切机有定型设备。如果锯切成的试件有掉角、蜂窝、麻面等情况,应进行修平，修平设备通常是单位自制。对修平的试件应进行磨平。对于锯切后完整的试件，其平整度能满足试验要求时，通常不需要再磨平。

2.5.2.3　测孔设备

通常采用孔内电视和超声波法测孔，其设备为配有专用摄像头的摄像机和超声波测试仪。目前国内已有专用孔内摄像产品。图 2.5-3 为孔内电视摄像头结构简图。

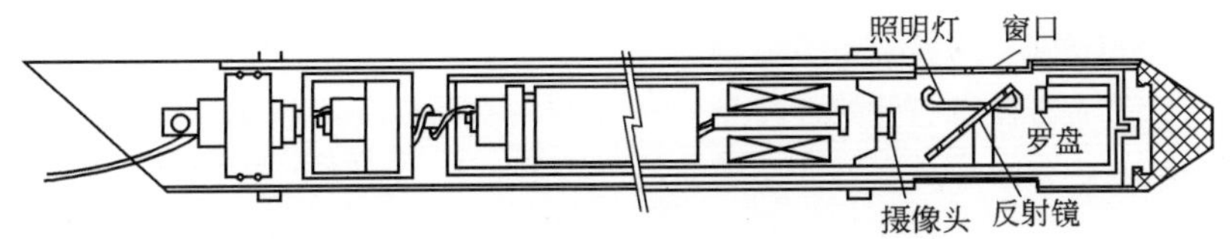

图 2.5-3　孔内电视摄像头结构示意图

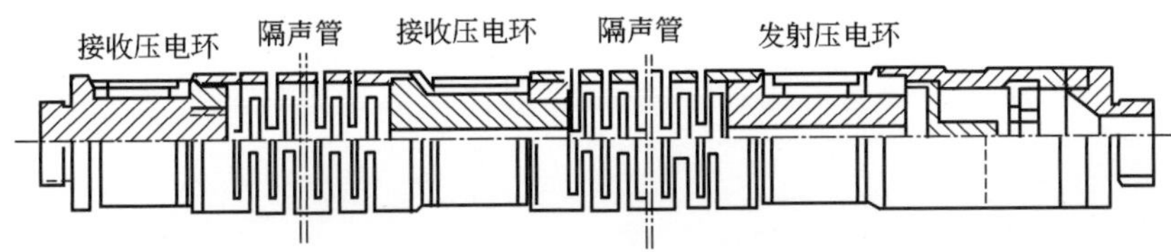

图 2.5-4　一发双收声波探头

超声波测孔所使用的设备见本书 2.4 章有关内容，单孔测孔时，采用孔内一发双收探头，见图 2.5-4。

2.5.3　钻探及测试方法

2.5.3.1　钻探取芯

钻探前应收集与桩有关的施工资料，其中包括桩长、桩顶高程、混凝土强度等级、混凝土龄期、设计桩底持力层性状和其他施工情况。

桩径小于 1.2 m 的桩，宜布置一个钻孔；桩径为 1.2～2.0 m 的桩可钻 2 孔；桩径大于 2.0 m 的桩宜钻 3 孔。钻芯孔为一个时，钻孔宜布置在距桩中心 10～15 cm 的位置；当钻芯孔为两个或两个以上时，钻孔宜在距桩中心 0.15～0.25 倍桩直径范围内均匀对称布置。对桩端持力层的钻探，钻探深度应满足设计要求。

钻机应安放平稳，钻芯孔垂直度偏差不大于 0.5%。当桩头在地面以下时，应安装孔口管。钻进过程中孔内循环水不得中断，泵量应能满足携带岩粉的要求。

表 2.5-1　钻探取芯过程记录

工程名称：　　　　　　钻探日期：　　　　　　桩孔号：

时间		钻进(m)			芯样编号	钻进压力	芯样长度(m)	残留芯样(m)	芯样初步描述及异常情况记录
自	至	自	至	计					

回次进尺宜控制在 1.5 m 以内。提钻卸岩芯时，应拧卸钻头和扩孔器，严禁敲打卸芯。钻至孔底时，宜采取适宜的方法和工艺钻取沉渣和桩端持力层，并测定沉渣厚度，有条件时应在内管中安装衬管取样。

钻取的芯样应由上而下按顺序放进芯样箱中，芯样侧面应清晰标明回次数、块号和本回次总块数，并按表 2.5-1 的格式记录钻进情况，应记录钻进压力和钻进速度，这对于岩芯采取率较低时判定桩身质量是很有用的信息。对岩芯质量进行外业描述。按表 2.5-2 的格式对芯样混凝土、桩底沉渣以及桩端持力层详细编录。

钻芯结束后应对芯样进行全貌拍照，照片中应有工程名称、桩号、钻芯孔号、桩长、孔深、检测单位标识等信息。

表 2.5-2 钻探芯样编录

工程名称： 钻探日期： 桩孔号： 桩径： 混凝土设计强度：

项目	分段深度(m)	芯样描述	取样编号 取样深度	备注
桩身混凝土		混凝土钻进深度，芯样连续性、完整性、胶结情况、表面光滑情况、断口吻合程度，混凝土芯是否为柱状、骨料大小分布情况，以及气孔、空洞、蜂窝麻面、沟槽、破碎、夹泥、松散的情况		
桩底沉渣		桩端混凝土与持力层接触情况、沉渣厚度		
持力层		持力层钻进深度，岩土名称、芯样颜色、结构构造、裂隙发育程度、坚硬及风化程度；对层状岩层应分层描述	强风化或土状时的动力触探或标贯结果	

2.5.3.2 芯样试件加工与试验

1. 试件的截取

当桩长小于 10 m 时，可取 2 组试件；桩长为 10～30 m 时，每孔取 3 组；桩长大于 30 m 时，不少于 4 组。试件宜等间距截取。缺陷位置能取样时应截取一组试件。当同一基桩的钻芯孔数多于一个，其中一孔在某深度存在缺陷时，应在其他孔的该深度处截取芯样试件。桩端岩层的岩芯能制成试件时，可按要求截取试件。每组试件应有三块抗压试件。

2. 试件的加工

试件应在专用锯切机床上截成高度与直径相等的圆柱体。当芯样外形规整时，将岩芯平稳地放在被切试件槽内，加紧，即可保证岩芯轴心与锯片垂直。切出一个面后，操纵机床手柄，将试件平移至合适位置，切第二个面。这样制做的试件通常可满足垂直度、平整度、和试样高度的要求。

当试件有蜂窝、麻面等小缺陷时，应用水泥砂浆等材料补平。经修补的试件应磨平，以达到平整度的要求。

试件加工完成后，应测量试件的几何尺寸。试件直径和高度用游标卡尺测量，对称量测，取平均值，精确至 0.5 mm。垂直度用游标量角器测量两个端面与母线的夹角，精确到 0.1°。平整度用百分表量测，将试件放在平稳的玻璃板上，百分表位置固定，测量触点放在试件上表面上，在玻璃板上移动试件，观测百分表读数的变化。

试件有裂缝或其他较大缺陷、试件内含有钢筋等杂物或试件尺寸达不到要求时，不得用作抗压强度试验。对试件尺寸的要求为：①试样高度在 0.95～1.05 试样直径范围内；②试件任一位置的直径与平均直径相差不超过 2 mm；③试件端面的不平整度在 100 mm 长度内不超过

0.1 mm;④试件端面与轴线的垂直度不超过 2°;⑤试件平均直径大于 2 倍表观混凝土粗骨料最大粒径。

3. 试件的抗压强度试验

试样制作完毕后可立即进行抗压强度试验,试验方法应符合《普通混凝土力学性能试验方法》(GB/T 50081—2002)的有关规定。

2.5.3.3 孔内检测

1. 孔内电视法

该方法是将专用的摄像头放入取芯孔内,由上而下或由下而上进行摄制,这样从屏幕上可以观察到孔壁混凝土质量情况。需要时可将观测到的情况录下,对重点部位还可抓拍照片。

2. 超声波法

该方法分为单孔法和跨孔法两种,跨孔法见本篇第四章有关内容。

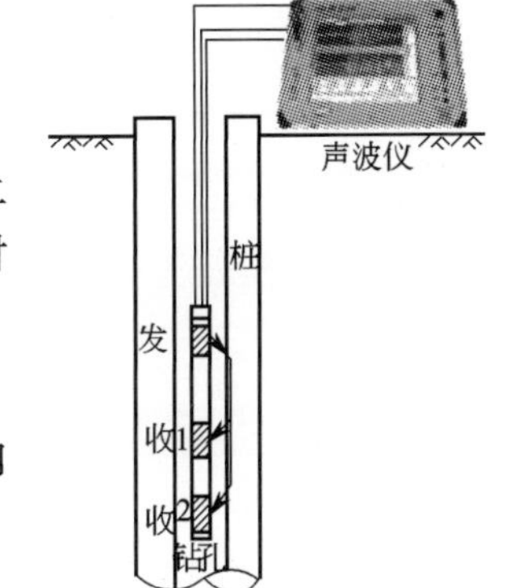

图 2.5-5 单孔声波检测

单孔法所使用的声波仪同声波透射法,所使用的换能器为一发一收、一发双收和一发多收,常用的为一发双收探头。将探头放在孔中由下而上进行测试,换能器和钻孔壁之间可采用充气胶囊进行偶合。测试方法见图 2.5-5。

2.5.4 资料整理与质量评定

2.5.4.1 混凝土抗压强度

试验后如发现试件中含有粒径大于 0.5 倍试件直径的粗骨料,且强度值异常时,该试件强度值不得参与统计。

混凝土芯样试件抗压强度按下式计算:

$$f_{cu}=\xi \cdot 4P/(\pi \cdot D^2) \qquad (2.5\text{-}1)$$

式中 f_{cu}——混凝土芯样抗压强度(MPa),精确至 0.1 MPa;

P——芯样试件抗压试验测得的破坏荷载(N);

D——芯样试件的平均直径(mm);

ξ——芯样试件抗压强度折减系数,通过试验统计确定,无试验统计资料时,宜取为 1.0。

每组混凝土芯样试件抗压强度代表值可取一组三块试件强度的平均值,同一受检桩同一深度部位有两组或两组以上混凝土芯样试件抗压强度代表值时,取其平均值为该桩该深度处混凝土芯样试件抗压强度代表值。

受检桩中不同深度位置的混凝土芯样试件抗压强度代表值中的最小值为该桩混凝土芯样试件抗压强度代表值。

2.5.4.2 钻芯孔检测

根据孔内电视法测试结果对孔壁混凝土完整性进行描述,缺陷位置应附照片。

跨孔声波透射法资料整理同本书 2.4 章有关内容。

单孔法应根据两个接收换能器的距离 ΔL 和所测信号的走时差 Δt 按式 2.5-2 计算桩身混凝土的声速 c。

$$c=\Delta L/\Delta t \qquad (2.5\text{-}2)$$

选择合适的比例尺绘制声速-孔深(c-h)曲线。

根据声速、接收信号的声幅和波形,综合判定桩身质量。

2.5.4.3　质量评定

桩身完整性应根据芯样特征、钻进过程情况、芯样试件抗压强度和取芯钻孔观测资料,按表 2.5-3 进行综合评定。

表 2.5-3　桩身完整性判定

类别	芯样特征	钻进情况	芯样抗压强度	取芯孔壁情况	声波测试结果
Ⅰ	连续、完整、表面光滑、胶结好、骨料分布均匀、呈长柱状、断口吻合,侧面仅见少量气孔	钻进平稳、钻进速度均匀	达到设计强度	表面光滑,仅见少量气孔	同声波透射法
Ⅱ	连续、完整、胶结较好、粗骨料分布基本均匀、呈柱状、断口基本吻合,侧面局部见蜂窝麻面、沟槽	钻进基本平稳,钻进速度较均匀	达到设计强度	表面平整,局部见蜂窝麻面、沟槽	同声波透射法
Ⅲ	大部分胶结较好,无松散、夹泥或分层现象,但有下列情况之一:①局部破碎,且破碎长度不大于 10 cm;②骨料分布不均匀;③呈短柱状或块状;④侧面蜂窝麻面、沟槽连续	有时钻进有振动,钻进速度不均匀	为设计强度的 80%～100%	表面粗糙,骨料分布不均匀,有连续的蜂窝、沟槽	同声波透射法
Ⅳ	任一段松散、夹泥或分层;局部破碎,且破碎长度大于 10 cm	钻进困难、振动大,钻进速度不均匀	低于设计强度的 80%,或无法制作抗压试件	表面很粗糙,有混凝土松散、分层段	同声波透射法

对于桩底沉渣和桩端持力层有要求的钻探取芯,还应评价沉渣厚度是否满足要求,评价持力层性状。

2.5.5　工程实例分析

2.5.5.1　桩长核对

××客运专线桥梁基桩,设计桩长 18 m,桩直径 1.5 m。设计桩顶以下地层为:0～4.5 m,粉质黏土;4.5～6.5 m,板岩强风化层;6.5 m 以下为板岩弱风化层。采用冲击成孔工艺施工。

首先采用低应变反射波法检测,场地桩的平均波速为 3 900 m/s。22—4 号桩低应变实测波形曲线见图 2.5-6。从图中可以看出在桩顶以下 14.4 m 处,有一明显的同相位反射,并有该信号的二次反射,疑似桩底反射信号。如果将这个反射波定为桩底反射,这根桩的波速将达到 4 880 m/s,明显异常。

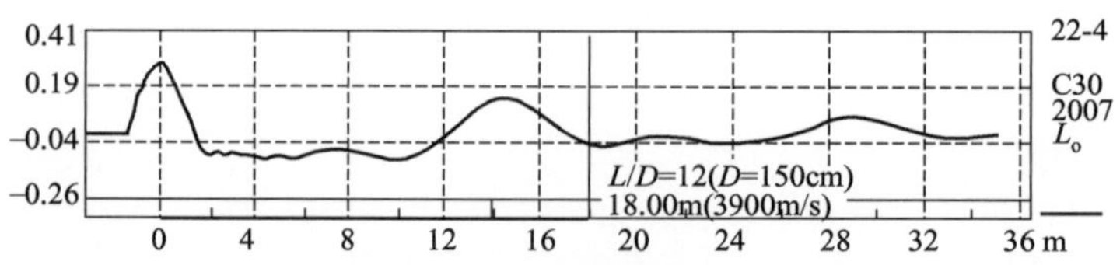

图 2.5-6　22—4 号桩低应变实测波形曲线

为了核对桩长进行了钻探取芯验证。钻探采用 XY-100 型钻机,孕镶金刚石钻头,岩芯管外径为 108 mm,取芯直径为 90 mm。

该孔实钻深度 19 m，至桩底微风化板岩中，桩长 18.4 m，岩芯采取率达到 94%，芯样呈柱状（图 2.5-7 所示）。钻探结果：桩身混凝土质量完好，桩底与基岩镶嵌良好。整体评价桩长符合要求，合格。

图 2.5-7 22—4 号桩岩芯照片

2.5.5.2 桩身缺陷验证

××客运专线桥梁基桩，设计桩长 27 m，桩直径 1.5 m，混凝土等级 C30。设计桩顶以下地层为：0～2.5 m，粉质黏土；2.5～8.0 m 砂砾层，8.0～13.5 m 板岩强风化层；13.5 m 以下为板岩弱风化层。采用冲击成孔工艺施工。

首先采用低应变反射波法检测，场地桩的平均波速为 3 900 m/s。25—3 号桩低应变实测波形曲线见图 2.5-8。从图中可以看出在桩顶以下 13.6 m 处，有一明显的同相位反射，初步判断桩身可能存在缺陷。

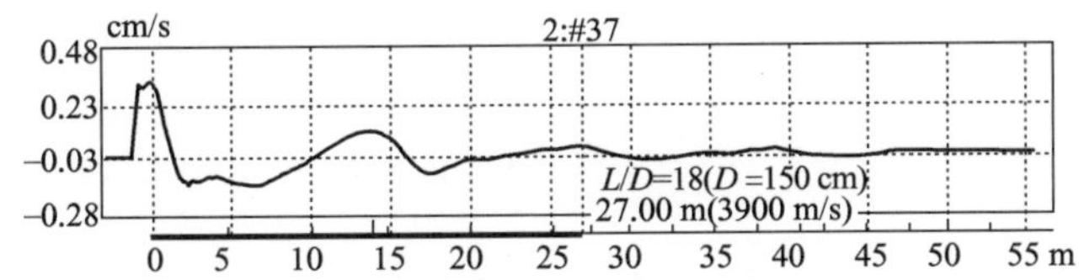

图 2.5-8 ××桩低应变实测波形曲线

采用钻探取芯进行缺陷验证。钻探用 XY-100 型钻机，孕镶金刚石钻头，岩芯管外径为 108 mm，取芯直径为 90 mm。

该孔实钻深度 28.5 m，至桩底微风化板岩中，桩长 28.0m，岩芯采取率达到 92%，芯样呈柱状（图 2.5-9）。钻探结果：桩身混凝土质量完好，桩底与基岩镶嵌良好。整体评价桩的质量符合要求，合格。

图 2.5-9 ××桩岩芯照片

采取岩芯进行抗压强度试验，试验结果见表 2.5-4，桩身混凝土强度达到设计要求。

表 2.5-4 ××桩身混凝土芯样抗压试验结果

取样深度(m)	4.6	7.9	11.2	13.4	14.2	17.8	21.6	24.7	27.1
抗压强度(MPa)	37.9	40.2	40.7	39.2	37.4	39.0	35.6	35.0	34.2

2.6 高应变动测法

2.6.1 概　　述

高应变基桩动测是利用数十甚至数百千牛的重锤冲击桩顶，桩身的应变量通常在 0.1‰ 以上。对摩擦桩来说锤击使桩与桩侧土之间产生了塑性变形，表现为桩顶出现了明显的贯入度。从广义概念来看，基桩高应变动测包括以下几种方法。

1. 打桩公式法。是在预制桩打桩施工的同时，根据收锤时的锤击能量、贯入度和锤垫、桩垫等参数，来计算单桩竖向抗压承载力的方法。

2. 锤击贯入法。是一种类似于静载荷试验的方法，通过调整重锤的落距获得大小不同的冲击力。按冲击力由小到大分级锤击桩顶，观测每次冲击下的锤击力 Q_d 和累计沉降量（贯入度）$\sum_e$，根据 Q_d-$\sum_e$ 曲线特征和动静对比系数确定单桩承载力。

3. 波动方程法。是根据弹性纵波在一维杆件中的传播理论，将桩周土阻力作为反力作用在桩上，通过求解波动方程，计算土阻力的方法。该类方法包括 Smith 法、Case 法和 CAPWAP 法。

4. 静动法。是通过延长动应力的作用时间，使作用在桩顶上的动荷载更接近于静载性质的一种试验方法。

其中 Case 法和 CAPWAP 法是目前国内常用的高应变法，是狭义的高应变法，我们在这里作重点讨论。此外简单介绍静动法。

2.6.2 测试原理

2.6.2.1 Case 法检测单桩承载力

1. Case 法的基本假定

Case 法在推导土对桩的总阻力时作了如下假定：

①桩身为一维弹性直杆，阻抗恒定。即截面积不变，材质均匀，无明显缺陷；

②桩顶和桩底均为自由边界，弹性波在桩顶和桩底发生全反射；

③弹性波在传播过程中没有能量耗散和信号畸变；

④桩侧土对桩只产生静阻力，在波的传播过程中桩侧阻力为定值，与桩身质点振动位移（桩土之间的相对位移）的大小无关。

2. 波动方程的 Dalembert 解答

对于式 2.2-2a 的波动方程令 $u(x,t)=u(\xi,\eta)$，其中 $\xi=x+ct$，$\eta=x-ct$，c 为弹性纵波传播速度(m/s)。代入整理后得到一维波动方程新的形式：

$$\frac{\partial^2 u}{\partial\xi\partial\eta}=0$$

对上式积分后，再将 $\xi=x+ct$，$\eta=x-ct$，代回可得：

$$u(x,t)=f_1(x-ct)+f_2(x+ct) \tag{2.6-1a}$$

式 2.6-1a 即为一维波动方程位移的 Dalembert 解答。在这里我们仅讨论 f_1 和 f_2 随时间的变化规律，即波的传播特性，f_1 和 f_2 的形式与具体的波形有关，这里我们不做讨论。

我们先来看波动分量 f_1，见图 2.6-1。在 t_1 时刻 x_1 处的波动分量为：$\boldsymbol{u}_1=f_1(x_1-ct_1)$；当时间过了 Δt 后，即 $t_2=t_1+\Delta t$ 时刻 x_2 处($x_2=x_1+\Delta x=x_1+c\Delta t$)的波动分量为：

$$u_2=f_1(x_1+\Delta x-c\cdot(t_1+\Delta t))=f_1(x_1-ct_1)=u_1$$

这就说明 x_1 处的波 u_1 经过 Δt 时间后，到达了 x_2 处（$x_2=x_1+\Delta x=x_1+c\Delta t$），$c$ 为纵波的传播速度。由于 $\Delta x=c\Delta t$ 为正值，因此波动分量 f_1 是向 x 轴正向传播的波。同理波动分量 f_2 是向 x 轴负向传播的波。

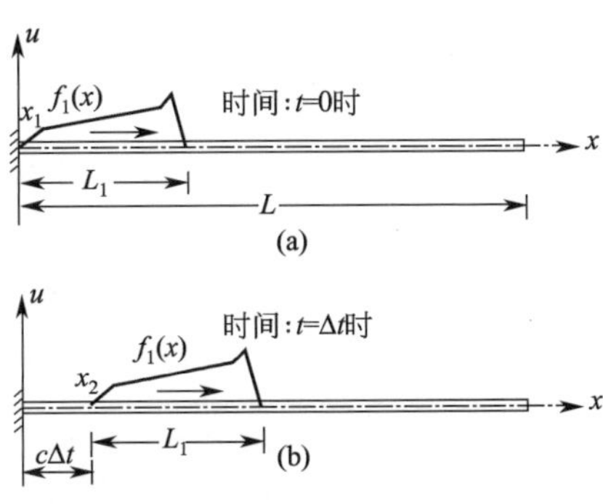

图 2.6-1 在时间 Δt 内波的传播

波的传播也可用应力（σ）形式表示（式 2.6-1b），它也是以速度 c 传播，并保持波形不变。

$$\sigma(x,t)=g_1(x-ct)+g_2(x+ct) \quad (2.6\text{-}1b)$$

3. 桩侧摩阻力产生的应力波

桩顶锤击力所产生的应力波在桩身中传播时，桩土之间产生相对位移，桩侧土阻力得到发挥。假定在距桩顶 x 处作用侧阻力 R，在桩身拉压弹性模量相等的条件下，R 将使桩内产生两个大小均为 $R/2$ 的应力波，一个为上行压缩波，另一个为下行拉伸波，见图 2.6-2。

4. 波在桩顶和桩底的反射特征

在推导土对桩的总阻力公式时，假定了桩顶和桩底为自由边界。锤击桩顶所产生的下行压缩波，到达桩底后变成一个大小相等、形状相同的上行拉伸波，这个拉伸波到达桩顶后又变成一个大小相等、形状相同的下行压缩波；桩侧土阻力所产生的上行压缩波和下行拉伸波，在桩顶和桩底也产生同样的反射。

5. 土对桩的总阻力公式

设重锤冲击接触桩顶的时刻为时间起点 $t=0$。在 $t>0$ 的任意时刻，桩体内有三种波在传播：①锤击产生的应力波 $p(t)$；②桩侧阻力产生的上行波（压缩波）；③桩侧阻力产生的下行波（拉伸波）。并且 $t<0$ 时，$p(t)=0$；土的侧摩阻力产生的应力波在锤击应力波到达之前为零。桩顶下传感器所测的速度 $V(t)$ 和应力 $F(t)$ 是上述三种波叠加后 t 时刻测点处的质点振动速度和质点间的应力。在 $0\leqslant t<4L/c$ 范围内，Goble 等人推导出土的总阻力公式。

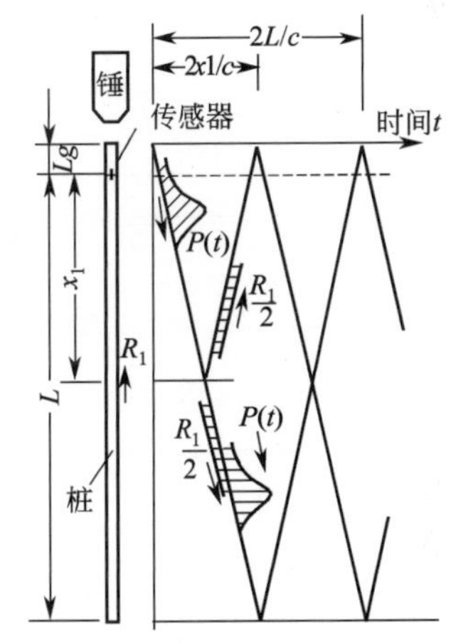

图 2.6-2 弹性波在桩中传播

$$R(t)=\frac{1}{2}[F(t)+F(t+2L/c)]+\frac{Z}{2}[V(t)-V(t+2L/c)] \quad (2.6\text{-}2)$$

式中 F——传感器位置桩身压力实测值（kN）；

V——传感器位置桩身质点振动速度实测值（m/s）；

Z——传感器位置桩的广义波阻抗（kN·s/m），$Z=\rho\cdot c\cdot A=E\cdot A/c$（$A$ 为桩身截面面积（m^2）；E 为桩身弹性模量（kPa））；

L——传感器位置以下的桩长（m）。

通过时间间隔为 $2L/c$ 的两次测得的 F 和 V 值，就可用式（2.6-2）求出锤击过程中土对桩的总阻力值。

6. 单桩承载力计算

1）用阻尼系数计算桩的静阻力

通常认为桩的总阻力包含动阻力 R_d 和静阻力 R_c 两部分，我们关心的单桩承载力是静阻力，它等于总阻力减去动阻力。《建筑基桩检测技术规范》（JGJ 106—2003）中单桩承载力公式为：

$$R_c=\frac{1}{2}(1-J_c)\cdot[F(t_1)+Z\cdot V(t_1)]+\frac{1}{2}(1+J_c)\cdot\left[F\left(t_1+\frac{2L}{c}\right)-Z\cdot V\left(t_1+\frac{2L}{c}\right)\right] \tag{2.6-3}$$

式中　R_c——由 Case 法判定的单桩竖向抗压承载力(kN),土阻力充分发挥时为极限值;

J_c——Case 法阻尼系数;

t_1——速度第一峰对应的时刻(ms)。

其他符号同前。

2)桩侧摩阻力因卸荷的补偿

对于长桩或难贯入的摩擦桩,在桩尖反射波到达桩顶以前($t<2L/c$),受桩侧阻力形成的上行压缩波影响,当桩身质点运动速度小于零时,质点开始反向运动,使部分桩侧土阻力产生卸荷,这时应对式 2.6-3 计算的总阻力加上一个卸荷补偿值 UN。Goble 等人建议补偿值 UN 按图 2.6-3 的方法取值:以式 2.6-2 取得最大值的时间作为起点 t_1(通常为峰值点),在 t_1 后 $2L/c$ 时间段内,速度小于零的时间段长度为 t_u,量取时刻 $t=t_1+t_u$,则:

$$UN=[F(t)-z\cdot V(t)]/2 \tag{2.6-4}$$

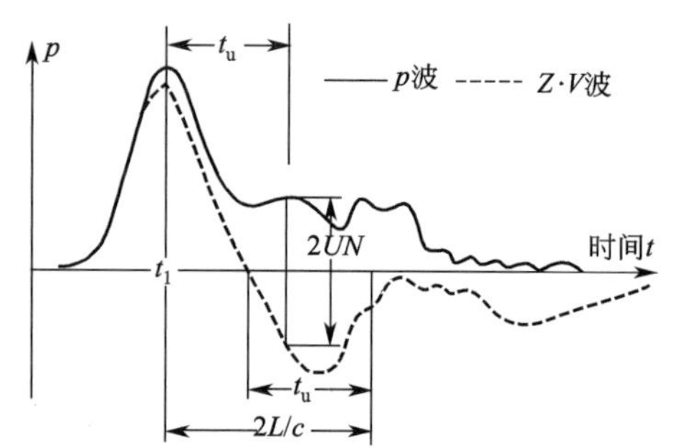

图 2.6-3　回弹卸荷补偿计算示意图

考虑卸荷补偿、阻尼作用在桩尖的极限承载力 R_{c1} 公式为:

$$R_{c1}=R_c+(1+J_c)UN \tag{2.6-5}$$

2.6.2.2　Case 法检测桩身完整性

1. 上行波与下行波

从前面分析可以看出,桩体内传播的波可以分解为上行波和下行波。桩顶传感器所接收到的信号是上、下行波的叠加。在 $t<2L/c$ 时间段内力波 $F(t)$ 与速度波 $Z\cdot V(t)$ 的差值,相当于 $h=c\cdot t/2$ 以上桩侧阻力值,而桩侧阻力值的一半为上行压缩波;在 $t=2L/c$ 时测到了桩底反射的上行拉伸波,它使实测力信号降低,速度信号增大。我们可以利用实测的力信号 $F(t)$ 和速度信号 $V(t)$,得到式 2.6-6 上行波 $U(t)$ 和下行波 $D(t)$ 随时间的变化曲线,见图 2.6-4。

$$U(t)=[F(t)-Z\cdot V(t)]/2 \tag{2.6-6a}$$

$$D(t)=F(t)-[F(t)-Z\cdot V(t)]/2 \tag{2.6-6b}$$

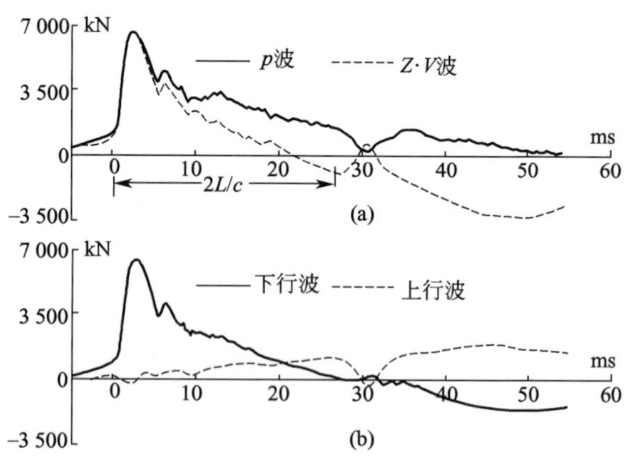

图 2.6-4　高应变试桩曲线

2. 桩底反射信号的识别

前面我们曾经谈到能否得到桩底反射信号是低应变反射波法判定桩身完整性的关键。与低应变反射波法相比,高应变同时能检测桩顶质点振动的力 $F(t)$ 和速度 $V(t)$,信息量更丰富。因此可根据实测力和速度曲线,以及经过处理得到的上行波和下行波曲线,综合判定桩底反射信号。

对于桩底土阻抗小于桩身阻抗的摩擦型桩，用速度信号 $V(t)$ 判定桩底位置同低应变反射波法。力信号 $F(t)$ 出现明显降低出现谷值，且 $2L/t$（t 为波峰到波谷的时间）与混凝土正常波速一致时，可判定为桩底反射。同样可根据上行波 $U(t)$ 的谷值和下行波 $D(t)$ 的峰值判定桩底反射信号。

3. 桩身缺陷判定

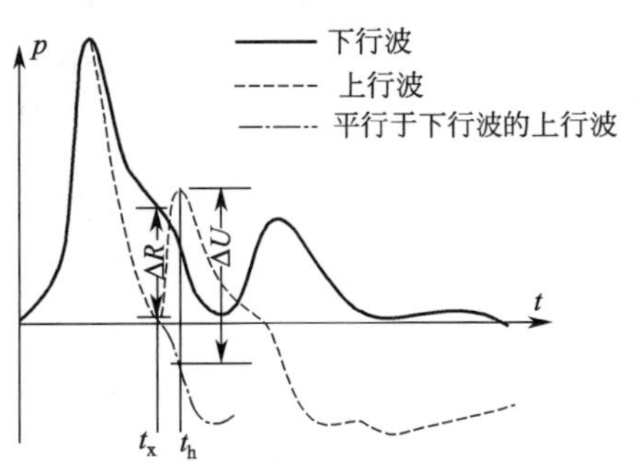

图 2.6-5 桩身缺陷判释

Case 法在判定桩身缺陷时，引入了桩身截面的完整性指标 β。它的定义为 $\beta=Z_2/Z_1$，其中 Z_2 和 Z_1 分别为桩的缺陷部分和完整部分的波阻抗。见图 2.6-5，在 t_h 时刻速度波幅值突然增大，而力波突然减小，说明传感器收到了一个拉伸反射波。设反射界面处的入射压缩波和反射拉伸波的力值分别为 $F_h\downarrow$ 和 $F_h\uparrow$，根据前述的反射系数公式 2.2-5a 可以得：

$$R=\frac{F_h\uparrow}{F_h\downarrow}=\frac{Z_2-Z_1}{Z_2+Z_1}=\frac{\beta-1}{\beta+1} \tag{2.6-7a}$$

根据实测 F 波和 $Z\cdot V$ 波的差值，可以算出缺陷界面以上桩侧土的阻力 ΔR 值：

$$\Delta R=F(t_x)-Z\cdot V(t_x) \tag{2.6-7b}$$

式中，t_x 为缺陷反射以前使 ΔR 取得最大值的时刻。锤击产生的应力波到达缺陷界面的入射波幅值为：

$$F_h\downarrow=F_{max}-\Delta R/2 \tag{2.6-7c}$$

式中 F_{max}——力波的峰值。

缺陷反射的上行波 $F_h\uparrow$ 使力波减少了 $|F_h\uparrow|$，使 $Z\cdot V$ 波增加了 $|F_h\uparrow|$，所以两条曲线在缺陷位置的差值 $F-Z\cdot V$ 的变化量为 $\Delta U=-2F_h\uparrow$，则缺陷界面的力反射系数为：

$$R=\frac{F_h\uparrow}{F_h\downarrow}=\frac{-\Delta U/2}{F_{max}-\Delta R/2}$$

令 $\alpha=-R$，则：

$$\beta=(1-\alpha)/(1+\alpha) \tag{2.6-7d}$$

缺陷位置可根据 t_h 值，按式 2.2-20a 计算。

2.6.2.3 波形拟合法测算单桩竖向抗压承载力

1. 基本原理

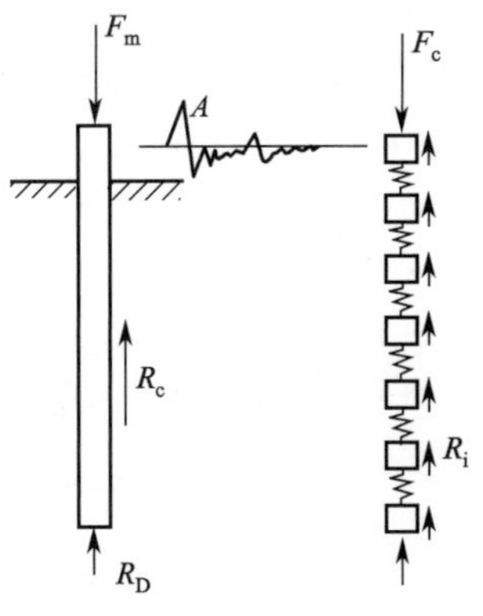

图 2.6-6 桩的 CAPWAP 计算模型

波形拟合法最早是由 Goble 研究小组于 1969 年提出的。早期的拟合程序为 CAPWAP，他是将桩体划分为有限个离散单元形成串联的质量弹簧体系，见图 2.6-6。目前所用的拟合程序为 CAPWAP C（其他类似的软件），他是将桩体划分为有限个紧密接触的弹性杆件，杆件的波阻抗取桩身的对应值，各杆件之间满足连续条件，见图 2.6-7。单元的侧面作用土阻力，桩尖单元作用有桩端阻力。以传感器所在平面为计算边界面，以实测的质点振动速度值 V_m 为边界条件，假定各单元土的阻力值 R_i，根据平面弹性纵波在一维杆件中的传播理论，用数值方法计算出传感器位置的桩身轴力值 F_c，将计算的 F_c 值与实测的桩身轴力 F_m 值比较。然后调整各单元土的阻力值 R_i，再计算，反复迭代，直到计算的桩轴力波形与实测波形拟合达到满意。这时各单元土的阻力值 R 值即为所求。CAPWAP C 算法的逻辑框图见 2.6-8。

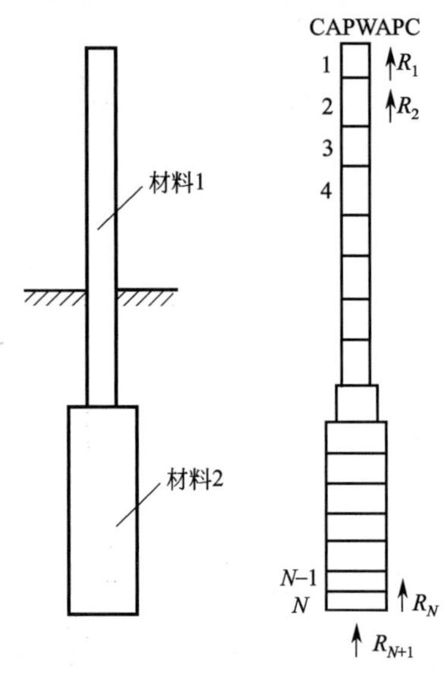

图 2.6-7 桩的 CAPWAPC 计算模型

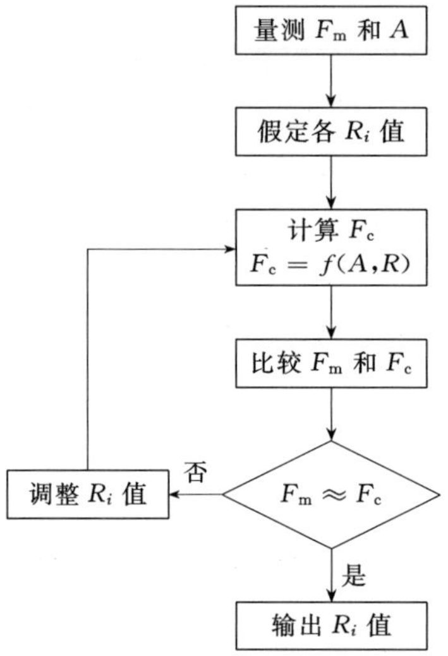

量测 F_m 和 A
假定各 R_i 值
计算 F_c
$F_c = f(A,R)$
比较 F_m 和 F_c
$F_m \approx F_c$
否
调整 R_i 值
是
输出 R_i 值

图 2.6-8 CAPWAPC 算法逻辑框

2. 桩-土体系模型

桩-土体系模型的设定是拟合法的重要环节，他直接影响计算结果。

1)桩的模型。通常程序会根据所输入的试桩参数自动建立一个桩的模型，分析人员应检查这个模型是否适宜，需要时应进行调整。譬如，可以根据桩底反射波出现的位置调整波速，根据力和速度曲线的特征为每个桩单元设定不同的桩身阻抗、桩身阻尼系数等。当桩身接头有明显反射波时，应减少相应位置的阻抗。

2)土的模型。通常土的计算模型参数主要包括：最大静阻力 R_u，最大弹性变形 Q，阻尼系数 J，最大负阻力 R_N，土的重新加荷水平 R_L 和土卸荷时的最大弹性变形 Q_u，见图 2.6-9。对桩尖单元来说，土不能承受拉应力，桩底 $R_N=0$；支承在很硬持力层上的桩，桩尖与土之间可能会存在间隙，可设定间隙值，在间隙的范围内土的静阻力保持 0，见图 2.6-10。为了模拟桩尖部分锤击的能量耗散，可在桩尖增加一个阻尼器。

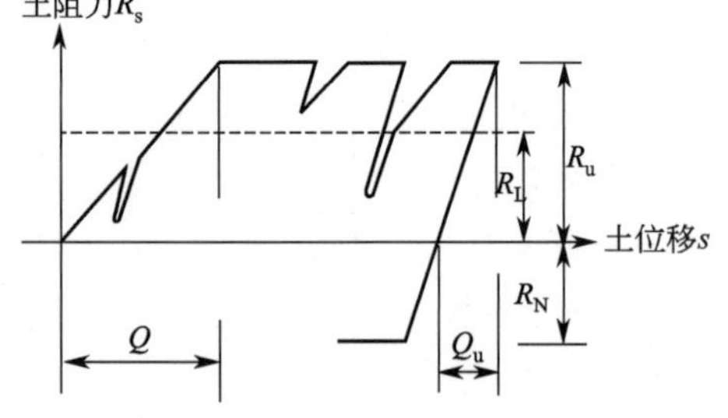

图 2.6-9 桩侧土的静反力计算模型

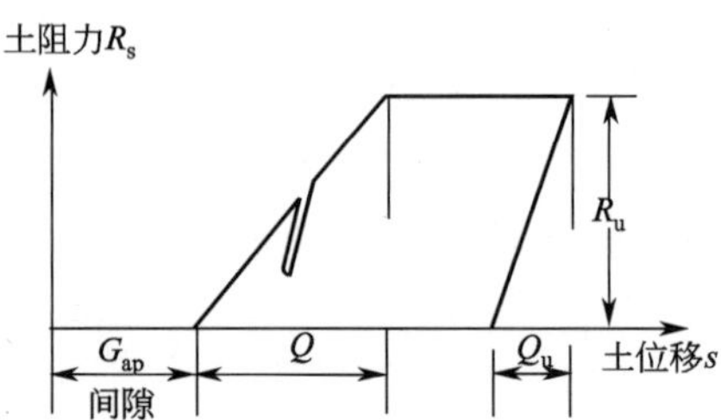

图 2.6-10 桩尖土静反力计算模型

2.6.3 仪器设备

目前 Case 所用的仪器设备主要包括：主机、传感器和锤击装置。

2.6.3.1 主 机

对主机的基本要求：应具备 4 通道独立测量系统，其中两道测加速度、两道测力。加速度通道的频响不窄于 5～3 500 Hz，测力通道不窄于 1～2 000 Hz；加速度量程不小于 2 000g，应变量程不小于 1 000 με；A/D 转换精度不低于 12 位；最高采样频率不低于 20 kHz；单道记录长度不少于 1 024 点。仪器的误差、噪声控制、抗干扰性应符合规定的要求。

图 2.6-11 为美国 PDI 公司生产的 PAL 高应变动测仪。

图 2.6-12 为武汉岩海公司生产的 RS1616K(P)基桩动测仪。

图 2.6-11 PAL 高应变动测仪

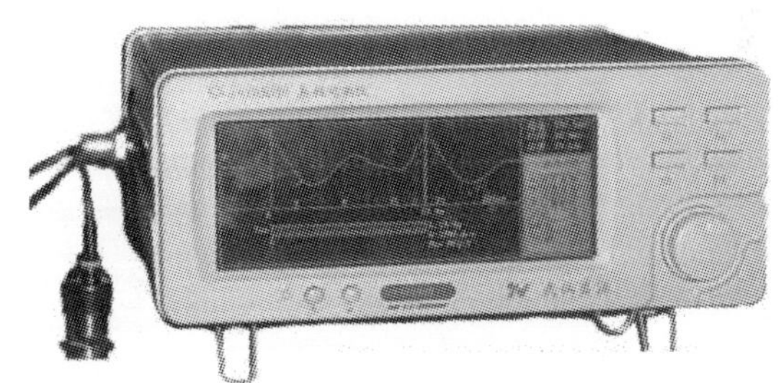

图 2.6-12 RS1616K(P)基桩动测仪

2.6.3.2 传 感 器

高应变所使用的传感器有测量桩身轴力的应变计和测量质点振动速度的加速度传感器(通过积分得到速度值)。

目前测量桩身轴力使用工具式应变计，见图 2.6-13。它是用铝合金制成环形框架，内贴 4 片电阻应变片，组成全桥。检测时传感器的两端固定在桩上，可检测到传感器两固定点间桩身的应变值。

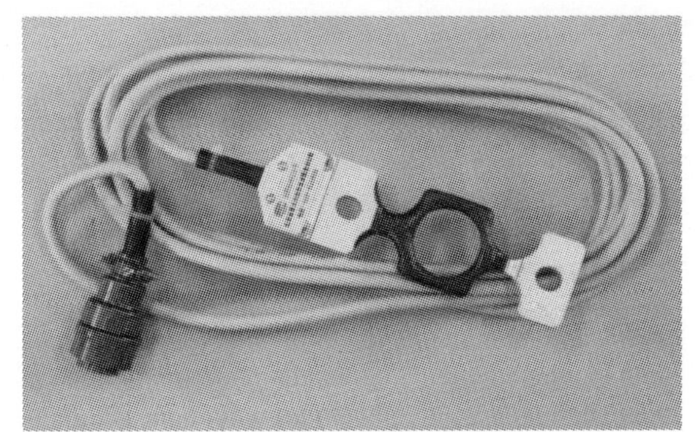

图 2.6-13 工具式应变计

桩顶质点振动速度都用加速度传感器来测量。对量程要求：钢桩为 3 000～5 000g，混凝土桩 1 000～2 000g，其他要求同低应变反射波法。

2.6.3.3 锤击装置

高应变检测要求桩土之间产生明显的相对位移，因此要用重锤冲击桩顶，一般锤重不宜小于预估单桩极限承载力的 1%，重锤形状宜为圆柱形，其底面应为平面，面积略大于桩顶面积。此外还应有重锤起吊、自动脱钩、和导向装置，见图 2.6-14。

2.6.4 现场测试方法

2.6.4.1 测试前的准备

桩头处理与制作同单桩竖向抗压静载荷试验，桩头的形状和尺寸与试桩相同。对于混凝土灌注桩，若制作长桩头(制作的桩头长度不小于二倍桩径，传感器安装在桩头上)，应使桩头与试桩之间连接牢靠。

当桩头露出地面较少，无法在地面以上安装传感器时，应开挖试坑，试坑尺寸应满足安装传感器的要求。

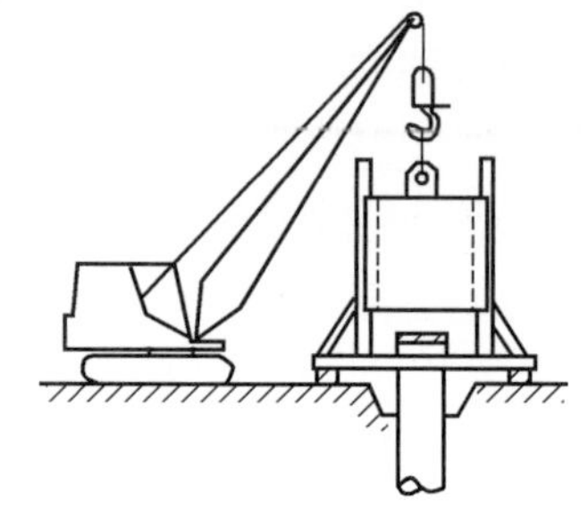

图 2.6-14 锤击装置

2.6.4.2 传感器的安装和仪器的连接调试

传感器通常采用螺栓与桩身连接，其位置应在桩顶下 1～3 倍桩径处。加速度传感器和应变传感器各用两个，在桩的两侧对称布置，4 个传感器应在同一高度，安装传感器的位置，应保证桩表面平整、竖直，安装前应进行打磨处理，传感器的轴线应保证竖直，传感器与桩之间应密贴牢固。

传感器安装好后，将传感器与主机连接，开机检查调试，确认无误后进行测试。

2.6.4.3 锤击与数据采集

锤击时，应先采用低落距试测。正常落锤高度应保证能将桩打出 2.0 mm 以上的贯入度，在保证贯入度的前提下，尽量采用重锤低落距，通常的落距为 1～2 m。落锤的重心应于桩顶的中心重合，桩顶应加 1～2 cm 厚的桩垫，桩垫可采用纤维板、毛毡等。重锤接触桩顶的瞬间，应尽量保证锤底面与桩顶面平行、平面接触，以减少锤击偏压。

选择合适的采样频率采集数据。为满足曲线拟合的要求，桩底反射信号以后应有 30 ms 的记录长度。在满足上述要求的前提下，应尽量采用高采样频率。

对每次锤击所采集的信号进行检查，质量符合要求时，方能记录。每根试桩至少应记录质量合格、基本特征相似的 5 锤以上完整的波形信号。

采集信号的质量应根据桩顶最大位移、$F(t)$波与 $Z \cdot V(t)$的波形及其相关性进行综合判定。作为计算单桩承载力的信号，应满足下列条件：①力曲线和速度曲线末尾段应归零；②两侧力信号最大幅值相差不超过 1 倍；③4 个通道数据齐全；④按正常的混凝土波速、密度、桩的截面积输入参数，$F(t)$波和 $Z \cdot V(t)$波起始上升段和峰值应基本重合；⑤对桩身完整的桩，在峰值以后、桩底反射波到达以前，$F(t)$波在 $Z \cdot V(t)$波以上。

桩身存在缺陷时很难满足上述第⑤条，桩的浅部有缺陷时，不能满足第④条。对缺陷桩可要求只满足前三条，所测的曲线主要用于桩身完整性判别，在这种情况下计算的承载力可靠性很低。

2.6.4.4 桩的贯入度观测

作为承载力检测的测试，宜实测桩的贯入度。通常可用精密水准仪观测，精度不低于 0.1 mm。

2.6.5 资料分析与整理

2.6.5.1 计算单桩竖向抗压承载力

1. Case 法

《建筑基桩检测技术规范》(JGJ 106—2003)规定用 Case 法计算承载力只限于中、小直径桩；桩身材质、截面应基本均匀；阻尼系数 J_c 值宜根据同条件下静载试验结果确定，或应在取得相近条件下可靠对比资料后，采用曲线拟合法确定；同一场地相同条件下 J_c 值极差不宜大于平均值的 30%。

符合上述条件，取得阻尼系数 J_c 值后，仪器会自动给出单桩承载力值。

2. 曲线拟合法

曲线拟合法应选取质量符合要求的 $F(t)$ 波和 $Z \cdot V(t)$ 波曲线，桩土模型及参数应反映桩土的实际力学性状，并用相同条件下静载荷试验结果进行校核。根据速度曲线积分的桩顶位移与实测贯入度值接近。拟合完成时，土阻力响应区段的计算曲线与实测曲线应吻合，其他区段的曲线应基本吻合。

当贯入度足够大时，所得到的承载力为单桩竖向抗压极限承载力。

3. 影响单桩承载力的因素

用高应变方法检测承载力一般是服务于工程桩的验收，评价工程桩是否满足设计要求。而设计要求的单桩承载力都是依据勘察资料和静载荷试验结果提出的，他指的是达到极限状态的单桩静载荷试验确定的极限承载力(或者是除以安全系数的容许承载力值《铁路桥涵设计规范》)。高应变确定的承载力和设计要求的承载力有一定的区别，在检测中应注意这些区别对承载力评定结果的影响。

1)土的静阻力发挥程度和单桩的破坏模式问题

从单桩静载荷试验资料我们可以得知，桩侧土静阻力达到极限需要桩土之间产生十数毫米至数十毫米的相对位移，而高应变动测很难达到如此大的贯入度，对于 2 mm 多一点的贯入度来说，我们得到的只是桩土之间与剪切变形对应的阻力值。有时为了获得较大的贯入度，增大锤击能量，其结果造成桩顶混凝土达到强度极限而开裂。与静载荷试验不同，高应变动测中的阻力除土的静阻力外，还有动阻尼力和桩土体系的惯性力，这就使得两种试验方法在破坏模式上有所不同。这从客观上决定了两种试验方法的结果会有一定的差别，而且桩越长、大，这种差别越明显。

2)桩端阻力起较大作用的桩

由于桩端是应力波传播中阻抗变化最大的界面，边界条件很复杂，难以用波动理论得到准确的桩端阻力。事实上无论是灌注桩，还是挤土的预制桩，桩端阻力和桩尖位移之间的关系本身就存在不确定性(桩端土的抗压刚度随桩尖进入持力层的深度而变化)。这就使得对于桩端阻力起较大作用的桩，动、静试验对比离散性较大。

3)桩身阻抗变化的影响

Case 法本身就要求桩身波阻抗不能有太大的变化，虽然波形拟合法可以根据波形特征设定不同单元的波阻抗值，但是波形曲线特征是桩侧土阻力和桩身波阻抗变化的综合反映，很难说设定多大的波阻抗是适宜的，尤其是对桩身波阻抗渐变的情况，就更难谈得上准确。相对土阻力反射波来说，桩身波阻抗变化所引起的反射是一个很大的量，因此在这种情况下，动测结果会有较大的误差。

4)测试和分析经验

低应变反射波法着重于把反射波的时间测准确，而不太重视波的幅值。而高应变不仅要把桩底反射的时间测准(它决定波速 c 的准确性)，而且还要把加速度和应变值测准确。这样就要求检测系统非常可靠，尤其是传感器的安装应精益求精。锤击也应该符合要求，以便得到质量高的实测波形数据。曲线拟合时各单元桩、土参数的选择与调整更需要有经验的人来完成。如果某个环节做得不是太好，就会产生较大的误差。

综上所述，要想用高应变得到可靠的、相当于单桩抗压静载荷试验的承载力并不是一件很容易的事，经验不足时可只检测中、小预制桩，有经验的单位可根据自己的能力决定检测范围。

2.6.5.2　判定桩身完整性

在桩身完整性判定方面，高应变和低应变各有其特点。对于桩浅部有缺陷时，低应变反映很灵敏，其结果也很可靠；但在高应变曲线上仅反映出 F 波和 $Z\cdot V$ 波峰值比例失调，很难判定其位置和程度。对深部缺陷，低应变反射波法很难判定缺陷的程度，因而也就无法准确地判定桩的合格与否，尤其是对那些没有桩底反射信号的桩。因此对于桩身有缺陷的桩，有条件时应根据高应变 Case 法和低应变反射波法的检测结果综合判定。

高应变 Case 法，桩身完整性可根据桩身完整性系数 β 值按表 2.6-1 确定，表中桩的完整性类别中的Ⅰ、Ⅱ和Ⅳ类同低应变反射波法，Ⅲ类桩是按桩身的缺损程度定量进行判别，而不是有疑问桩。

表 2.6-1　桩身完整性判定

β值	$\beta=1.0$	$0.8\leqslant\beta<1.0$	$0.6\leqslant\beta<0.8$	$\beta<0.6$
类别	Ⅰ	Ⅱ	Ⅲ	Ⅳ

2.6.6　静动法简介

静动法(Statnamic)是 1989 年加拿大的伯明翰(Berming Hammer)公司和荷兰的皇家科学院建工研究所(TNO)共同研制的一种试桩方法。其主要特点是作用在桩顶的力脉冲延续时间可达几十毫秒，甚至几百毫秒，而桩顶的加速度只有 10～20g，这样可使桩产生很大的贯入度，同时又不破坏桩顶，并且因力脉冲的作用时间大于数倍 $2L/c$，使得桩身的应力和位移与应力波传播无关，而接近于静态承压桩。承载力计算中不需要太多的假定和参数，分析方法简单，结果更接近静载荷试验。

2.6.6.1　基本原理

1. 方法的特点

静动法是在桩顶安装一加荷装置，测试时点燃装置汽缸中的固体燃料，产生高压气体，将桩顶的堆载平台举起，如果堆载的质量为 m，举起时加速度为 a，则此上举力 $F=ma$ 将反作用于桩顶，静动法所产生的加速度 a 通常为 10～20g，所以平台上的堆载只需要静载试验的5%～10%，从而大大节省了人力和物力。

通过调整汽缸长度、控制燃烧过程，可以使汽缸维持高压达 100～800 ms，这与锤击作用下应力波在桩身中的传播有着本质的不同，而更接近于静力加荷的情况。图 2.6-15 为一埋设应变计的桩分别用静载和静动法试验，实测的桩身轴力曲线。

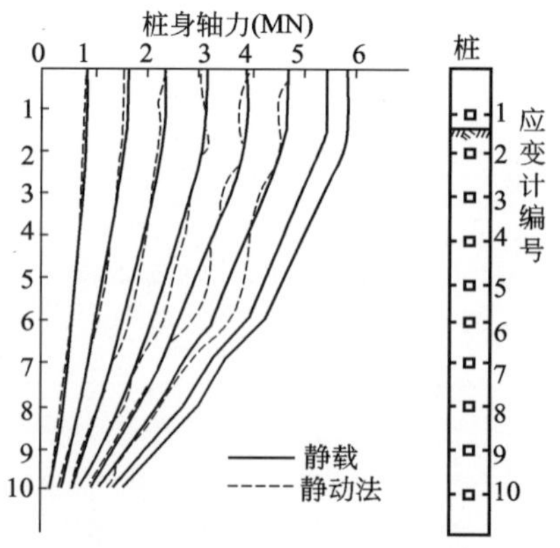

图 2.6-15　实测桩身轴力

不同测试方法桩身应力、速度和位移分布的实测结果见图 2.6-16。图中动态和静态分别指锤击和静力加荷条件，静动法是指本方法的试验结果。从图中可以看出静动法由于力脉冲的作用时间较长，桩身应力和位移分布均与静态加荷接近，但是与静态相比，静动法加荷速度还是太快，以致于桩产生速度和加速度。因此静动法是介于动态和静态之间的方法，其本质仍属动态测试范畴。

2. 承载力的确定

根据实测的静动力 F_{stn}、位移 u、速度 v 和加速度 a，利用平衡方程求得土的静阻力 F_u，土静阻力的最大值就是桩的极限承载力 P_u。

$$F_u = F_{stn} - F_v - F_a \qquad (2.6\text{-}8a)$$

$$F_v = J \cdot v \qquad (2.6\text{-}8b)$$

$$F_a = m \cdot a \qquad (2.6\text{-}8c)$$

$$v = \int_0^t a \qquad (2.6\text{-}8d)$$

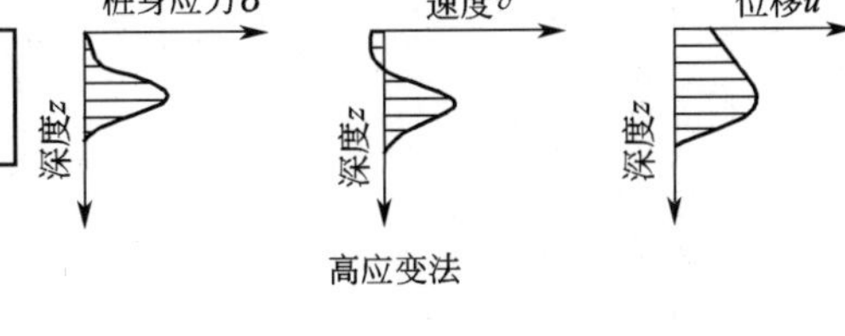

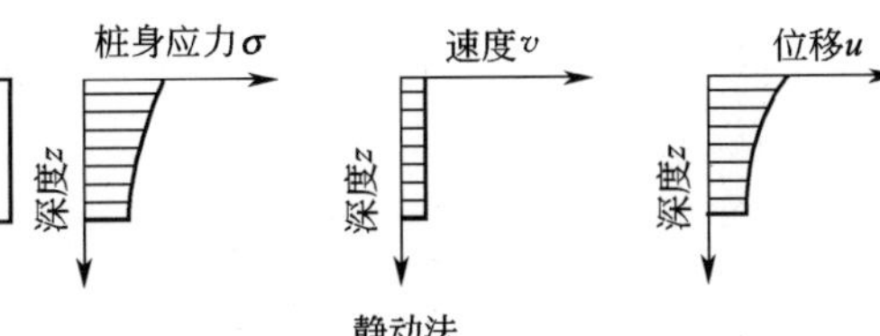

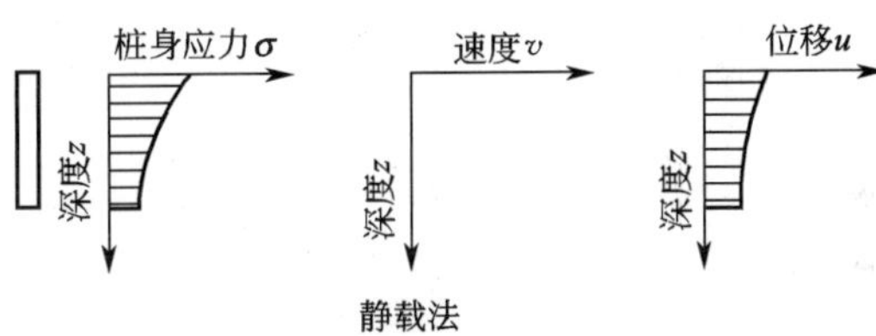

图 2.6-16 不同测试方式的桩身应力、速度和位移分布

式中 F_{stn}——实测的静动力；

F_u——土的静阻力，是位移 u 的函数；

F_v——土的阻尼力，是速度 v 的函数；

F_a——桩的惯性力；

J——阻尼系数；

v——桩身速度；

m——桩身质量；

a——实测桩的加速度。

利用速度为 0(卸荷点)、位移最大时，在实测的静动力中扣除惯性力 ma，即可按式 2.6-9 求得桩的极限承载力。

$$P_u = F_u = F_{stn} - m \cdot a \qquad (2.6\text{-}9)$$

2.6.6.2 试验装置和试验过程

1. 试验装置

静动法的试验装置见图 2.6-17。它由汽缸、活塞、堆载平台、消音器及砂砾容器等组成。堆载可为钢块或预制混凝土块，质量为预估承载力的 5%～10%，堆载荷重块的中间预留孔，以便套进消音器。

2. 试验过程

试验全过程见图 2.6-18。设备安装完毕后(图 2.6-18a)，用电阻丝点燃汽缸中的固体燃料，此时所产生的高压气体，向上推动活塞及连接的平台，使平台连同堆载脱离桩顶(图 2.6-18b)，堆载四周的砂砾就迅速填充堆载与桩顶之间的空间(图 2.6-18c)，当堆载回落时，由于桩顶已有砂砾填料形成的缓冲层，堆载就不会撞击和破坏桩顶(图 2.6-18d)。

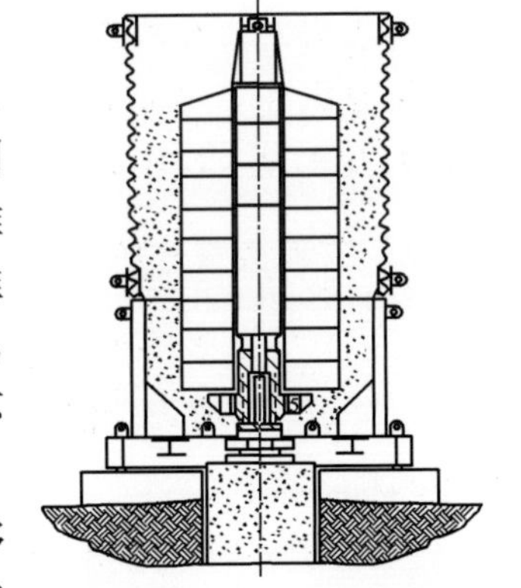

图 2.6-17 静动试验装置

试验的静动力 F_{stn} 由设在桩顶的力传感器测定，桩体的位移 u 由安装在桩顶的激光传感器测得，为此需在离桩一定距离处安放一激光发射器，速度 v 和加速度 a 则由加速度传感器测量。整个试验过程均由计算机自动控制并记录，图 2.6-19 为试验的实测成果曲线。

2.6.6.3 试验结果分析

桩的极限承载力可按式 2.6-9 求得。

另外还可以根据 F_{stn}-U 曲线，得到相当于静载试验的曲线。目前常用的方法是卸荷点

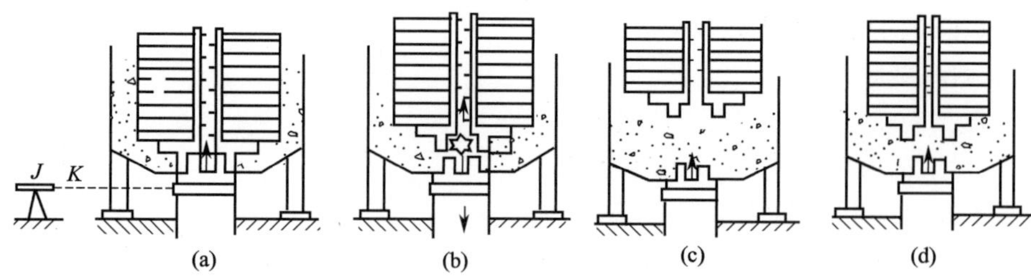

图 2.6-18 静动法试验过程

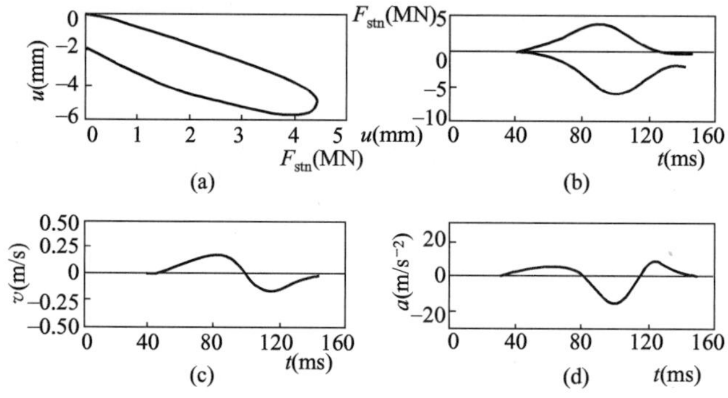

图 2.6-19 静动法实测曲线

法，是由荷兰的 P · Middendorp 提出的，他是利用卸荷点速度为 0，按式 2.6-9 求出 F_u 值，并假定 F_u 值在 F_{stn} 最大值点 a 和卸荷点 b 之间保持不变（如图 2.6-20），这样就可根据实测的静动力 F_{stn}、加速度 a 和速度 v 值，按式 2.6-10 计算出相应的阻尼系数 J。

$$J=(F_{stn}-F_u-ma)/v \tag{2.6-10}$$

将求得的 a、b 两点之间的阻尼系数的平均值代入式 2.6-8，即可算出各点对应的 F_u 值，F_u-u 曲线即为相当于静载荷试验的 P-S 曲线，见图 2.6-20 中的虚线。

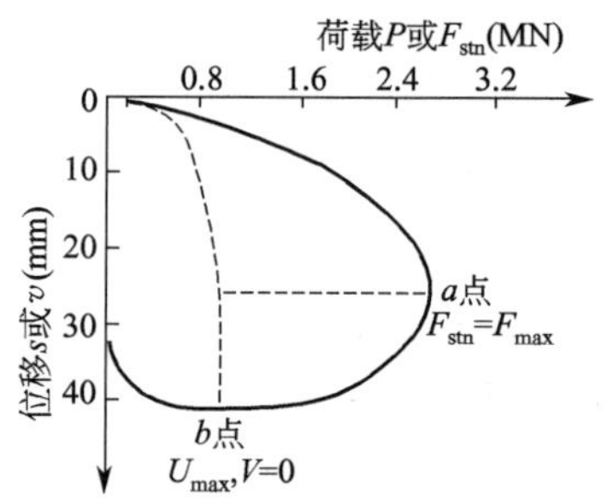

图 2.6-20 静动法曲线及其 P-S 曲线

2.6.7 工程实例分析

2.6.7.1 Case 法检测单桩承载力

××工程基桩设计桩长为 21 m，桩直径 0.6 m，桩身混凝土等级 C25，钻孔灌注桩。桩周土层为黏土和粉质黏土。

落锤为钢质圆柱形，锤重 25 kN，试验用脱钩装置，锤自由下落，落距为 0.5 m。实测高应变曲线见图 2.6-21。从图中可以看出：F 波和 ZV 波在曲线上升段重合较好，两列波的峰值大小接近，被测桩桩身质量基本完整，ZV 波桩底同相位反射信号明显。可进行单桩

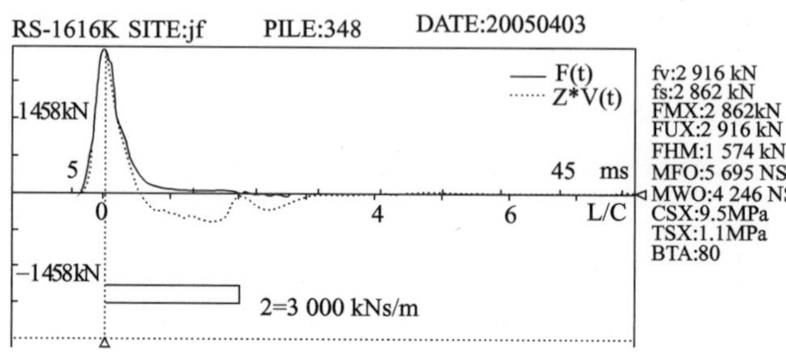

图 2.6-21 完整桩 Case 法实测曲线

承载力估算，取 J_c=0.4 计算得到单桩极限承载力为 1 800 kN。

另一项目工程桩设计桩长为 29 m，桩直径 0.6 m，桩身混凝土等级 C25，钻孔灌注桩。桩侧土层为黏土和粉质黏土，桩尖土层为粉土。

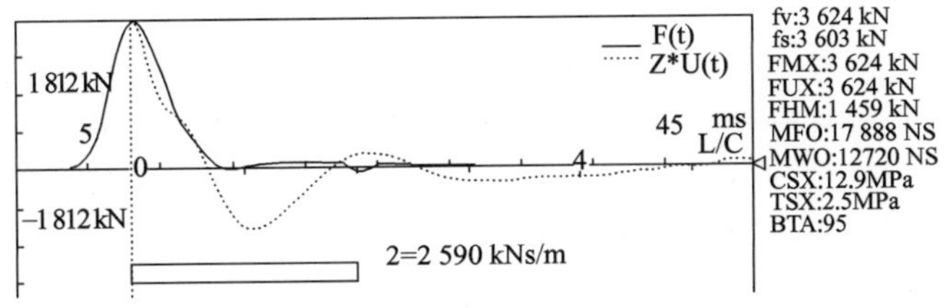

图 2.6-22　轻微缺陷桩 Case 法实测曲线

落锤为钢质圆柱形，锤重 30 kN，试验用脱钩装置，锤自由下落，落距为 0.5 m。实测高应变曲线见图 2.6-22。从图中可以看出：*F* 波和 *ZV* 波在曲线上升段重合较好，两列波的峰值大小接近，但桩顶下 6.5 m 处 *ZV* 波上升，而 *F* 波下降变陡，并有明显的桩底反射信号。计算 β=0.95，桩身基本完整。可进行单桩承载力估算，取 J_c=0.4 计算得到单桩极限承载力为2 400 kN。

2.6.7.2　CAPWAPC 拟合单桩承载力

××工程混凝土灌注桩，桩长 30 m，桩直径 0.6 m，设计混凝土等级 C25，高应变实测曲线如图 2.6-23(a)所示。将桩划分为 14 段，用实测力值计算速度值，并与实测速度值拟合，拟合结果见图 2.6-23(b)。根据拟合结果得到桩侧阻力分布见图 2.6-23(c)，模拟静载荷试验 *Q-S* 曲线见图 2.6-23(d)。拟合结果单桩极限承载力为 1 468 kN，同样条件静载荷试验确定的单桩极限承载力为 1 400 kN。

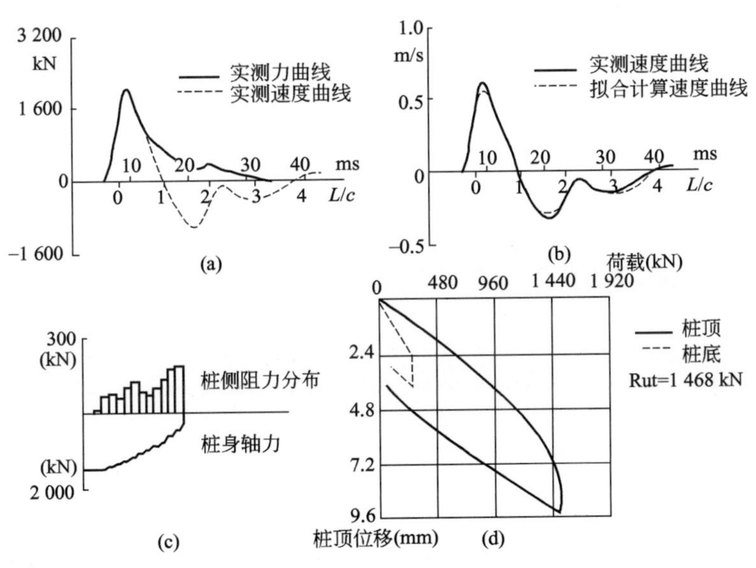

图 2.6-23　CAPWAP 法拟合曲线

2.7　机械阻抗法

2.7.1　基本原理

对于简谐振动的机械系统，机械阻抗是指系统的某点所受的激励与同一点或不同点的响应的复数比。简谐激振力和简谐振动响应可分别写成 $F_0 e^{j\omega t}$ 和 $X_0 e^{j(\omega t+\alpha)}$，其中 F_0、X_0 分别为激振力和振动响应的振幅；ω 为角频率；t 为时间；α 为振动响应的初相位；$j=\sqrt{-1}$。两者相比后得到与时间无关的量$(F_0/X_0)e^{j\alpha}$，称为机械阻抗。机械阻抗的倒数称为机械导纳。

在基桩检测中，把桩土体系看成一个系统，在桩顶施加一个激励力 $f(t)$，这样就可以在桩顶同时检测到系统的振动响应信号（图 2.7-1），通常观测的信号为桩顶振动速度 $v(t)$，所以机械阻抗法基桩检测中的阻抗为速度阻抗。根据激励方式的不同，分为稳态机械阻抗法和瞬态机械阻抗法。

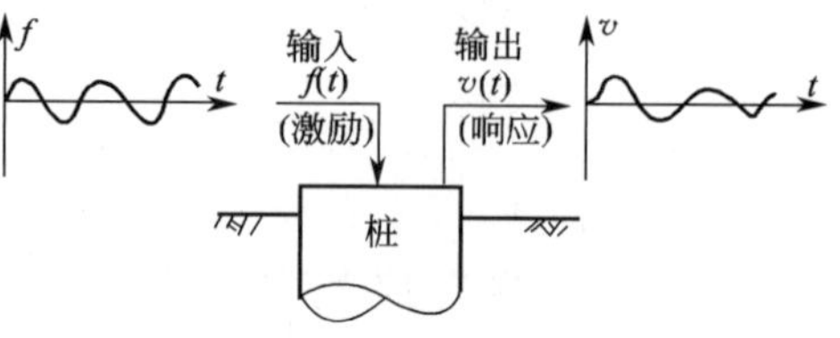

图 2.7-1　机械阻抗法原理

对于桩身完整、截面比较均匀的理想基桩，当桩周土对桩的支承刚度小于桩身材料刚度，且桩顶激励的振动频率较低（小于体系的一阶自振频率 f_0）时，桩体以刚体运动为主，振动体系可简化成有阻尼的质量、弹簧体系（图 2.7-2）。随着激励频率的逐渐增高，桩体内将随之发生拉伸和压缩变形，形成桩体中的弹性波动（体系模型和边界条件见图 2.7-3），桩顶振幅将出现多个峰值，其对应的频率为振动体系的多阶自振频率（图 2.7-4）。

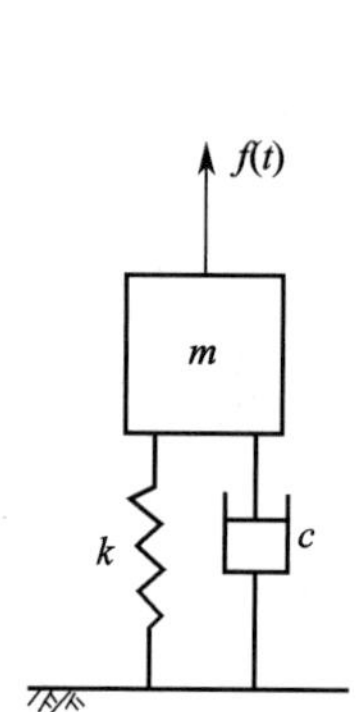

图 2.7-2　阻尼质弹体系

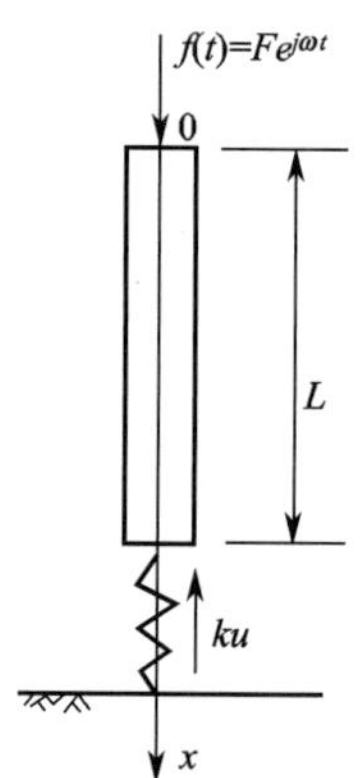

图 2.7-3　高频振动桩土模型

瞬态机械阻抗法使用力棒（或力锤）敲击桩头，激励信号近似半正弦波，是一个频率成分连续的宽频脉冲。敲击相当于一次在桩顶施加了多个频率成分的激励，可同时激发出桩的各阶自振频率。

2.7.2　仪器设备

机械阻抗法按激励方式的不同分为稳态和瞬态两种，其测试装置见图 2.7-4。仪器设备主要包括：激振系统、接收传感器、控制和记录系统三部分。

2.7.2.1　激振系统

稳态激振系统由信号发生器、功率放大器和激振器组成。信号发生器一般设置在主机（频响分析仪）中，通过操作控制系统使它产生信号，经功率放大器放大后推动激振器产生正弦激振力。

激振器宜选用永磁式电磁激振器，其技术指标应符合下列规定：频率范围宜为 5～1 500 Hz。激振力：当桩径小于 1.5 m 时，大于 200 N；桩径为 1.5～3.0 m 时，大于 400 N；桩

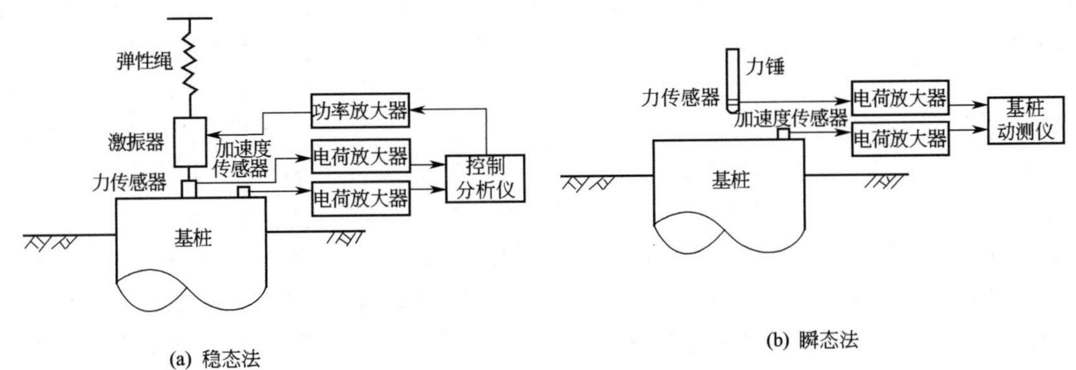

(a) 稳态法　(b) 瞬态法

图 2.7-4　机械阻抗法测试系统

径大于 3.0 m 时，大于 600 N。非线形失真小于 1%。横向振动系数小于 10%，谐振时不大于 25%。

激振器可采用柔性或半刚性方式悬挂。采用柔性悬挂时应避免激振器在高频段出现横向振动；采用半刚性悬挂，当激振频率在 10～1 500 Hz 范围内时，激振系统本身特性曲线出现的谐振峰(共振与反共振)不应超过一个。

瞬态激振用带有测力传感器的力锤敲击桩顶，对桩施加一脉冲激励。应根据桩的大小、桩周土的软硬和桩长选择锤的重量和锤头的材质，力脉冲的频谱宽度不小于 1 500 Hz。

2.7.2.2　接收传感器

1. 力传感器宜采用压电晶体式传感器。频响范围应为 5～1 500 Hz；幅度畸变小于 1 dB；灵敏度不小于 1.0 pC/N；量程满足测试需要。

2. 速度响应测试可采用速度传感器或加速度传感器，稳态法宜选用速度传感器，瞬态法宜选用加速度传感器。传感器的频响范围应为 5～1 500 Hz；灵敏度：当桩径小于 60 cm 时，速度传感器 S_v 应大于 300 mV/(cm·s^{-1})，加速度传感器 S_a 应大于 1 000 pC/g，当桩径大于 60 cm时，S_v 应大于 800 mV/(cm·s^{-1})、S_a 应大于 1 000 pC/g；横向灵敏度不大于 5%；加速度传感器的量程：稳态激振时不小于 5g，瞬态激振时不小于 20g。

2.7.2.3　控制和记录系统

稳态激振采用频响分析仪或信号发生器控制激振力的频率和幅值。监视和记录力信号和响应信号的波形采用数字化基桩动测仪，要求同低应变反射波法，通道数量应满足测试需求。采用速度传感器接收响应信号时，仪器应有相应的接口；传感器输出为电荷信号时，仪器应有前置电荷放大器，没有时应外接前置电荷放大器。

瞬态激振采用与低应变相同的基桩动测仪，要求同上。

2.7.3　现场测试

2.7.3.1　稳态激振检测前的准备

1. 首先应进行桩头清理，去除桩头上的浮浆，露出混凝土密实的桩顶。将桩头顶面大致修凿平整，并尽可能与周围地面保持平齐。在桩顶面正中和径向两侧边沿，精心凿出直径约 20 cm 的圆面一个和直径各 10 cm 的圆面 1～4 个(图 2.7-5)，使凹凸不平处的高差小于 0.3 cm。

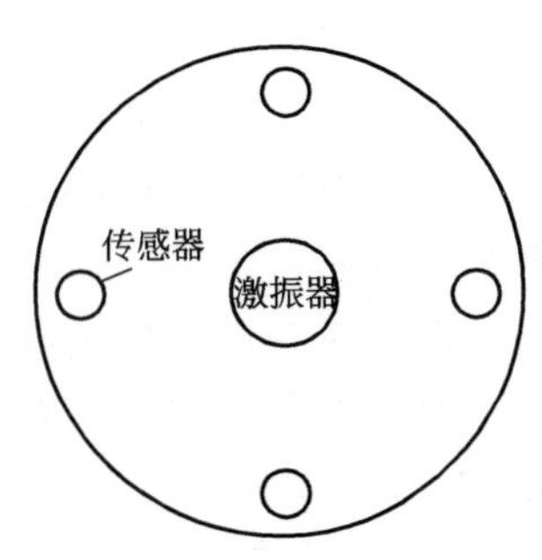

图 2.7-5　桩头处理示意图

1～4 小圆平面是桩顶振动响应的测试点，设置原则为：桩径小于 0.6 m 时，可布置一个；桩径为 0.6～1.5 m 时，对称布置 2～3 个；桩径大于 1.5 m 时，对称布置 4 个。在桥梁桩基础测试中，宜布置 2 个或 4 个测点，当只布置两个测点时，其测点应位于顺流向的两侧。

2. 粘贴在桩顶的钢板，必须在放置激振装置和传感器的一面用磨床加工成光洁度 0.8 以上的光洁表面。接触桩顶的一面应保持粗糙，以使其与桩头黏结牢靠。将加工好的圆形钢板用黏结剂进行黏结，大钢板黏结在桩顶中心处，钢板圆心与桩顶中心重合。小钢板黏结在桩顶边沿 1～4 个小圆面上。钢板应黏结牢固，顶面应水平。黏结剂完全固化后可进行检测，如不即时检测，可在钢板上涂抹黄油，以防锈蚀。桩头上不要放置与检测无关的东西。主筋露出桩头部分不宜过长，应切割至可焊接和绑扎的最小长度，否则会产生谐振干扰。

3. 半刚性悬挂装置和传感器，必须用螺丝紧固到桩头的钢板上。

4. 安装和联结测试仪器时，必须妥善设置接地线，要求整个测试系统一点接地，以减少电噪声干扰。传感器的连接电缆应采用屏蔽电缆，且不宜过长。

5. 安装激振器和传感器，使激振力作用于桩头顶面正中。安装全部测试设备，确认测试系统处于正常状态，调试和设定各项工作参数，然后开始试验。

2.7.3.2 稳态激振测试方法

激振时由信号发生器或频响分析仪产生等幅值、频率可调的简谐控制信号。调整频率由低到高扫频。

1. 扫频方式

扫频可以采用线形（或对数）步进扫描和线性连续扫描（图 2.7-6）。步进扫描是在频率变化范围内，按一定的频率间隔（步长）分段，在每小段内保持频率恒定，并持续一段时间，按频率由低到高逐段扫描。连续扫描是振动频率随时间呈渐变增高。

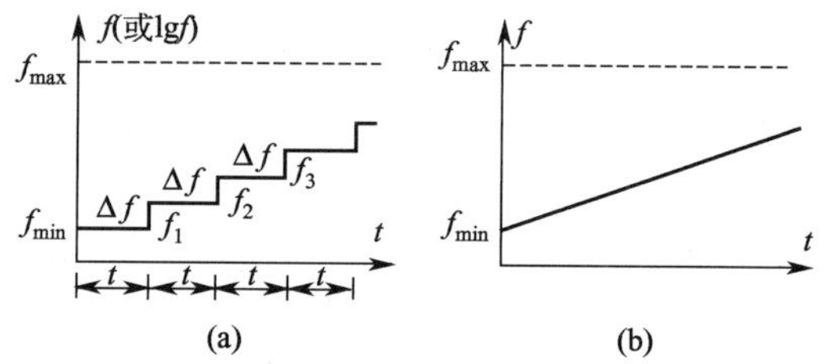

图 2.7-6 稳态机械阻抗法激励方式

2. 扫频范围

为了使导纳曲线低频直线段有足够的长度，频率下限 f_{min} 应尽量低，可选 10～20 Hz。上限频率 f_{max} 取决于桩土体系的振动频率，一般应能得出高频共振峰的频差 Δf，但 f_{max} 不能高出激振装置和传感器的使用频率范围。一般扫频范围可取 10～1 500 Hz。

3. 步进扫频的频率间隔

频率间隔越小，导纳曲线的频率分辨率越高，测试精度也就越高，但工作效率降低。一般频率间隔设置为 5 Hz 或 10 Hz。

4. 步进扫频的频率持续时间

每个频率段扫频持续时间应兼顾测试质量和效率，以响应信号达到稳态为标准。一般低频段可稍长一些，高频段可短一些。

5. 连续扫频的扫频速率

连续扫频的扫频速率也应兼顾测试效率和质量，实际操作时可先快速扫一遍，然后在低频段和可能出现谐振的频率范围细扫。

2.7.3.3 瞬态测试

同低应变反射波法。为了抑制噪声，重复测试次数宜大于 4 次，取其平均值。

2.7.4 测试结果的计算与桩身完整性评价

2.7.4.1 测试结果的计算

1. 导纳曲线。稳态激振改变激振频率,可得到以频率 f 为横坐标,桩顶速度幅值与力的幅值之比 $|V/F|$ 为纵坐标的导纳曲线。瞬态激振根据所测桩顶速度信号和冲击力信号的时域波形,分别进行 Fourier 变换得到相应的幅值频谱,然后再相除,即可得到导纳曲线。见图 2.7-7。

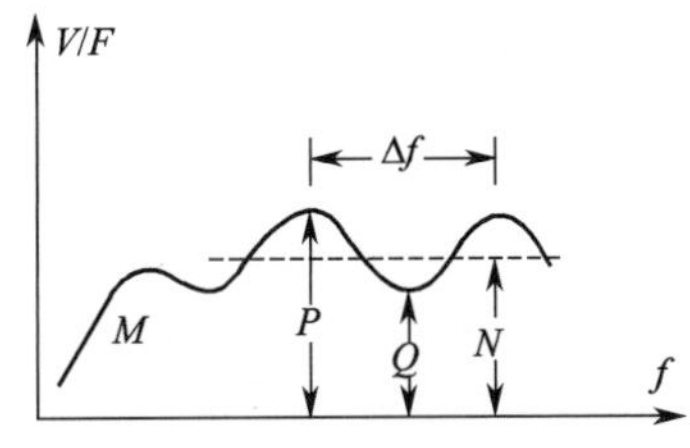

图 2.7-7 桩的导纳曲线

2. 桩的平均纵波波速 c。根据导纳曲线上的谐频峰计算相邻峰频差 Δf,当近似相等时,按式 2.7-1 计算波速 c_i。当 c_i 值在桩的正常波速范围内时,可确认 c_i 值为桩的波速。取完整桩波速 c_i 的平均值,作为桩的平均波速 c。

$$c_i = 2\Delta f \cdot L \tag{2.7-1}$$

式中 L——完整桩长度。

3. 桩的导纳值。桩的导纳测试值,也就是导纳曲线上 $|V/F|$ 的平均值,通常取几何平均值 N_m;桩导纳的理论值 N 为桩身波阻抗的倒数。

$$N_m = \sqrt{N_P \cdot N_Q} \tag{2.7-2a}$$

$$N = 1/(\rho \cdot c \cdot A) \tag{2.7-2b}$$

式中 N_P——导纳曲线峰值;

N_Q——导纳曲线谷值。

4. 桩的动刚度特征值 K_d。取导纳曲线低频直线段斜率的倒数。

$$K_d = 2\pi f / |V/F| \tag{2.7-3}$$

根据完整桩的动刚度 K_d 计算工地的平均动刚度 K'_d。

5. 桩的嵌固系数 q。

$$q = f_0 / \Delta f_L \tag{2.7-4}$$

式中 f_0——导纳曲线上第一谐振峰对应的频率;

Δf_L——完整桩的频差。

当桩底为绝对刚性支承时(图 2.7-3 中弹簧系数 $k \to \infty$),f_0 为整桩频差的一半,$q=0.5$;桩底为绝对柔性支承时(图 2.7-3 中弹簧系数 $k \to 0$),f_0 为零,$q=0$。q 值变化于 0～0.5 之间,其大小反映了桩底支承情况。

2.7.4.2 桩身完整性评价

根据导纳曲线的形状及所计算的参数,按表 2.7-1 和表 2.7-2 确定桩身完整性、缺陷类型,计算缺陷位置。

2.7.5 工程实例

2.7.5.1 完整桩实例

××工程地基采用 CFG 桩,桩长 11.5 m,桩直径 0.4 m,桩身混凝土强度等级为 C20。经检测桩的平均应力波速 $c=4\ 000$ m/s，平均动刚度 $K_d=260$ kN/mm。

表 2.7-1　按机械导纳曲线推定桩身结构完整性

<table>
<tr><th>导纳曲线形态</th><th colspan="2">实测导纳值
N_m</th><th colspan="2">实测动刚度
K_d</th><th>测量桩长
L_0</th><th>实测桩身
波速 c_i</th><th>结　论</th></tr>
<tr><td rowspan="3">与典型导纳曲线接近</td><td rowspan="3" colspan="2">与理论值 N 接近</td><td>高于</td><td rowspan="3">工地平均值</td><td rowspan="5">与施工长度接近</td><td rowspan="3">3 500～4 500</td><td>嵌固良好的完整桩</td></tr>
<tr><td>接近</td><td>表面规则的完整桩</td></tr>
<tr><td>低于</td><td>桩底可能有软层</td></tr>
<tr><td rowspan="2">呈调制状波形</td><td>高于</td><td rowspan="2">工地平均值</td><td>低于</td><td rowspan="2">工地平均值</td><td><3 500</td><td>桩身局部离析，其位置可按主波的 Δf 判定</td></tr>
<tr><td>低于</td><td>高于</td><td>3 500～4 500</td><td>桩身局部扩大，其位置可按主波的 Δf 判定</td></tr>
<tr><td rowspan="2">与典型导纳曲线类似，但相临谐振峰频差 Δf 偏大</td><td colspan="2">高于理论值 N 很多</td><td>远低于</td><td rowspan="2">工地平均值</td><td rowspan="2">小于施工长度</td><td rowspan="2">—</td><td>桩身断裂或有夹层</td></tr>
<tr><td colspan="2">低于工地平均值很多</td><td>远高于</td><td>桩身有较大鼓肚</td></tr>
<tr><td>不规则</td><td colspan="2">变化或较高</td><td colspan="2">低于工地平均值</td><td>无法确定</td><td>—</td><td>桩身不规则，有局部断裂或贫混凝土</td></tr>
</table>

表 2.7-2　按机械导纳曲线异常程度进一步推定桩身结构完整性

<table>
<tr><th>初步判别有异常</th><th>可能的异常位置</th><th>异常性质的判断</th><th colspan="2">异常程度的判断</th></tr>
<tr><td rowspan="4">桩身波速正常，只有桩底反射效应，桩身无异常</td><td rowspan="4">—</td><td rowspan="2">$N_m=N$
优质桩</td><td>波峰间隔均匀，整齐</td><td>全桩完整，混凝土质量优而均匀</td></tr>
<tr><td>波峰间隔均匀，但不整齐</td><td>全桩基本完整，外表面不规则</td></tr>
<tr><td rowspan="2">$N_m\approx N,K_d\approx K'_d$
混凝土质量稍差</td><td>波峰间隔均匀，整齐</td><td>全桩完整，混凝土质量基本完好</td></tr>
<tr><td>波峰间隔不太均匀，欠整齐</td><td>全桩基本完整，局部混凝土质量不太均匀</td></tr>
<tr><td rowspan="3">$\Delta f_1 \lt \Delta f_2$，$c_1=2\Delta f_1 L$= 正常波速，同时 $c_2=2\Delta f_2 L$ > 正常波速，L' 处有异常反映</td><td rowspan="3">$L'=c/(2\Delta f_2)$</td><td rowspan="2">$N_m \lt N,K_d \gt K'_d$</td><td>波峰圆滑，N_P 值小</td><td>有中度扩径</td></tr>
<tr><td>波峰圆滑，N_P 值大</td><td>有轻度扩径</td></tr>
<tr><td>$N_m \gt N,K_d \lt K'_d$
缩径或局部混凝土质量差</td><td>波峰尖峭，N_P 值大</td><td>有中度裂缝或缩径</td></tr>
<tr><td rowspan="4">$c=2\Delta f L$ > 正常波速，无桩底反射效应，只有其他部位的异常反射效应</td><td rowspan="4">$L'=c/(2\Delta f)$</td><td rowspan="2">$N_m \gt N,K_d \lt K'_d$
缩径或断裂</td><td>波峰尖峭，N_P 值小</td><td>有严重缩经</td></tr>
<tr><td>波峰间隔均匀，尖峭，N_P 值大</td><td>严重断裂，混凝土不连续</td></tr>
<tr><td rowspan="2">$N_m \lt N,K_d \gt K'_d$
扩径</td><td>波峰圆滑，N_P 值小</td><td>有较严重扩径</td></tr>
<tr><td>波峰间隔均匀，圆滑，N_P 值小</td><td>有严重扩径</td></tr>
</table>

某根桩实测导纳曲线如图 2.7-8 所示。根据实测曲线计算桩的有关参数：$\Delta f=180$ Hz，$K_d=270$ kN/mm，$N_m=7.88\times10^{-7}$ m/(N·s)。进一步计算得到：桩身波速 $c=2\times11.5\times180=4\ 140$ m/s，理论导纳值 $N=1/(2\ 400\times4\ 140\times0.125\ 6)=8.01\times10^{-7}$ m/(N·s)。该桩的波速和实测动刚度均与完整桩接近，实测导纳值接近理论值，判定该桩为完整桩。

2.7.5.2　桩体混凝土离析实例

××工程地基采用 CFG 桩，桩长 13 m，桩直径 0.45 m，桩身混凝土强度等级为 C15。经检测完整桩的平均应力波速 $c=3\ 700$ m/s，计算理论导纳值 $N=7.08\times10^{-7}$ m/N · s。

某根桩实测导纳曲线见图 2.7-9。从图中看出曲线有较多毛刺，共振频率间隔 $\Delta f=795$ Hz，实测导纳值 $N_m=15.1\times10^{-7}$ m/N · s，远高于理论值。与 $\Delta f=795$ Hz 对应的深度为 $h=3\ 700/(2\times795)=2.3$ m。初步判断该桩为缺陷桩，缺陷深度在 2.3 m 左右。经开挖证实，该桩在 2.1～2.5 m 混凝土离析。

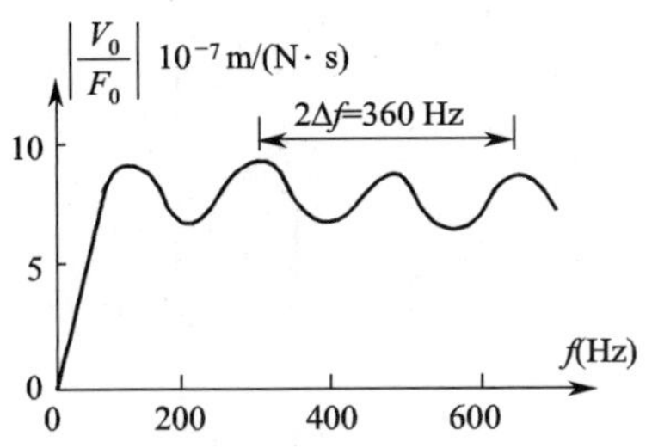

图 2.7-8 完整桩实测导纳曲线

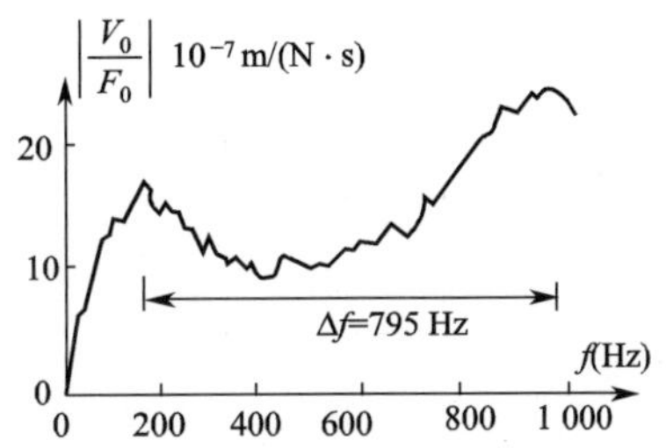

图 2.7-9 离析桩导纳曲线

2.7.5.3 断桩实例

××工程地基采用振动沉管灌注桩，桩长 13 m，桩直径 0.40 m，桩身混凝土强度等级为 C20。经检测完整桩的平均应力波速 $c=3\ 900$ m/s，计算理论导纳值 $N=8.5\times10^{-7}$ m/N · s。该工程完整桩的典型导纳曲线见图 2.7-10 中(b)。

某根桩的实测导纳曲线见图 2.7-10(a)，该曲线共振频率间隔 $\Delta f=305$ Hz，与完整桩曲线相比偏高，按该频率计算深度为 6.4 m。经开挖证实该桩在 5.9 m 出断裂。

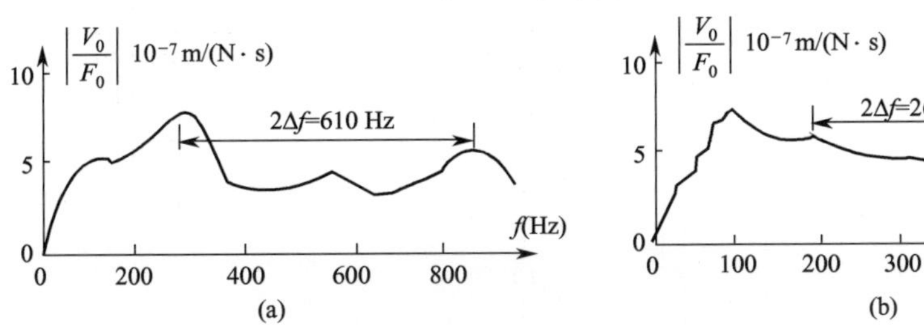

图 2.7-10 断桩与完整桩导纳曲线对比

2.8 灌注桩成孔质量检测

灌注桩的质量受成孔和混凝土灌注两个环节制约，为了保证桩的质量，可在灌注混凝土前对成孔质量进行检验。检验的内容为桩孔直径、垂直度和沉渣厚度。

2.8.1 超声波法检测孔径和垂直度

2.8.1.1 测试原理

该方法使用的仪器是超声波侧壁测定仪。其测试原理见图 2.8-1，由探头中的发射传感器发出超声波脉冲，超声波向外传播，遇到孔壁时产生反射，反射信号由探头中的接收传感器接收，利用发射和接收的时间差，按式 2.8-1 可以算出传感器与孔壁之间的距离。

$$r=c\cdot t/2 \tag{2.8-1}$$

式中　r——传感器到孔壁的距离(m)；

c——超声波在孔中液体内的传播速度(m/s)；

t——超声波从发射传感器到孔壁，再返回到接收传感器的走时(s)。

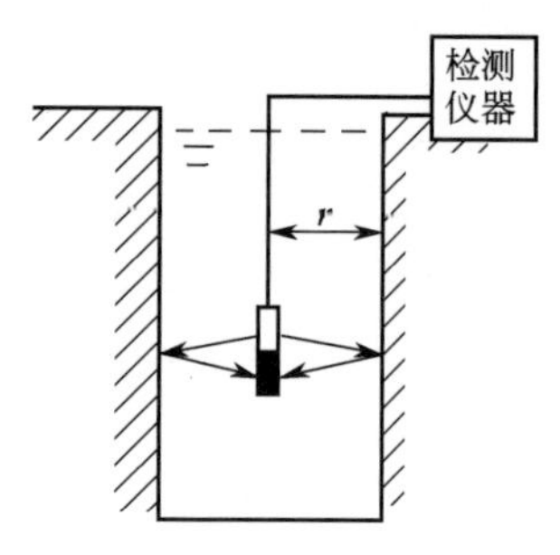

图 2.8-1　超声波成孔质量检测原理示意图

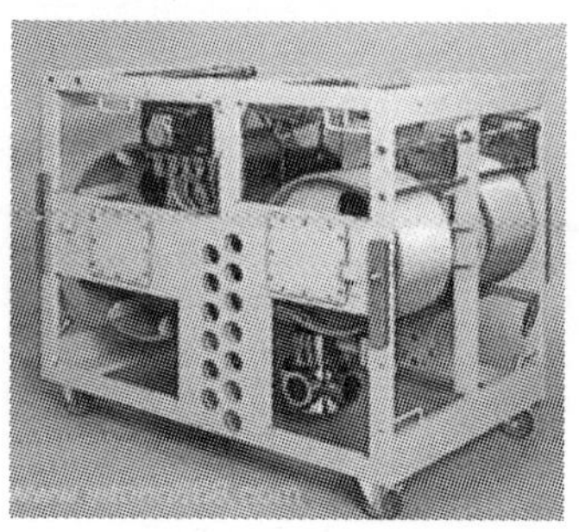

图 2.8-2　KE-400 超声波侧壁测定仪

2.8.1.2　仪器设备与操作

仪器主要由主机、探头和升降装置三部分组成。其中主机由声波信号发生器和记录仪组成。声波信号发生器按一定的时间间隔，产生电压脉冲，推动探头中的发射传感器发出超声波脉冲。记录仪记录接收传感器收到的信号，并按比例显示出孔壁形状随深度的变化情况。日本 KAIJO 公司生产的 KE-400 超声波钻孔壁测定仪具有 4 个通道，可同时检测两个正交方向的 4 个分量，其外观见图 2.8-2，主要技术指标见表 2.8-1。

表 2.8-1　KE-400 主要技术指标

测量系统	超声波脉冲系统	记录方式	热敏打印四通道，可选两通道
工作频率	100 kHz	测深精度	1%
发射功率	30/3 W	定速走纸	10 mm，20 mm，40 mm，120 mm/min
测量精度	±0.2%	比例走纸	1/200，1/100，1/50
探头上升	0～20 m/min 可调	测试范围	0～50 cm，0～100 cm，0～200 cm，0～400 cm
下降速度		升降控制	由两只限位开关自动控制
测量深度	110 m		

将绞车安置在孔口，固定传感器的平面位置和指向，使探头位于孔口中心。根据孔口护筒的直径及探头所在的位置，校准泥浆的声波波速。标定完成后，开始由上至下进行扫描，即可得到不同深度孔壁在扫描方向上的形状，见图 2.8-11。

2.8.1.3　资料整理与检测成果

根据 4 个方向到孔壁的距离，绘制近似的外接圆，圆的直径即为所测的孔径，圆心位置即为所测深度的桩孔中心，桩孔的垂直度 K 按式 2.8-2 计算。

$$K=e/L \tag{2.8-2}$$

式中　e——桩孔中心的偏移量；

L——桩孔深度。

检测成果应给出孔径随深度的变化曲线、整个桩孔的垂直度和最小、最大孔径值，需要时还要给出桩孔的偏移方向。

2.8.2　井径仪检测孔径

井径仪主要设备包括测头、主机和升降设备。

测头通常有4条测腿(图2.8-3)。放入桩孔前先将测腿合拢并用弹簧卡锁住,测头下放至孔底后,冲击孔底,靠测头本身的惯性将4条测腿像自动伞一样打开。向上提测头时,由于弹簧力的作用,测腿的端部和孔壁紧贴,并随着孔径的变化,测腿相应地张开和合拢,通过测头内的滑变电阻感应测腿的这种变化,用电阻应变类仪器进行测量和记录。

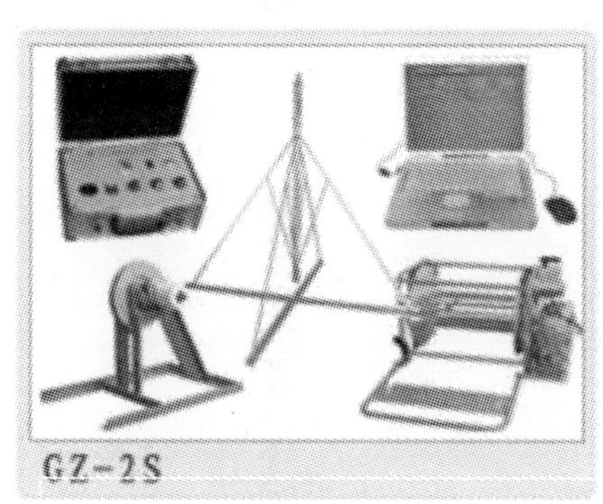

图2.8-3　井径仪

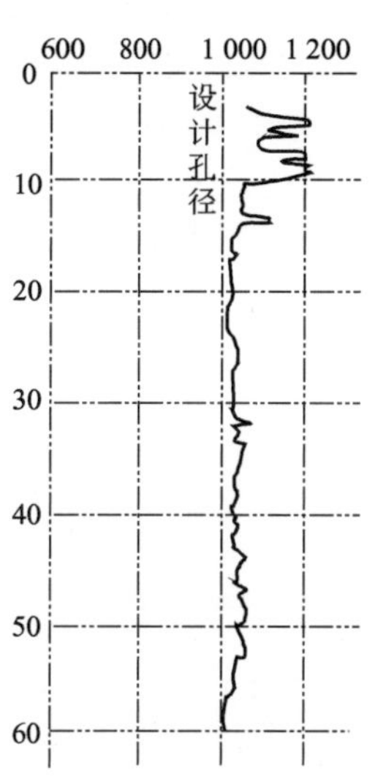

图2.8-4　井径随深度变化曲线

主机控制升降装置,记录探头所处的深度和相应的孔径值。根据测试结果可绘制孔径随深度的变化曲线,见图2.8-4。

目前这类仪器一般是单索升降测头,因此不能定方向测量。大部分仪器4个测腿所对应的滑变电阻是串在一起,一个通道输出,这样只能得到一个反映孔径特征的综合值。

2.8.3　其他测量孔壁方法

2.8.3.1　简易检孔器法

简易检孔器是一个用钢筋焊成的中间呈圆柱状、上下两端呈圆锥状的小钢筋笼,检孔器的外径略小于桩孔直径。用起吊设备将检孔器放入孔口,单索起吊,并使钢丝绳位于空口中心。慢慢下放钢检孔器,如果能顺利到达孔底,钻孔直径符合要求。根据下放检孔器过程中,起吊索在铅直方向上的偏斜,判定钻孔偏斜情况和垂直度,见图2.8-5。

2.8.3.2　用测斜仪测量钻孔垂直度

用测斜仪测量桩孔垂直度,是通过分段量测桩孔中不同位置测斜仪的顶角变化来评价桩孔垂直度。通常测斜仪的直径较小,无法直接用于测量,都是通过加扶正器来进行测量,见图2.8-6。不同深度桩孔轴线的偏心距按式2.8-3计算。

$$e_i = d/2 - \phi/2 + \sum_{j=1}^{i} h_j \cdot \sin\theta_j \tag{2.8-3}$$

式中　e_i——第i个测点处桩孔的偏心距;

θ_j——第 j 个测点的顶角值；

h_j——第 j 个测点对应测段的孔段长度；

d——桩孔直径；

ϕ——扶正器直径。

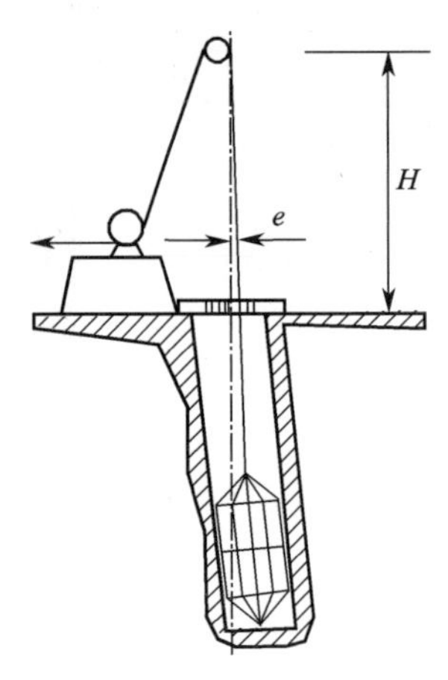

图 2.8-5　简易检孔方法

图 2.8-6　带扶正器的测斜仪

应该说明一下，这种测量方法目前还不能使测斜仪在孔中定向，因此所得的偏心距 e 只是各段绝对值的简单迭加，其量值可能会大于实际偏斜量；这种测量方法还要求倾斜孔壁不能有太大的扩径，扶正器的外径尽量接近桩孔直径。

2.8.4　沉渣厚度测定

目前钻孔灌注桩沉渣厚度测量主要有测锤法、电阻率法、电容法和声波法。

2.8.4.1　测　锤　法

该方法是传统的、最简单的测量方法。它是通过测绳把一测锤缓慢放入孔底，根据手感判断沉渣顶面，见图 2.8-7。根据钻孔深度和沉渣顶面深度，确定沉渣厚度。

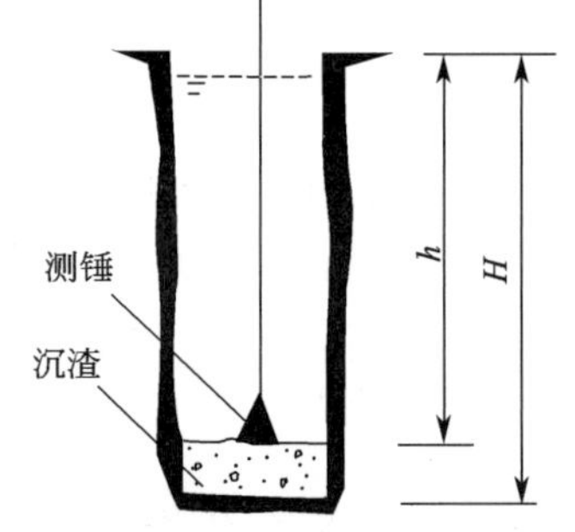

图 2.8-7　用测锤检测沉渣厚度

2.8.4.2　电阻率法

这种方法是依据泥浆和沉渣具有不同的导电特性，通过量测孔底不同深度介质的电阻率变化，来判定沉渣顶面，计算沉渣厚度。图 2.8-8 为上海昌吉地质仪器公司生产的 JNC -1 型沉渣厚度测定仪。测量时，探头在重力作用下可深入到沉渣中，甚至可进入孔底不太硬的原状土中。然后缓慢上提探头，同时检测介质电阻率，并根据电阻率的变化情况确定沉渣顶面位置，见图 2.8-9。当探头进入孔底原状土中时，可测到原状土的电阻率，但通常原状土和沉渣的电阻率差别不大，因此孔底位置仍根据钻孔深度确定。

2.8.4.3　电　容　法

该方法是利用平行板电容器的电容和介质的电解率成正比的关系，根据泥浆和沉渣电解率的差异，通过测量孔底不同深度的电容变化值，来确定沉渣顶面位置。测量装置见图 2.8-10，探头内装有振动器，靠振动力可深入到沉渣深处进行测量。

图 2.8-8　JNC-1 型沉渣厚度测定仪

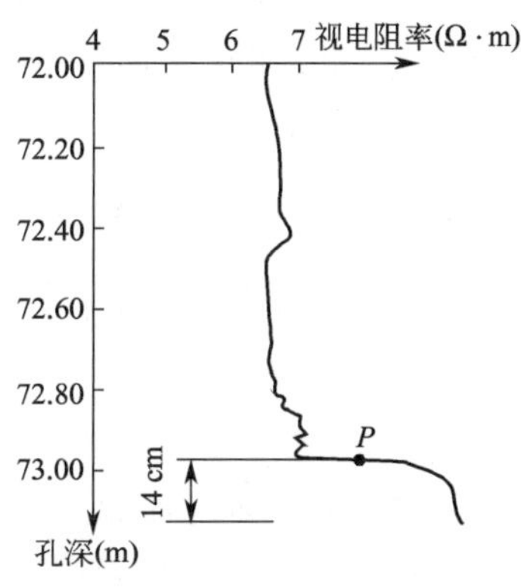

图 2.8-9　介质电阻率变化

2.8.4.4　声 波 法

这种方法是利用超声波在介质中传播时，遇到波阻抗界面发生反射和透射，根据泥浆、沉渣和孔底原状土的波阻抗不同，接收到不同界面的反射波，利用反射波走时来判定沉渣厚度。

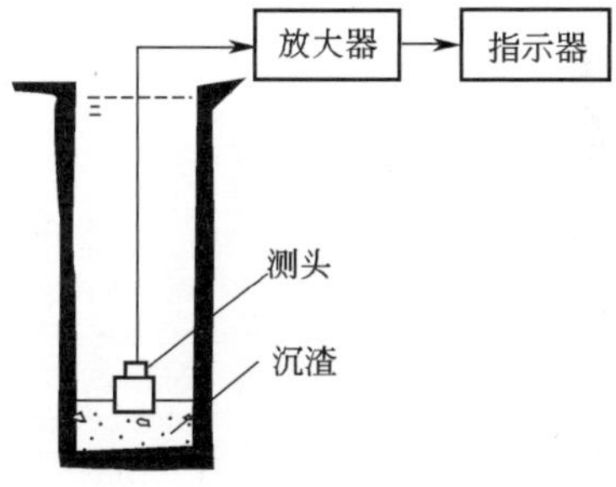

图 2.8-10　电容法测量装置示意图

2.8.5　工程实例

2.8.5.1　超声波法检测孔径、孔深和垂直度

1. ××高速铁路特大桥基桩试验

工程位于天津市西青区，设计桩长 52.9 m，桩直径 1.0 m。成孔工艺为泥浆反循环，钻机为潜水电钻。

采用 KE-400 检测成孔质量，图 2.8-11 为 S-1 试桩的实际测孔曲线的一部分。人工读测

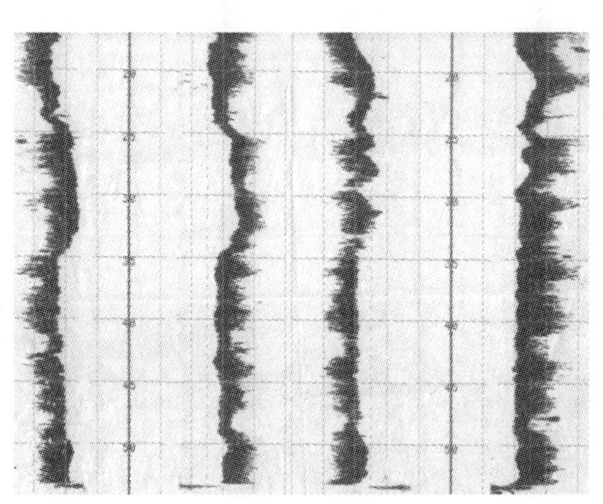

图 2.8-11　S-1 桩声波实测孔径影像

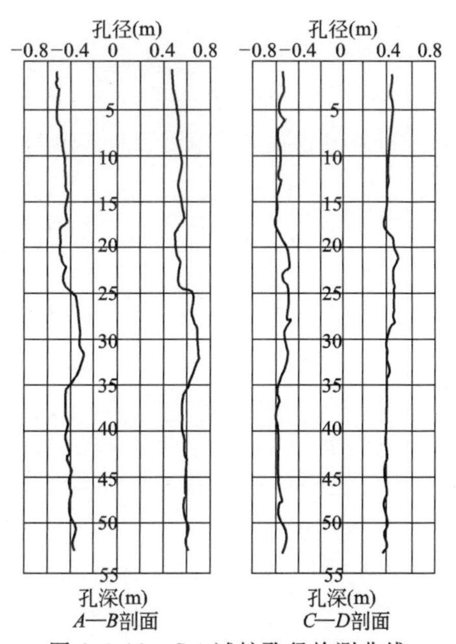

图 2.8-12　S-1 试桩孔径检测曲线

正交方向 4 个通道所测的孔壁距离数据，绘制孔壁距离深度曲线，见图 2.8-12；并根据每个深度的孔壁距离数据计算出该深度圆心坐标和半径，进而计算钻孔偏心距和桩孔垂直度。S-1 试桩检测结果见表 2.8-2。

表 2.8-2　S-1 号试桩桩孔检测结果汇总

实测孔深(m)	桩径最大值(m)	桩径最小值(m)	桩径平均值(m)	最大偏心距(m)	垂直度
53.2	1.036	0.974	1.004	0.197	0.33%

2. ××工程扩底桩成孔检测

该工程为特大桥，桥址地貌为冲积平原，上部 0～28 m 地层为粉质黏土、黏土等，28～39 为粗圆砾。为了充分利用粗圆砾层的承载能力，设计将桩端置于此层，并采用扩底桩。设计桩长 31.1 m，桩上部直径为 1.2 m，下部 1.0 m 扩底，扩底直径 1.8 m。施工采用旋挖工艺。

采用 KODEN DM684 型钻孔检测仪检测，图 2.8-13 为 12R-6 号桩的成孔质量检测曲线。实测孔深 32.4 m，扩底段长度1.5 m，成台形，最大扩底直径达 2.0 m。成孔质量合格。

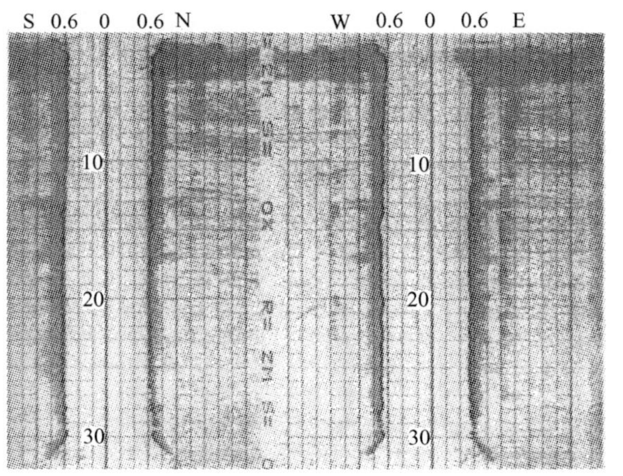

图 2.8-13　扩底桩实测声波孔径影像

2.8.5.2　伞形井径仪检测孔径

××高速铁路特大桥实际工程桩，设计孔深 69.6 m，孔径 1.2 m。采用伞形孔径仪检测成孔质量，实测孔径曲线见图 2.8-14(a)。实测孔径最大值为 1.343 m，最小值为 1.212 m，平均孔径 1.228 m，实测孔深 69.8 m。满足设计要求，成孔质量合格。

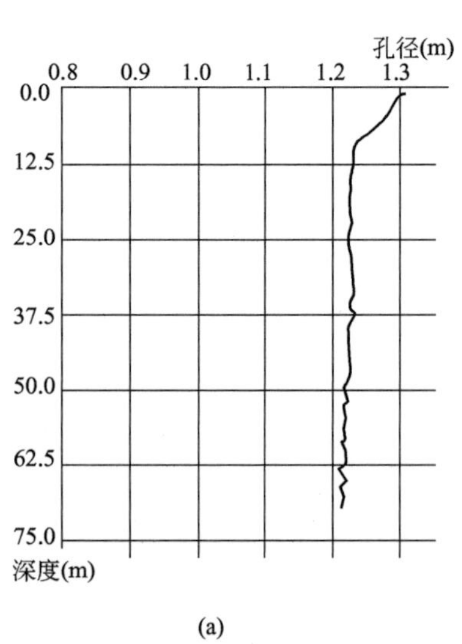

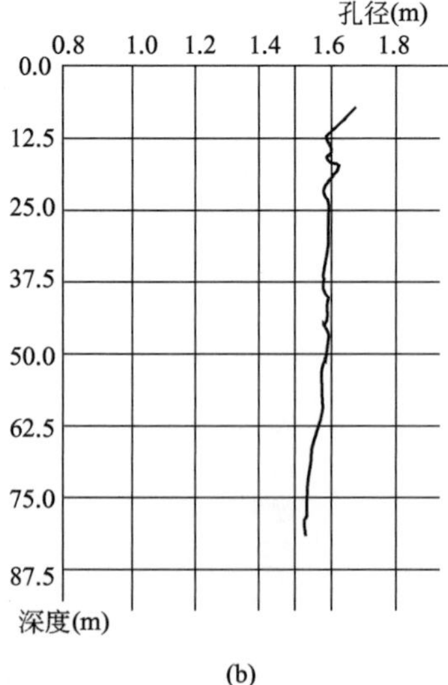

图 2.8-14　伞形孔径仪测孔曲线

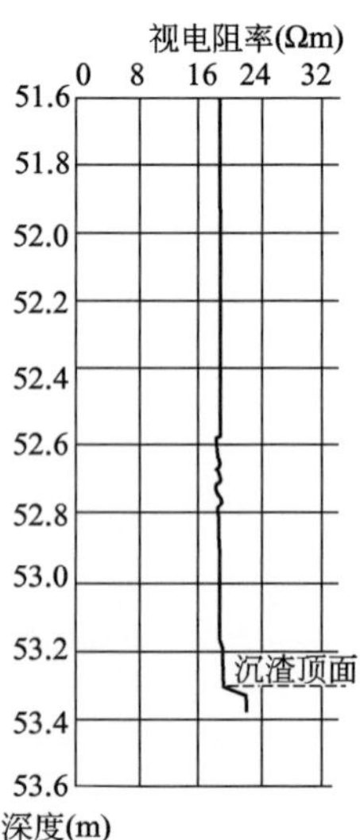

图 2.8-15　沉渣厚度检测曲线

图 2.8-14(b)为另一根桩的实测孔径曲线,该桩设计孔深为 80.4 m,孔径为 1.5 m。实测孔深为 80.5 m,孔径最大值 1.728 m 最小值 1.522 m,平均值 1.582 m。

2.8.5.3 电阻率法检测沉渣厚度

××工程桩,设计孔深 53.2 m,设计桩径 1.5 m,孔底沉渣厚度采用电阻率法检测。图 2.8-15 为孔底附近实测视电阻率,实测沉渣顶面在 53.30 m,孔深 53.34 m,沉渣厚度 40 mm,达到要求(施工规范要求沉渣厚度不大于 50 mm)。

3 加固处理后的地基工程检测

3.1 概　　论

3.1.1 地基加固处理的基本概念

3.1.1.1 地基加固处理的目的和意义

铁路工程中的地基问题要包括以下三个方面：

1. 强度及稳定性问题。当地基强度不足以支撑上部构筑物自重及列车荷载时，地基就会出现局部或整体剪切破坏。

2. 变形问题。当地基的压缩性较大时，地基在荷载作用下产生的过大沉降及不均匀沉降等变形会影响行车速度和安全。这方面问题在高速铁路的路桥过渡段表现得尤为突出。

3. 液化和震陷问题。在地震等荷载作用下，有些饱和的粉土和砂土会发生液化，软土会发生震陷，从而引起地基失稳。

存在上述问题的地基，我们称之为软弱地基。构成软弱地基的土主要包括软土、饱和粉土、饱和砂土、湿陷性黄土、填土等。

在各类工程事故中，地基问题常常是主要原因。为保障铁路的正常运营和安全，对于存在问题的软弱地基，须采取一定的措施进行加固。

3.1.1.2 常用地基加固方法的分类及适用范围

在铁路工程中，软弱地基处理的方法多种多样，分类方法也较多。这里仅介绍按加固处理原理所分的 4 大类，14 种常用的地基处理方法。详细情况见表 3.1-1。

表 3.1-1 常用的地基处理方法汇总

分类	工法	原理和特点	适用范围	处理后的地基类型
排水固结	砂井＋堆载预压	在软土中设置砂井、袋装砂井、塑料插板等，形成竖向排水通道，缩短软土中的排水路径，再辅以堆载或真空预压，加速软土固结，从而提高软土的强度，降低其压缩性	透水性低的软土	排水固结地基
	砂井＋真空预压			
密实	强夯	用很重的锤从高处自由落下，反复多次夯击地面土层，使地基土压密，提高土的强度，降低其压缩性，消除砂土液化	无黏性土、填土、非饱和黏性土、黄土等	强夯地基
	振冲挤密	在不密实的砂土中，用振冲器振动、水冲、挤压，使砂土颗粒重新排列，孔隙比减小而密实	不密实的砂土	振冲挤密地基
	土桩、灰土桩	由桩间挤密土和夯填的桩体组成的复合地基，主要用于消除黄土的湿陷性	湿陷性黄土、人工填土、非饱和黏性土	土桩复合地基 灰土桩复合地基
	砂桩	在松软土中，用挤土的方法设置砂桩，通过振动和挤密提高地基强度，降低其压缩性	不密实的砂土和填土	砂桩复合地基

续上表

分类	工法	原理和特点	适用范围	处理后的地基类型
置换	开挖换填	将一定深度的软弱土层挖除，再用好的填料分层夯实换填	软弱土埋藏浅，且范围较小	换土垫层 褥垫层
	振冲置换	在软弱黏性土地基中，用振冲法成孔，分批填入碎石，振动挤密，形成碎石桩复合地基	软弱黏性土	碎石桩复合地基
	高压旋喷注浆	用高压喷射浆液或水，旋转冲击破坏土体，使水泥浆或其他浆液与土拌和，凝固后形成旋喷桩复合地基	各种需处理的地基	旋喷桩复合地基
	深层搅拌	用水泥或其他材料作为固化剂，用机械在地基深处将软土与固化剂强制搅拌后，二者产生一系列物理-化学反应，形成搅拌桩复合地基	机械能搅动的黏性土、粉土、松砂、填土等	粉喷桩复合地基 搅拌桩复合地基
	强夯置换	用很重的柱形或橄榄形锤从高处落下冲击成孔，在孔内夯击深部土层，并分批填入碎石，使地基土压密和挤密，同时形成起置换作用的碎石桩体，提高地基强度，降低其压缩性	各类软弱土层	强夯碎石桩复合地基
其他	高强度桩复合地基	用常规的桩基施工方法，在松软土中设置 CFG、素混凝土桩等，桩土复合，共同作用，主要用于减少厚层软土的沉降	各类软弱土层	高强度桩复合地基
	灌浆	用一定的方法将浆液灌注于松软土层中，使松软土层胶结或密实	黄土、地下空洞、塌陷及洞内松软堆积物	灌浆地基
	加筋	通过在土层中设置土工聚合物、拉筋等构件，提高地基强度，减少不均匀沉降	人工填筑砂性土	加筋土复合地基

3.1.2　常用检测方法的特点及适用范围

检测加固处理地基的方法很多，工程中常用的 8 种检测方法的适用范围和特点见表 3.1-2。

表 3.1-2　检测处理地基的常用方法及特点

检测方法	适用范围	优　点	缺　点
静力触探	检测软土排水固结地基，强夯加固的黄土地基，土桩、灰土桩、砂桩的桩身质量，复合地基的桩间细粒土加固效果	测试数据连续，精度高；用计算机进行数据采集和处理，准确速度快；使用触探车，灵活方便	只能用于黏性土、粉土和不太密实的砂土
动力触探	检测强夯地基，振冲挤密地基，砂桩和碎石桩的桩体质量及桩间土加固效果	测试数据连续；可用于粗粒土；设备相对简单，对交通和场地条件要求较低	人工记录，资料整理工作量大，探杆损耗大
标准贯入	检测振冲挤密地基，强夯加固的砂土和黄土地基，土桩、灰土桩、砂桩、强度低的搅拌桩的桩身质量，复合地基的桩间细粒土加固效果	配合钻探使用，判定饱和砂土、粉土地震液化可靠性高	只能用于细粒土，数据不连续
弹性波	检测各类加固地基的总体效果	方便快速，可用于各类加固地基	间接测试，弹性波速和岩土工程性状之间关系的经验相对较少，判定结论可靠性低
静载荷试验	检测各类加固处理地基的承载力和变形模量	相对来说，可直接测定加固地基的强度和变形指标，结果直观	试验影响深度有限，地表载荷试验结果不能反映深部加固效果
钻探取样＋室内试验	检测软土排水固结地基，强夯加固的黄土地基，换土垫层，土桩、灰土桩、搅拌桩、旋喷桩体质量	可视性好，能直观描述，适用范围广，室内试验可得到的参数多	描述受人为因素影响大，试验资料不连续，代表性差

续上表

检测方法	适用范围	优　点	缺　点
十字板剪切	检测软土排水固结地基	与室内土工试验相比，强度指标的可靠性高	与静力触探相比，测试数据不连续
旁压试验	主要检测软土排水固结、灌浆、强夯等相对均匀的加固地基的承载力和压缩性	可测试地基不同深度的承载力和压缩性参数	水平向影响范围小，对不均匀的复合地基有局限性

3.1.3 检测方法和检测数量

3.1.3.1 检测方案

制订检测方案除考虑检测项目的共性问题外，还应根据加固目的、处理后地基情况和各种检测手段的特点，合理选择检测方法，确定检测数量。

3.1.3.2 检测方法的选择

常用加固地基的检测方法的选择见表 3.1-3。

表 3.1-3 常用加固地基检测方法

地基类型	加固处理的目的		
	提高强度	控制变形	消除液化
排水固结地基	静力触探，十字板剪切，载荷试验，钻探取样＋室内试验	载荷试验，静力触探，旁压试验，钻探取样＋室内试验，旁压试验	
强夯地基	静力触探(可行时)或动力触探，载荷试验	载荷试验，静力触探(可行时)或动力触探，钻探取样＋室内试验(黄土)，旁压试验	标准贯入，静力触探(可行时)
振冲挤密地基	静力触探(可行时)或动力触探或标贯，载荷试验	载荷试验，静力触探(可行时)或动力触探或标贯，旁压试验	标准贯入，静力触探(可行时)
土桩、灰土桩、砂桩复合地基	桩身和桩间土静力触探(可行时)或动力触探或标贯，复合地基载荷试验，钻探取样＋室内试验(土桩、灰土桩)	复合地基载荷试验，桩身和桩间土静力触探(可行时)或动力触探或标贯，钻探取样＋室内试验(土桩、灰土桩)	
碎石桩复合地基	桩身动力触探，复合地基载荷试验	复合地基载荷试验，桩身动力触探	
水泥土桩复合地基	桩身钻探取样＋室内试验或标贯，单桩载荷试验	复合地基载荷试验，桩身钻探取样＋室内试验或标贯	
高强度桩复合地基	单桩质量检测，单桩和(或)复合地基载荷试验	单桩和(或)复合地基载荷试验，单桩质量检测	
灌浆地基	载荷试验(黄土)，钻探取样＋室内试验，弹性波测试(地下空洞)	载荷试验(黄土)，钻探取样＋室内试验，弹性波测试(地下空洞)	

表中所列的检测方法是按优先顺序排列的，排在前面的宜优先考虑。旁压试验可测定土层不同深度的横压模量，用它评价以控制变形为目的之加固效果，是一种很理想的方法，但考虑到这种方法相对复杂，设备也较少，所以排在后面，有条件时宜尽量选用。开挖换填主要是检查填土质量，其检测方法见本书 5 有关内容。高强度桩复合地基中的桩，其强度已接近混凝土桩，有的就是用混凝土桩，其单桩的检测见本书 2 有关内容。

3.1.3.3 检测数量的确定

作为路基基底的地基处理工程，一般工程量都比较大，可按比例进行抽样检测。抽样比例应执行《铁路路基工程施工质量验收标准》(TB 10414—2003)有关规定，同时要考虑设计文件的要求。作为涵洞、挡土墙等构筑物基底的地基处理,不宜少于 2%,且不宜少于 3 组。

检测中发现有不满足要求的情况时,应及时向委托单位报告。必要时委托单位可决定增大检测比例,或对不合格品处理后再进行检测。

3.2 静力触探

3.2.1 概 述

触探一词的英文术语"sounding"最早出现于 20 世纪 20 年代,当时瑞典国家铁路局规定了一种螺纹钻,在其上施加固定的荷载,将其旋入土层中,记录每旋转 25 圈的贯入尺数,作为衡量土质好坏的相对尺度。

20 世纪 40 年代,荷兰人发明了深层静力触探设备(CPT),它是将带有双层管的圆锥型探头压入土中,在地面用压力表量测贯入过程中,侧壁与周围土层的摩阻力(f_s)和锥尖阻力(q_c),根据触探参数来计算单桩侧摩阻力与端承力。因此静力触探也叫荷兰锥。经过 60 多年的发展,目前静力触探已成为土工原位测试的主要方法之一。在设备方面有了专用的静力触探车,测量采用电测式,记录采用计算机自动记录,先进的设备还具有同步显示功能。探头种类主要有:测量比贯入阻力(P_s)的单桥探头;测量锥尖阻力(q_c)和侧壁摩阻力(q_c)的双桥探头;还有带有孔隙水压力测量元件的孔压探头、测量土层剪切波速的探头、声响探头和带有侧斜元件的探头。在触探成果应用方面,总结出了触探测量指标和土层强度、变形模量、承载力等特征值的经验关系,可用来提供设计所需的土工参数、单桩承载力,评价饱和砂土、粉土的震动液化,评价地基处理效果。孔压静力触探(CPTU)可测试贯入过程中的孔隙水压力及其变化。根据土层孔隙水压力的大小,可评价排水固结地基的加固效果。

3.2.2 静力触探机理

3.2.2.1 静力触探的一些实验成果

国内外许多研究者及单位,进行了室内模型试验、模拟试验和三轴标定箱试验等,通过应力、应变测量和直接观察,对静力触探机理得出了一些共同的认识:

1. 不论是锥尖阻力(q_c)还是侧壁摩阻力(f_s),在一定深度范围内均随深度的增大而增大。但达到一定深度,即"临界深度"后,q_c 和 f_s 均达到极限值,贯入深度继续增大,q_c 和 f_s 值不再变化。临界深度是土的密实度和探头直径的函数。密实度愈大、探头直径愈大,临界深度也愈大。

2. 触探的破坏机理与探头几何形状、土类和贯入深度有关。当探头上端等径时,在松散砂中贯入为刺入破坏,贯入阻力主要取决于土的压缩性;而在一般土和较密实砂土中,在贯入深度小于临界深度时,以剪切破坏为主,超过临界深度后,由于土的侧向约束应力加大,土中不出现整体剪切,探头下的土体强烈压缩,并发生局部剪切。当探头上端缩径时,除松砂中贯入仍为刺入破坏外,在中密和密实砂土中,即使在临界深度以下土中均出现整体剪切破坏。

3. 静力触探圆锥头贯入土中时,其周围及底部土中会形成一定的扰动区。在黏性土中土体的强度因扰动而降低;在松砂中土体因扰动而被挤压密实,强度提高;在密实砂中贯入分两种情况,当砂土所处的围压(与深度有关)超过临界压力时,贯入过程中砂土被进一步挤密,强度提高,否则贯入过程中砂土被剪胀,密实度和强度均降低。因此静力触探贯入阻力实际上反映了土扰动后的阻力情况，与土的原始状态比较，阻力会偏高或偏低，对此应有分析判断。

4. 静力触探贯入过程中，会产生超孔隙水压力(正的或负的)，它对土的强度是有影响的，其影响随土的排水条件而异。

5. 多层土的贯入阻力稳定值与覆盖压力无关，与单一均质土层中的值基本相同。达到稳定值的滞后深度和对下层土的超前反映随覆盖压力的增大而减小，它和双层土的强度比值的大小有关。超前和滞后总影响深度一般在 1 m 以内。

3.2.2.2　静力触探贯入阻力的理论分析

静力触探是将探头在一定速度下连续压入土层，其作用机理非常复杂，目前还不能从理论上解析探头与土体的接触应力及相应的变形问题，还不能综合反映实验中的现象。已有的近似理论大致可分为以下几类：

1. 强度理论

这是土力学中承载力计算的经典理论，所以也叫承载力理论。他是将触探头连同探杆看成是实体深基础，锥尖上部平面视为基础底面(图 3.2-1)，当探杆顶部作用一贯入荷载 Q，传到基础底面的荷载相当于锥尖阻力 q_c。这种理论对于砂土地基，基础底面的极限荷载可简化为：

$$q_c=\gamma' h N_q \tag{3.2-1}$$

式中　q_c——深基础底面极限荷载；

$\gamma' h$——有效覆盖压力；

N_q——承载力系数。

由于探头直径比深度小得多，因此式(3.2-1)忽略了宽度的影响。在深基础为平底条件下，N_q 主要是砂土内摩擦角 ϕ 的函数。由于不同的学者所假定的滑动面图形的不同(图 3.2-1)，因此所推导出的 N_q-ϕ 关系式也不相同。这些理论的共同特点是：q_c 随土的强度增大而增大，且与埋深(h)成正比。

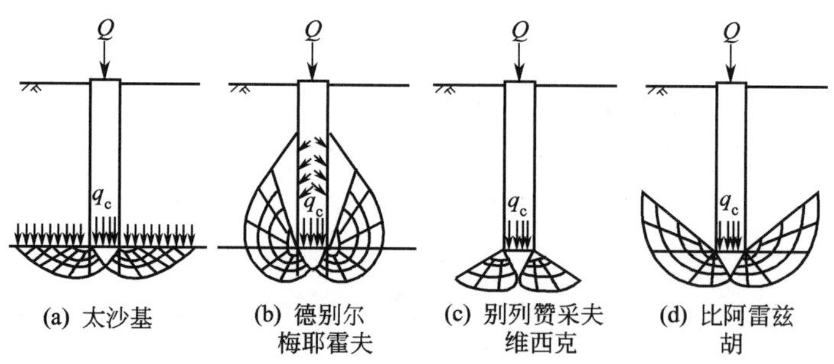

图 3.2-1　假设的滑动面情况

2. 触探实验结果

为了研究静力触探的机理，不少学者进行了大量的实验工作。

法国的凯里泽(Kerisel)等人将不同直径 ϕ(45～320 mm)的平底探头连续压入不同密实度的砂中，得到了端阻力随深度的变化，见图 3.2-2。实验结果表明：开始贯入时，端阻力随贯入深度的增大而增大，当贯入深度超过某一深度后，端阻力趋近于稳定值，该值称为静力触探端阻极限值 q_{cl}，对应的深度称为临界深度 h_{cr}。

维西克(Vesic)在现场厚砂层中的触探和试桩对比结果见图 3.2-3，图中折线为触探贯入阻力变化的范围限界，黑点是不同深度的试桩结果。结果表明当深度超过 20 倍桩的直径后，端阻力和平均侧阻力都基本为一常数。

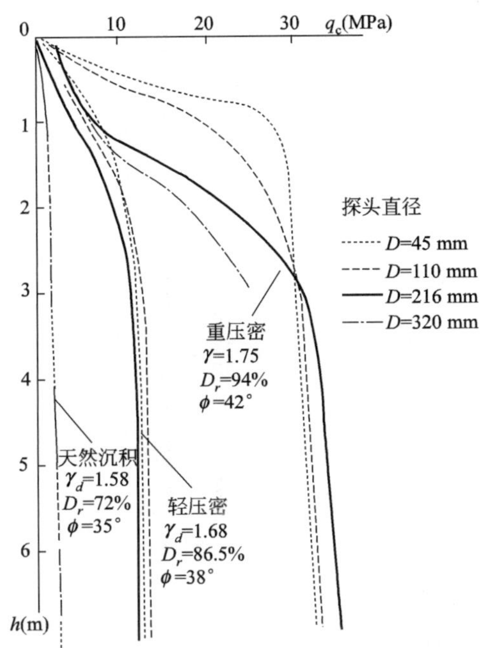

图 3.2-2 凯里泽试验

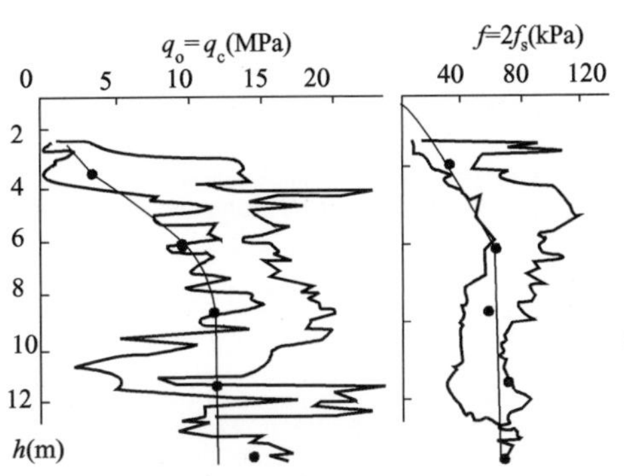

图 3.2-3 维西克实验

上述实验结果与承载力计算的经典理论相矛盾，为了解决这一问题，梅耶霍夫（Meyerhof）等对式（3.2-1）给予一限制条件，即：

$$q_c=\gamma' h N_q \leqslant q_{cl} \tag{3.2-2}$$

式中 q_{cl}——静力触探端阻极限值。

3. 空洞扩张理论

空洞扩张理论是以弹性力学空洞扩张理论为基础。把锥形探头的贯入假设为在弹塑性无限介质中的球形孔穴扩张、或圆柱孔穴扩张、或介于圆球与圆柱之间的扩张（图 3.2-4），这一理论的特点是认为贯入阻力不仅与土的强度有关，还与土的体积变形（模量）有关。这里我们介绍 Landayi 和 Vesic 解。

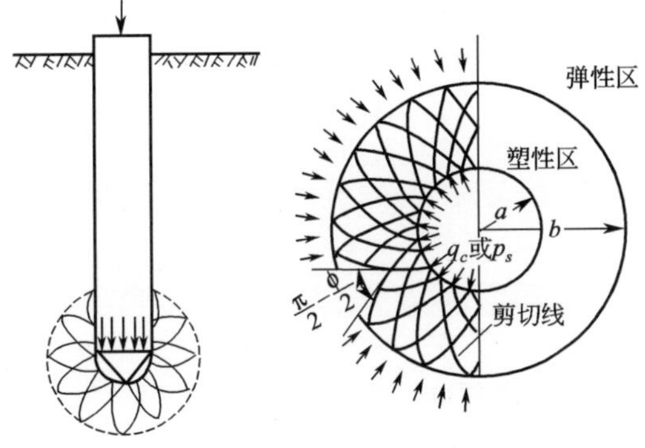

图 3.2-4 假设桩基下压时将土向四周挤密

Landayi(1967)在研究黏性土中的触探端阻时，把黏土看成是软化材料，用不排水模量（即无体积变化）来分析，得到球形空洞的极限膨胀压力为：

$$q_c=\frac{4}{3}c_r\left(1+\ln\frac{E_r}{3c_r}\right)+\frac{4}{3}c_u\left(\frac{E_u/E_r-1}{E_u/E_r-c_u/c_r}\right)\cdot\ln\left(\frac{E_u}{E_r}\cdot\frac{c_r}{c_u}\right)+p_0 \tag{3.2-3}$$

式中 E_u，E_r——饱和黏土的不排水弹性模量及不排水残余模量；

c_u，c_r——不排水强度峰值及不排水强度残余值。

Vesic(1972)研究了在均质各向同性无限土体内，圆球及圆柱体孔穴扩张的问题，把土作为可压缩的塑性体，其特性可用强度指标（c，ϕ）及平均体应变 Δ 表示，导得球穴扩张的极限压力 p_1 为：

$$p_l = c \cdot F_c + q \cdot F_q \tag{3.2-4}$$

式中　c——土的内聚力；

q——土的有效上覆压力；

$$F_c = (F_q - 1)\cot\phi$$

$$F_q = \frac{3(1+\sin\phi)}{3-\sin\phi} I_{rr}^{4\sin\phi/(3(1+\sin\phi))}$$

I_{rr}——土的刚度指数；

$$I_{rr} = I_r / (1 + I_r \cdot \Delta)$$

$$I_r = \frac{E}{2(1+\mu)(c + q\tan\phi)}$$

E——土的变形模量；

μ——土的泊松比；

Δ——土的平均体应变。

对圆柱孔穴扩张，极限压力 p_l 为：

$$p_l = c \cdot F'_c + q \cdot F'_q \tag{3.2-5}$$

式中

$$F'_c = (F'_q - 1)\cot\phi$$

$$F'_q = (1+\sin\phi)(I'_{rr}\sec\phi)^{\sin\phi/(1+\sin\phi)}$$

$$I'_{rr} = I_r / (1 + I_r \Delta \sec\phi)$$

其他符号同式(3.2-4)。

Vesic(1975)按图 3.2-5 的计算图式推导出静力触探锥尖贯入阻力 q_c 为：

$$q_c = c \cdot N_c + \bar{q} \cdot N_q \tag{3.2-6}$$

式中　$\bar{q}$——探头位置的平均法向应力，$\bar{q} = \frac{1+2K_0}{3}\gamma \cdot h$；

K_0——静止侧压力系数；

γ——上覆土层的有效重度；

h——上覆土层厚度；

$$N_c = (N_q - 1)\cot\phi$$

$$N_q = \frac{3}{3-\sin\phi} e^{(\pi/2-\phi)\mathrm{tg}\phi} \cdot \tan^2\left(\frac{\pi}{4} + \frac{\phi}{2}\right) I_{rr}^{4\sin\phi/(3(1+\sin\phi))}$$

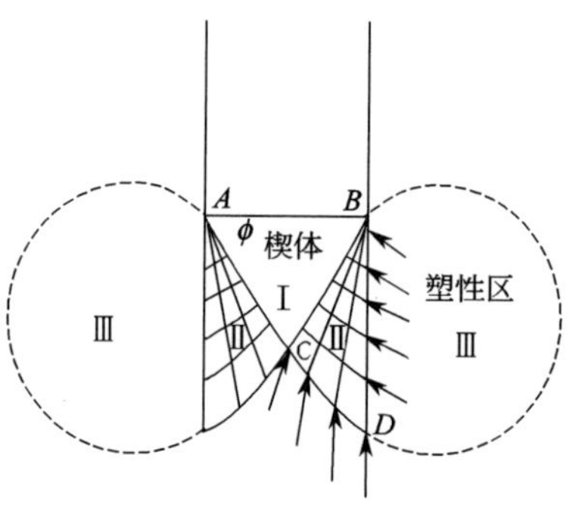

图 3.2-5　Vesic 假设示意图

其他符号同式(3.2-4)。

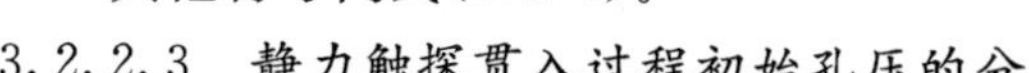

3.2.2.3　*静力触探贯入过程初始孔压的分布理论*

这方面的理论有：孔穴扩张理论、水力压裂理论、应力路径法和应变路径法，这里我们介绍 Vesic 的孔穴扩张理论(1972)。

假设圆锥在不排水条件下贯入，土为弹塑性介质，土中产生的超孔压是由八面体法向应力的增量或不包括八面体剪应力变化引起的。超孔压的最大值位于孔穴的边界面上，即相当于探头的锥尖、或锥面、或锥后等部位，在锥尖或锥面处超孔压视为由孔穴扩张引起的，在锥头后面的超孔压视为由圆柱孔穴扩张引起的。

对于球形孔穴扩张，超孔压的分布和最大超孔压值可由下列公式表示：

$$\Delta u_{dr} = 4c_u \cdot \ln\left(\frac{R_p}{r}\right) \tag{3.2-7}$$

或
$$\Delta u_{dr}=4c_{u}\cdot\ln\left(\frac{R_{p}}{r}\right)+0.943\alpha_{f}\cdot c_{u} \tag{3.2-8}$$

$$\Delta u_{dm}=\frac{4}{3}c_{u}\cdot\ln I_{r} \tag{3.2-9}$$

或
$$\Delta u_{dm}=\frac{4}{3}c_{u}\cdot\ln I_{r}+0.943\alpha_{f}\cdot c_{u} \tag{3.2-10}$$

式中　Δu_{dr}——离孔穴中心 r 处的初始超孔压；

R_{p}——塑性变形区的极限半径；

c_{u}——土的不排水抗剪强度；

α_{f}——Henkel 孔压系数，$\alpha_{f}=\sqrt{2}(3A_{f}-1)/2$，$A_{f}$ 为 Skempton 孔压系数；

Δu_{dm}——孔穴边界上的最大超孔压；

I_{r}——土的刚度指数，$I_{r}=E_{U}/(2(1+\mu)C_{U})$；

r——距孔穴中心的距离。

对于圆柱孔穴扩张，超孔压的分布和最大超孔压值为：

$$\Delta u_{tr}=2c_{u}\cdot\ln\left(\frac{R_{p}}{r}\right) \tag{3.2-11}$$

或
$$\Delta u_{tr}=2c_{u}\cdot\ln\left(\frac{R_{p}}{r}\right)+0.861\alpha_{f}\cdot c_{u} \tag{3.2-12}$$

$$\Delta u_{tm}=c_{u}\cdot\ln I_{r} \tag{3.2-13}$$

或
$$\Delta u_{dm}=\frac{4}{3}c_{u}\cdot\ln I_{r}+0.816\alpha_{f}\cdot c_{u} \tag{3.2-14}$$

式中　Δu_{tr}——离圆柱孔穴轴心 r 处的初始超孔压；

Δu_{tm}——圆柱孔穴边界上的最大超孔压；

其他符号同前。

对饱和黏性土，I_{r} 值约为 50～150。按上述理论，孔穴边界上的最大超孔压 Δu，对圆球孔穴扩张约为(5.2～6.7)c_{u}；对圆柱孔穴扩张约为(3.9～5.0)c_{u}。

由上述理论分析可见：①静力触探锥面上的最大超孔压大于锥头后的最大超孔压；②贯入所产生的超孔压与土的不排水抗剪强度成正比；③孔压系数与土的超固结比有关，α_{f}(或 A_{f})对正常固结土为正值，随超固结比 OCR 的变大，孔压系数变小，甚至变成负值，故土的 OCR 会影响产生的超孔压。

3.2.2.4　静力触探孔压消散的理论

孔压静力触探探头停止贯入后，贯入时产生的超孔压开始消散。根据 Terzaghi 固结理论，孔压消散的固结方程为：

对球对称边界条件：

$$C\left(\frac{\partial^{2}u}{\partial r^{2}}+\frac{2\partial u}{\partial r}\right)=\frac{\partial u}{\partial t} \tag{3.2-15}$$

对竖向圆柱对称边界条件：

$$C_{h}\left(\frac{\partial^{2}u}{\partial r^{2}}+\frac{1}{r}\frac{2\partial u}{\partial r}\right)=\frac{\partial u}{\partial t} \tag{3.2-16}$$

式中　C——土的固结系数；

C_{h}——土的水平固结系数。

假设土是完全饱和的、均质各向同性的弹性介质，土粒和水的体积压缩可忽略不计，土中水的渗流服从达西定律，固结过程中总应力不随时间变化，土的渗透系数保持常数。在满足初始条件和边界条件下，可用有限元等数值方法求解上述微分方程。但实际土的情况并非如此，所以用 Terzaghi 固结微分方程求解的土的固结系数，只是一个估算值。

这里我们介绍一下 Torstensson(1997)建议的固结系数估算方法：

$$C=\frac{T}{t}R^2 \tag{3.2-17}$$

式中　C——土的固结系数；

T——对应于一定固结度的时间因数(通常取 50％固结度所对应的值，用 T_{50} 表示)；

t——达到相应固结度的测量时间(如固结度取 50％，时间用 t_{50} 表示)；

R——等代孔穴半径。

T 值见图 3.2-6。T 值的采用取决于孔穴的类型(球穴或圆柱穴)、孔穴半径及土的刚度指数。

用图 3.2-6 的 T 估算固结系数 C 时，要注意到：

① 圆柱孔穴孔压消散比球穴快；

② 超孔压的消散主要受控于土的水平固结系数；

③ 式(3.2-17)中的等代孔穴半径 R，对孔压静力触探，取探头半径的值；

④ 超孔压的消散范围，对于球对称固结约为 $9R$，对圆柱轴对称固结约为 $16R$。

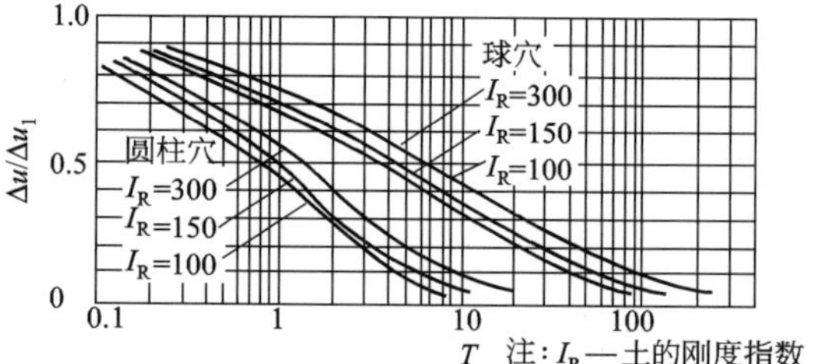

图 3.2-6　T 值与固结度关系

3.2.3　静力触探设备

3.2.3.1　贯入系统

贯入系统主要包括加载、反力和探杆三部分。

1.加载与反力装置

作为检测地基处理效果的静力触探，可根据加固土层的强度、检测深度和交通条件选择加载和反力设备。现在我国的触探贯入设备已达到大、中、小型配套，多品种和系列化的程度。其中既有自动化程度较高的静力触探车，也保留了多种拖车型、落地型设备。它们中除了有直接用汽车动力外，也有采用自备电机、内燃机等作贯入动力。还有人力给进的轻形设备，这种设备在交通不便和软土地区很受欢迎。

图 3.2-7 为四川建筑科学研究所与华东电力设计院研制的 DCL-1 型电测十字板-静力触探两用机。它是在 CJC-1 型静力触探机的基础上，扩展了它的测试功能改制而成的。在保持原有的轻便特点上，实现了一机多能。

图 3.2-7　电测十字板-静力触探两用机

图 3.2-8 为两种人力车载液压双缸静力触探设备。该类设备具有轻便灵活、占地小、贯入能力较强等特点，属中等贯入能力的设备。

图 3.2-9 为三种静力触探车。其中(a)为轻型静力触探车，

图 3.2-8　人力车装双缸液压静力触探

其贯入反力主要依靠地锚，具有轻便、省力等特点，属中型贯入能力设备。(b)和(c)属于大型静力触探设备，具有贯入能力强、测试深度大、自动化程度高、工作环境优越等特点。贯入反力由车自重和地锚共同提供。其中(b)还具有旋转和水冲功能，可有效地穿透硬层，具有胶轮和履带两种行走方式。

(a)　(b)　(c)

图 3.2-9　静力触探车

2. 探杆

探杆是传递贯入力的媒介。为了保证触探孔的垂直，对探杆的材质、加工质量和使用前的状态有严格要求。《铁路工程地质原位测试规程》(TB 10041—2003)（注：以下本篇内简称规程）有以下规定：

触探用探杆应采用高强度无缝管材，其屈服强度不宜小于 600 MPa，工作截面尺寸必须与触探主机的额定贯入力相匹配，并应符合下列规定：

① 用同一台触探主机的探杆长度(含接头)应相同，其长度误差不得大于 0.2%。

② 用于前 5 m 的探杆，弯曲度不得大于 0.05%。后续探杆的弯曲度，在触探孔深度小于或等于 10 m 时，不得大于 0.2%；触探孔深度大于 10 m 时，不得大于 0.1%。

③ 探杆两端螺纹轴线的同轴度公差为 ϕ1 mm。

④ 探杆与探头的连接应有良好的互换性。

⑤ 锥形螺纹连接的探杆，连接后不得有摇晃现象；圆柱形螺纹连接的探杆，拧紧后丝扣之根、肩应能密贴。

⑥ 探杆不得有裂纹和损伤。

3.2.3.2　测量系统

静力触探是将探头连同探杆以一定的速度匀速贯入土层，根据贯入过程中探头所受阻力的大小及其变化来评价土层的工程性质。因此对阻力的准确测量与记录是保证整个试验工作质量的关键。

从测量方式上看，静力触探分为机械式和电测式两大类。所谓机械式是使用内外双层探杆，用交替加压的方式测量锥尖阻力和外管摩擦力，用油压表测读贯入到不同深度的压力，进而求得上述阻力值。机械式在国外用得较多，国内很少有人使用。电测式是利用电阻应变测试技术，直接从探头中传感其所受的贯入阻力。这种测试方法的优点是：①测试数据连续，测试过程快速、简便；②测试数据精度高，而且有好的再现性；③很容易实现数字化记录，便于用计算机进行数据处理。这里我们仅介绍电测式测量系统，这个系统包括探头（传感器）和记录仪两部分。

1. 探头

探头是静力触探中的传感器。探头的标准外形是上部为圆柱体，底端为圆锥体，锥尖角60°，顶端与探杆连接。目前国内常用的探头有综合型的单桥探头、可测锥尖阻力和局部摩擦阻力的双桥探头以及孔隙水压力探头三种（图 3.2-10）。单、双桥探头的外形尺寸见表3.2-1。孔压探头目前尚未定型。孔压探头带有透水元件以便测量孔压，透水元件的位置可在锥尖、或锥面、或在锥头以后的圆柱面上（图 3.2-11），规程规定的位置是图 3.2-11 中的 2 或 3。不同位置所测的孔压是不同的，孔压的消散速度也不相同。

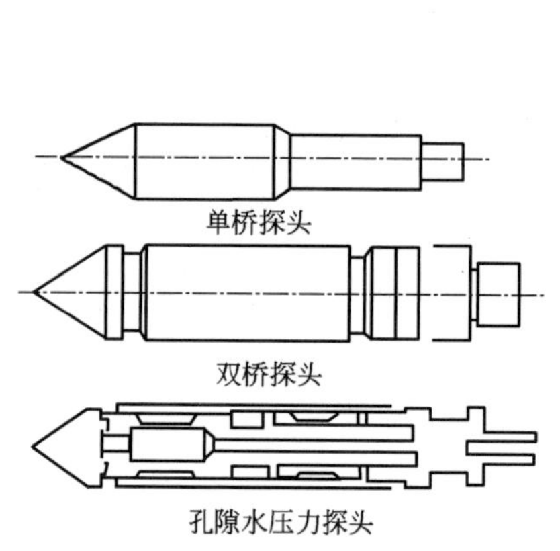

图 3.2-10　常用探头示意图

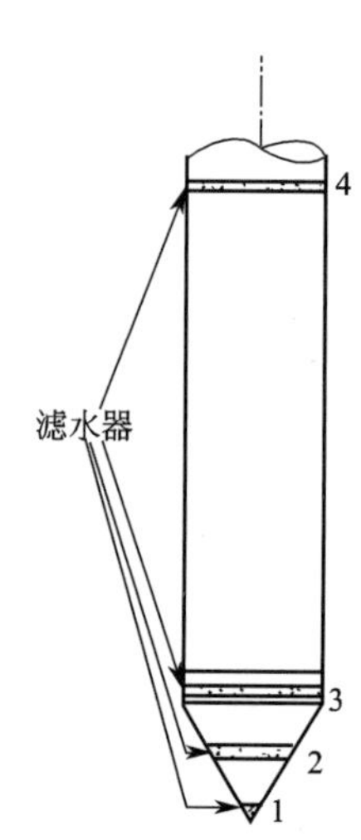

图 3.2-11　过滤片位置

表 3.2-1　探头外形尺寸

锥底截面积 A (cm^2)	锥底直径 d (mm)	锥角 α	单桥探头	双桥探头	
			有效侧壁长度 L(mm)	摩擦筒侧面积 F(cm^2)	摩擦筒长度 L(mm)
10	35.7	60°	57	200	178
15	43.7	60°	70	300	219
20	50.4	60°	81	300	189

2. 记录仪器

我国静力触探几乎全部采用电阻应变式传感器，因此与其配套的记录仪主要有以下四种类型：①电阻应变仪；②数字测力仪；③自动记录汇图仪；④数据采集仪。

从 20 世纪 60 年代起至 70 年代中期，主要是采用电阻应变仪，后来出现了数字测力仪，这两种仪器均需人工记录，占用人力较多。20 世纪 80 年代主要是使用自动记录汇图仪记录，这种记录方式实现了记录的自动化，由于其记录结果是一张贯入阻力曲线图，因此其记录无法直接用计算机进行处理，并且记录精度相对较低。

从 20 世纪 90 年代开始，出现了各种类型的用微型计算机进行记录的数据采集仪。这种记录方式实现了记录的自动化、数字化和电子媒体化，可将其记录直接传送到计算机进行资料分析处理。

图 3.2-12 为天津国达测控技术有限公司生产的 SJT 型四功能静力触探仪，该仪器可实现 4 个通道同时采集数据，还具有零漂拟制功能。

图 3.2-12　SJT 型静力触探仪

图 3.2-13 为铁道第三勘察设计院集团有限公司从荷兰引进的触探车上装配的记录仪面板。该记录仪不仅具有多通道同时采集数据的功能，而且能在触探测试的同时，将测试数据以曲线图(图 3.2-14)的形式显示在屏幕上。

图 3.2-13　荷兰触探仪面板

图 3.2-14　记录仪显示界面

铁道第三勘察设计院集团有限公司还成功地研制出了无缆触探，他是将记录仪微型化后，设置在探头里。

3.2.3.3　探头标定设备

用于标定探头贯入阻力和孔压的设备有测力装置和压力罐。标定设备应符合下列要求：

1. 标定探头所用的测力(压)计或传感器，其精度不得低于Ⅲ等标准测力计精度。

2. 测力(压)计传感器的公称量程不宜大于探头额定荷载的两倍。

3. 探头的标定装置：①探头标定达到满量程时，标定架的各部杆件稳定，孔压传感器标定用的压力罐，压力检测装置密封性能良好；②标定装置作为力的传递机构，其力的传递误差应小于 0.5%；③在工作状态下，标定架的压力作用线应与被标定探头同轴，其同轴度公差为 $\phi 0.5$。

3.2.3.4　探头的标定与计算

用于标顶探头的计量器具和设备，应按国家计量管理规定的周期进行计量检定。标定环境温度宜控制在(20±5)℃。

静力触探为电阻应变式测量仪器，应在使用前并按周期(3 个月)进行率定。率定时应将触探头、测量电缆和记录仪配套进行系统测试，使用时不能随意更换。锥尖和侧壁率定时的作用为压力(kN)，通过率定和换算得到锥尖阻力(q_c)和侧壁摩阻力(f_s)与记录仪输出信号之间的比例系数 ξ。测量系统的非线形误差、重复性误差、滞后误差、归零误差均应小于 1%FS，额定荷载下测量总误差不大于 3%FS。

3.2.4　现场测试

3.2.4.1　单、双桥探头静力触探试验要点

1. 现场测试前应收集有关工程地质勘察报告、设计文件和施工资料，分析论证静力触探的

可行性，选择适合的触探设备。

2. 检查所使用的探头是否符合规定，核对探头标定记录。

3. 电缆应按探杆连接顺序一次穿齐，其长度 L(m)按下式计算：

$$L>n(l+0.2)+7 \tag{3.2-18}$$

式中 l——每根探杆(含接头)长度(m)；

n——探杆根数。

4. 设置触探机的地面应平整；使用的反力措施应保证静力触探达到预定深度。

5. 触探主机就位后，应调平机座并用水准尺校准，与反力装置衔接、锁定并随时进行检查。

6. 将探头贯入地面下 0.5～1.0 m 后，上提探头 5～10 cm，观测零位漂移情况，待其稳定后，将记录仪调零，并压回原位开始正式贯入测试。地面下 6 m 深度范围，每贯入 2～3 m 要提升探头 1 次，将零漂值作为初读数填入记录表的相应深度旁，然后使探头复位，继续贯入。

7. 贯入速度控制在(20±5)mm/s。使用数字测力仪和数据采集仪，宜每贯入 0.1 m 或 0.2 m 记录(或设定记录)一次。

遇下列情况之一时，应停止贯入并在记录上注明：①触探主机负荷达到额定荷载的 120%；②贯入时探杆出现明显弯曲；③反力装置失效；④探头负荷达到额定荷载；⑤记录仪显示异常。

在贯入过程中，应随时记录地锚的松动情况，记录地锚松动深度和上拔量。使用触探车自重和地锚联合反力装置时，遇硬层地锚松动后，还要记录探头穿越硬层后车体复位的深度。

3.2.4.2 孔压静力触探试验要点

孔压静力触探现场测试应注意以下问题。

1. 探头的饱和处理

对孔压探头的饱和处理是孔压触探重要的技术环节。如果探头不饱和，必使测试结果失真。目前常用的处理方法是用专用的真空泵(图 3.2-15)抽气。

2. 探头饱和度保持措施

经脱气处理过的探头提离液面前，应使用一个大小合适且不泄露的橡胶或塑料套膜套住过滤片，然后放入盛有水的容器内。

图 3.2-15　探头脱气真空泵

如果场地的地下水距地表很近，可于孔位处掘一小坑，坑底达地下水位，坑内注水满槽。然后将带有套膜的探头在触探机上就位，准备就绪后开始触探。

当地下水埋藏较深时，应使用一个较孔压探头直径为大的锥头，开孔至地下水位以下，将孔内灌满水，然后用带有套膜的探头开始触探。

3. 贯入过程注意事项

静力触探贯入速度为(20±5)mm/s。由于贯入速度的大小对所测得的超孔隙水压力有明显的影响，因此贯入应保持匀速，速度应尽量接近 20 mm/s。不宜使用人力给进方式做孔压触探。

整个贯入过程中不得提升探头，因为提升探头会产生“真空负压”，使探头应变腔内的液体逸失，导致其后的测试结果失真。待终孔探头提离地面时，记录零漂值。

4. 孔压消散试验

孔压消散试验可在地下水位以下任何指定深度进行。试验前应事先做好准备，从探头停止贯入之时起，用秒表记时，记录不同时刻的孔压值，其记时间隔由密到疏，合理控制。在试验过程中，不得松弛探杆夹持器，不得碰撞探杆，也不得施加使探杆产生上、下位移的力。

5. 与场地均衡孔压值有关的注意事项

天然沉积层在自重压力下一般已固结终了，土中任一点的静止孔隙水压力（u_w）即为地下水的静水压力（$\gamma_w \cdot h_w$）。当孔压触探的孔压消散达到最终稳定值 $u_{t\to\infty}$ 时，应有 $u_{t\to\infty}=u_w$。此时我们称由孔压探头测得的 u_w 值为均衡孔压。

对软土排水固结地基，在固结完成前，土中的残余超孔隙水压力由下式表征：

$$\Delta u_p = u_{wq} - \gamma_w \cdot h_w \tag{3.2-19}$$

式中　Δu_p——地基中某试验点的残余孔压；

u_{wq}——相应试验点的似均衡孔压，以连续 2 h 内稳定不变的 u_t 值；

γ_w——地下水重度，可取 10 kN/m³；

h_w——从场区地下水稳定水位算起的试验点深度。

u_w 是软土排水固结地基孔压触探的重要资料，至少应有一孔消散试验做到触探引起的超孔隙水压力完全消散。

终孔后、起拔最初几根探杆时，应留心观察、量测并记录探杆表面干、湿分界线距地面的深度。有条件时应量测孔内地下水埋藏深度。

3.2.5　资料整理

3.2.5.1　*原始数据的修正与处理*

1. 触探参数的零漂修正、喇叭口修正和深度修正

1）零漂修正

触探参数的零漂值是由地温及贯入所产生的热量引起的，在正常情况下，可视为零漂值与热导时间成正比。因此规程规定：在相邻两次归零检查深度段内，当零漂值不大于该深度段测试值的 10％时，可依间隔深度进行线形平差；当零漂值大于该深度测试段值的 10％时，宜按相邻两次归零检查的间隔时间进行平差，其中间隔时间应计入接探杆的辅助时间。各深度的测试值按下式修正：

$$x'_d = x_d - \Delta x_d \tag{3.2-20}$$

式中　x'_d——某深度 d 处读数的修正值；

x_d——某深度 d 处的实测值（读数）；

Δx_d——相应深度 d 处的零漂修正量（平差值），分正、负。

2）喇叭口修正

加接探杆、归零检查等操作，会造成贯入不连续，在触探原始曲线上会出现喇叭口形态。对此应以平顺曲线进行修补（图 3.2-16）。对数字化的记录，可用简单的内插修正原始数据。

图 3.2-16　喇叭口修正

3）深度误差修正

触探深度出现误差的原因主要有：①地锚松动；②使用角机测量深度时，角机的摩擦轮打滑丢转；③触探孔偏斜。针对地锚松动所产生的深度误差应根据现场记录，对深度进行调整。当按一定深度间隔（0.1 m 或 0.2 m）由角机测量深度并发出采集信号，记录贯入阻力，且出现角机打滑丢转时，宜在现场及时手动补采数据，未进行补

采的,可根据实际触探深度,对贯入阻力的记录深度进行调整。当有触探孔偏斜记录时,应根据孔的偏斜数据进行深度修正。

2. 贯入孔压值的修正

由于孔压触探(CPTU)在贯入过程中不得提升探头,只能利用探头提出地面后的归零检查值和零漂控制点数据进行修正。

1)零漂控制点的选择

对消散试验做到孔压达到稳定值(u_{wq})时的试验点,称为零漂控制点。当地下水不存在超孔压($u_w=\gamma_w \cdot h_w$)时,控制点的孔压零漂值(Δu_i)可按下式计算:

$$\Delta u_i = u_{wq} - u_w \tag{3.2-21}$$

式中,u_w 值可通过搜集既有地质资料或勘探查明的地下水位(h_w)算得。

一般情况下,孔压消散达到稳定值的历时长短取决于土的渗透性和压缩性。实践经验表明,u_{wq}还与深度有关:黏性土在浅层,孔压消散达稳定,大约需 1～2 h,当深度较大时,可达十几小时,甚至一昼夜。故在黏性土中,零漂控制点只宜选在浅部。对砂性土,孔压消散稳定时间仅需十几分钟,有时瞬间即逝,且与深度无关。因此在触探深度内,若夹有透水性强的砂层,则每一砂层至少应有一孔做消散试验,以取得各砂层的 u_{wq} 值。

2)孔压零漂值的平差

对获得零漂控制值的情况,则以相邻控制点的零漂值(注意正、负号)为依据,按深度进行线性平差。当控制点只有一个时,将终孔后在地面测得的不归零值视为地下水位以下 6 m 处的零漂值,在控制点至水位下 6 m 间,零漂值按深度线形平差;在水位下较 6 m 更深的各测点的零漂值,按 6 m 处的零漂值计算(霍恩杰,1980)。

3. 孔压消散曲线的修正与归一化超孔压曲线的绘制

1)孔压零漂值修正

对消散试验不同时刻的孔压值,用该点所在深度的零漂修正量,等量修正各时刻的孔压值。

2)消散曲线初始段的修正

用修正后的不同时刻的孔压消散值(u_t)和其相应的消散历时(t),绘制 u_t-lg$t$ 曲线(图 3.2-17),这条曲线被称为孔压消散曲线。正常消散曲线的初始段有三种形态,如图 3.2-17 中的 a、b 和 c。其中 a、c 两种形态需进行初始段修正。

见图中 a 曲线,曲线初始段出现陡降,过转折点 P 后转入正常状态。这是过滤片置于锥面上的探头在软土中的常见现象。陡降段的历时长短与土的渗透性及状态有关,在软土中一般在 25 s 以内。对此可根据曲线的正常段用云形板进行拟合,绘制修正后消散曲线的初始段,使其通过转折点与纵轴相交。

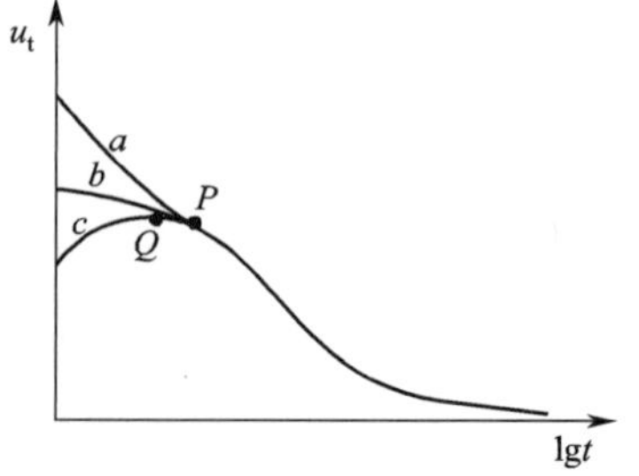

图 3.2-17　孔压消散 u_t-lg$t$ 曲线

图中 c 曲线表现为初始段上升,孔压值超过探头停止贯入时的初始值,然后才开始下降。这种现象常见于过滤片置于锥尾圆柱面上探头的触探孔压消散情况。对此以曲线峰值点 Q 作为整条曲线的起点,略去峰值点前的初始段。

3)归一化超孔压曲线的绘制

归一化超孔压定义为:以初始超孔压值为 1,不同消散时刻的超孔压值与初始超空压值之比。可用下式表示：

$$\overline{U}=\frac{u_t-u_w}{u_0-u_w}=\frac{\Delta u_t}{\Delta u_0} \tag{3.2-22}$$

式中　$\overline{U}$——归一化超孔压；

u_t，Δu_t——某消散历时(t)的孔压值和超孔压值；

u_0，Δu_0——消散前的孔压初值和超孔压初值，$u_0=u_{t=0}$；

u_w——静止孔压值。

以修正后的孔压消散曲线为依据，按式(3.2-22)计算归一化超孔压值，并绘制归一化超孔压曲线 $\overline{U}$-lg$t$(图 3.2-18)。$\overline{U}$ 与以超孔隙水压力为定义的固结度 U 存在如下关系：

$$U=1-\overline{U} \tag{3.2-23}$$

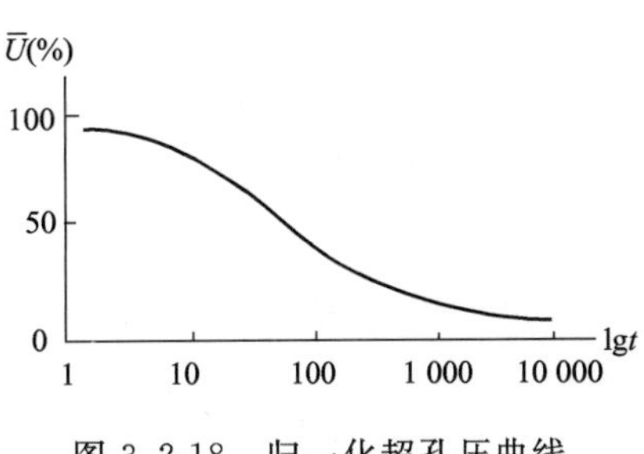

图 3.2-18　归一化超孔压曲线

3.2.5.2　*静力触探分层及各层触探参数特征值计算*

1. 触探参数计算和触探成果曲线绘制

1)触探参数计算

对修正后的触探记录数据，应按下列各式计算各深度相应的触探参数：

$$x'_d=\xi\cdot x_d \tag{3.2-24a}$$

$$R_f=f_s/q_c\times100 \tag{3.2-24b}$$

$$q_T=q_c+(1-\alpha)u_T=q_c+\beta(1-\alpha)u_d \tag{3.2-24c}$$

$$B_q=\Delta u/(q_T-\sigma_{v0}) \tag{3.2-24d}$$

$$\Delta u=u_0-u_w \tag{3.2-24e}$$

式中　x_d——深度 d 处的实测触探参数(p_s、q_c、f_s、u_d、u_T)代号；

p_s——单桥探头比贯入阻力；

q_c，f_s——探头锥尖单位截面积贯入阻力和侧壁单位面积摩阻力；

ξ——触探参数的标定系数；

x'_d——与触探参数(p_s、q_c、f_s、u_d、u_T)对应的修正后的触探记录数据；

R_f——摩阻比(%)；

q_T——总锥尖阻力；

α——探头有效面积比，等于探头管(探头与探杆连接部分)截面积与探头截面积之比；

u_T——孔压探头贯入时于锥底以上圆柱面处测得的孔隙水压力；

u_d——孔压探头贯入时于锥面处测得的孔隙水压力；

β——孔压换算系数，即 u_T 与 u_d 之比值，可按表 3.2-2 取值；

B_q——超孔压比；

σ_{v0}——土的总自重压应力；

Δu——孔压探头贯入时的超孔隙水压力；

u_0——孔压探头贯入时的孔隙水压力，根据过滤片的位置不同分别取 u_T 或 u_d。

表 3.2-2　与土质状态有关的 β 值

土质状态	中砂、粗砂	粉、细砂		粉土	粉质黏土	黏土	重超固结黏土
		松散～中密	密实	正常固结及轻度超固结			
β	1	0.7～0.3	<0.3	0.6～0.3	0.7～0.5	0.8～0.4	0.4～0.1

2)成果曲线绘制

按有关技术要求,将上述计算的触探参数,绘制随深度的变化曲线。规程对触探成果图件绘制要求如下:①应以深度为纵轴、以触探参数为横轴绘制触探曲线,其中 f_s、u_d(或 u_T)、q_c 之间的比例宜取 1∶10∶100。②q_c(或 p_s)、f_s、u_d(或 u_T)、u_w 与深度 d 的关系曲线应以不同的表达形式同绘于一个坐标图中(图 3.2-24),也可将 u_d(或 u_T)和 u_w 绘制于该坐标图的对称侧。B_q、R_f 与 d 的关系曲线宜绘于另一坐标图中,二者在横轴上数值比例宜取 1∶10。

2.触探分层和单孔触探参数分层特征值计算

当被检测地基的触探参数具有明显分层特点时,应进行分层。层次划分应结合勘察报告的土质变化情况和触探成果曲线特征进行。根据触探曲线划分土层时,对主要受力层应详细划分,对工程有影响的软下卧层应单独划出。层面位置可按下述原则确定:

1)孔压触探时,应将 u_d(或 u_T)和 B_q 的突变点位置定为土层界面。

2)单桥或双桥触探时,应根据超前深度和滞后深度确定,具体方法是:①一般情况下可将超前、滞后总深度段中点偏向软层(低端阻值)10 cm 处定为土层界面;②上下土层的端阻值相差 1 倍以上,且软层的平均端阻<2 MPa 时,可将软层的最后 1 个(或第 1 个)q_c(或 p_s)的小值偏向硬层 10 cm 处定为土层界面;③当上、下土层端阻值差别不明显时,应结合 R_f、f_s 值确定土层界面。

各土层的触探参数按下式及要求确定:

1)土层厚度 $h \geqslant 1$ m 且土质比较均匀时,应扣除上部滞后深度和下部超前深度范围内的触探参数值,按下列公式计算土层的触探参数值:

$$\overline{X} = \frac{1}{n}\sum_{i=1}^{n} x_i \tag{3.2-25a}$$

$$\overline{q}_T = \overline{q}_c + \beta(1-\alpha)\overline{u}_d = \overline{q}_c + (1-\alpha)\overline{u}_T \tag{3.2-25b}$$

$$\overline{R}_f = \overline{f}_s / \overline{q}_c \tag{3.2-25c}$$

式中　x、X——各触探参数代号;

i——触探参数序号;

n——计算厚度范围内的触探参数的有效个数。

2)土层厚度 $h<1$ m 的均质土层,软层应取最小值、硬层应取较大值。

3)各层中的特殊大值不应参与计算。

4)由单层厚度在 30 cm 以内的粉砂或粉土与黏性土交互沉积的土层,应分别计算各触探参数的大值平均值和小值平均值。

当触探曲线形状分层特点不明显,且随深度呈线性递增时(图 3.2-19),给出触探参数与深度的线性关系式。

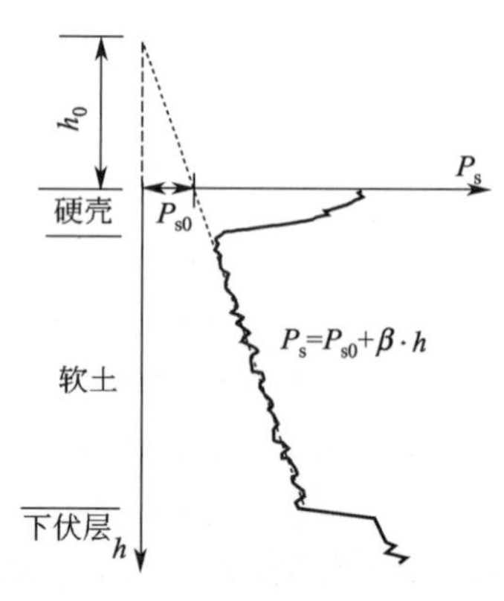

图 3.2-19　p_s 随深度线性递增

单桥、双桥及孔压探头的贯入阻力与端阻可按下列公式换算:

$$p_s = 1.1q_c \tag{3.2-26a}$$

$$q_T = p_s \tag{3.2-26b}$$

3.分区及各区触探参数特征值计算

对同一工点的全部检测孔,要进行综合对比分析,研究地基特性在水平方向上的变异性。当岩土参数具有分区特点时,应分区统计计算,并对各区、段分别进行工程评价。

分区应主要依据检测数据的变异性特点,同时应结合地质勘察资料、施工工艺、施工机具和班组的不同来综合划分。作为检验地基处理施工效果的检测，如有不合格产品时，至少应分出合格区与不合格区。

对各区、段的触探参数应按层位分别进行统计。可按下列公式计算各参数的特征值。

$$\phi_m = \frac{\sum_{i=1}^{n} \phi_i}{n} \tag{3.2-27a}$$

$$\sigma_f = \sqrt{\frac{1}{n-1}\left[\sum_{i=1}^{n} \phi_i^2 - \frac{\left(\sum_{i=1}^{n} \phi_i\right)^2}{n}\right]} \tag{3.2-27b}$$

$$\delta = \sigma_f / \phi_m \tag{3.2-27c}$$

$$\phi_i = \gamma_s \cdot \phi_m \tag{3.2-27d}$$

$$\gamma_s = 1 \pm \left(\frac{1.704}{\sqrt{n}} + \frac{4.678}{n^2}\right)\delta \tag{3.2-27e}$$

式中 ϕ_m——参数的平均值；

σ_f——参数的标准差(水平方向)；

δ——参数的变异系数(水平方向)；

γ_s——统计修正系数；

ϕ_i——各孔某层的参数值；

n——区段内某层参数的个数。

3.2.6 处理地基岩土设计参数的评价

从前面介绍的理论分析可以看出，触探贯入阻力是土层强度和变形性质的综合反映，这也是我们可以用静力触探评价地基岩土参数的理论基础。另一方面由于探头边界条件和土层(包括地下水)自身的复杂性，我们所需的岩土参数还不能直接通过触探参数取得。下面所提到的公式、图表都是经验的总结。我国幅员辽阔，各地区土层的成因类型、矿物成分、沉积环境和历史都不尽相同，因此用静力触探评定岩土参数、评价地基处理效果时，要尽量收集地方经验公式或图表(这也是我们在书中列举了许多地方经验公式的初衷)，并在检测中验证其适用性。对重大项目，必要时建立自己的经验公式。触探贯入阻力是土层各项岩土参数的综合反映，而每一项岩土参数和触探参数的相关性也不一样，下面我们介绍几个和触探参数相关性较好的处理地基岩土参数的评定。

3.2.6.1 土的物理性质指标

1. 砂土的相对密度

砂土的相对密度(D_r)定义为：$D_r=(e_{max}-e)/(e_{max}-e_{min})$，由此看来相对密度涉及天然孔隙比、最大和最小孔隙比三个参数。目前有关 D_r 与 q_c(或 p_s)的关系是依靠室内模型试验成果，将其外推到现场中。从严格意义上说，用触探参数测定土的相对密度，只能是一种估计，因为触探结果与物理意义上的 D_r 相比，误差较大；但另一方面考虑到工程实践中，砂土相对密度大多是采用动力触探(包括标准贯入)或静力触探测定的。而触探参数自身的离散性并不大，误差的原因主要来源于上述三种状态下空隙比的测定。因此从这个意义上说，用触探参数测定砂土相对密度是一种可靠的方法。这里我们介绍两种经验关系。

规程规定，石英砂类土的相对密实度 D_r 可按表 3.2-3 判定。

表 3.2-3 石英质砂土的相对密实度

密实程度	P_s(MPa)	D_r
密实	$P_s \geqslant 14$	$D_r \geqslant 0.67$
中密	$14 > P_s > 6.5$	$0.67 > D_r > 0.40$
稍密	$6.5 \geqslant P_s \geqslant 2$	$0.40 \geqslant D_r \geqslant 0.33$
松散	$P_s < 2$	$D_r < 0.33$

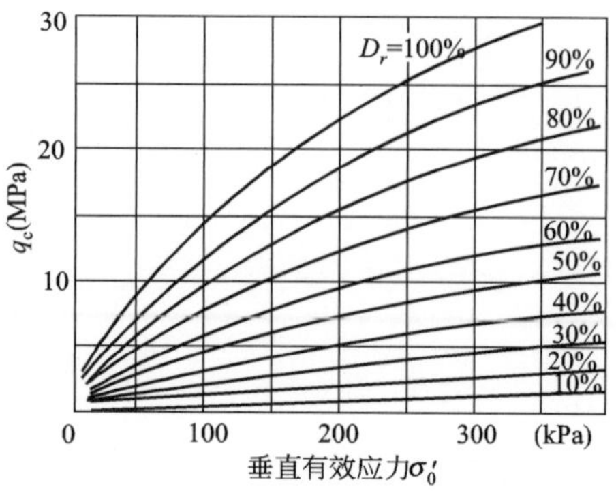

图 3.2-20 q_c、γ_h' 与 D_r 之间的关系

Schmertmann (1975)提出了一个根据 q_c 和垂直有效压力确定 D_r 的关系曲线，见图 3.2-20。

2. 饱和黏性土的重度

对饱和黏性土，当饱和度 $S_r=1$ 时，土的天然重度 γ 和干重度 γ_d、含水率 w 之间存在下列关系：

$$\gamma=\gamma_w+(1-1/G_s)\gamma_d=G_s \cdot \gamma_w(100+w)/(100+w \cdot G_s) \tag{3.2-28}$$

由于黏土颗粒比重 G_s 差别不大，均在 2.7 左右，而地下水的重度 γ_w 可取为定值 10 kN/m³，则 γ 与 γ_d 及 w 之间的关系是固定的，即：$\gamma=10+0.63\gamma_d=10+(1\ 700+27w)/(100+2.7w)$。实践表明饱和黏性土的触探参数与土的强度及其含水率都有良好的相关性。

规程规定，缺乏钻探取样试验数据时，一般饱和黏性土的重度 γ(kN/m³)可按下列公式计算：

$$P_s<400\ \text{kPa 时},\gamma=8.23P_s^{0.12} \tag{3.2-29a}$$

$$400 \leqslant P_s<4\ 500\ \text{kPa 时},\gamma=9.56P_s^{0.095} \tag{3.2-29b}$$

$$P_s \geqslant 4\ 500\ \text{kPa 时},\gamma=21.3 \tag{3.2-29c}$$

上式是根据铁道第四勘察设计院在中南、华东地区的经验取得的，a、b 两式统计子样数 n 为 195 和 287，相关系数 r 为 0.80 和 0.82，标准差 s 为 0.6 和 0.8 kN/m³。对非有机质黏性土有较好的代表性，可在检测中应用。应当指出当土层的饱和度 $S_r=1$ 时，用 p_s 估计 γ 可靠性高，$S_r \neq 1$ 时，会出现较大的误差，对此应采用钻探取样试验的方法确定。

3. 黏性土的塑性状态

土的塑性状态是土的特征含水率(天然含水率、液限和塑限)的综合反映，表征了土的软硬程度，因而与贯入阻力存在相关性。

表 3.2-4 孔压触探参数判别黏性土的塑性状态

分　级	液性指数	主判别	辅助判别
坚硬	$I_L \leqslant 0$	$(q_T>5)$	$(B_q<0.20)$
硬塑	$0<I_L \leqslant 0.5$	$q_T \leqslant 5$ $3.12B_q-2.77q_T<-2.21$	$B_q<0.3$
软塑	$0.5<I_L \leqslant 1$	$3.12B_q-2.77q_T \geqslant -2.21$ $11.2B_q-21.3q_T<-2.56$	$B_q \geqslant 0.2$
流塑	$I_L>1$	$11.2B_q-21.3q_T \geqslant -2.56$	$B_q \geqslant 0.42$

注：1 q_T 单位用 MPa；

2 坚硬状态土多属非饱和土，括号内数值为参考值；

3 过滤片置于锥底圆柱面处的孔压触探参数，可通过表 3.2-3 换算出相应的 q_T、B_q 后再用本表判断。

规程规定，黏性土的塑性状态可用过滤片置于锥面的孔压探头触探参数按表 3.2-4 判别；用单桥触探参数时，应结合地区使用经验按表 3.2-5 判定。

表 3.2-5　单桥触探参数判别黏性土的塑性状态

I_L	0	0.25	0.50	0.75	1
P_s(MPa)	(5～6)	(2.7～3.3)	1.2～1.5	0.7～0.9	<0.5

注：括号内数值为参考值。

3.2.6.2　土的强度指标

1.砂类土内摩擦角

Schmertmann (1978)在提出根据 q_c 和垂直有效压力确定 D_r 的关系曲线(图 3.2-20)后，又提出了用相对密度确定砂土内摩擦角的经验关系(图 3.2-21)，结合两图便可由 q_c 得到 ϕ 值。

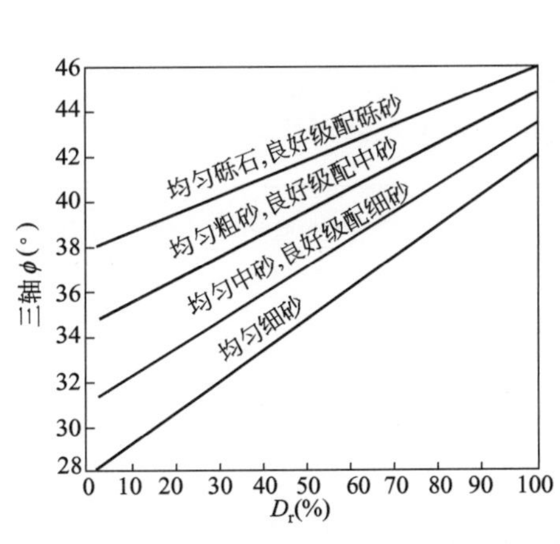

图 3.2-21　D_r-ϕ'的关系

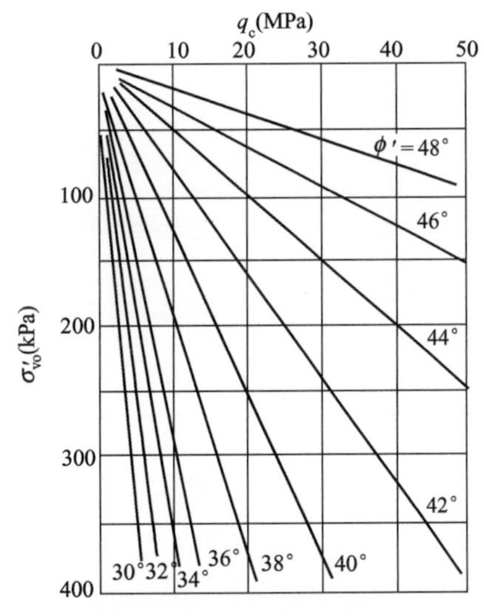

图 3.2-22　Robertson 推荐的 q_c-ϕ 的关系

Robertson(1983)等人考虑到砂土的可压实性对 ϕ 值的影响，提出图 3.2-22 的经验关系。他们建议砂土的可压实性用摩阻比 R_f 来判定，适用条件是 R_f>0.5%无胶结的石英砂。

规程推荐砂土的内摩擦角(ϕ)可按表 3.2-6 取值。该表是中南大学(原长沙铁道学院)根据大型槽的试验结果提出的。

表 3.2-6　砂类土的内摩擦角

P_s(MPa)	1	2	3	4	6	11	15	30
ϕ(°)	29	31	32	33	34	36	37	39

2. 饱和黏性土的不排水抗剪强度

理论上，黏性土的不排水抗剪强度 c_u 可根据 q_c 用承载力公式推出，其一般表达式为：

$$c_u = \frac{q_c - \sigma_{v0}}{N_k} \tag{3.2-30}$$

式中　σ_{v0}——探头高程出的自重应力；

N_k——承载力系数。

但不同文献中的 N_k 值变化很大(5～70)，这与不同学者所采用的承载力计算模型及 c_u 的测定方法有关。

表 3.2-7 为国内外一些关于 c_u 与 q_c(或 P_s)的经验关系。

表 3.2-7 不排水抗剪强度 c_u 与 q_c(或 P_s)的经验关系

<table>
<tr><th>提出者</th><th colspan="2">关系式</th><th>公式编号</th><th>适用条件与说明</th></tr>
<tr><td>铁道第三勘察设计院</td><td colspan="2">$c_u=0.05P_s$</td><td>3.2-31a</td><td>天津港饱和黏性土,$P_s<1\ 200$ kPa</td></tr>
<tr><td>同济大学</td><td colspan="2">$c_u=0.071q_c+1.3$</td><td>3.2-31b</td><td>滨海相软黏土,$q_c<700$ kPa</td></tr>
<tr><td rowspan="2">湖南省水电勘察设计院</td><td colspan="2">$c_u=0.057P_s+0.03$</td><td>3.2-31c</td><td>滇池泥炭及泥炭质土,c_u 由轻便十字板试验获得</td></tr>
<tr><td colspan="2">$c_u=0.068+P_s+0.9$</td><td>3.2-31d</td><td>滇池泥炭及泥炭质土,c_u 由电测十字板试验获得</td></tr>
<tr><td>四川省建研所</td><td colspan="2">$c_u=0.054\ 3q_c+4.8$</td><td>3.2-31e</td><td></td></tr>
<tr><td>交通部一航院</td><td colspan="2">$c_u=0.030\ 8P_s+4$</td><td>3.2-31f</td><td>天津新港 $S_t>10$ 的高灵敏软土,$P_s<1\ 500$ kPa</td></tr>
<tr><td>武汉联合试验组</td><td colspan="2">$c_u=0.069\ 6P_s-2.7$</td><td>3.2-31g</td><td>饱和软黏性土,$P_s=300\sim1\ 200$ kPa</td></tr>
<tr><td>铁四院一总队</td><td colspan="2">$c_u=0.056\ 4P_s+1.8$</td><td>3.2-31h</td><td>$P_s<700$ kPa</td></tr>
<tr><td>华东电力设计院</td><td colspan="2">$c_u=0.054\ 3P_s$</td><td>3.2-31i</td><td rowspan="2">理论推导</td></tr>
<tr><td>刘祖德</td><td rowspan="4">$c_u=(q_c-\sigma_{v0})/N_k$</td><td>$N_k=16.41$</td><td>3.2-31j</td></tr>
<tr><td>Kjekstad(1978)</td><td>$N_k=17\pm5$</td><td>3.2-31k</td><td>c_u 由三轴试验获得</td></tr>
<tr><td>Lunne 和 Kleven(1981)</td><td>$N_k=11\sim19$</td><td>3.2-31l</td><td>c_u 由十字板试验获得(经 I_p 修正)</td></tr>
<tr><td>Jamiolkowski(1982)</td><td>$N_k=16\pm2$</td><td>3.2-31m</td><td>c_u 由三轴试验获得</td></tr>
</table>

规程推荐:灵敏度 $S_t=2\sim7$、塑性指数 $I_p=12\sim40$ 的软黏性土,不排水抗剪强度 c_u 可按下列公式计算:

$$c_u=0.9(p_s-\sigma_{v0})/N_k \tag{3.2-32a}$$

$$N_k=25.81-0.75S_t-2.25\ln I_p \tag{3.2-32b}$$

缺乏 S_t、I_p 数据时,可按下式估算 c_u 值:

$$c_u=0.04p_s+2 \tag{3.2-32c}$$

3.饱和黏性土的固结不排水抗剪强度

对于用内聚力 c 和内摩擦角 ϕ 两个参数来表征土的抗剪强度的经验关系中,有分别统计分析,也有先假定其中一个,再求另一个。

1)中南电力勘测设计院曾对 $p_s=300\sim6\ 000$ kPa 的 49 组资料统计分析,得到的经验关系式为:

$$c_{cu}=0.02p_s+0.01 \tag{3.2-33a}$$

$$\phi_{cu}=0.194\ 8p_s+16.89 \tag{3.2-33b}$$

式中,p_s、c_{cu}单位为 kPa,ϕ_{cu}单位为°。

2)铁四院提出:对超固结比 OCR≤2 的正常固结和轻度超固结的软黏性土,当贯入阻力 p_s(或 q_c)随深度呈线性递增时,固结快剪内摩擦角(ϕ_{cu})可用下列公式估算:

$$\tan\phi_{cu}=\alpha\cdot\Delta c_u/\Delta\sigma'_{v0} \tag{3.2-34a}$$

$$\Delta\sigma'_{v0}=\Delta\sigma_{v0}-\gamma_w\cdot\Delta d \tag{3.2-34b}$$

$$\Delta\sigma_{v0}=\gamma\cdot\Delta_d \tag{3.2-34c}$$

式中 Δd——线性化触探曲线上任意两点间的深度增量;

Δc_u——对应于 Δd 的不排水强度增量,可按式(3.2-31c)计算;

α——经验系数。

对 p_s(或 q_c)随深度呈线性递增的情况,将该线性递增段的回归直线延长至地面,得到一个截距 p_{s0}(如图 3.2-19),然后按式(3.2-32c)得到与 p_{s0} 相应的 c_u 值,该 c_u 值可视为固结快剪黏聚力 c_{cu}。

上述 ϕ_{cu} 的计算公式被纳入规程,经验系数 α 取 1.4。

3.2.6.3　土的应力应变模量

1. 砂类土的模量

从触探贯入阻力的理论分析可以看处,对排水性较好的砂土来说,贯入阻力与土的压缩性指标相关。

Schmertmann (1970)根据触探与 52 组螺旋板载荷试验和 12 组平板载荷试验的对比,以及他对砂土压缩性与 q_c 关系的理论研究,提出 $E_s=2q_c$。国内外部分研究者的经验关系式见表 3.2-8。

表 3.2-8　砂土 p_s、q_c 与变形模量 E_0 和压缩模量 E_s 的经验关系

提　出　者	关　系　式	公式编号	适用范围和土层
铁道第一勘察设计院	$E_0=3.57p_s^{0.6836}$	3.2-35a	粉、细砂
辽宁煤矿设计研究院	$E_0=2.5q_c$	3.2-35b	中、细砂
Schmertmann	$E_s=2q_c$	3.2-35c	砂土
Vesic	$E_s=2(1+D_r^2)q_c$	3.2-35d	砂土
原苏联 CH-448-72 规程	$E_s=3.4q_c+13$	3.2-35e	砂土

注:E_0、E_s、p_s、q_c 的单位均为 MPa。

2. 黏性土的模量

黏性土的 E_0 和 E_s 属排水固结性质的模量,与贯入过程不排水的 p_s(或 q_c)没有直接的机理关系,他们之间的关系是经验的总结。表 3.2-9 为部分研究者的成果。

表 3.2-9　黏性土 p_s、q_c 与变形模量 E_0 和压缩模量 E_s 的经验关系

提　出　者	关　系　式	公式编号	适用范围	适用土层
武汉联合试验组	$E_0=9.79p_s-2.63$	3.2-36a	$0.3\leqslant p_s<3$	淤泥、淤泥质土和一般黏性土
	$E_0=11.78p_s-4.69$	3.2-36b	$3\leqslant p_s<6$	老黏性土
铁道第一勘察设计院	$E_0=3p_s+2.87$	3.2-36c	$0.5\leqslant p_s<6$	新近堆积土($I_p>10$)
	$E_0=2.3p_s+1.99$	3.2-36d	$0.5\leqslant p_s<10$	黏性土和新近堆积土($I_p\leqslant10$)
	$E_0=13.09p_s^{0.64}$	3.2-36e	$0.5\leqslant p_s<5$	新黄土(东南带)
	$E_0=5.95p_s+1.41$	3.2-36f	$1\leqslant p_s<5.5$	新黄土(西北带)
	$E_0=5p_s$	3.2-36g	$1\leqslant p_s<5.5$	新黄土(北部边缘带)
原建工部综合勘察院	$E_0=6.06p_s-0.9$	3.2-36h	$p_s<1.6$	淤泥、淤泥质土和一般黏性土
	$E_0=6.9p_s-6.8$	3.2-36i	$1.6\leqslant p_s\leqslant4$	一般黏性土
	$E_0=3.7p_s-6.7$	3.2-36j	$p_s>4$	粉土
武汉联合试验组	$E_s=3.72p_s+1.26$	3.2-37a	$0.3\leqslant p_s<5$	软土、一般黏性土
铁道第一勘察设计院	$E_s=1.16p_s+3.45$	3.2-37b	$0.5\leqslant p_s<6$	新近堆积土($I_p>10$)
	$E_s=1.34p_s+3.40$	3.2-37c	$0.5\leqslant p_s<10$	黏性土和新近堆积土($I_p\leqslant10$)
	$E_s=3.66p_s-2.0$	3.2-37d	$0.5\leqslant p_s<6.5$	新黄土
铁道第三勘察设计院	$E_s=3p_s+1$	3.2-37e		天津地区土
铁道第四勘察设计院	$E_s=4.14p_s^{0.69}$	3.2-37f	$p_s\leqslant1.3$	淤泥、淤泥质土和一般黏性土
	$E_s=2.14p_s+2.17$	3.2-37g	$p_s>1.3$	

续上表

提　出　者	关　系　式	公式编号	适用范围	适用土层
交通部一航院	$E_s=3.63p_s+1.2$	3.2-37h	$p_s<5$	淤泥、一般黏性土
北京市勘察院	$E_s=2.17p_s+1.62$ $E_s=2.12p_s+3.85$	3.2-37i 3.2-37j	$0.7\leqslant p_s<4$ $1\leqslant p_s<9$	北京新近沉积黏性土 北京老黏性土
四川综合勘察院	$E_s=1.9p_s+3.23$	3.2-37k	$0.4\leqslant p_s<3$	一般黏性土
贵州建筑设计院	$E_s=6.5p_s+0.85$	3.2-37l		遵义红土
同济大学等	$E_s=3.11p_s+1.14$	3.2-37m		上海黏性土
无锡建筑设计院	$E_s=3.47p_s+1.01$	3.2-37n	$0.3\leqslant p_s<3.5$	无锡地区土

注：E_0、E_s、p_s 的单位均为 MPa。

3. 规程中的模量取值

规程推荐：土层的压缩模量 E_s 和变形模量 E_0 可按表 3.2-10 和表 3.2-11 取值。

表 3.2-10　土的 E_s 值(MPa)

土层名称	p_s(MPa)																	
	0.1	0.3	0.5	0.7	1	1.3	1.8	2.5	3	4	5	6	7	8	9	11	13	15
软土及黏性土	0.9	1.9	2.6	3.3	4.5	5.7	7.7	10.5	12.5	16.5	20.5	24.4	—	—	—	—	—	—
饱和砂类土	—	—	2.6～5.0	3.2～5.4	4.1～6.0	5.1～7.5	6.0～9.0	7.5～10.2	9.0～11.5	11.5～13.0	13.0～15.0	15.0～16.5	16.5～18.5	18.5～20.0	20.0～22.5	24.～27	28～31	35
新黄土(Q_4、Q_3)	—	—	—	—	1.7	3.5	5.3	7.2	9.0	12.6	16.3	20.0	23.6	—	—	—	—	—

注：1 E_s 为压缩曲线上 $p_1=0.1$ MPa～$p_2=0.2$ MPa 压力段的压缩模量；
2 粉土可按表列砂土值的 70%取值；
3 Q_3 及以前的黏性土和新近堆积土应根据当地经验取值或采用原状土样做压缩试验；
4 表内数值可以线形内插，不可外延。

表 3.2-11　土的 E_0 值(MPa)

土层名称		E_0 算式	公式编号	p_s 值域(MPa)	相关系数 r	标准差 s(MPa)	变异系数 δ
黏性土(Q_1～Q_3)		$E_0=11.78p_s-4.69$	3.2-38a	3～6	—	—	—
软土及饱和黏性土(Q_4)		$E_0=6.03p_s^{1.45}+0.8$	3.2-38b	0.085～2.5	0.86	0.63	0.066
细砂、粉砂、粉土		$E_0=3.57p_s^{0.684}$	3.2-38c	1～20	0.84	3.9	0.219
新黄土(Q_4、Q_3)	东南带	$E_0=13.09p_s^{0.64}$	3.2-38d	0.5～5	0.53	11.7	0.468
	西北带	$E_0=5.95p_s+1.41$	3.2-38e	1～5.5	0.70	7.2	0.347
	北部边缘带	$E_0=5p_s$	3.2-38f	1～6.5	取下限值		

注：新近堆积土的 E_0 应根据当地经验取值或用载荷试验确定；一般工程，当 $I_p>10$ 时，按式(3.2-38b)算出 E_0 后再乘以 0.9～0.4 折减系数，折减系数随 p_s 增加而降低。

$P_s\leqslant1$ MPa 的饱和黏性土，不排水杨氏模量 E_u 可按下式计算：

$$E_u=11.4p_s \tag{3.2-39}$$

式中，E_u 为剪应力水平达 50%时的割线模量。

3.2.6.4　地基基本承载力

理论上，地基承载力是给定基础埋深和宽度，假定破坏时的裂面，按强度指标计算的地基承受荷载的能力。铁路规范中基本承载力 σ_0，是在固定基础埋深($h=3$ m)和宽度($b=2$ m)的条件,地基承载力的容许值,它是在不确定基础的情况下,评价地基土承载能力特性的一个指标。

由于触探的探头与实际基础相比,无论是形状还是几何尺寸都有较大的差别,因此很难从理论上直接建立贯入阻力和承载力之间的关系。国外对砂类土,多数是用前述方法建立触探参数和强度指标的关系,再用强度指标计算承载力,实践证明这种方法所得的结果误差很大。

国内多采用静力触探和载荷试验直接对比。载荷试验确定承载力是从强度和变形两个方面进行控制,这与触探贯入的强度和压缩机理有本质的联系,所得到的经验关系式相关性也很高。下面介绍国内的一些研究成果。

1.规程规定

静力触探确定地基基本承载力和极限承载力时,应综合考虑场地土的工程性质和建筑物特点。无地区使用经验可遵循时,可据土层类别和比贯入阻力 p_s 按表 3.2-12 和表 3.2-13 所列经验公式计算,但 p_s 取值应符合下列规定:

1)对于扩大基础,p_s 值取基础底面下 $2b$(b 为矩形基础短边长度或圆形基础直径)深度范围内的比贯入阻力平均值。

2)层状地基的 p_s 取值应符合有关规定(见 3.2.5.2 节中触探参数计算的有关内容)。由粉砂(或粉土)与粉质黏土(或黏土)组成的交错层,应根据大值平均值和小值平均值,在表 3.2-12、3.2-13 中分别按其所属土类计算地基承载力,然后根据建筑物特点和重要程度,酌取小值、中小值或中值。

表 3.2-12　天然地基基本承载力(σ_0)算式

土层名称		σ_0(kPa)	公式编号	p_s 值域(kPa)	相关系数 r	标准差 s(kPa)	变异系数 δ
黏性土($Q_1 \sim Q_3$)		$\sigma_0=0.1p_s$	3.2-40a	2 700~6 000	—	—	—
黏性土(Q_4)		$\sigma_0=5.8p_s^{0.5}-4.6$	3.2-40b	≤6 000	0.920	26	0.095
软土		$\sigma_0=0.112p_s+5$	3.2-40c	85~800	0.850	16.7	0.259
砂土及粉土		$\sigma_0=0.89p_s^{0.63}+14.4$	3.2-40d	≤24 000	0.945	31.6	0.154
新黄土(Q_4、Q_3)	东南带	$\sigma_0=0.05p_s+65$	3.2-40e	500~5 000	0.878	33	0.204
	西北带	$\sigma_0=0.05p_s+35$	3.2-40f	650~5 500	0.930	23.4	0.148
	北部边缘带	$\sigma_0=0.04p_s+40$	3.2-40g	1 000~6 500	0.823	26.2	0.151

表 3.2-13　天然地基极限承载力(p_u)算式

土层名称	p_u(kPa)	公式编号	p_s 值域(kPa)	相关系数 r	标准差 s(kPa)	变异系数 δ
黏性土($Q_1 \sim Q_3$)	$p_u=0.14p_s+265$	3.2-41a	2 700~6 000	0.810	153	0.203
黏性土(Q_4)	$p_u=0.94p_s^{0.8}+8$	3.2-41b	700~3 000	0.818	60.2	0.199
软土	$p_u=0.196p_s+15$	3.2-41c	<800	0.827	36.5	0.310
粉、细砂	$p_u=3.89p_s^{0.58}-65$	3.2-41d	1 500~24 000	0.874	137.6	0.256
中、粗砂	$p_u=3.6p_s^{0.6}+80$	3.2-41e	800~12 000	0.670	236.6	0.336
砂类土	$p_u=3.74p_s^{0.58}+47$	3.2-41f	1 500~24 000	0.710	217	0.350

续上表

土层名称		p_u(kPa)	公式编号	p_s 值域(kPa)	相关系数 r	标准差 s(kPa)	变异系数 δ
粉土		$p_u=1.78p_s^{0.63}+29$	3.2-41g	≤8 000	0.945	63.2	0.139
新黄土（Q_4、Q_3）	东南带	$p_u=0.1p_s+130$	3.2-41h	500～4 500	0.878	66.0	0.204
	西北带	$p_u=0.1p_s+70$	3.2-41i	650～5 300	0.930	46.8	0.148
	北部边缘带	$p_u=0.08p_s+80$	3.2-41j	1 000～6 000	0.823	52.4	0.204

2. 地区和行业经验

目前，我国一些地区和部门已建立了不少经验关系。表 3.2-14 选择了一些代表性公式，供读者参考、验证和使用。

表 3.2-14　国内各类土静力触探基本承载力经验公式

序号	公式编制单位	土类	地区	p_s 值域(kPa)	经验公式
1	原工民建勘察规范 TJ21-77	老黏性土（Q_1～Q_3）	全国	3 000～6 000	$\sigma_0=0.1p_s$
2	铁三院、铁一院		全国	3 000～6 000	$\sigma_0=1.81p_s^{0.67}$
3	广东航运规划院		广东	>6 000	$\sigma_0=0.14p_s-236$
4	湖北综合勘察院	红土	贵州		$\sigma_0=0.041p_s+135$
5	贵州建筑设计院		贵州		$\sigma_0=0.09p_s+90$
6	昆明冶金勘察公司		昆明		$\sigma_0=0.03p_s+138$
7	原工民建勘察规范 TJ21-77	一般黏性土（Q_4）$I_p>10$	全国	300～3 000	$\sigma_0=0.1p_s$
8	广东航运规划院		广东	150～6 000(软土)	$\sigma_0=0.103p_s+27$
9	武汉联合试验小组		武汉	300～6 000(软土)	$\sigma_0=0.104p_s+27$
10	江苏省建筑设计院		南京	350～5 700	$\sigma_0=0.084p_s+25$
11	青岛市城建局		青岛	1 000～5 000	$\sigma_0=0.074p_s+82$
12	兖州煤矿设计院		淮北	350～3 000	$\sigma_0=0.101p_s+59$
13	第三航务工程局		长江三角洲	500～2 500	$\sigma_0=0.1p_s+25$
14	四川综合勘察院		四川	600～4 000	$\sigma_0=249\lg p_s-589$
15	东北电力设计院		东北	800～4 500($I_p>7$)	$\sigma_0=5.8p_s^{0.5}-31$
16	北京勘察院		北京	1 500～15 000	$\sigma_0=0.0173p_s+159$
17	第一航务工程局		天津	≤5 000	$\sigma_0=6.9p_s^{0.416}$
18	天津建筑设计院		天津	240～2 530	$\sigma_0=8.06p_s^{0.387}$
19	原建工部综合勘察院			1 500～6 000	$\sigma_0=0.05p_s+73$
20	连云港建筑设计院		海滨软土		$\sigma_0=0.08p_s+49$
21	铁一院	新近堆积黏性土（Q_4^2）	黄河下游	500～4 000($I_p=6$～16)	$\sigma_0=p_s/(0.004p_s+5.7)$
22	铁一院		西北内陆盆地	400～6 500($I_p<10$)	$\sigma_0=3.3p_s^{0.5}-15$
23	河南省建筑设计院		黄泛区	300～3 600($I_p\leq10$)	$\sigma_0=150\lg p_s-354$
24	北京勘察院		北京	600～7 000	$\sigma_0=115\lg p_s-220$

续上表

序号	公式编制单位	土类	地区	p_s 值域(kPa)	经验公式
25	建研院勘察所等	一般黏性土(Q_4) $I_p \leqslant 10$	全国	(I_p=6~10)	$\sigma_0=0.036p_s+45$
26	轻工业部第二设计院			>2 000	$\sigma_0=0.01p_s+150$
27	上海轻工业设计院			1 400~4 500(砂)	$\sigma_0=0.07p_s+12$
28	郑州铁路局			200~20 000	$\sigma_0=176\lg p_s-376$
29	铁一院	粉细砂	西北内陆盆地	1 000~8 000(水下)	$\sigma_0=2.3p_s^{0.5}$
30	铁一院		西北内陆盆地	3 000~14 000(水上)	$\sigma_0=2.3p_s^{0.5}+30$
31	武汉冶金勘察公司		长江中、下游	>5 000(水下)	$\sigma_0=0.02p_s+50$
32	铁三院、铁一院		全国	1 000~20 000	$\sigma_0=3.59p_s^{0.48}$
33	建研院勘察所等		全国	1 000~16 000	$\sigma_0=0.016p_s+83$
34	原工民建勘察规范 TJ21-77		全国	5 000~16 000	$\sigma_0=0.02p_s+60$
35	建研院勘察所等	中粗砂	全国	1 000~11 000	$\sigma_0=0.044p_s+50$
36	建研院勘察所等		全国	4 000~11 000(水下)	$\sigma_0=0.048p_s-60$
37	湖北省水电设计院				$\sigma_0=0.039p_s+75$
38	铁一院		全国	(水上)	$\sigma_0=0.863p_s^{0.71}$
39	铁一院		全国	1 000~10 000(水下)	$\sigma_0=4.42p_s^{0.46}$

注:p_s、σ_0 单位均为 kPa;建研院勘察所等是指:建研院勘察所、兖州煤矿设计院、铁一院、铁三院。

3.2.6.5 其他特性评价

1. 饱和砂土及粉土的地震液化可能性判别

铁道科学研究院和铁三院曾在 1977~1978 年,对在唐山地震中发生液化和未发生液化砂层的比贯入阻力 p_s 进行了对比研究,并考虑了震中距(地震峰值加速度)、地下水埋深和上覆非液化层厚度因素,建立了砂土液化判别式。铁三院又在 1979 年研究了唐山地震中天津粉土的液化特征,考虑了粉土中黏粒含量对液化的影响,将砂土液化判别式推广到了粉土。上述研究成果已列入规程,现介绍如下。

地震动峰值加速度为 0.1g 的地区、地面以下 15 m 以内,地震峰值加速度为 0.2g 和 0.4g 的地区、地面下 20 m 以内,有可液化的地层,宜用静力触探方法按下列要求判别:

实测计算贯入阻力 p_{sca} 或 q_{cca} 小于或等于单桥触探液化临界贯入阻力 p_s' 或双桥触探液化临界贯入阻力 q_c' 时,应判为液化土。

实测计算贯入阻力 p_{sca} 或 q_{cca} 应按下列规定取值:

1)层厚度大于 1 m 时,应取该层土贯入阻力平均值;土层厚度小于 1 m,且上、下土层的贯入阻力较小时,应取该土层贯入阻力较大值。

2)层厚度较大、根据力学性质和 p_s 或 q_c 值可明显分层时,分层计算 p_{sca} 或 q_{cca} 值。

3)双桥触探时,应确定各分层的计算侧阻值 f_{sca},并计算各分层土的摩阻比 $R_{fca}=f_{sca}/q_{cca}$。

液化临界贯入阻力可按下列公式计算:

$$p_s'=p_{s0}\cdot\alpha_1\cdot\alpha_3\cdot\alpha_4 \tag{3.2-42a}$$

$$q_c'=q_{c0}\cdot\alpha_1\cdot\alpha_3\cdot\alpha_4 \tag{3.2-42b}$$

$$\alpha_1 = 1 - 0.065(d_w - 2) \tag{3.2-42c}$$

$$\alpha_3 = 1 - 0.05(d_u - 2) \tag{3.2-42d}$$

式中 p_{s0},q_{c0}——$d_w = 2$ m、$d_u = 2$ m、$\alpha_4 = 1$ 时可液化土层的临界贯入阻力,按表 3.2-15 取值;

表 3.2-15 可液化土层临界贯入阻力(基本值)

地震动峰值加速度	0.1g	0.2g	0.4g
p_{s0}(MPa)	5.0～6.0	11.5～13.0	18.0～20.0
q_{c0}(MPa)	4.6～5.5	10.5～11.8	16.4～18.2

α_1——地下水埋深 d_w 修正系数;地面常年有水且与地下水有水力联系时,$\alpha_1 = 1.13$;

α_3——上覆非液化土层厚度 d_u 修正系数;对于深基础恒取 $\alpha_3 = 1$;

α_4——黏粒含量百分比修正系数,可按表 3.2-16 或表 3.3-34 确定。

表 3.2-16 α_4 取值

土　类	砂　土	粉　土	
R_{fca}(%)	≤0.4	$0.4 < R_{fca} \leq 0.9$	>0.9
α_4	1.00	0.60	0.45

2. 土湿陷性评价

黄土是一种结构性很强的土。湿陷性黄土受水浸湿后,在自重(或自重和上覆荷载)作用下,其结构受到破坏,强度降低,产生明显下沉。因此可用浸水前后触探贯入阻力的变化来判定黄土的湿陷性。

浸水对比方法有两种,一是双孔注水法,另一种是单孔注水法。这里我们介绍双孔注水法,它是以间距 0.8～1 m 先测定两孔在天然状态下的 p_s-h 曲线,再用洛阳铲扩成直径 8 cm 大小的孔,并向孔内不断注水。待两孔间土体饱和后,在两孔中间测定饱和土的 p_s-h 曲线。根据得到分层的浸水前、后贯入阻力 p_s 和 p_s',通过下式计算分层的 S 值或 S' 值。

$$S = (p_s - p_s')/p_s \tag{3.2-43a}$$

$$S = p_s'/p_s \tag{3.2-43b}$$

然后建立 S 或 S' 值与黄土湿陷系数 δ_s 的关系。表 3.2-17 为一些单位建立的经验公式,可在检测工作中参考。应该说明的是上述方法是可行的,但经验公式受地区不同的影响,局限性很大。

表 3.2-17 δ_s 与 S 或 S' 经验关系式

编制单位	经验公式	相关系数	公式编号	附　注
陕西综合勘察院	$\delta_s = 10.75S - 0.5425$	0.701	3.2-44a	Q_4～Q_2 黄土
一机部勘察公司	$\lg\delta_s = -1.3451\lg S - 1.383$	0.853	3.2-44b	Q_3 黄土
	$\delta_s = 0.0451 - 0.0053S'$	0.975	3.2-44c	Q_3 黄土
四机部勘察公司	$\delta_s = -0.002 + 0.14S'$	0.899	3.2-44d	Q_3 黄土
宁夏建筑设计院	$\delta_s = 0.014 + 0.059S$	0.77	3.2-44e	$\delta_s > 0.05$
	$\delta_s = -0.086 + 0.165S$	0.98	3.2-44f	$\delta_s < 0.05$

3. 估算土的前期固结压力

对饱和软黏性土,其前期固结压力 p_c 是指土在过去历史上曾经受过这个压力,并完成了主固结。在软土地基处理的设计阶段测得 p_c 值，可评价排水固结处理方案的有效性；在检测阶段有了 p_c 值，可评价软土地基的排水固结效果。对于触探贯入阻力 p_s（或 q_c）随深度近似线性递增的触探曲线，可按下列方法估算的前期固结压力 p_c 值。

1）Schmertmann（1978）曾根据 p_s 随深度线性递增的触探曲线，向上延伸之 $p_s=0$ 作为地面原始位置（如图 3.2-19），从而计算出土层各深度的 p_c 值。

$$p_c=\gamma'(h+h_0) \tag{3.2-44}$$

式中 γ'——土的有效重度（kN/m^3）；

h_0——原始地面与现地面深度差值（m）。

2）铁四院提出了类似的计算公式（3.2-45）：

$$p_c=\frac{\gamma'}{\beta}\cdot p_s+\gamma_w\cdot h_w \tag{3.2-45}$$

式中 β——p_s 随深度的增长率；

h_w——地下水埋深。

3）Konrad 和 Lawt（1987）提出了用孔压触探确定前期固结压力的半经验公式：

$$\sigma_y'=\frac{q_T-x\cdot u_T}{1+M\cdot\tan\phi'\cdot\cot\theta} \tag{3.2-46}$$

式中 σ_y'——由 CPTU 确定的土的原位前期固结压力，即屈服应力；

x——土在破坏面上产生的平均孔压 u_m 与 u_T 的转换系数，有 $u_m=x\cdot u_T$，x 取 1～1.1；

M——探头与土摩擦时的经验系数，对光滑制品，$M=0.5$～0.75；一般粗糙面，$M=1$；

θ——探头锥尖角的半角，$\theta=30°$。

其他符号意义同前。

3.2.7 工程实例分析

3.2.7.1 静力触探检测排水固结地基加固效果

××软土路基，地基加固采用塑料插板预压固结加固，路基填土高度为 2 m。地层情况见图 3.2-23，加固处理前淤泥质粉质黏土锥尖贯入阻力为 0.45 MPa，承载力特征值为 80 kPa。插板深度为 9 m。

处理前后静力触探锥尖阻力对比曲线见图 3.2-23。相对其他检测方法，静力触探变异性相对较小，6 个触探孔 220 个数据统计结果，处理后淤泥质粉质黏土平均锥尖阻力为 0.89 MPa，标准差为 0.008，标准值为 0.88 MPa，处理后淤泥质粉质黏土承载力特征值达到 120 kPa。

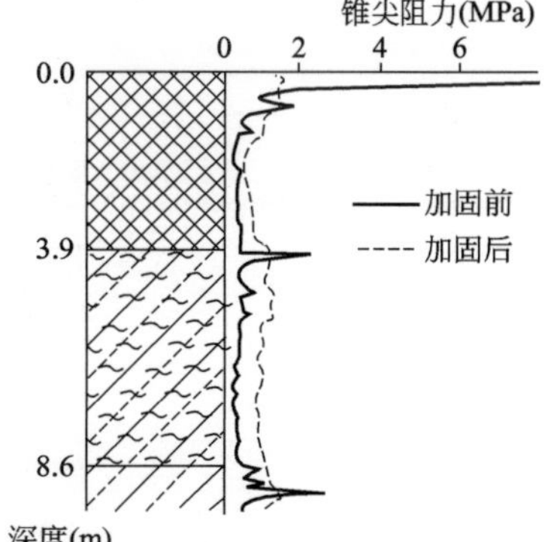

图 3.2-23 排水固结前后静力触探对比

3.2.7.2 静力触探检测强夯加固地基

××客运专线采用强夯法处理砂类土和低饱和度的粉土与黏性土，处理厚度为 6 m。夯锤为圆柱形，直径 2.6 m，锤重 150 kN，落距 15 m。分五遍夯，前三遍点夯，采用跳夯，后两遍满夯。

施工结束后 28 天进行检测，采用动力触探、静力触探与载荷试验检测加固效果。其中要求每 3 000 m² 静力触探检测 3 个点，触探深度不小于 6 m。

设计要求静力触探锥尖贯入阻力：黏性土 $q_c>1.8$ MPa；粉土及粉细砂 $q_c>5.0$ MPa；中砂以上砂类土 $q_c>10.0$ MPa。

图 3.2-24 为强夯加固后某点的静力触探锥尖及侧壁阻力随深度的变化曲线。触探深度为 7.0 m，表层为粉质黏土，平均锥尖阻力 $q_c=3.5$ MPa；其下粉砂层平均锥尖阻力 $q_c=14.5$ MPa；5.5～6.2 m 为粉土夹层，平均锥尖阻力 $q_c=7.5$ MPa；基底粉砂层平均锥尖阻力 $q_c=23.6$ MPa。

经检测各静力触探点均达到设计要求。

3.2.7.3　*静力触探检测砂桩桩体密实度*

××客运专线的一段松软土路基采用挤密砂桩加固，设计桩长为 7 m，桩直径为 0.5 m，平面呈等边三角形布置，边长为 1.2 m。加固后采用静力触探检测桩身密实度，在成桩后 7 天开始检测，采用单桥静力触探，触探孔位于砂桩中心。

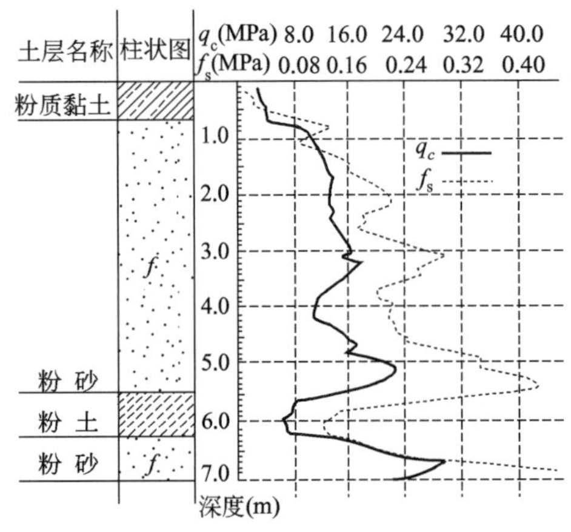

图 3.2-24　强夯加固地基静力触探曲线

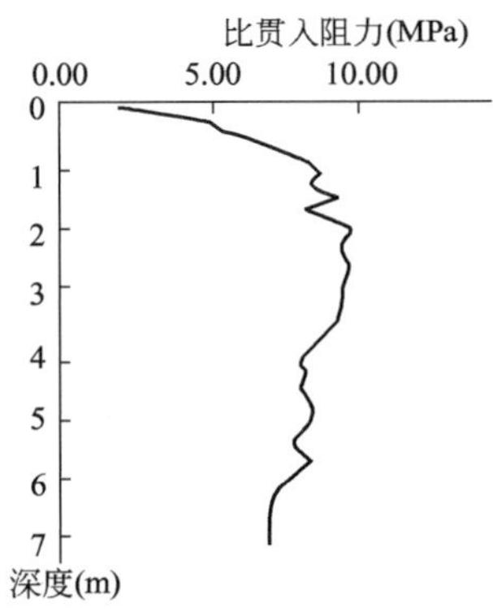

图 3.2-25　砂桩静力触探曲线

图 3.2-25 为某根的静力触探比贯入阻力随深度的变化曲线，对××报检批 10 根桩触探数据统计见表 3.2-18。

检测结果桩体均匀，密实度达到中密。

表 3.2-18　砂桩精力触探检测数据统计

孔数	子样数	比贯入阻力 p_s(MPa)			
		平均值	标准差	变异系数	特征值
10	620	8.2	0.69	0.08	8.15

3.3　圆锥动力触探和标准贯入

3.3.1　动力触探和标准贯入试验的基本理论

3.3.1.1　*基本原理*

动力触探(DPT)和标准贯入试验(SPT)都是土工原位测试的主要方法，他们是利用具有一定能量的落锤，将带有探头的探杆打入土中，按照贯入的难易程度来评价土的性状。阵击贯入度，或者说贯入一定深度的锤击数，直接反映土层贯入阻力的大小，在一定条件下反映了土层的工程性质和差异。加固后的地基检测就是根据岩土参数与贯入度的相关性，利用贯入一定深度的锤击数来评价地基加固效果。

3.3.1.2　动力触探的贯入阻力

动力触探和标准贯入试验中，反映土层性质的指标贯入阻力，主要有三种形式：

1. 条件贯入阻力。是指在设备类型和规格一定的条件下，用贯入土层一定深度的击数来表征土层的贯入阻力。击数这一指标与土层的性质和设备条件有关，当设备条件一定时，击数直接反映土层特性。国内有关标准均采用击数作为该项试验的成果指标。

2. 计算贯入阻力。由于试验是将带有探头的探杆贯入土中，锤击能量要经过碰撞、应力波在探杆中传递、克服探杆周围土层的动静阻力，最终传递到探头。因此有学者利用碰撞或波动理论来计算动力触探的贯入阻力，以此作为试验成果指标。

3. 实测贯入阻力。该方法是在探头上部安装测力传感器，直接测量贯入阻力。这种方法是今后的发展方向。

3.3.1.3　杆长击数修正

动力触探和标准贯入试验，从输入的锤击能量，到反映出的土层贯入阻力，涉及到锤、探杆、杆周土层和贯入土层这一系统。由于影响因素多变、系统复杂，难以得出理论解，一般是做适当的假定和简化后进行分析。目前研究是假定锤、锤承和探杆都是标准的，忽略探杆周围的土层阻力或考虑其大小与杆长相关，仅考虑探杆长度的影响，对实测锤击数进行探杆长度修正，用修正后的锤击数来表征被贯入土层的贯入阻力。

对锤-探杆-土层系统的理解存在两种理论。一种是将锤和触探器视为两个发生碰撞的物体，用牛顿碰撞理论来解释，随着探杆的增长，碰撞前后的能量之比有不同的衰减值，据此进行杆长修正。另一种意见是按弹性介质中应力波的传播原理，用波动方程来求解锤击能量在探杆中的耗散，以此进行杆长修正。

将固定的探杆长度（一般定为 2 m 左右）在锤击前后的能量比（β_a），与随杆长度增加时其锤击前后的能量比（β_i）的比值，定义为动力触探杆长修正系数（α），即 $\alpha=\beta_i/\beta_a$。

常见的杆长修正方法有理论推导和经验总结两类：前者是依据上述两种理论，用计算贯入阻力公式求杆长修正系数；后者是用对比试验资料进行统计分析。目前国内所用的杆长修正系数是采用后一种方法，下面简单介绍一下有关研究成果。

上世纪 60 年代，第一机械工业部西南勘察大队，采用在模型箱中装入人工制备的两种土类（砂、卵石）、五组密度的试件，分别进行不同探杆长度时的实测击数对比试验。其结果表明：动力触探实测击数的校正不仅取决于探杆长度，而且与土的密实度关系密切。

中国建筑西南勘察院，根据电测超重型动力触探试验资料，发现单位阻力 W（W 为触探器每贯入 10 cm，所受到的动阻力之和与 N_{120} 的比值）与杆长和实测击数有良好的相关性，并据此提出了超重型动力触探杆长修正系数表。

3.3.1.4　动力触探临界深度

在土的力学性质相近的条件下，动力触探从地面连续贯入时，在初始阶段，锤击数（N）是随着贯入深度（h）的增大而增大，并产生地表变形（开裂、隆起）。当贯入到一定深度（h_{cr}）后，击数趋于稳定，地表变形也不再发展。通常把深度 h_{cr}，即 N-h 曲线上第一个明显拐点处相应的深度，称为动力触探试验的临界深度。

在同一均匀土层中，临界深度值随探头直径增大而增大。在探头直径相同时，临界深度随土层的动探击数增大而增大。有试验结果表明，在一般地层中（$N_{63.5}=2\sim50$ 击/10 cm）动力触探的临界深度为0.5～1.0 m，相当于7～14倍探头直径。

铁道第二勘察设计院曾对临界深度的机理进行了研究，结果认为：探头贯入时，在地面下的临界深度范围内，土体以剪切变形为主。随着贯入深度逐渐增大，土的侧向约束力在增加。超过临界深度之后，剪切作用已失去主导地位，逐渐让位于压缩变形。也就是说，当探头超过临界深度后，动探击数主要受土体的压缩性和密实度控制（图3.3-1）。

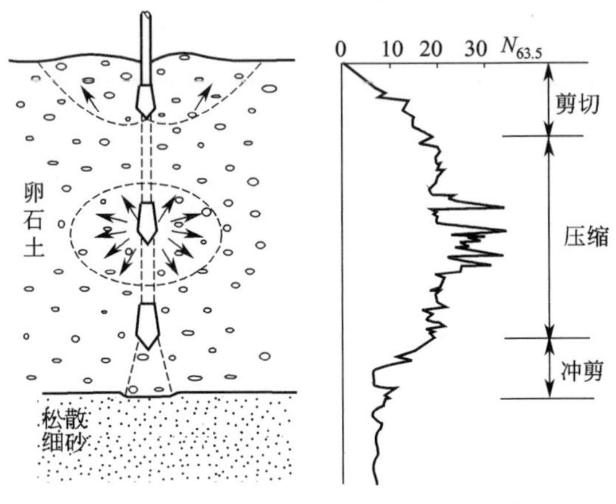

图3.3-1 探头在不同深度贯入模式

3.3.1.5 影响触探击数的因素

上述表明，超过临界深度后，动探击数主要受土层的密实度（或压缩性）控制，下列因素会对击数造成一定的影响。

1. 土层界面的影响

天然土体常常是由不同性质的土层叠合而成，作为竖向散体材料增强体（碎石桩等）复合地基，桩体的密实度也受桩周土层性质的影响。在土层界面附近，动探击数受相临土层的影响。当地层界面上下土层的击数有明显差异时，在界面位置处的击数值并无突变，其突变点却出现在距界面上下一定距离。见图3.3-2，其中 a，b 是击数突变点，在界面附近（即 a，b 之间）击数呈渐变过渡。影响范围的大小与相邻土层的强度差异，及软硬土层的相对位置有关，一般不超过0.7 m。

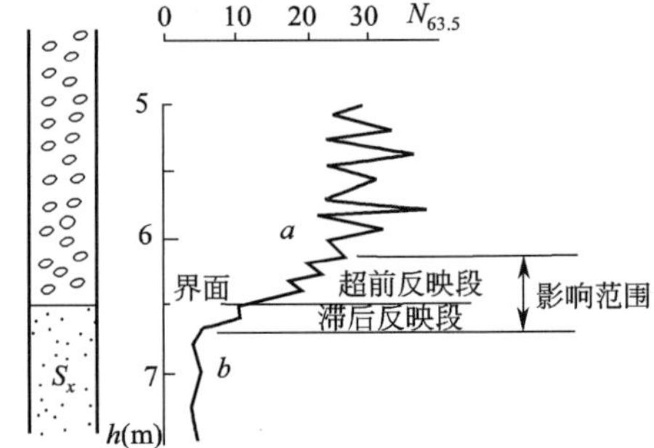

图3.3-2 二元结构地层（N-h）曲线

2. 碎石颗粒强度、粒径的影响

有研究质料表明，在卵石土中贯入，除个别风化严重的卵石颗粒有被击碎外，强度较高的颗粒均未发现有被击碎的迹象。贯入过程中，探头挤推颗粒，并在颗粒间挤出空隙而贯入。因此颗粒强度对击数影响不大。

在贯入过程中，探头挤推颗粒的难宜程度与颗粒大小及颗粒周围土的性质有关。颗粒越大，挤推越困难，击数也越大。当贯入中遇到大颗粒（粒径80～200 mm）时，击数会出现异常偏高的现象（图3.3-3），探头多数情况下仍然是从颗粒间隙中贯入。

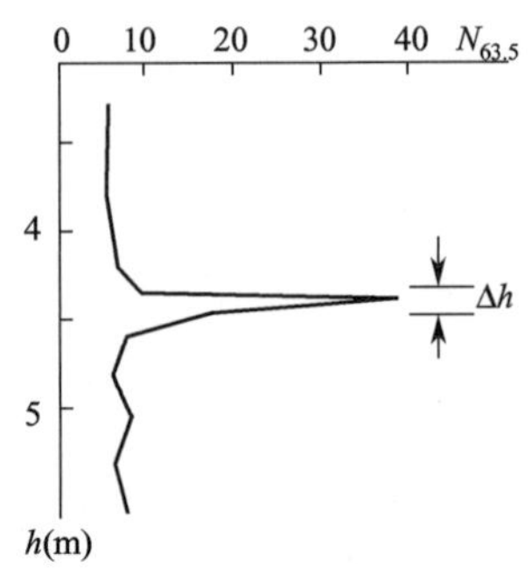

图3.3-3 个别大卵石（N-h）曲线

3.3.2 动力触探设备和类型

3.3.2.1 动力触探设备

1. 触探器

根据其功能不同，一般可分为6个部分。

1）导向杆。

2）提引器。目前国内常用的提引器尽管结构各异，但其基本原理可分为内挂式和外挂式两种。内挂式是利用导向杆缩径，使提引器内的活动装置发生变位，完成挂锤及脱挂下落的往复过程；外挂式是利用提力完成挂锤，靠导杆顶端所设弹簧锥套或凸块，强制挂钩张开，重锤自由下落。常见提引器见图 3.3-4。

3)重锤。钢质圆柱形，其高径比一般为 1∶1～1∶2，中心圆孔直径比导向杆直径大 3～4 mm。

4)锤垫。目前国内常用规格为：轻型(N_{10})直径为 45 mm，重型与特重型其直径一般认为应小于锤径的 1/2，并大于 100 mm。

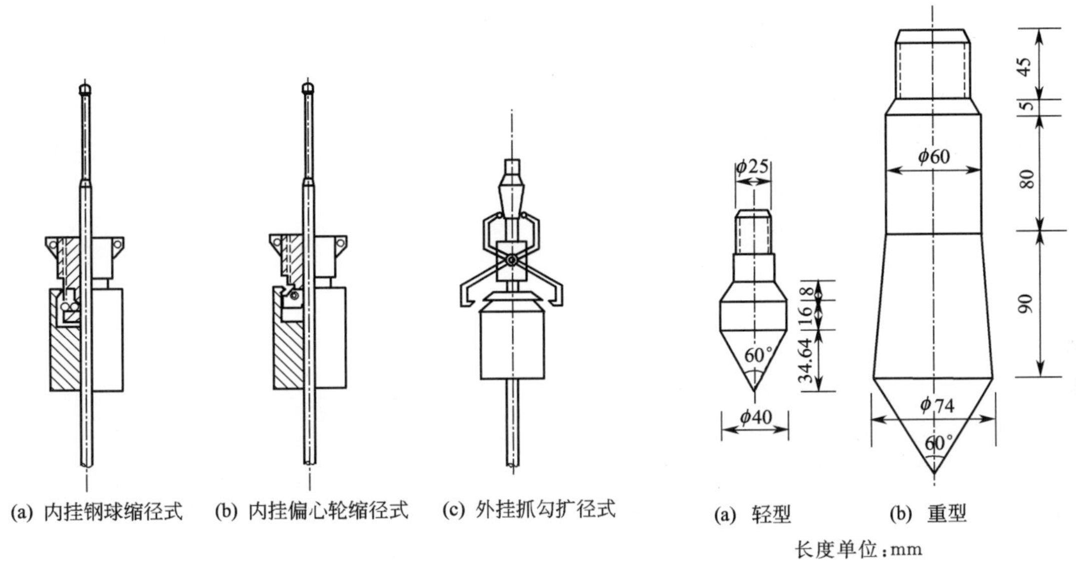

图 3.3-4　提引器示意图

图 3.3-5　圆锥探头外形尺寸

5)探杆。目前国内使用较多的探杆外径为：轻型 φ25 mm，重型 φ(42～50) mm，特重型 φ(50～63) mm。

6)探头。从国际上看，外形多为圆锥形，但种类繁多。国内常用的有 2 种(图 3.3-5)。

2. 其他机具设备

动力触探的其他机具主要包括：柴油机(电动机)、承重架、卷扬机、减速机和起拔设备等。工程勘察钻机具有上述设备的组合功能，可直接用于动力触探。国内普遍应用的轻型动力触探，其动力为人力，只有触探器，没有附属设备。

3.3.2.2　动力触探类型

由于动力触探锤重、落距、和探头的不同，使动力触探设备型号繁多。按锤重可分为：轻型、中型、重型和特重型，从探头形状来看主要有：圆锥型、管型(标准贯入)、十字板型和平头型(探头锥角＝180°)。此外还有一些特殊的触探类型，从测量方式来看有不同于传统机械式的电测式，在贯入方式上有区别于锤击贯入的振动贯入动力触探。

表 3.3-1　动力触探设备类型参数

类型及代号	重锤质量(kg)	重锤落距(cm)	探头面积(cm^2)	探杆外径(mm)	动力触探击数	
					符号	单位
轻型 DPL	10±0.2	50±2	13	25	N_{10}	击/30 cm
重型 DPH	63.5±0.5	76±2	43	42、50	$N_{63.5}$	击/10 cm
特重型 DPSH	120±1.0	100±2	43	50	N_{120}	击/10 cm
标准贯入 SPT	63.5±0.5	76±2	—	42、50	N	击/30 cm

目前,国际上动力触探的标准化程度还不高,各国使用的动力触探设备类型繁多,触探器参数各不相同。标准贯入是基本统一标准的一种。

国内常用的圆锥动力触探有3种,加上标准贯入,共计4种。其设备类型参数见表3.3-1。圆锥触探探头外形尺寸见图3.3-5,标准贯入器结构及尺寸见图3.3-6。

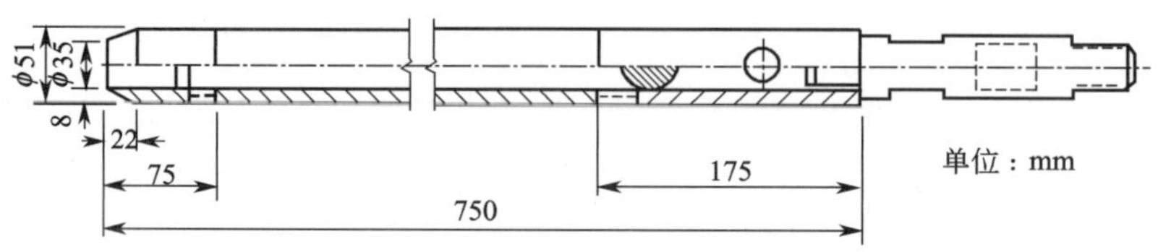

图3.3-6 标贯器外形尺寸

3.3.3 现场测试

3.3.3.1 适用范围

在检测地基处理效果方面,轻型动力触探(DPL)主要适用于以黏性土为填料的换土垫层,排水固结地基,挤密桩的桩间土,土桩桩体,此外还适用于以黏性土为填料的路堤。连续贯入深度为4 m左右。作为一种辅助手段主要用于提供土地基承载力参数,评价加固效果。

重型动力触探适用于检测碎石桩和砂桩的桩体、强夯地基、振冲挤密地基、以粗粒土为填料的换土垫层。当碎石中含有大颗粒,重型动力触探贯入困难时,可改用超重型。触探深度在20 m以内,主要用于提供被测桩、土体密实度,提供处理地基的承载力、变形模量,评价加固效果。

标准贯入适用于检测振冲挤密地基,砂桩、土桩、灰土桩的桩体和桩间土,搅拌桩桩体,排水固结地基。主要用于提供砂土密实度,提供处理地基的承载力、变形模量,评价地基加固效果和地震可液化地基的处理效果。

3.3.3.2 圆锥动力触探操作方法

圆锥动力触探可直接从地面连续向下贯入,也可先钻透硬层在孔内向下贯入,检测处理地基多采用从地面连续向下贯入的方法。连续贯入操作要点如下。

1. 在触探前,对触探器有关部件进行检查,确认其磨损和变形不超过规定要求。具体磨损和变形要求为:探头直径磨损不得大于2 mm,锥尖高度磨损不得大于5 mm;每节探杆非直线偏差不得大于0.6%;所有部件连接处丝扣应完好,连接紧固。

2. 轻型动力触探一般由人力扶正触探器,要保持探杆铅直。由人力提升重锤,自由下落贯入。当贯入15 cm的击数超过45击时,可停止贯入。

3. 重型和特重型动力触探,一般应在地面设扶正装置,以保证重锤沿探杆铅直下落。宜使用穿心自由落锤贯入。重型和特重型触探可互换使用,重型动力触探击数大于50击/10 cm时,宜改为特重型;当重型动力触探实测击数小于5击/10 cm时,不得采用特重型动力触探。

4. 锤垫离地面的高度不宜超过1.5 m。

5. 轻型动力触探每贯入30 cm记录其相应击数。

6. 重型、特重型动力触探应每贯入10 cm记录其相应击数。土层松软时,可采用测量每阵击(一般为1~5击)的贯入度,并按下式换算成相当于同类型动力触探贯入10 cm时的击数。

$$N_{63.5};N_{120}=10n/\Delta_S \tag{3.3-1}$$

式中　$N_{63.5}$；N_{120}——重型、特重型动力触探实测击数(击/10 cm)；

n——每阵击的击数(击)；

Δ_S——每阵击时相应的贯入度(cm)。

7. 现场记录可按表 3.3-2 中的项目填写，记录要清晰完整。

表 3.3-2　动力触探记录表

______线　______标段　　第　页　共　页

工程名称______　　触探类型______

里程位置______　　孔口高程______

试验编号______　　试验日期______

探杆总长(m)	试验深度(m)	贯入度(cm)	锤击数(击)	备　注

记录　　复核

8. 圆锥动力触探和标准贯入的异常情况要记在相应表中的备注栏，主要异常情况包括：贯入间断原因及时间；落距超限量、落锤回弹情况；探杆、导杆偏斜和径向振动情况；接头紧固情况。

3.3.3.3　标准贯入操作方法

标准贯入试验通常配合钻探，在钻孔中进行，按下列步骤进行操作。

1. 钻探与清孔。先用钻具钻至试验层面以上 15 cm 处，清除孔底残土。如果试验点位于地下水位以下，且试验土层为粉细砂，在钻探和试验过程中，应保证钻孔内水位接近地下为位，钻具要缓慢上提，以免孔底试验土层涌升。

2. 检查贯入器。下贯入器前，应检查贯入器靴的刃口是否完好，如有损坏，应及时更换；检查贯入器管内是否有残土等；检查排气孔是否通畅。

3. 下贯入器。将标贯器下入钻孔中，下放过程中检查标贯探头与钻杆、钻杆之间、钻杆与锤垫之间的接头是否拧紧，要保证标贯器系统竖直，孔内宜加导向器，保证穿心锤中心施力。标贯器接近孔底时，要缓慢下放，不要冲击孔底。

4. 预打。先将标贯器竖直打入土中 15 cm，不记击数。

5. 试验贯入。使用穿心自由落锤贯入，锤击频率小于 30 击/min。记录每打 10 cm 的击数，累计贯入 30 cm 的击数定为实测击数 N。密实土层中贯入不足 30 cm 而击数超过 50 击时，应终止试验，并记录实际贯入度 Δ_S 和累计数 n，按下式换算贯入 30 cm 的击数 N：

$$N=30n/\Delta_S \tag{3.3-2}$$

6. 取样。拔出标贯器，取出探头中的土样进行鉴别和描述，并采取土样。对 t 黏性土层应保证土层水分不损失，进行室内试验测定土的含水率。

7. 记录。标准贯入试验宜记录在钻探日志上，其内容要包括表 3.3-3 的内容。

表 3.3-3　标准贯入记录内容

序号	试验深度(m)	贯入度(cm)			对应于 Δ_i 的击数 N_i			实测击数 N(击/30cm)	探杆长度(m)	土层定名及描述	备　注
		Δ_1	Δ_2	Δ_3	N_1	N_2	N_3				

3.3.4　资料整理

3.3.4.1　圆锥动力触探原始资料的整理

1. 检查复核现场记录

每个动力触探孔完成后，应在现场及时检查所记录的击数、尺寸是否有误，应当记录的其他信息是否齐全。对按阵击进行记录的数据，应根据阵击击数和贯入度进行实测击数换算。经检查无误后在记录表的下方签上记录者的名字和日期。

资料整理人员应首先核对原始记录是否有明显的错误，检查各项信息是否填写齐全，确认无误后签上复核者的名字和复核日期，然后对资料进行整理。

2. 实测击数校正

轻型动力触探不做杆长修正，直接用每贯入 30 cm 的实测击数进行下步整理。

对重型和特重型动力触探，规程规定实测击数 $N_{63.5}$ 应按下式进行杆长击数修正：

$$N'_{63.5}=\alpha \cdot N_{63.5} \tag{3.3-3}$$

式中　$N'_{63.5}$——动力触探修正后的击数(击/10 cm)；

α——杆长击数修正系数，可按表 3.3-4 确定；

$N_{63.5}$——重型动力触探实测击数(击/10 cm)。

表 3.3-4　重型圆锥动力触探杆长击数修正系数 α 值

$N_{63.5}$(击/30 cm) 杆长 L(m)	5	10	15	20	25	30	35	40	≥50
≤2	1.0	1.0	1.0	1.0	1.0	1.0	1.0	1.0	—
4	0.96	0.95	0.93	0.92	0.90	0.89	0.87	0.86	0.84
6	0.93	0.90	0.88	0.85	0.83	0.81	0.79	0.78	0.75
8	0.90	0.86	0.83	0.80	0.77	0.75	0.73	0.71	0.67
10	0.88	0.83	0.79	0.75	0.72	0.69	0.67	0.64	0.61
12	0.85	0.79	0.75	0.70	0.67	0.64	0.61	0.59	0.55
14	0.82	0.76	0.71	0.66	0.62	0.58	0.56	0.53	0.50
16	0.79	0.73	0.67	0.62	0.57	0.54	0.51	0.48	0.45
18	0.77	0.70	0.63	0.57	0.53	0.49	0.46	0.43	0.40
20	0.75	0.67	0.59	0.53	0.48	0.44	0.41	0.39	0.36

特重型动力触探的实测击数应先按式 3.3-4 换算成相当于重型动力触探的实测击数后，然后按式(3.3-3)进行修正。

$$N_{63.5}=3N_{120}-0.5 \tag{3.3-4}$$

式中　N_{120}——特重型动力触探实测击数(击/10 cm)。

3. 绘制动力触探击数-深度曲线

根据修正后的动力触探击数，绘制动力触探击数和贯入深度曲线图(图 3.3-7)。其中(a)为折线图，折点的深度是每个击数 $N'_{63.5}$ 所对应贯入段的中点深度；(b)为方波图，每小段的上下深度是每个击数 $N'_{63.5}$ 对应贯入段的起止深度。这两种图任选一种即可，(b)型较为常见。

3.3.4.2　圆锥动力触探分层及各层特征值计算

1. 力学分层

强夯地基、换土垫层、排水固结地基、振冲挤密地基和挤密桩的桩间土，当其土质不同时，动力触探击数会有明显的差异。当挤密桩复合地基桩周土力学性质有明显分层特征时，碎石桩、砂桩和土桩的桩体的动力触探击数也有明显差异。

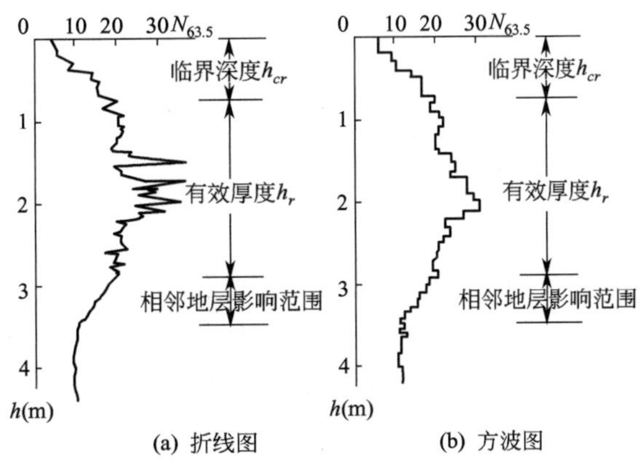

图 3.3-7　动力触探成果曲线图

当击数有明显分层特点时，应进行力学分层。大的层次划分应结合工程地质勘察资料和同一工点其他触探资料综合进行。对单孔动力触探曲线，在分层界面附近触探击数呈渐变过渡，并且硬层受影响的范围要大一些。分界线应位于图 3.3-2 的明显突变点(a,b)之间，宜划在靠近软层突变点处 10～20 cm。

2. 击数特征值计算

在各层土的厚度范围内，划分出地层界面处上、下土层影响击数的范围，表层还要划分出临界深度 h_{cr}，中间部分称为该层的有效厚度(图 3.3-7)。在有效深度范围内，剔除少量击数特殊大值(图 3.3-2)，剔除点数量不超过有效厚度内测点数的 10%，余留部分为该层动力触探有效击数。重型动力触探击数平均值 $\overline{N}_{63.5}$ 取该层动力触探有效击数的算术平均值。当没有按阵击进行测试记录时，可按式(3.3-5a)计算；有按阵击进行测试记录时，可按式(3.3-5b)计算。

$$\overline{N}_{63.5}=\sum_{1}^{n}N'_{63.5}/n \tag{3.3-5a}$$

$$\overline{N}_{63.5}=\sum_{1}^{n}N'_{63.5}\cdot\gamma_i/\sum_{1}^{n}\gamma_i \tag{3.3-5b}$$

$$\gamma_i=\Delta S_i/10 \tag{3.3-5c}$$

式中　n——参加统计的测点数；

ΔS_i——参加统计第 i 个测点的贯入度(cm)；

γ_i——参加统计第 i 个测点的击数权重。

当有效厚度小于 0.3 m 时，动力触探击数平均值可按下列原则确定：①当上、下均为击数较小的土层时，$\overline{N}_{63.5}$ 可取该层动力触探击数的最大值；②当上、下均为击数较大的土层时，$\overline{N}_{63.5}$ 可取该层动力触探击数的最小值。

分区及各区触探击数特征值计算，见本书 3.2.5.2 有关内容。

3.3.4.3　标准贯入资料整理

1. 成果图表绘制

根据标准贯入试验记录的数据，绘制实测击数 N 与试验深度 h 的关系曲线(N-h)，如图 3.3-8。

2. 标贯击数的校正

标贯击数的校正分为探杆长度校正、上覆有效压力影响校正和地下水位影响校正三种情况。应用标贯试验成果确定土的物理力学指标、判定砂土和粉土液化时,不进行击数校正;用于确定地基承载力时,应按式 3.3-6 进行探杆长度校正。

$$N=\alpha \cdot N' \tag{3.3-6}$$

式中 N'——标准贯入实测锤击数;

N——修正后的标准贯入锤击数(用于确定地基承载力);

α——探杆长度修正系数,按表 3.2-5 确定。

表 3.3-5 标准贯入探杆长度修正系数

探杆长度(m)	≤3	6	9	12	15	18	21
α	1.00	0.92	0.86	0.81	0.77	0.73	0.70

上海地区用标准贯入划分砂土密实度的经验中,做了上覆有效压力影响校正,其修正公式见式 3.3-7。

$$N=10N'/\sqrt{\sigma'_v}\text{或 } N=3.16N'/\sqrt{H} \tag{3.3-7}$$

式中 N——修正后的标贯击数,(修正为上覆压力为 100 kPa 的标贯击数);

H——标贯试验深度(m);

其他符号同前。

3. 分层及各层标贯击数特征值计算

结合场地勘察资料和圆锥触探检测资料(如果有时)进行分层。以单个标贯试验点击数为子样,按式 3.2-27a~3.2-27e 计算各层的标贯击数特征值,计算时应剔除异常值。

3.3.5 处理地基岩土参数的计算与评价

目前用动力触探击数计算和评价地基岩土参数,都是利用经验公式和图表。我国各部门和地区根据自己的实践经验和研究成果,建立了估算土的物理力学性质指标和地基承载力等方面的经验关系,这里我们介绍一些代表性的成果。

3.3.5.1 确定砂类土的密实度和孔隙比

1. 用标准贯入确定砂类土的密实度

1)规程规定砂类土的密实度可按表 3.3-6 划分。

表 3.3-6 砂类土的相对密实度划分

N(击/30 cm)	≤10	$10<N\leq15$	$15<N\leq30$	>30
D_r 值	<0.33	$0.33\leq D_r\leq0.40$	$0.40<D_r<0.67$	≥0.67
密实程度	松散	稍密	中密	密实

2)铁道第一、二、三勘察设计院和铁道科学研究院,根据对唐山地震区进行的 139 组砂类土标贯试验和相对密实度的对比研究,得到经验公式 3.3-8。

$$N=0.522\sigma'_v \cdot D_r^2 \tag{3.3-8}$$

式中 N——标贯击数(击/30 cm);

σ'_v——有效覆盖压力(kPa);

D_r——相对密实度(按小数计)。

3)《北京地区建筑地基基础勘察设计规范》(DBJ01-501-92)考虑了地下水位和试验点土层

埋深的因素，提出了用标贯确定砂土密实度的方法(表 3.3-7)。

表 3.3-7　标贯击数 N 确定砂土密实度

深度(m)	密实度 \ 地下水位(m)	0～1.25	1.25～5.	5～10	10～15	15～20	20～25
0～1.25	密	28～21					
	中上	21～15					
	中	15～9					
	中下	9～3					
	松	<3					
1.25～5	密	30～22	31～23				
	中上	22～16	23～17				
	中	16～10	17～11				
	中下	10～4	11～5				
	松	<4	<5				
5～10	密	31～24	32～25	33～26			
	中上	24～17	25～18	26～19			
	中	17～12	18～13	19～14			
	中下	12～5	13～6	14～7			
	松	<5	<6	<7			
10～15	密	32～25	33～26	34～27	36～28		
	中上	25～19	26～20	27～21	28～22		
	中	19～13	20～14	21～15	22～17		
	中下	13～7	14～8	15～9	17～10		
	松	<7	<8	<9	<10		
15～20	密	34～26	35～28	36～28	37～30	39～31	
	中上	26～20	28～21	28～22	30～23	31～25	
	中	20～14	21～16	22～17	23～18	25～19	
	中下	14～8	16～9	17～10	18～12	19～13	
	松	<8	<9	<10	<12	<13	
20～25	密	35～28	36～29	37～30	38～31	40～32	42～34
	中上	28～21	29～23	30～23	31～25	32～26	34～27
	中	21～16	23～17	23～18	25～19	26～21	27～22
	中下	16～9	17～10	18～11	19～13	21～14	22～16
	松	<9	<10	<11	<13	<14	<16

4)上海市《岩土工程勘察规范》(DGJ08-37-2002)中考虑了砂土颗粒大小的影响，提出的用

标贯划分砂土密实度的方法见表 3.3-8。

表 3.3-8　砂土密实度划分

N	$0<N\leqslant3$	$3<N\leqslant8$	$8<N\leqslant25$	$N>25$
密实度	松散	稍密	中密	密实
D_r	＜0.20	0.20～0.35	0.35～0.65	＞0.65

注：①N 系指按式 3.3-7 进行上覆有效压力校正后的值，N 不必做杆长校正；

②本表适于正常固结中砂，对细砂取表内 N 乘以 0.92，对粗砂取表内 N 乘以 1.08。

2. 用圆锥动力触探确定砂类土的密实度和孔隙比

机械工业部第二勘察研究院根据探井实测孔隙比与重型动力触探击数 $N_{63.5}$ 对比得到的关系见表 3.3-9 和表 3.3-10。

表 3.3-9　触探击数 $N_{63.5}$ 与孔隙比 e 的关系

土的种类	校正后的触探击数 $N_{63.5}$										适用范围					
	3	4	5	6	7	8	9	10	12	15	含水率（%）	颗粒粒径(mm)				不均匀系数 $C_u=d_{60}/d_{10}$
	天然孔隙比 e											＞100	＞40	＜0.1	＜0.05	
中砂	1.14	0.97	0.88	0.81	0.76	0.73					6～11			＜5%	＜1%	＜5
粗砂	1.05	0.90	0.80	0.73	0.68	0.64	0.62				5～13			＜5%	＜1%	＜6
砾砂	0.90	0.75	0.65	0.58	0.53	0.50	0.47	0.45			5～13			＜5%	＜1%	＜15
圆砾	0.73	0.62	0.55	0.50	0.46	0.43	0.41	0.39	0.36		4～10	0	＜20%	＜10%	＜5%	＜100
卵石	0.66	0.56	0.50	0.45	0.41	0.39	0.36	0.35	0.32	0.29	5～12	0	＜35%	＜10%	＜5%	＜120

表 3.3-10　触探击数 $N_{63.5}$ 与砂土密实度的关系

土的分类	$N_{63.5}$	密实度	孔隙比 e
砾砂	＜5	松散	＞0.65
	5～8	稍密	0.65～0.50
	8～10	中密	0.50～0.45
	＞10	密实	＜0.45
粗砂	＜5	松散	＞0.80
	5～6.5	稍密	0.80～0.70
	6.5～9.5	中密	0.70～0.60
	＞9.5	密实	＜0.60
中砂	＜5	松散	＞0.90
	5～6	稍密	0.90～0.80
	6～9	中密	0.80～0.70
	＞9	密实	＜0.70

3.3.5.2　确定黏性土的塑性状态

1. 规程规定黏性土的塑性状态可用标准贯入击数按表 3.3-11 划分。

表 3.3-11　黏性土的塑性状态划分

N(击/30 cm)	≤2	2<N≤8	8<N≤32	>32
液性指数 I_L	>1	$1 \geq I_L > 0.5$	$0.5 \geq I_L > 0$	≤0
塑性状态	流塑	软塑	硬塑	坚硬

2. 上海市《岩土工程勘察规范》(DGJ08-37-2002)给出的方法见表 3.3-12。

表 3.3-12　用标准贯入划分塑性状态

标贯击数 N	<2	2～3	4～7	8～15	16～30	>30
塑性状态	流塑	软塑	软可塑	硬可塑	硬塑	坚硬

3. 冶金武汉勘察公司建立的黏性土状态与手动标贯击数 $N_手$ 的经验关系见式 3.3-9。

$$\lg I_L = 0.2943 - 0.672\lg N_手 \tag{3.3-9}$$

统计关系见表 3.3-13。

表 3.3-13　黏性土手动标贯与塑性状态的经验关系

$N_手$	<2	2～4	4～8	8～15	15～30	>30
I_L	>1	1～0.75	0.75～0.50	0.50～0.25	0.25～0	<0
塑性状态	流动	软可塑	可塑	可塑～硬塑	硬塑	坚硬

3.3.5.3　估算土的应力应变模量

1. 用标贯估算土的压缩模量和变形模量

国内外代表性的用标贯击数 N 估算压缩模量 E_S 和变形模量 E_0 经验关系见表 3.3-14。

表 3.3-14　标贯击数 N 与 E_0、E_S 经验关系式

提　出　者	经验公式	适用范围
深圳建筑地基基础规范	$E_0=2.2N$	深圳花岗岩残积层
湖北省水电设计院	$E_0=1.0658N+7.4306$	湖北黏性土，粉土
武汉规划设计院	$E_0=1.4135N+2.6156$	湖北黏性土，粉土
冶金成都勘察公司	$E_0=1.72N+0.16$	老黏性土，一般黏性土
冶金武汉勘察公司	$E_S=0.927N+4.2$	中南及华东地区黏性土，粉土
西南勘察院	$E_S=0.276N+10.22$	唐山地区粉、细纱，粉土，粉质黏土
上海勘察规范	$E_S=4.8N^{0.42}$	浅层砂土
	$E_S=2.5N^{0.42}H^{-0.25}$	深层砂土，H—标贯点深度(m)
希腊	$E_0=4+0.1C(N-6)$　(N>15) $E_0=0.1C(N+6)$　(N<15)	砂土 C 值见表 3.3-15
E. Schultze 和 H. Menzenbach	$E_S=C_1+C_2N$	饱和粉、细纱，C_1、C_2 值见表 3.3-16

表 3.3-15　不同类土的 C 值

土名	含砂粉土	细砂	中砂	粗砂	含砾砂土	含砂砾石
C 值	3.0	3.5	4.5	7.0	10.0	12.0

表 3.3-16　不同类土的 C_1、C_2 值

土　类	细　砂		粉砂、粉土	黏质砂土	砂质黏土	松砂
	地下水位以上	地下水位以上				
试验数量	15	17	14	19	27	18
C_1(MPa)	5.2	7.1	3.9	4.3	3.8	2.4
C_2(MPa/击)	3.3	4.9	4.5	11.8	10.5	5.3
相关系数	0.758	0.900	0.954	0.886	0.764	0.764

2. 用圆锥动力触探估算土的变形模量

规程规定：冲、洪积卵石土和圆砾土地基的变形模量 E_0，当贯入深度小于 12 m 时，可根据场地土层重型圆锥动力触探击数平均值 $\overline{N}_{63.5}$ 按表 3.3-17 取值。

表 3.3-17　卵石土、圆砾土 E_0 值

$N_{63.5}$(击/10 cm)	3	4	5	6	8	10	12	14	16
E_0	9.9	11.8	13.7	16.2	21.3	26.4	31.4	35.2	39.0
$N_{63.5}$(击/10 cm)	18	20	22	24	26	28	30	35	40
E_0(MPa)	42.8	46.6	50.4	53.6	56.1	58.0	59.9	62.4	64.3

原一机部勘察公司在新近堆积黄土中，做了重型动力触探和载荷试验的对比研究，得出的经验关系见表 3.3-18。

表 3.3-18　黄土重型动力触探贯入度与 E_0 值经验关系

每击贯入度 e(cm)	2	3	4	5	6	8	10
E_0(MPa)	35	15	10	7.5	5	3	2

北京地区 N_{10} 与压缩模量 E_S 的经验关系见表 3.3-19。

表 3.3-19　北京地区 N_{10} 与压缩模量 E_s 的经验关系

一般第四纪黏性土及粉土	N_{10}(击/30 cm)	10	17	22	29	39	50	70	80	100
	E_s(MPa)	4	6	8	10	12	14	18	20	24
新近沉积黏性土及粉土	N_{10}(击/30 cm)	6	8	10	14	16	18	20	23	25
	E_s(MPa)	2	3	4	6	7	8	9	10	11
素填土及变质炉灰	N_{10}(击/30 cm)	5	9	14	20	26	31			
	E_s(MPa)	1.5	3	5	7	9	11			

3.3.5.4　用标准贯入确定地基土的抗剪强度指标

1. 江苏水利工程总队资料见表 3.3-20 和表 3.3-21。

表 3.3-20　黏性土的 c、ϕ 经验值

土类	粉质黏土			黏土			粉质黏土夹砂			黏土夹砂		
N	2	4	6	2	4	6	2	4	6	2	4	6
c(kPa)	12	14.5	19.5	8	12	16	7	10	12	8	11	13
ϕ(°)	10	14	16	6	8	12	12	15	17	10	12	14

表 3.3-21 砂土内摩擦角 ϕ 经验值

N		4	5	6	7	8	9	16	20	28	30	31
ϕ(°)	粉土、粉砂	16	18	20	22	24						
	细砂、极细砂	20	22	24	26	28			28		32	
	中砂								33			36
	粗砂、砾砂						36	38		41		

2. 冶金武汉勘察公司资料见表 3.3-22。

表 3.3-22 黏性土和粉土的 c、ϕ 经验值

N	15	17	19	21	25	29	31
c(kPa)	78	82	87	92	98	103	110
ϕ(°)	24.3	24.8	25.3	25.7	28.4	27.0	27.3

注:本表系根据武汉、南昌、南京等地 49 组对比资料取得。

3.《港口工程地质勘察规范》(JTJ240-97)规定。砂土(不具胶结性,不含碎石、卵石)的内摩擦角 ϕ(°)按式 3.3-10 确定。

$$\phi=\sqrt{15N}+15 \tag{3.3-10}$$

式中 $N<10$ 时,取 $N=10$;$N>50$ 时,取 $N=50$。

长江中下游沿岸地区黏性土无侧限抗压强度 q_u(kPa)经验公关系见式 3.3-11a 和 3.3-11b。

一般黏性土:
$$q_u=0.014N \tag{3.3-11a}$$
老黏性土:
$$q_u=0.015N \tag{3.3-11b}$$

4. 广东省标准《建筑地基基础设计规范》(DBJ15-91)砂类土内摩擦角 ϕ(°)按式 3.3-12 确定。

$$\phi=\sqrt{12N}+25 \tag{3.3-12}$$

5. Terzaghi 和 Peck(1948)给出饱和黏性土($N<4$)不排水强度 c_u(kPa)经验关系见式 3.3-13。

$$c_u=6.25N \tag{3.3-13}$$

3.3.5.5 确定地基承载力

1. 用标准贯入试验确定地基土基本承载力值

1)原《建筑地基基础设计规范》有关内容见表 3.3-23 和表 3.3-24。

表 3.3-23 砂类土基本承载力值 σ_0

N		10	15	30	50
σ_0 (kPa)	中、粗砂	180	250	340	500
	粉、细砂	140	180	250	340

表 3.3-24 黏性土基本承载力值 σ_0

N	3	5	7	9	11	13	15	17	19	21	23
σ_0(kPa)	105	145	190	235	280	325	370	430	515	600	680

2)《深圳地区建筑地基基础设计试行规程》(SJG1-88)中有关花岗岩残积土承载力的资料见表 3.3-25。

表 3.3-25　花岗岩残积土基本承载力值 σ_0

N		4～10	10～15	15～20	20～30
σ_0 (kPa)	砾质黏性土	(100)～250	250～300	300～350	350～(400)
	砂质黏性土	(80)～200	200～250	250～300	300～(350)
	黏性土	150～200	200～240	240～(270)	

注:①括号中的数值提供内插用;②标贯击数 N 系校正后的值,其值过高或过低时应专门研究;③砾质黏性土、砂质黏性土和黏性土,分别指大于 2 mm 的颗粒含量>20%、≤20%、0%的花岗岩残积土。

3)地区和部门经验见表 3.3-26。

表 3.3-26　标贯击数 N 与地基土承载力经验关系

提　出　者	经验公式	适用范围	
铁道第三勘察设计院	$\sigma_0=9.4N^{1.2}+7.2$	粉土	资料来源于东北、唐山、内蒙、上海、南京等地
	$\sigma_0=222N^{0.3}-212$	粉、细砂	
	$\sigma_0=850N^{0.1}+803$	中、粗砂	
江苏省水利工程总队	$p_0=23.3N$	黏性土、粉土	
冶金成都勘察公司	$p_0=56N-558$	老黏性土	
	$p_0=19N+74$	一般黏性土、粉土	
冶金武汉勘察公司	$p_0=35.8N+4.9(3\leqslant N<23)$	武汉、午阳、马鞍山、南京、南昌、桂林、湘潭等地第四纪冲、洪积黏性土、粉土	
	$p_0=33N+31.6(23<N\leqslant 41)$		
武汉市规划设计院、湖北勘察院、湖北水利水电勘察设计院	$\sigma_0=20.2N+80$	$3\leqslant N<18$	黏性土、粉土
	$\sigma_0=17.48N+152.6$	$18\leqslant N\leqslant 22$	
纺织工业设计院	$\sigma_0=N/(0.00308N+0.01504)$	粉土	
	$\sigma_0=10N+105$	细、中砂	
冶金长沙勘察公司	$p_0=33.4N+360$	红土	
	$\sigma_0=5.3N+387$	老堆积土	

注:p_0 为载荷试验比例极限荷载,σ_0 为地基土承载力基本值;江苏水利工程总队公式中 N 值不做校正。

2. 用圆锥动力触探确定地基土基本承载力值

1)用轻型动力触探确定地基土的承载力

规程规定:黏性土地基的基本承载力,当贯入深度小于 4 m 时,可根据场地土层的平均击数 N_{10} 按表 3.3-27 确定。

表 3.3-27　黏性土 σ_0 值

N_{10}(击/30 cm)	15	20	25	30
σ_0(kPa)	100	140	180	220

注:表内数值可以线性内插;地基极限承载力 p_u 可根据表内 σ_0 值乘以 1.86。

北京地区 N_{10} 与地基土承载力的经验关系见表 3.3-28。

表 3.3-28　北京地区 N_{10} 与地基土承载力的经验关系

一般第四纪黏性土及粉土	N_{10}(击/30 cm)	10	17	22	29	39	50	70	80	100
	σ_0(kPa)	120	160	190	210	230	250	290	310	350
	$k_{0.08}$(kPa)	162	200	237	275	312	350	425	462	536
新近沉积黏性土及粉土	N_{10}(击/30 cm)	6	8	10	14	16	18	20	23	25
	σ_0(kPa)	50	80	100	120	130	150	160	180	190
	$k_{0.08}$(kPa)	57	71	85	112	125	139	153	166	180
新近沉积粉、细砂	N_{10}(击/30 cm)	22	32	48	59	75				
	σ_0(kPa)	90	110	140	160	180				
	$k_{0.08}$(kPa)	128	177	249	259	370				
素填土	N_{10}(击/30 cm)	5	8	14	20	26	31			
	σ_0(kPa)	70	90	105	120	135	150			
		60～80	75～100	90～120	105～135	120～155	135～170			
	$k_{0.08}$(kPa)	74	94	122	149	177	205			
变质炉灰	N_{10}(击/30 cm)	5	9	14	20	26	31			
	σ_0(kPa)	60	75	90	100	115	130			
		50～70	65～85	80～100	85～120	95～135	105～150			

注：①在饱和黏性土中不宜单一采用轻型动力触探确定承载力基本值 σ_0，应和其他原位测试方法综合确定；
②$k_{0.08}$ 系承压板面积为 50 cm×50 cm 的平板载荷试验当沉降量为 1 cm 时对应的荷载值；
③表中素填土及变质炉灰对应的饱和度为 0.75，当其饱和度为 0.6 或 0.9 时，分别采用表中上下限值。

广东省建筑设计研究院总结出广州地区一般黏性土和新近沉积黏性土经验公式见式 3.3-14。

$$\sigma_0 = 4.5N_{10} + 24 \tag{3.3-14}$$

2)用重型圆锥动力触探确定地基土的承载力

规程规定：冲积、洪积成因的中砂-砾砂土地基和碎石类土地基的基本承载力，当贯入深度小于 20 m 时，可根据场地土层的平均击数 $N_{63.5}$ 按表 3.3-29 确定。

表 3.3-29　中砂-砾砂土、碎石类土 σ_0 值

$N_{63.5}$(击/10 cm)	3	4	5	6	7	8	9	10	12	14
中砂-砾砂土	120	150	180	220	260	300	340	380		
碎石类土	140	170	200	240	280	320	360	400	480	540
$N_{63.5}$(击/10 cm)	16	18	20	22	24	26	28	30	35	40
碎石类土	600	660	720	780	830	870	900	930	970	1 000

注：地基极限承载力 p_u 可根据表内 σ_0 值乘以安全系数 K，对砂类土 K=2.0，碎石类土 K=2.33。

机械工业部第二勘察研究院提出的经验关系见表 3.3-30。

表 3.3-30　细粒土 $N_{63.5}$ 与承载力基本值 σ_0 的经验关系

$N_{63.5}$(击/10 cm)		1	2	3	4	5	6	7	8	9	10
σ_0 (kPa)	黏土	96	152	209	265	321	382	444	505	566	627
	粉质黏土	88	136	184	232	280	328	376	424	472	520
	粉土	80	107	136	165	195	(224)				
	粉、细纱		(80)	110	142	165	187	210	232	255	277
	黏性素填土	79	103	128	152	176	(201)				

注：括号中的值供内插用。

广东省建筑设计院对广州红砂岩地区黏性土提出的经验关系见表 3.3-31。

表 3.3-31 广州砂岩地区黏性土 $N_{63.5}$ 与承载力基本值 σ_0 的经验关系

$N_{63.5}$(击/10 cm)	1	2	3	4	5	6	7	8	9	10	11	12
σ_0(kPa)	60	120	150	180	210	240	265	290	320	350	375	400

原一机部勘察公司提出的新近堆积黄土重型动力触探贯入度与承载力基本值 σ_0 的经验关系见表 3.3-32。

表 3.3-32 黄土重型动力触探贯入度与 σ_0 值经验关系

每击贯入度 e(cm)	2	3	4	5	6	8
σ_0(kPa)	200	180	160	140	130	90

3.3.5.6 用标准贯入试验判别地基土液化的可能性

规程规定：当可液化土层实测贯入击数 N 小于液化临界贯入击数 N_{cr} 时，应判定为液化土。N_{cr} 按下列公式计算：

$$N_{cr}=N_0\cdot\alpha_1\cdot\alpha_2\cdot\alpha_3\cdot\alpha_4 \tag{3.3-15a}$$

$$\alpha_1=1-0.065(d_w-2) \tag{3.3-15b}$$

$$\alpha_2=0.52+0.175d_s-0.005d_s^2 \tag{3.3-15c}$$

$$\alpha_3=1-0.05(d_u-2) \tag{3.3-15d}$$

$$\alpha_4=1-0.17\rho_c^{0.5} \tag{3.3-15e}$$

式中 N_0——标准贯入试验深度 $d_s=3$ m、地下水埋深 $d_w=2$ m、上覆非液化层厚度 $d_u=2$ m、土中黏粒含量 ρ_c(%)=0 时土层的液化临界贯入击数，按表 3.3-33 取值；

α_1——地下水埋深 d_w 修正系数；地面常年有水且与地下水有水力联系时，$\alpha_1=1.13$；

α_2——d_s 的修正系数；

α_3——d_u 的修正系数；对于深基础取 $\alpha_3=1$；

α_4——黏粒含量百分比 ρ_c 的修正系数；当缺乏 ρ_c 数据，可按表 3.3-34 取值。

表 3.3-33 可液化土层临界贯入锤击数基本值

地震峰值加速度	0.1 g	0.2 g	0.4 g
N_0(击/30 cm)	8	12	16

表 3.3-34 α_4 值

土类	砂类土	粉　土	
		$I_p\leqslant7$	$7<I_p\leqslant10$
α_4	1	0.60	0.45

3.3.6 工程实例分析

3.3.6.1 用标准贯入试验检测砂桩的桩体密实度

××客运专线的一段路基，地表为粉土和粉质黏土，平均厚度 0.5 m，其下为细砂，厚约 10 m，地下水位埋深 1.5 m。场地地震动峰值加速度为 0.15 g，场地分区为一区，勘察资料表明细砂层上部 3 m 为地震可液化层，设计采用挤密砂桩加固，桩长 6.0 m，桩直径 0.5 m，桩平面呈等边三角形排列，边长为 1.2 m，路堤填高约 4 m。

桩体密实度采用以重型动力触探为主、标准贯入为辅，桩间土挤密效果采用标准贯入的检测方案。桩体标贯孔位于桩中心，桩间土标贯孔位于相邻三根桩组成的等边三角形中心。桩体和桩间土每孔标贯均为 3 个点，深度分别为 2.0 m、4.0 m 和 6.0 m。某检验批完成桩体标贯 6 孔，桩间土标贯 8 孔，标贯试验结果见表 3.3-35。

表 3.3-35　挤密砂桩标贯试验数据统计

取样位置	子样数	标准贯入锤击数(击)					
		最小值	最大值	平均值	标准差	变异系数	特征值
桩体	18	13	26	17.2	3.1	0.18	15.9
桩间	24	15	39	21.3	5.8	0.27	19.2

检测结果表明桩体密实度达到中密，加固后桩间为地震不液化层。

3.3.6.2　标准贯入试验检测强夯加固地基

××客运专线采用强夯法处理砂类土和低饱和度的粉土与黏性土，处理厚度为 6 m。夯锤为圆柱形，直径 2.6 m，锤重 150 kN，落距 15 m。分五编夯，前三遍点夯，采用跳夯，后两遍满夯。

施工结束后 28 天进行检测，采用标准贯入、静力触探与载荷试验检测加固效果。其中要求每 3 000 m^2 标准贯入检测 3 个孔，孔深不小于 6 m。设计要求砂类土标准贯入 $N>25$ 击。

图 3.3-8 为强夯加固后标准贯入击数随深度变化曲线，加固地层为粉砂，本孔共标贯 7 个点，击数 N 均大于 25 击，达到设计要求。

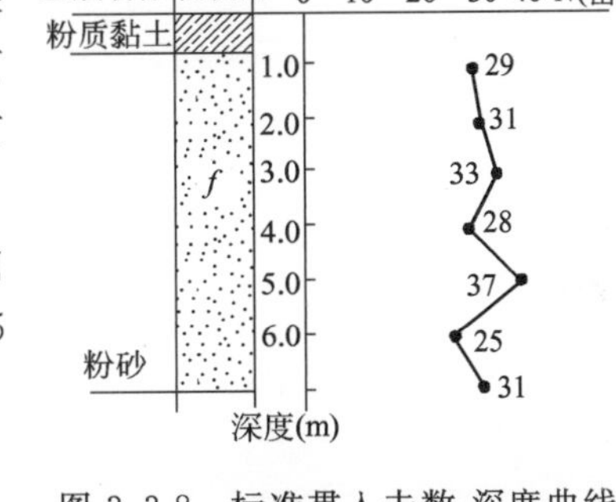

图 3.3-8　标准贯入击数-深度曲线

3.3.6.3　重型动力触探检测碎石桩复合地基

××客运专线的一段路基，地层为粉质黏土和黏土，勘察资料中，地层的地基承载力基本值为 120 kPa，为松软土地基。设计采用碎石桩加固，桩长 6.0 m，桩直径 0.5 m，桩平面呈等边三角形排列，边长为 1.2 m，路堤填高约 3 m。

桩体密实度采用重型动力触探检测，要求桩顶 2.0 m 以下桩身贯入 10 cm 锤击数不小于 10 击。图 3.3-9 为×根桩的动力触探击数-深度曲线，检测结果桩体密实度达到设计要求。

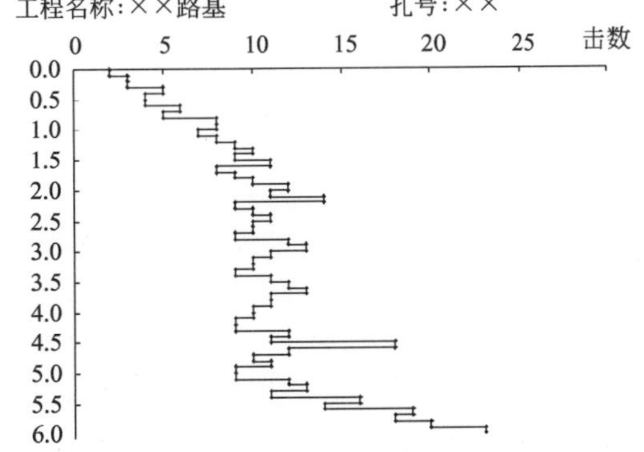

图 3.3-9　碎石桩动探曲线

3.3.6.4　用重型动力触探检测强夯加固地基的效果

位于胶东半岛的××铁路的一座特大桥，地表为粉质黏土，平均厚度 0.8 m，其下为中、粗砂，平均厚度 7.2 m，基底为硬质基岩，中等风化。勘察资料砂层为松散地层，设计采用强夯加固桥墩地基，加固后要求地基基本承载力 σ_0 达到 240 kPa，满足要求后采用扩大基础。

强夯采用 10 t 重锤，落距为 10 m，按点夯、插夯满夯 3 遍进行施工。夯后 7 天进行检测，检测方案为：先进行重型动力触探检测，达到要求后开挖基坑，开挖至基底高程后，进行平板载荷试验验证加固后地基承载力，用灌砂法验证基底砂层密度。

每个桥墩基础布置 4 个重型动力触探孔，动探深度为 8 m（到达基岩）。图 3.3-10 为××号墩强夯前后的动力触探曲线，表 3.3-36 为砂层动探结果统计，统计时剔除了接近基岩时的高值。

表 3.3-36　强夯加固桥墩地基砂层动力触探检测数据统计

孔数	子样数	动力触探锤击数 $N_{63.5}$（击/10 cm）					
		最小值	最大值	平均值	标准差	变异系数	特征值
4	268	5	14	7.8	2.3	0.29	7.56

根据表 3.3-36 判定强夯后砂层达到中密，进而判定其基本承载力达到 240 kPa。基坑开挖后载荷试验结果基底处砂层基本承载力不小于 250 kPa。

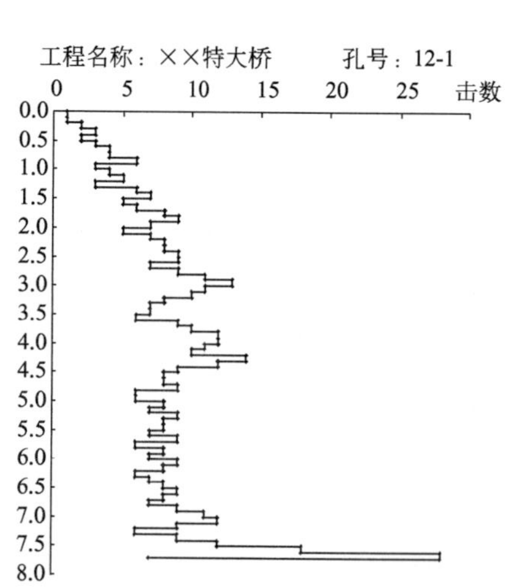

图 3.3-10　强夯加固桥基动力触探曲线

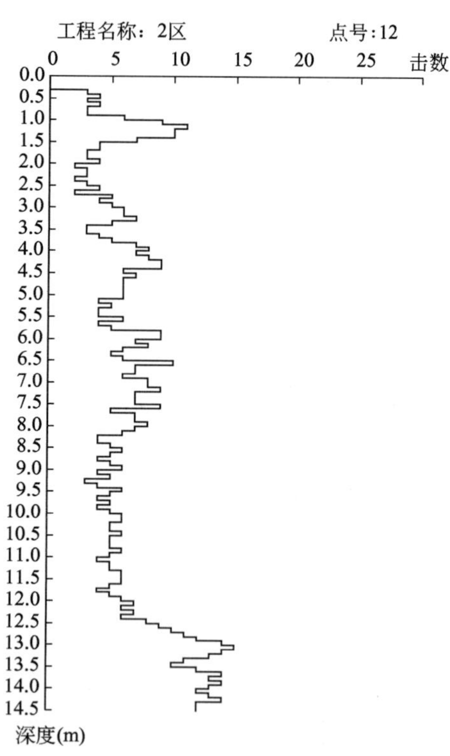

图 3.3-11　渣土桩动探曲线

3.3.6.5　重型动力触探检测渣土桩加固地基

渣土桩类似于碎石桩，其桩体材料为建筑垃圾等，成桩工艺采用重锤冲击成孔，填料夯实，是一种环保型的地基处理方法。××动车段路基天然地基为松软土地基，设计采用渣土桩。

采用重型动力触探检测桩体密实度，要求桩体动探击数达到 5 击/10 cm。图 3.3-11 为×根桩的动力触探击数-深度曲线。从图中可以看出渣土桩受桩体材料影响，动探击数离散性较大，被检测桩的击数平均值能达到 5 击/10 cm。

3.4 弹性波法

弹性波法通常是利用主频在 1 000 Hz 以下的弹性波。弹性波法是以弹性理论为依据，将岩土体视为弹性介质，利用弹性波在岩土中传播的特征（速度、振幅、频率）进行工程性质的研究，通过岩土弹性波的测量，提出岩土体的物理力学和动力参数对岩土工程进行综合评价。通过测量地基加固前后弹性波速的变化，可以了解地基加固效果。当找出弹性波速度与岩土层承载能力的关系式后，还可通过这些关系式来评价岩土层加固后的工程性质。

3.4.1 弹性波测试的基本原理

根据弹性理论，当介质受动荷载的瞬间冲击或反复振动作用，引起介质的动应变，以纵波、横波、面波等形式从震源向外传播。若动应力不超过介质的弹性极限时可产生弹性波。岩土体在一定条件下可视为弹性体，因此，可以用弹性波在介质中的传播规律来研究弹性波在岩土中的传播特性。弹性波波速主要取决于岩土体的弹性和密度。在均匀各向同性介质中，纵波波速 v_p、横波速度 v_s 与杨氏弹性模量 E、泊松比 μ、密度 ρ 之间的关系式为：

$$v_p=\sqrt{\frac{E(1-\mu)}{\rho(1+\mu)(1-2\mu)}} \tag{3.4-1}$$

$$v_s=\sqrt{\frac{E}{2\rho(1+\mu)}} \tag{3.4-2}$$

式中 E——弹性模量（kPa）；

μ——泊松比。

根据测试岩土体中的弹性波波速，可以获得下列岩土体的动力参数：

动弹性模量（E_d）：

$$E_d=v_p^2\rho\,\frac{(1+\mu)(1-2\mu)}{(1-\mu)} \tag{3.4-3}$$

动剪切模量（G_d）：

$$G_d=\rho v_s^2 \tag{3.4-4}$$

泊松比（μ）：

$$\upsilon=\frac{\mathrm{m}^2-2}{2(\mathrm{m}^2-1)} \tag{3.4-5}$$

式中 m——波速比，$m=\frac{v_p}{v_s}$。

在已知密度 ρ 的情况下，利用纵、横波速度，便可以计算出岩土体的动力学指标。弹性波法的测试方法有单孔法（检层法）、跨孔法以及瑞雷波法等。

3.4.2 单孔法与跨孔法

3.4.2.1 单孔法

单孔法是在钻孔中分层进行检测，又称检层法，因为只需一个钻孔，工作方法简便，是目前普遍采用的弹性波测试方法。但由于其测试结果具有垂向平均值性质，故精度低于跨孔法。

1. 测试方法

单孔法是在钻孔中放置一个三分量检波器，在地面激发，钻孔中接收，见图 3.4-1。将具有一定厚度与大小的木板或钢板平放在孔口附近的地面上，在板上置以重物，使板与地面紧密接触，然后用大锤水平敲击板端，由于板与地面间的剪切作用力，激起 S_H 剪切波。在孔口附近另一侧置一金属敲板，垂直敲击，由于敲板与地面间的压缩力，激起纵波。锤重和敲击的初速度影响波的激发频谱，加大锤重可提高激发的强度，但会降低激发的频率。为提高分辨率应采用轻锤、瞬敲、多次叠加的办法。也可以采用爆炸震源、电火花震源或超磁致伸缩震源。

孔内接收使用三分量检波器，其垂直方向上的检波器用于接收纵波，两组互相垂直的水平检波器用于接收剪切波。采用二个水平检波器是便于选择与剪切波振动方向接近的记录波形振幅较大的一组。按照需要将三分量检波器放在钻孔内不同深度上进行接收，分别对接收到的纵波和剪切波进行相位对比，计算纵波和剪切波从震源到接收点的旅行时间，据此做出时距曲线，根据时距曲线的斜率计算纵波和剪切波的波速。

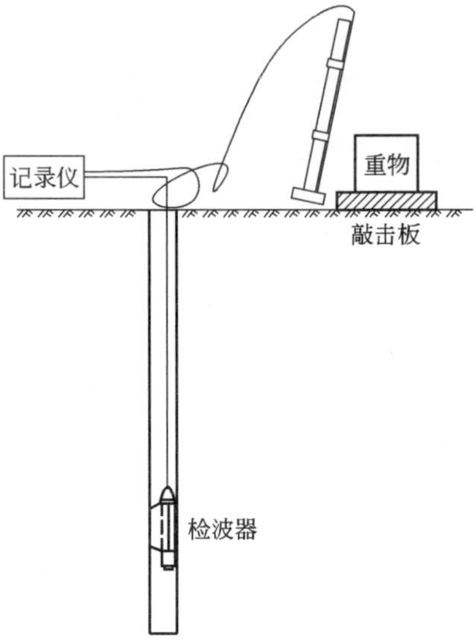

2. 测试设备

测试设备包括震源、孔内接收器和地面记录仪三部分。

1)震源

图 3.4-1　检层法 PS 测井

对于激板式震源，板上载重量的大小、板的长度、板与地面的接触条件以及锤的重量及锤的锤击初速度等因素都影响激振效果。一般来讲，载重量越大、板越长、效果越好。但板子过长给施工带来困难，另一方面也失去了点震源的条件。为增加敲板与地面的摩擦阻力，对于坚硬地面，可在板底加胶皮垫或加砂纸；对于松软地面，在板底加钉齿，可以提高敲击效果。当采用木敲板时，两端最好有铁箍并包上树脂板以保护端部。产生剪切波震源的铁敲板及铁锤见图 3.4-2。

图 3.4-2　敲板式剪切波震源及铁锤

2)孔内接收器

三分量检波器。它是由一个动圈式垂直检波器和二个动圈式水平检波器按 X、Y、Z 三个轴向密封组装而成。由于剪切波不能在水或空气中传播，为了使检波器与孔壁密贴，所以三分量检波器的外面装有一推靠装置，使三分量检波器能与井壁紧密接触。图 3.4-3 为三分量检波器的外形。

电缆。采用 6 芯以上多芯电缆将三分量检波器的接收信号传送到地震仪。电缆里有多股钢丝以增强电缆强度和减少拉伸变化，同时应采用屏蔽电缆以避免干扰。

3)记录仪

将检波器接收到的振动信号放大后由示波器显示并记录。

3. 操作要点

1)测试前应检查三分量检波器各道的一致性和绝缘性。

2)在测试剪切波速时，由于剪切波的传播速度慢，常伴随出现频率较高的纵波。在地震记录中剪切波是在纵波的续至区出现。浅层量测时，为了减少纵波干扰，可适当改变激发板与钻

孔之间的距离 S_0，一般选 $S_0=1\sim5$ m，可以改善浅层剪切波的测试记录。

3)选择孔内测点距时，应保证每一地层层位内要有 3 个以上的测点。对于松散地层一般测点距采用 0.5～2.0 m。对于基岩采用 4.0～10.0 m。

4)用大锤沿纵轴水平方向分别敲击板的两段激发剪切波，$S_{左}$ 与 $S_{右}$ 的波形应该相似，相位相反。随着深度的增加，逐渐增大放大倍率，以获得较好的波形。

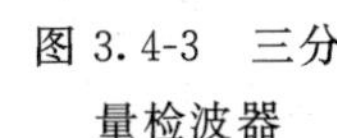

图 3.4-3　三分量检波器

4. 资料整理

1)选择 S 波有利接收方向

由于孔内三分量检波器中有两个水平检波器，可得到两张水平分量记录，应选最佳接收的记录进行整理。

2)描绘波形一览图

用透明纸以横坐标为时间、纵座标为深度，按照一定的比例尺分别绘制 P 波和选定的 S 波的波形图。

3)相位对比

在波形一览图上选择一个峰值明显，能够进行由浅至深连续追踪对比的相位，用笔在一览图上标明。

4)判读记录时间值

将波形一览图上所确定相位的时间值分别填入 P 波、S 波旅行时记录表格。

5)斜距校正

通常震源不在孔口中心位置，有一段距离，或者震源与孔口不在同一水准高程，都需进行校正。

设震源距孔口中心位置为 l，震源与孔口高差为 d，由震源到孔中测点 h_1、h_2 的距离为 l_1、l_2，旅行时间为 t_1、t_2。则地震波在 z_1、z_2 两点间的波速 v_t：

$$v_t=\frac{\sqrt{(h_2+d)^2+l}-\sqrt{(h_1+d)^2+l}}{t_2-t_1}=\frac{l_2-l_1}{t_2-t_1}=\frac{\Delta l_2}{\Delta t_2} \tag{3.4-6}$$

地震波以速度 v_t 从 h_1 沿孔壁传播到 h_2 点所用的时间为 Δt_i

$$\Delta t_i=\frac{h_2-h_1}{v_i}=\frac{\Delta h_2}{v_i} \tag{3.4-7}$$

用这样的方法可求出任一接收点与前一个接收点 h_{i-1} 之间的传播时间 Δt_i。可用表 3.4-1 计算斜距校正。

表 3.4-1　P-S 波记录计算表

深度 h(m)	旅行时 t(ms)	传播距离 l_i(m)	$\Delta l_i=l_i-l_{i-1}$	$\Delta t_i=t_i-t_{i-1}$	$v_i=\frac{\Delta l_i}{\Delta t_i}$(m/s)	$\Delta t_i=\frac{\Delta h_i}{v_i}$(ms)	$\sum\Delta t_i$(ms)

6)速度计算

①根据以上计算分别绘出 P 波、S 波的 h-$\sum\Delta t_i$ 曲线；

②据 h-$\sum\Delta t_i$ 曲线的线性划分速度段，并且做出该段几率线；

③据几率线的斜率计算该段速度 v：

$$v=\frac{\Delta H}{\Delta t} \tag{3.4-8}$$

④根据日本大见美智人等的计算结果，由于浅层折射波的影响，会在地层分界面附近造成时距曲线视速度反转的扭曲现象，见图 3.4-4。

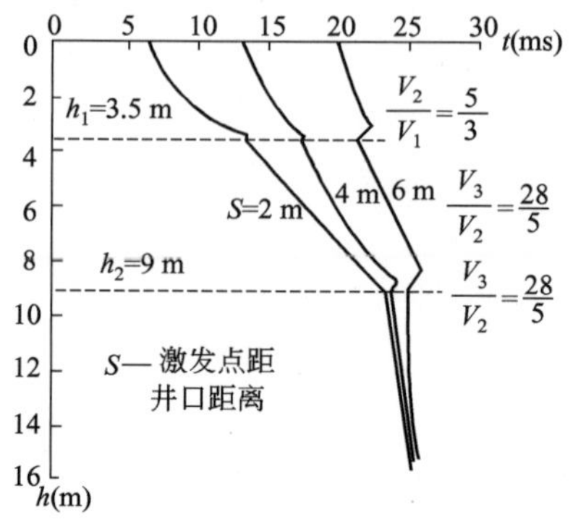

图 3.4-4　时距曲线

这些时距曲线上的扭曲地层界面相对应，因此时距曲线的扭曲点可作为地层分界点。由图 3.4-4 可以看出，各层的视速度在分界面附近最初很大，随着深度的增加而逐渐接近真速度。因此当解释不太厚的浅部地层时，应将推断的地层界面及层速度代入时距曲线公式，通过反复演算直至与实际一致，可确定实际值。

5. 应用实例

某房建工程要求提供地基土动力参数，应用钻探、触探等方法作了地基勘察，同时进行了弹性波检层法 PS 测井。检测结果汇总见图 3.4-5。从地表到 18.5 m 是砂黏土夹黏土；18.5 m 以下是粉砂层，含水饱和。检层法测出的 S 波波形见图 3.4-6，求得 P 波，S 波传播速度见图 3.4-5。

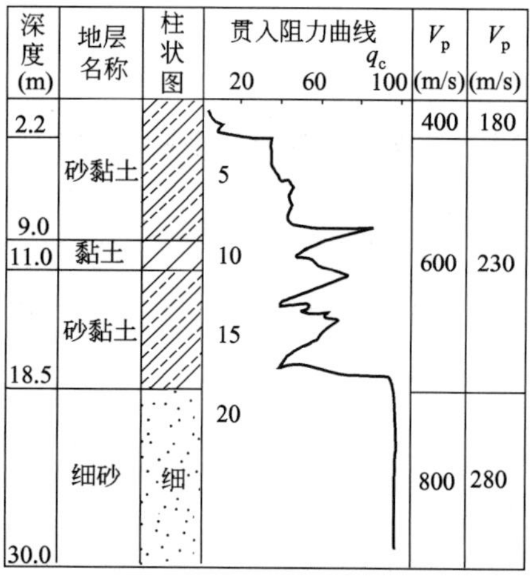

深度(m)	地层名称	柱状图	贯入阻力曲线 q_c（20　60　100）	V_p(m/s)	V_p(m/s)
2.2				400	180
9.0	砂黏土		5	600	230
11.0	黏土		10		
18.5	砂黏土		15		
30.0	细砂	细	20	800	280

图 3.4-5　钻孔柱状图与检层法解释结果

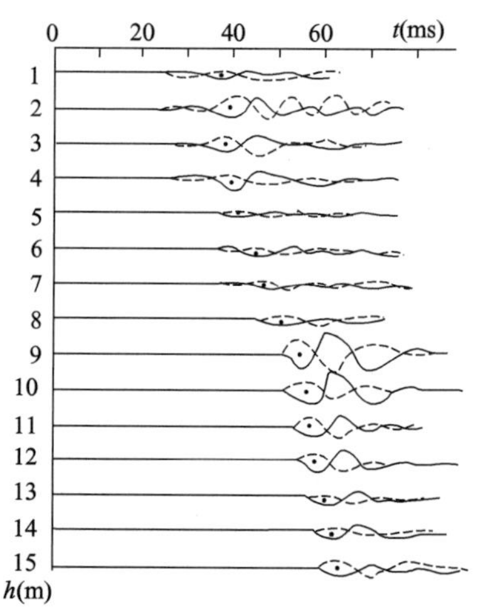

图 3.4-6　测定的 S 波形一览图

3.4.2.2　跨 孔 法

跨孔法（又称透射法）有双孔和三孔等距方法，以三孔等距测试较多，这种方法测试精度高，可以达到较深的测试深度，因此应用此较普遍。

1. 测试方法

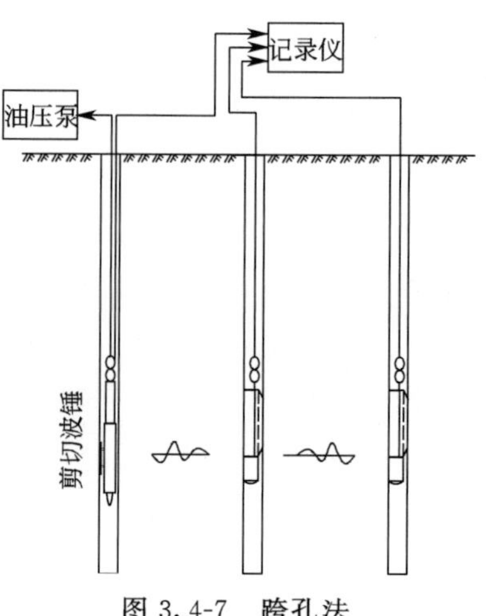

图 3.4-7　跨孔法

在测试场地上，钻三个具有一定间隔的平行钻孔，选择其中的一个钻孔为震源孔，另外两相邻的钻孔内放置接收检波器，如图 3.4-7。根据两接收孔振动的时间间隔 Δt 和两接收孔间距 Δx，即可算出振动波在土中的传播速度 v_s。其计算公式为：

$$v_s=\frac{\Delta x}{\Delta t} \tag{3.4-9}$$

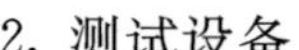

2. 测试设备

测试设备包括激发装置,接收装置两部分,激发装置有两种,一种是可以在钻孔壁上激振的剪切波锤。这种震源能量大,传播距离大,操作较复杂;另一种为压电换能器震源,可获得较高频率,操作方便,但能量小,传播距离短。

剪切波锤见图 3.4-8。其中间为一圆柱体油缸,有油管与地面加压装置联接,当剪切波锤到达预定位置时,加压使活塞推动两侧翼板外伸,与孔壁紧密接触,将剪切波锤固定在孔壁上。开动接触开关使冲击锤穿过圆柱体油缸沿导轨上、下滑动,冲击圆柱体,使两侧翼板与孔壁之间产生剪切波。

3. 操作要点

1)钻孔平面布置可采用一孔激发,一孔接收或一孔激发二孔接收。

2)钻孔间距应根据测试精度、锤击能量、土层均匀性等因素确定。一般以 4 m 为宜。土层均匀较厚锤击能量大时,间距可适当扩大,这样钻孔不平行的影响较小,精度高;

3)若孔深大于 20 m,应进行孔斜测量,记录倾斜及倾斜方位,以便进行校正;

4)钻孔中间点间距的布置应考虑地层情况,也可采用等间隔布置,一般以 1~2 m 为宜。在已知地层中考虑层厚及均匀性,并应注意折射波的影响;

5)冲击震源的剪切波锤放置深度和两组接收检波器的深度应严格一致;

6)测试时用垂直检波器接收剪切波。要求冲击锤向上、向下的冲击力大小相等,使波形相似,两次冲击记录重叠,以便识别剪切波相位。

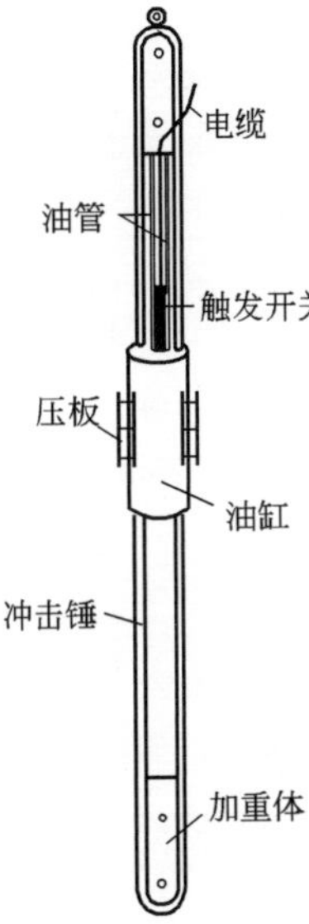

图 3.4-8 剪切波锤示意图

4. 工程实例

某煤矿采空塌陷区,采用灌水泥浆加粉煤灰的方法进行处理,在灌浆孔和未灌浆孔内同时进行跨孔法对灌浆效果进行评价。检测结果表明,灌浆区和未灌浆区的声速、振幅、频率及波形皆有较大变化,具体为:灌浆后波速变高,在相同增益情况下,振幅较大;而频率变高,波形变好,图 3.4-9 为灌浆前后波速频态曲线,从图中可以看出,灌浆前波速小于 1 500 m/s 的部分所占比例较大,而灌浆厚波速在 1 500~2 000 m/s 波速段所占比例明显变大。

3.4.3 瑞雷波法

当固体介质表面受到交替变化的表面张力,使介质表面的质点发生相应的纵向振动和横向振动,结果使质点做这两种振动的合振动,即绕其平衡位置做椭圆振动又作用于相邻的质点而在介质表面传播,称作面波。面波分为瑞雷波(Rayleigh)和拉夫波(Love)。目前应用于工程上的面波主要为瑞雷波,其速度方程式为:

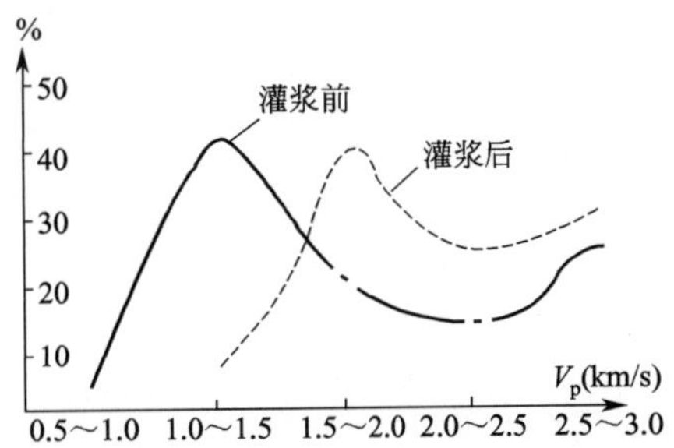

图 3.4-9 灌浆前、后波速频态曲线

$$v_R = \frac{0.87+1.12\lambda}{1+\mu}\sqrt{\frac{G}{\rho}} = \frac{0.87+1.12\lambda}{1+\mu}v_s \qquad (3.4\text{-}10)$$

式中 μ——波松比;

G——剪切模量;

ρ——质量密度；

λ——拉梅系数。

瑞雷波的垂直分量 $Z(t)$：

$$Z(t)=A'\sin(\omega t-\phi) \tag{3.4-11}$$

式中 ϕ——相位角，$\phi=\dfrac{2\pi\cdot f\cdot r}{v_R}$；

r——为测点距震源距离。

当 $r=L_R$（L_R 为瑞雷波波长），$\phi=2\pi$ 时：

则
$$2\pi=\frac{2\pi\cdot f\cdot L_R}{v_R}$$

$$v_R=f\cdot L_R \tag{3.4-12}$$

这便是瑞雷波的频散特性，在一个均匀的半无限空间介质中，瑞雷波与纵波、横波一样，其传播速度与频率无关，而在非均匀介质中，特别是在层状介质中，瑞雷波的传播速度将随着频率的改变而改变，不同频率的瑞雷波其传播速度不同。

瑞雷波的能量自地表以指数规律沿深度衰减，大部分在一个波长深的半空间通过，因此在地表测得的面波波速反映了 $L_R/2$ 深度处土的性质，用不同的频率就可以获得不同深度的地质构造情况。

瑞雷波法有两类测试方式，一是从频域特性出发，通过变化激振频率进行测试称为稳态法；另一种从时间域特性出发，瞬态激发采集宽频面波，称作瞬态法。这种方法操作容易，但是资料处理复杂。目前两种方法皆有应用，本文分别加以介绍。

瑞雷波法不需要钻孔，不破坏地表结构物，成本较低，效率高，是一种很有前途的测试方法。

3.4.3.1 *稳态瑞雷波法*

1. 方法原理

稳态法是利用稳态震源在地表施加一个频率为 f 的强迫振动，其能量以地震波的形式向周围扩散，这样在震源的周围将产生一个随时间变化的正弦波振动见图 3.4-10。通过设置在地面上的两个检波器 A 和 B 检出输入波的波峰之间的时间差 Δt，便可算出瑞雷波速度 v_R（$v_R=l/\Delta t$），这时瑞雷波波长 λ_R 可用(3.4-13)式确定。

$$\lambda_R=v_R/f \tag{3.4-13}$$

输入不同的频率 f，可测得对应的 v_R 值，就可算出 λ_R。

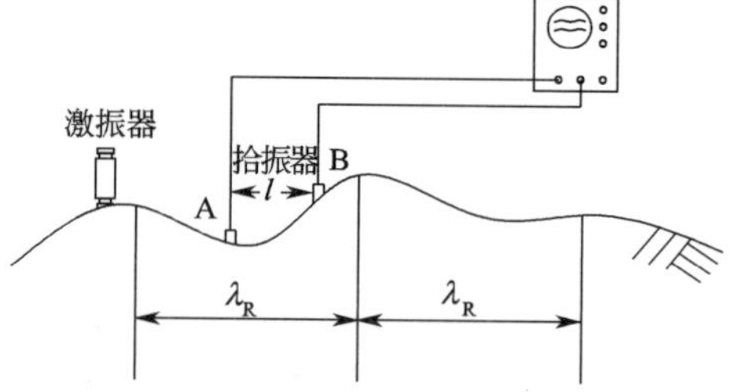

图 3.4-10 稳态瑞雷波法测试

瑞雷波引起质点振动的位移的水平分量与垂直分量如图 3.4-11 所示。从图中可以看出，瑞雷波是在无限半空间体中，一个波长范围内传播的。低频激振时，波长变长，可测出深层瑞雷波速度。由低向高逐渐改变激振频率，波长由长变短，探测深度由深变浅，从而得出不同深度的动弹性常数。

瑞雷波法的关键是测定瑞雷波的速度，为保证准确地测定波速，稳态瑞雷波法通常采用互相关分析法。由于互相关分析是通过整条波形曲线进行对比，因此精度较高。

设地面上两点 $A(x_1)$、$B(x_2)$ 处的采样数均为 N，$x_2-x_1\leqslant\lambda_R$，采样间隔为 Δt_s，则根据互相关理论，A、B 两点的波形最终互相关函数为：

$$\phi BA(K\Delta t_2)=\frac{1}{N}\sum_{N=1}^{N}B(\tau\cdot\Delta t_s)\times A(\tau\cdot\Delta t_s+K\Delta t_s) \tag{3.4-14}$$

式中　τ——最大互相关函数的滞后数。

τ与采样间隔相乘即得相位时差：

$$\Delta t=\tau\cdot\Delta t$$

所以：$v_R=\Delta x/\Delta t=x_2-x_1/\tau\cdot\Delta t_s$

例如所用地震仪每次采样数为1 024，记录时间为24 ms，采样间隔 $\Delta t_s=0.024$ ms。设通过机内运算器计算后最大相关函数所对应的滞后数 $\tau=200$，A、B 检波器距离 $x_2-x_1=1$ m，激振频率 $f=50$ Hz，则：

$$v_R=\Delta x/\tau\cdot\Delta t_s=\frac{1}{200\times0.024}\times1\ 000=208\ \text{m/s}$$

测定深度

$$h=\lambda/2=(v_R/f)/2=(208/50)/2=2.1\ \text{m}$$

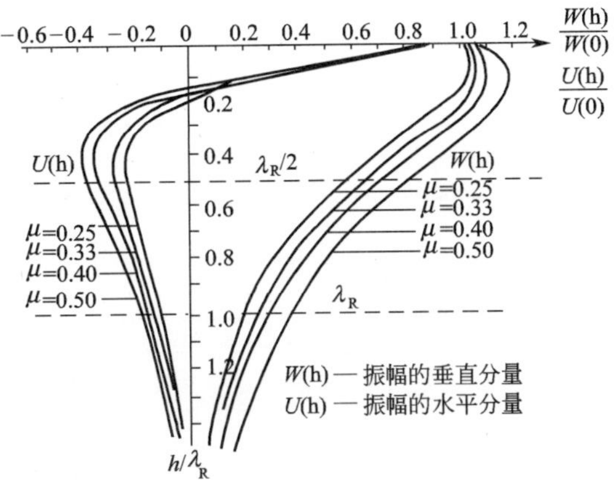

图3.4-11　瑞雷波振幅比与深度的关系

2. 测试设备

包括激振系统与拾振系统二部分。激振系统一般采用电磁式激振系统。电磁式激振系统电信号发生器输出一定频率的电信号，经功率放大器放大后，输入至电磁激振器线圈，使其产生一定频率的振动。电磁式激振器的特点是激振力不随信号发生器输出频率的变化而变化，只要不改变输出电流及电压，其输出功率不变。

拾振系统由检波器、放大器、双线示波仪及电子计算机四部分组成。检波器接收地震信号，经放大器放大，由双线示波仪显示并被记录。整个过程由电子计算机进行操作控制及资料的整理与计算。图3.4-12为稳态瑞雷波法仪器框图。

3. 操作要点

1)A、B 检波器的距离一定要小于1个波长的距离。这是因为，如果设置的距离过大，就会出现图3.4-13的情况，本来相位差是 $A_1\sim B_1$，而计算结果就有可能出现 $A_1\sim B_2$、$A_1\sim B_3$。但检波器间距又不应太小，否则会影响相位差的计算精度。

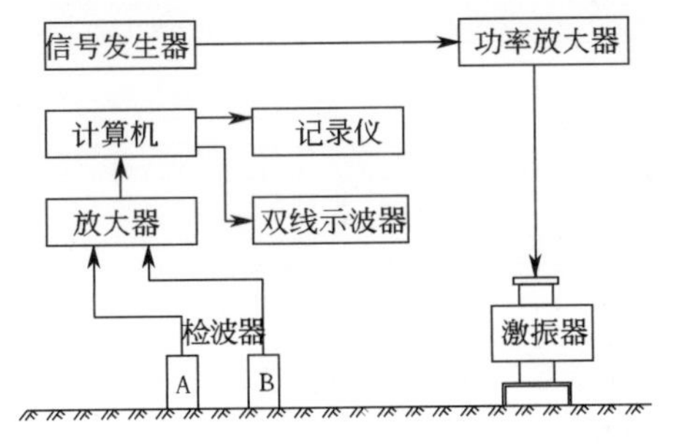

图3.4-12　稳态瑞雷波法仪器框图

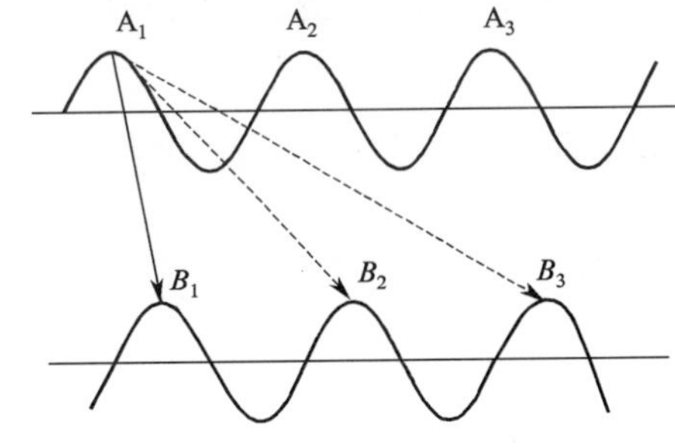

图3.4-13　错误联峰值

2)为提高相位差的测读精度，应尽量选取小的采样间隔。由于采样周期短，因此必须取适当的波长以及增加运算数和平均数，一次采样数尽可能选为1 024左右。

3)为保证波峰的可靠对比和压制干扰波，需要时可将正弦激振波加以调制。例如在图3.4-14中正弦波的情况下不可能确定 A 与 B 所对应的峰值，而在调幅波的情况下可以简单地区分。

4)根据实际情况调整频率变化速率(步长)。一般仪器中都设置了频率自动降低设备，可

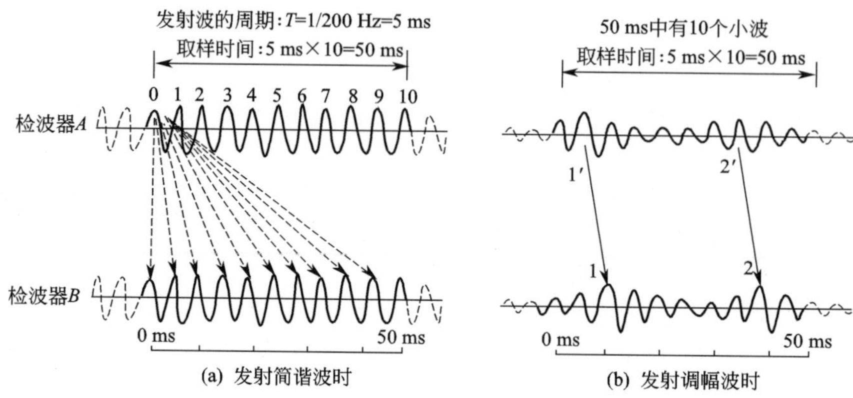

图 3.4-14　调制正弦激振波

以任意选择，但步长太小，作业时间长；步长太大，又会影响测试精度。

4. 资料整理

1)分层瑞雷波速计算

在深度——平均速度曲线中速度突变的位置为地层分界面。各层速度 v_{Rn} 计算公式如下：当实测 v_{Rn} 随深度加大而增大时

$$v_{Rn}=\frac{\overline{v}_{Rn}\cdot H_n-\overline{v}_{R(n-1)}\cdot H_{n-1}}{H_n-H_{(n-1)}} \tag{3.4-15}$$

当实测 v_R 随深度加大而减少时

$$v_R=\frac{H_n-H_{n-1}}{H_n/\overline{v}_{Rn}-H_{n-1}/\overline{v}_{R(n-1)}} \tag{3.4-16}$$

式中，$\overline{v}_{Rn}$ 和 $\overline{v}_{R(n-1)}$ 分别为地面至第 n 层和 $n-1$ 层的平均波速；v_{Rn} 为第 n 层的波速。

2)计算各层的剪切波速

求得各层的 v_{Rn} 值后，根据理查德计算的 P 波、S 波与泊松比 μ 的关系，图 3.4-15 可得到各层的 v_s 值。对土体而言，$v_s=(0.94-0.96)v_R$，亦可认为 $v_R\cong v_s$。进而就可根据 v_s 值计算各种动力学参数，进行加固效果评价等。

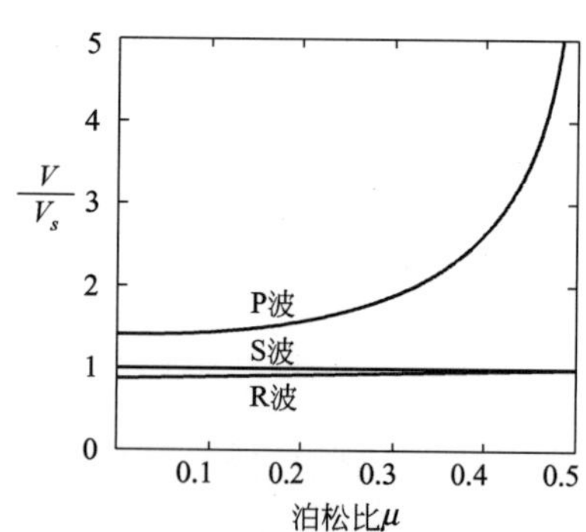

图 3.4-15　纵波(P)、瑞雷波(R)与剪切波(S)关系

深度(m)	土的类别	剪切波速 V_S(m/s)
0～3.2	填筑土	150
3.2～4.5	砂黏土	185
4.5～5.8	风化粉砂岩	290
5.8～10	粉砂岩	

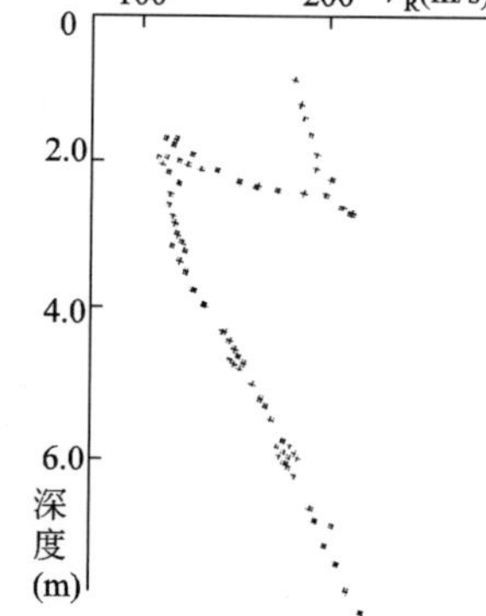

图 3.4-16　瑞雷波法实测曲线

5. 工程实例

图 3.4-16 为广州某建筑地基加固检测的实测曲线。由图可以看出利用瑞雷波深度——

速度曲线可以划分地层界面，经钻孔验证与钻探结果十分吻合。第四系地层内可以分出小于 1 m 的薄层，分辨率高。

某建筑基础的地质情况：5 m 以上为含砂淤泥层，$N=1\sim2$ 击，承载力不能满足设计要求。为此对地基采用挤密处理，利用瑞雷波检测效果。

图 3.4-17(a)为瑞雷波法对地基处理前后实测的 v_R-h 曲线。从图中可以看出，处理后的瑞雷波波速度较处理前提高了 30%～40%。图 3.4-17(b)是不同深度的标贯值 N。地基处理后 N 较处理前增加了 2～5 击，与波速的变化一致。

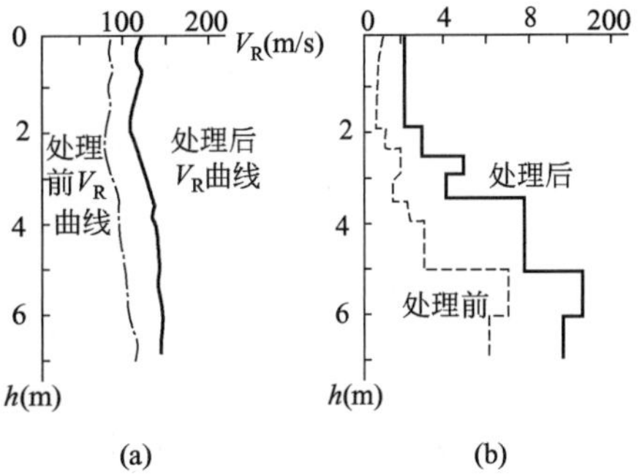

图 3.4-17 处理前后波速 V_R 与标贯值 N 的变化

3.4.3.2 瞬态瑞雷波法

1. 方法原理

瞬态瑞雷波法是通过锤击、落重做垂向激振，也可用炸药激振方式以满足不同探测深度和不同探测精度的要求。由激振面产生的一定频率范围的瑞雷波信号在仪器上显示多道瑞雷波记录(图 3.4-18)。通过在时间域进行加窗处理，然后再进行二维富氏变换，将数据由时间-空间域转换到频率-波数域，得到一条 v_R-f 曲线，即频散曲线或转换为 v_R-λ_R 曲线，λ_R 为波长。

$$\lambda_R=\frac{v_R}{f} \tag{3.4-17}$$

不同频率对应着不同的勘探深度，频率越高，波长越小，勘探深度也越小，反之勘探深度越大。

v_R-f 曲线或 v_R-λ_R 曲线的变换规律与地下介质存在着内在的联系，通过对频散曲线进行反演解释，可得到地下某一深度范围内的地质构造情况和不同深度的瑞雷波传播速度 v_R 值，v_R 值的大小与介质的物理力学性质有关，据此可对检测体做出评价。

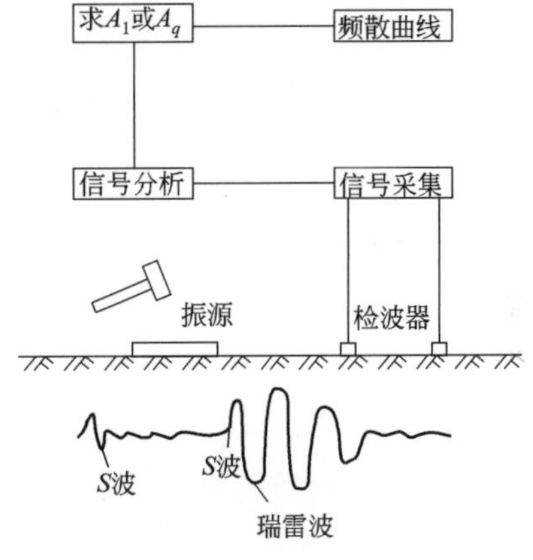

图 3.4-18 瞬态瑞雷波法原理图

2. 测试设备

包括激振系统与拾振系统二部分，检测时一般用铁锤敲击作为激振力。拾振系统由检波器、放大器、示波仪及电子计算机四部分组成。检测器通常采用 4 Hz 左右低频检波器接收地震信号，经放大器放大，由示波仪显示并被记录，仪器主机的通道数不应少于 12 通道，频带宽度 0.5 Hz。整个过程由电子计算机进行操作控制及资料的整理。

3. 测试要点

1)瞬态法现场工作布置见图 3.4-19。激振点、两个拾振器位于一条直线上，两拾振器的中点为测点中心，两检波器距离为 Δx。为了使得两检波器接收的信号有足够的相位差，Δx 应满足下式：

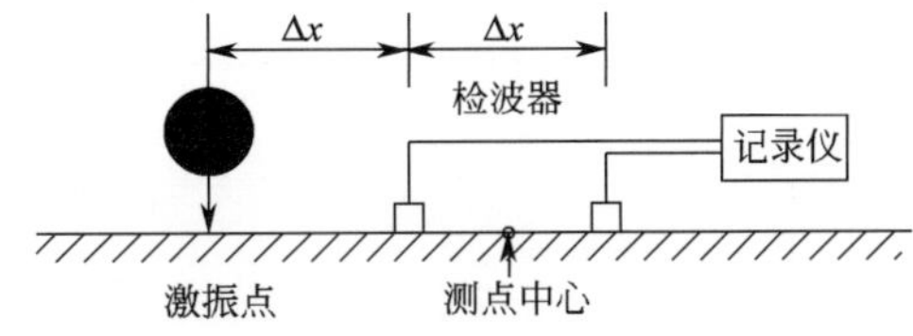

图 3.4-19 瞬态法排列布置

$$\lambda_R/3<\Delta x<\lambda_R \tag{3.4-18}$$

则两信号的相位差 $\Delta\phi$ 满足：

$$2\pi/3<\Delta\phi<2\pi \tag{3.4-19}$$

所以，随着勘探深度的增大，即 λ_R 增大，Δx 的距离也应相应增大，Δx 应小于最小勘探深度所需波长的二分之一。

2)瞬态法勘探的结果，主要受激发的瑞雷波频率的影响，例如要使勘探深度达到 6 m，必须激发出有足够能量的频率下限为 16.3 Hz 的瑞雷波。可根据勘探深度的不同选择锤击、落重、炸药等激振方式。当勘探深度较浅时采用锤击方式，并配以硬质材料垫板，以激发高频波，反之则应配置软质垫板。落锤重量宜根据拾振器的间距 Δx 选择，Δx 分别为 4 m、8 m 和16 m 时，锤重宜为 30 kg、70 kg 和 170 kg。

瞬态激振产生的瑞雷波是一种由多种频率成分组成的复频波，它在地基中传播时，高频成分比低频成分衰减速度快。因此激振点与测点的距离越近，检测信号中高频成分越多，测试影响深度也就越浅，反之亦然。通常激振点到近端拾振器的距离宜接近拾振器的间距 Δx(图 3.4-19)。

3)瑞雷波勘探的记录长度为“采样点数”和“采样间隔”的乘积，与探测深度有关，浅部探测使用高频，记录长度可短些；深部探测需采集很低的频率，记录长度需长些。采样间隔的选择应满足采样定理，在保证记录长度的同时，还要保证足够的采样率，以保证高频信号不被丢失。

4)记录信号宜选用适当的增益，接近激振点的测试信号不应出现削波。

4. 资料处理

瞬态瑞雷波法数据处理功能主要有：

1)面波数据资料预处理，其中最重要的是确定面波时间——空间域窗口，因此首先要对窗口认真分析，找出直达波、折射波、反射波及面波，转换波的分布情况，切除直达波等干扰波。

2)生成面波频散曲线。

3)频散曲线分层反演剪切波速度及确定层厚。

4)利用面波频散曲线生成速度映像剖面，并在此基础上绘制地质剖面图。

5. 利用瑞雷波速度(v_R)进行工程检测评价

在对工程检测评价中应用的是横波速度(v_s)，然而，在瞬态面波探测中，其频散曲线反映的是瑞雷波面波速度(v_R)，怎样利用面波速度求出横波速度，根据二者之间的关系可通过求解波动方程获得，即：

$$v_R=\frac{0.87+.1.12\mu}{1+\mu}v_s \tag{3.4-20}$$

式中　μ——为泊松比；

v_s——为剪切波速度。

并总结出岩石、土层中 μ 与 v_R、v_S 的关系见表 3.4-2

表 3.4-2　v_R/v_S 与泊松比关系表

μ	v_R/v_s	μ	V_R/V_S	μ	V_RV_S
0.21	0.9127	0.31	0.9290	0.41	0.9436
0.22	0.9144	0.32	0.9305	0.42	0.9450
0.23	0.9161	0.33	0.9320	0.43	0.9463
0.24	0.9178	0.34	0.9335	0.44	0.9476
0.25	0.9194	0.35	0.9350	0.45	0.9490
0.26	0.9210	0.36	0.9364	0.46	0.9503
0.27	0.9227	0.37	0.9379	0.47	0.9515
0.28	0.9243	0.38	0.9393	0.48	0.9528
0.29	0.9248	0.39	0.9408	0.49	0.9541
0.30	0.9274	0.40	0.9422	0.50	0.9553

从表中看出：v_R 与 v_S 差异大小与 μ 有关，v_R 略小于 v_S。在实际生产中利用该关系式求出不同岩土层中的 v_S，进而对工程检测情况进行评价。

6. 工程实例

1）图 3.4-20 为某地用瑞雷波法检测强夯加固效果。由图可见(a)区的强夯效果好，有效影响深度近 10 m；(b)区有效加固深度仅有 6 m；(c)区不到 6 m；(d)区加固深度近 8 m。

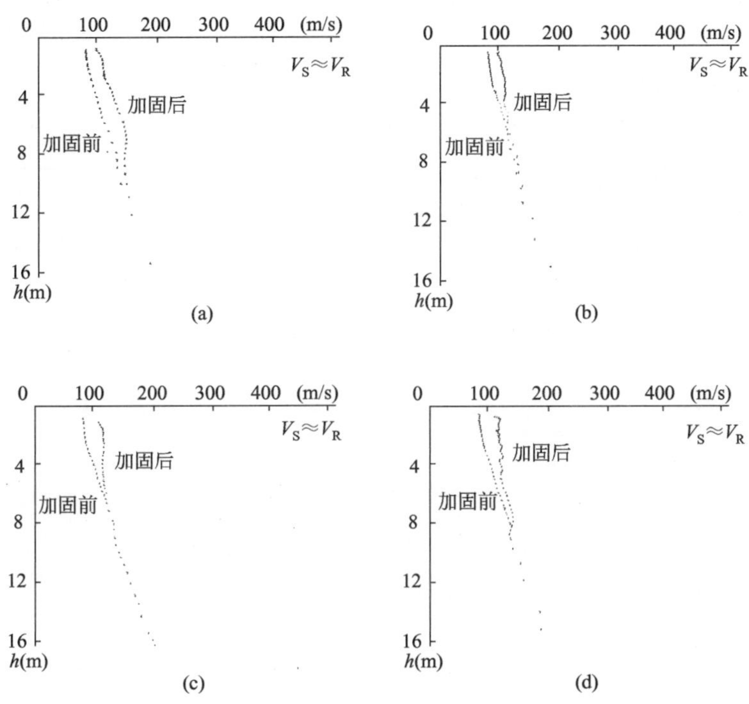

图 3.4-20 瑞雷波法检测强夯加固地基

3.5 地基载荷试验

3.5.1 地基静载荷试验的基本理论

3.5.1.1 地基土在载荷作用下的性状

当地基受到基础传来的荷载时，将发生变化。图 3.5-1a 表示由静载荷试验得到的两种类型的荷载 p 和沉降 s 的关系曲线，当荷载大于某一数值时，曲线Ⅰ有比较明显的转折点，基础急剧地下沉，地基发生整体剪切破坏。曲线Ⅱ没有明显的转折点，地基发生局部剪切破坏，软黏性土和松软地基属于这一类型。对于一般的地基，在局部荷载作用下，随着压力的逐渐增大，地基的变形基本上可分为三个顺序的阶段(图 3.5-1b)：

第一阶段相当于 p-s 曲线的 Oa 部分，在这阶段内地基的变形主要是由压密变形引起的，压力与沉降基本上成直线关系，所以也称为线性变形阶段。

第二阶段相当于 ab 部分，当荷载增大到大于相当于 a 点的压力时，压力与沉降不在成直线关系，属塑性变形阶段。在这阶段中地基在局部范围内发生剪切破坏(称为塑性区)。由于基础边缘处的剪应力最大，故塑性区一般从基础的边缘开始，如图 3.5-1c 所示，随着荷载的增加逐渐向纵深发展(图 3.5-1d)。

第三阶段相当于 p-s 曲线的 bc 部分，在这阶段内，塑性区已发展到连成一片，地基中形成一连续的滑动面，如图 3.5-1e 所示。只要荷载稍微增加一些，基础就急剧下沉，同时在基础周围的地面有隆起现象，基础倾斜，地基发生剪切破坏。

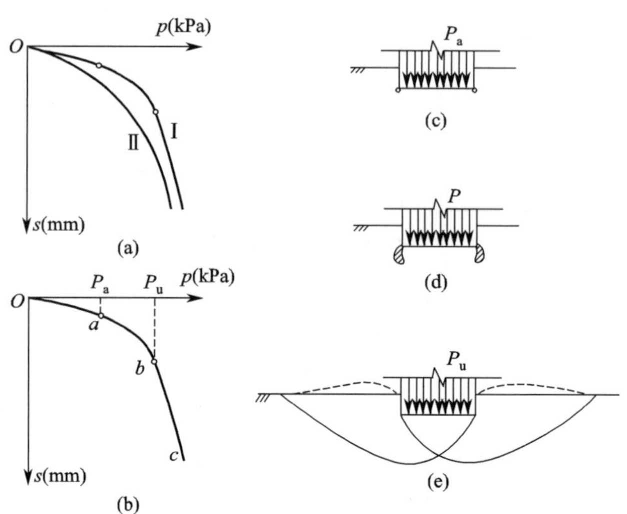

图 3.5-1　载荷试验的 p-s 曲线和地基中塑性区的开展

3.5.1.2　地基的承载力

1. 地基的极限承载力

浅基础的地基极限承载力是指使得地基达到完全剪切破坏时的最小压力，也就是相应于 p-s 曲线中地基从塑性变形阶段转为整体剪切破坏的界限荷载。当地基发生整体剪切破坏时，地基中从基础的一侧到另一侧形成连续的滑动面，基础四周的地面隆起，基础倾斜，最后甚至倒塌，见图 3.5-2a。这种模式称为整体剪切破坏。

对于压塑性较大的松砂和软黏土，其 p-s 曲线没有明显的转折点，地基破坏是由于基础下面软弱土的变形使基础连续地下沉，产生了过大的不能容许的沉降，基础就像“切入”土中一样，故称为冲切剪切破坏。破坏时地基中没有滑动面，基础四周的地面也不隆起，基础没有很大的倾斜更不致于倒塌（图 3.5-2c）。

此外还有一种界于整体剪切破坏和冲切剪切破坏的过渡破坏模式，称为局部剪切破坏，如图 3.5-2b 所示。它类似于整体剪切破坏，滑动面从基础的一边开始，但是终止于地基中的某点，只有当基础发生相当大的竖向位移时，滑动面才发展到地面，破坏时基础四周的地面也有隆起现象，但基础不会明显倾斜或倒塌。

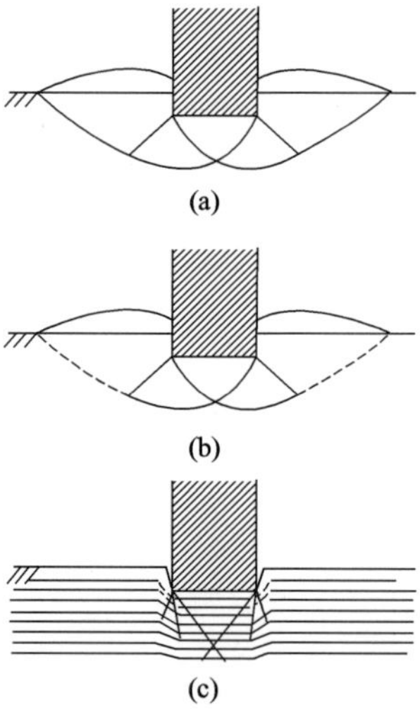

(a)

(b)

(c)

图 3.5-2　承载破坏模式

2. 比例极限与临塑荷载

当作用在浅基础（或承压板）上的竖向荷载较小时，地基土处于弹性阶段，变形与荷载成正比，p-s 曲线近似直线（图 3.5-1b 的 Oa 段）。当荷载增大超过地基土的弹性限度时，地基中出现了塑性区，p-s 呈曲线（图 3.5-1b 的 ab 段）。a 点即为载荷试验 p-s 曲线的比例极限，对地基土来说这个荷载就是临塑荷载，用 p_a 表示。

土力学有关理论认为：对于均布荷载 p 作用于刚性条形基础（图 3.5-3）的情况，若地基土中出现了塑性区，则塑性区的边界线如图 3.5-3 中的梨形线。假定在某一荷载 p 作用下塑性区最大深度 z_{max} 刚好为 0，则该荷载 p 为临塑荷载 p_a。p_a 可由弹性力学理论导出：

$$p_a=\frac{\pi(\gamma D+c\cdot\cot\phi)}{\cot\phi+\phi-\pi/2}+\gamma D \qquad (3.5\text{-}1)$$

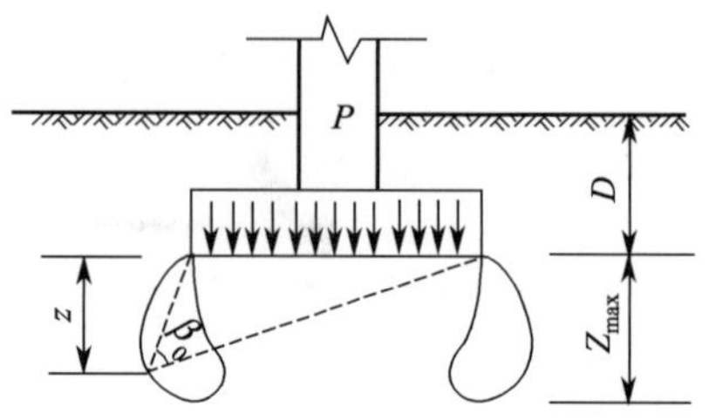

图 3.5-3　基础底面边缘的塑性

式中　γ——上覆土的有效重度，kN/m^3；

c——地基土的内聚力，kPa；

ϕ——地基土的内摩擦角，弧度；

D——础埋置深度，m。

上述理论公式对圆形和矩形基础也可借用。

将临塑荷载 p_a 作为地基的容许承载力是有足够安全度的，因为这时地基只有在基础边缘达到极限平衡，整个地基仍处于弹性应力状态。即使塑性区再扩大一些也不至于引起整个地基破坏，所以有人建议用塑性区的最大深度达到基底宽度的 1/4 时的荷载 $p_{1/4}$ 作为地基的容许承载力。

$$p_{1/4}=\frac{\pi(\gamma D+c\cdot\cot\phi+\gamma B/4)}{\cot\phi+\phi-\pi/2}\gamma D \tag{3.5-2}$$

式中　B——基础宽度，m；其他符号同前。

3. 载荷试验确定的承载力与地基土承载力的概念

载荷试验所得的承载力是依据 p-s 曲线特征，从强度和变形两个方面综合确定的。因此设计中对于不太重要的工程，当承载力满足要求时，可不进行变形验算。

载荷试验所用的承压板与实际基础相比，其尺寸相对较小，螺旋板更是如此。因此载荷试验的影响深度要比实际基础小得多。载荷试验的影响深度一般在 2 倍承压板宽度范围内，再加上地基土通常是成层的、不均匀的，因此载荷试验所得的承载力，仅仅反映了试验影响范围内土层的承载特性，是土层的特征指标。地基承载力是地基对确定了尺寸和埋深的实际基础的承载能力，是其影响范围内所有土层（对多层土而言）承载特性的综合反映。

用相对沉降量确定载荷试验承载力时，还应注意承压板尺寸和沉降量的关系。图 3.5-4 是冶金勘察系统在太原所进行的大小承压板（包括实体基础）对比试验成果。

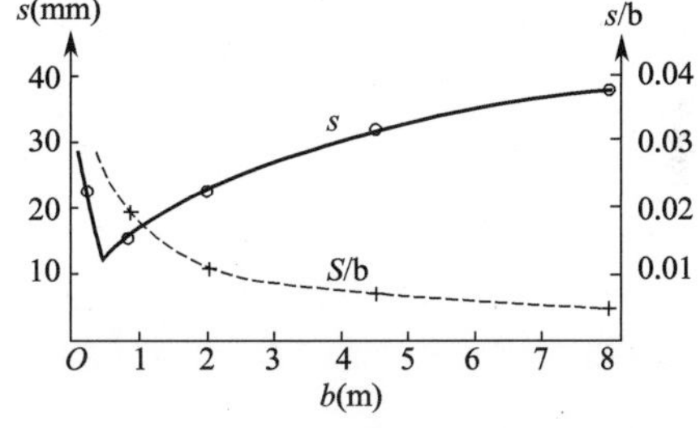

图 3.5-4　承压板宽度与沉降关系

载荷试验一般要求试坑底面宽度不小于承压板宽度的 3 倍。这样以来大多数载荷试验是在承压板无埋深条件下进行的。从前述理论分析可以看出，基础的埋置深度（$\gamma\cdot D$）直接影响承载力值的大小。

综上所述载荷试验所得到的承载力值，是一个仅反映土层特性、与基础无关的值，相当于地基土承载力基本值。它仅反映承压板下 1～2 倍承压板直径范围内土层的承载特性。

3.5.1.3　地基土的变形模量

对于 p-s 曲线的起始直线段，可以用弹性理论来分析荷载与变形的关系。当刚性压板作用在半无限空间表面或近表面时，土的变形模量 E_0(MPa)为：

$$E_0=I_0\cdot I_1\cdot K(1-\mu^2)d \tag{3.5-3}$$

式中　d——承压板直径（或方形承压板边长），m；

I_0——压板位于表面的影响系数；对于圆形刚性压板 $I_0=0.785$，方形刚性压板 $I_0=0.886$；

I_1——压板埋深 z 时的修正系数；当 $z<d$ 时，$I_1=1-0.27z/d$；当 $z>d$ 时，$I_1=0.5+0.23d/z$；

K——p-s 曲线上直线段的斜率($=p/s$),kPa/mm;

μ——土的泊松比,对卵石土取 0.27,砂土和粉土取 0.30,粉质黏土取 0.35,黏土取 0.42。

3.5.1.4　螺旋板载荷试验

螺旋板载荷试验基本原理与平板载荷试验大致相同,所不同的是平板载荷试验一般在试坑表面进行,而螺旋板载荷试验在地面下一定深度进行。通常当板的埋深(h_0)与承载板宽度或直径(b)之比 $h_0/b>6$ 时,可视为深层试验,即土层被看作无限体介质;当 $h_0/b<1$ 时,试验可视为在半无限体表面进行,与平板载荷试验相同;而当 $1<h_0/b<6$ 时,则介于浅层与深层之间。

3.5.2　试验设备及特点

3.5.2.1　平板载荷试验设备

1. 承压板

复合地基载荷试验,承压板面积应根据桩体面积和置换率确定,单桩复合地基载荷试验宜采用圆形或方形板,面积为 1 根桩承担的处理面积;多桩复合地基载荷试验的压板可用方行或矩形,其尺寸按实际桩数所承担的处理面积确定。浅层复合地基平板载荷试验承压板面积不得小于 0.25 m²,软土和粒径较大的填土不应小于 0.5 m²,对含有碎石的地基土,承压板宽度应为最大碎石直径的 10～20 倍。复合地基深层载荷试验承压板面积不应小于 0.8 m²。

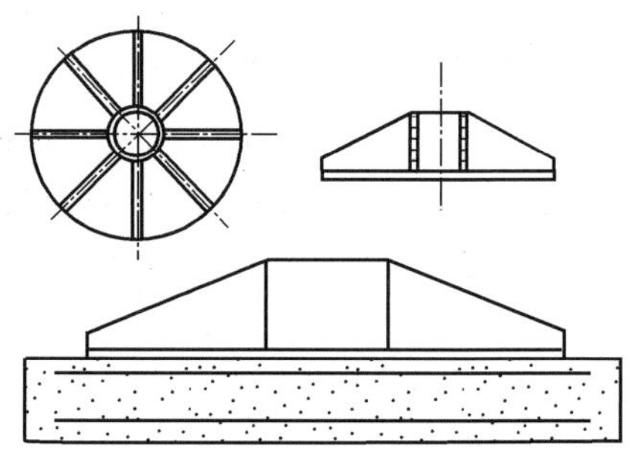

图 3.5-5　承压板

承压板宜选用钢板或钢筋混凝土板,压板应具有足够的刚度,底面应平整。钢质承压板为减少重量、增大刚度,宜采用加肋措施(图 3.5-5)。对于 4 m² 以上的载荷试验,宜选用现浇钢筋混凝土板。为增大压板刚度,钢筋混凝土板上可叠放加肋钢质承压板(见图 3.5-5)。

2. 加荷反力装置

图 3.5-6　直接堆码重物

加荷装置与单桩竖向抗压静载荷试验基本相似,不同之处有两点:①荷载源除用千斤顶外,还有直接分级堆码重物的方法(图 3.5-6)。直接堆码重物一般是使用标准重量的砝码,没有标准砝码时,用磅秤控制加荷量。②与基桩载荷试验相比,总加荷量相对较小,因此更多地使用地锚,而很少使用锚桩。常见的地锚反力架形式见表 3.5-1。

表 3.5-1　常用地锚构架形式

序号	类型	示意图		特点	适用范围
		平面	立面		
1	一字型			结构简单,但稳定性差	土层均匀荷载不大

续上表

序号	类型	示意图		特点	适用范围
		平面	立面		
2	十字型			结构较复杂，系统反力大，稳定性较好	荷载较大
3	伞型			构架稳定性好，系统反力大，结构复杂，锚位伸缩性小	荷载较大

3. 测量仪器仪表

本部分内容同 2.3.1 单桩竖向抗压静载荷试验有关内容。

3.5.2.2 螺旋板载荷试验设备的特点

表 3.5-2 螺旋板载荷试验仪器设备及要求

序号	名称	仪器设备及要求
1	反力装置	由 4 个单叶片地锚提供反力，由 2 跟小横梁和 1 跟大梁组成反力架
2	加荷系统	由油压千斤顶加荷，通过传力杆将荷载传递到承压板
3	承压板	为螺旋单叶片形，直径(b)有 162 mm 和 252 mm 两种，投影面积分别为 200 cm^2 和 500 cm^2。板径(b)、螺距(a)、轴径(c)、板厚(t)的关系应满足：$a/b=0.25\pm0.01$、$c/b\leqslant0.15$、$t/b=0.025\pm0.001$。表面粗糙度不宜大于 12.5 μm
4	板头传感器	量程有 20 kN 和 30 kN 两种。精度及防水性能同静力触探探头
5	荷载测量系统	同单桩载荷试验所用的电阻应变式测量仪器。应与板头传感器一起系统标定
6	位移测量系统	同单桩载荷试验

国内使用较多的是华东电力设计院等单位研制的 YDL 型螺旋板载荷试验仪，全套试验装置见图 3.5-7。仪器设备及要求情况见表 3.5-2。

3.5.3 现场测试

3.5.3.1 平板载荷试验方法要点

1. 平板载荷试验的试坑开挖

在基础底面设计高程处试验时，试坑底面宽度应不小于 $3b$(b 为承压板直径或宽度)；在自然地面下 0.5 m 处试验时，试坑底面宽度可取(1～1.2)b。试验前应保持坑底土层的天然湿度和原状结构。

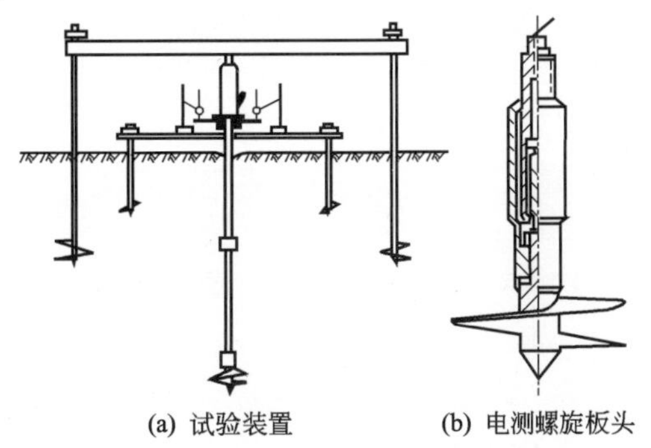

图 3.5-7 螺旋板载荷试验仪

实际基础有碎石等垫层时，试验高程应位于垫层底部，不应在垫层上进行试验。

试验点位于地下水位以下时，开挖试坑及安装设备前，应先将坑内地下水位降到试坑底面以下。安装设备，待水位恢复后再行试验。

根据需要，试验前在坑边、试验后在压板下(0.5～1)b 处采取不扰动土样进行有关试验分析。

试验过程中应避免试坑受冻、曝晒和雨淋。

2. 试验设备安装

安置承压板前，应整平板下的试坑面并用水平尺找平后铺约 2～3 cm 的中粗砂垫层，轻轻拍实找平，使承压板与试坑面平整接触。

复合地基载荷试验桩的中心(或多根桩的形心)应与承压板中心保持一致。

依次安装千斤顶、荷重传感器(使用时)、传力柱(或垫块)及反力装置时，应逐一检查、调整对承压板中心的垂直度和同心度，并应避免对承压板施加冲击力和预压力。

3. 沉降测量装置的安装

用于观测承压板沉降的百分表或位移传感器，当不能居中安置时，必须对称设置于承压板的板面上，且应使收缩杆垂直于板面。

百分表应带有磁性表座，并应在保证百分表测头垂直承压板板面的前提下具有便利定位的能力；使用的位移传感器连同其托梁，也应具有相应的能力。

表座托梁的支点(固定点)与承压板中心的距离应大于 1.5b、与地锚反力装置之反力点的距离不得小于 0.8 m。

根据需要，用于观测承压板周围地面垂直位移的百分表或位移传感器，宜在过承压板形心的两条相互垂直的直线上、且距压板边缘的距离为(0.2～1)b 的范围内按等间距布置 4～5 只。

4. 试验加荷

试验荷载应分级施加，按设计要求的极限承载力分 8～12 级。最大加荷不小于设计要求的容许承载力的 2 倍。尽量按等量分级，第一级不能按 2 倍分级加荷。

5. 试验方法

根据工程需要可采用慢法(沉降相对稳定法)或快法(沉降非稳定法)。慢法主要用于软土排水固结地基及对变形有明确要求的建筑物；快法一般用于强夯处理地基和各类复合地基。

6. 试验观测记录和慢法稳定标准

施加某级荷载 p 后、应按时观测相应的沉降量 S'。每级荷载下的沉降观测时间 t 及稳定标准为：①对于慢法，自加荷开始按 5 min、10 min、15 min、15 min、15 min 间隔，以后每隔 30 min观测沉降一次，当每小时的沉降量不大于 0.1 mm 且连续出现两次时，可施加下一级荷载。②对于快法，每施加一级荷载后，隔 15 min 观测一次沉降，累计观测达 2 h 时，再施加下一级荷载。

7. 终止加荷条件

出现下列情况之一时可终止加荷：

①承压板周围的土层明显侧向挤出；

②沉降急剧增大，荷载沉降曲线出现陡降；

③累计沉降量达到承压板宽度的 10%；

④当达不到极限荷载，而最大加荷已大于设计要求容许承载力的 2 倍。

8. 卸荷与观测

需要时应做卸荷回弹观测,卸荷级数可为加荷级数的一半,每卸一级间隔 30 min,记录回弹量。荷载全部卸除后,继续观测 2～3 h。

3.5.3.2　螺旋板载荷试验方法要点

1. 试验前的准备工作

核查板头标定记录;螺旋板几何尺寸应符合设计要求,且无损伤、板面光滑;检查百分表(或位移传感器)、液压千斤顶、记时器、记录仪等设备的完好性。

将螺旋板的方榫插入板头传感器下端的方孔中,上下活动自如后,用一根直径约 3 mm 的软金属丝插入连接好的销孔中,使螺旋板与板头连成一体。

2. 试验设备安装

平整场地,然后用下锚机或人力旋下 4 个反力地锚和两个固定沉降观测支架的小地锚。

根据测试深度的需要,连接好传力杆。若用电测式板头,应穿好电缆,检查信号输出是否正常。然后将板头旋到既定测试深度,并保持传力杆的垂直状态。

安装相应的组件,对工字大梁、千斤顶座、表座托板均应用水平尺校准。在传力杆上固定沉降观测支板,然后安装千斤顶、垫块等,并保持传力系统垂直,避免偏压。

安装沉降观测仪表。测力系统若用电测板头,应先预热调零(同静力触探)。然后开始试验。

3. 试验方法

试验方法分为应力法和应变法两类。

应力法是规程中规定的方法,又分为快法和慢法,其加荷分级、观测时间、稳定标准同平板载荷试验。

应变法是以等沉降速率来控制加荷,连续加荷直到土体破坏为止,并同时按等沉降量间隔测记荷载。沉降速率可按地基土的类别和性质来确定,对灵敏度高的饱和黏性土一般以 0.25～0.50 mm/min;对一般黏性土可采用 0.50～2.00 mm/min;对粉土、砂土可采用 2.00～5.00 mm/min。

试验方法的选用可参考表 3.5-3。

表 3.5-3　螺旋板载荷试验方法选择

序号	试验目的	应力法		应变法
		慢法	快法	
1	地基土的承载力	√	√	√
2	地基土的排水模量	√		
3	地基土的不排水模量		√	√
4	不排水抗剪强度		√	√

4. 终止试验条件

出现下列情况之一,可终止试验:

①沉降急剧增大,荷载沉降曲线出现陡降;

②累计沉降量达到承压板宽度的 10%;

③荷载不变,24 h 内沉降速率几乎不变。

5. 其他要求

试验点应在静力触探了解地层剖面后布置,同一试验孔在竖直方向上试验点间距宜为 1 m。土质均匀、厚度较大时,点间距可取 2～3 m。

试验孔全部测试完成后,将传力杆和传感器拔出地面,弃螺旋板于孔中。

3.5.4　资料整理

3.5.4.1　慢法的资料整理

1. 检查复核现场记录,绘制 p-s' 和 s'-t 曲线草图。

2. 修正沉降观测值

图 3.5-8 为三种典型的原始 p-s' 曲线。从中可以看出，有的曲线起始段(第一级或前数级荷载)的斜率与紧跟其后的线段的斜率相差较大，主要表现为三种形态：①p-s' 曲线前段呈直线，但直线不通过原点(如图 3.5-8 中的 a)；②p-s' 曲线整体呈上凸形态，第一级(或前面数级)荷载下没有沉降，或者沉降相对很小(如图 3.5-8 中的 b)；③p-s' 曲线前段下凹，整条曲线反弯呈 S 形(如图 3.5-8 中的 c)。产生上述现象的原因主要有两个方面：①设备安装时在承压板上施加了预应力(s_0 为负值)；②承压板与其下土层接触不平整(s_0 为正值)。对上述 p-s' 曲线应进行沉降值修正，首先按下述方法求出修正值 s_0。

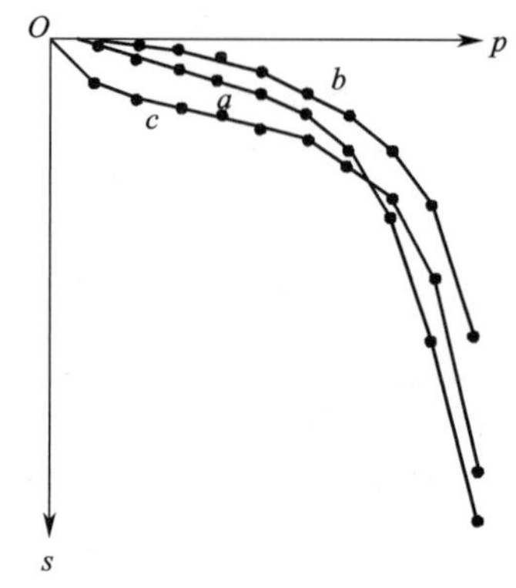

图 3.5-8　原始 p-s' 曲线的三种类型

①图解法。用直尺或云形曲线板将 p-s' 曲线的直线段或平滑段延长至 s 轴，即可得到截距 s_0。这种方法很简便，但其精度与做图的比例尺有关，受人为因素影响较大。

②对 p-s' 曲线前段呈直线的情况，可按式 3.5-4 拟合直线计算出 s_0。

$$s'=s_0+C\cdot p \tag{3.5-4}$$

式中　C——拟合参数。

③对于从第一级荷载开始就比较圆滑的 p-s' 曲线，可按式 3.5-5 采用三点法拟合计算。

$$s_0=3s_1'-3s_2'+s_3' \tag{3.5-5}$$

式中　s_1'、s_2'、s_3'——分别为前三级荷载 p_1、p_2、p_3 对应的实测沉降值。

式 3.5-4 是假定圆滑型 p-s' 曲线的斜率变化量相等，即：

$$(s_2'-s_1')/(p_2-p_1)-(s_1'-s_0)/p_1=(s_3'-s_2')/(p_3-p_2)-(s_2'-s_1')/(p_2-p_1)$$

令 $p_3-p_2=p_2-p_1=p_1$ 推导出来的。因此式 3.5-5 的适用条件是：从第一级荷载开始 p-s' 曲线就比较圆滑，且 $p_3-p_2=p_2-p_1=p_1$。

④对 p-s' 曲线整体呈圆滑型的情况，可用双曲线拟合法求 s_0。

$$s/p=a+b'\cdot s \tag{3.5-6a}$$

$$s=s'-s_0 \tag{3.5-6b}$$

式中　a，b'——拟合参数。

试取 s_0，按式 3.5-6b 算出 s，然后按式 3.5-6a 进行曲线拟合。拟合质量达到满意时的 s_0 即为所求。这里需要指出一点，如果 p-s' 曲线的后段不太圆滑，可仅取圆滑段的点进行拟合。

⑤采用其他曲线拟合方法计算 s_0。

修正后各级荷载下沉降值 s 的计算方法：

①按作图法和三点法求 s_0 时，$s=s'-s_0$；

②按直线拟合法计算 s_0 时，前面参加拟和的点按拟和关系式 $s=C\cdot p$ 计算；后面未参加拟合的点按 $s=s'-s_0$ 计算；

③按双曲线拟合法计算 s_0 时，前面参加拟和的点按式 3.5-6a 计算 s 值；后面未参加拟合的点按 $s=s'-s_0$ 计算。

3. 绘制修正后的荷载沉降关系曲线

根据修正后的沉降数据 s 绘制 p-s 曲线，需要时尚应绘制 $\lg p$-$\lg s$、p-$\Delta s/\Delta p$(Δs 和 Δp 分别为沉降增量和荷载增量)、s-$\lg t$ 曲线(图 3.5-9)。

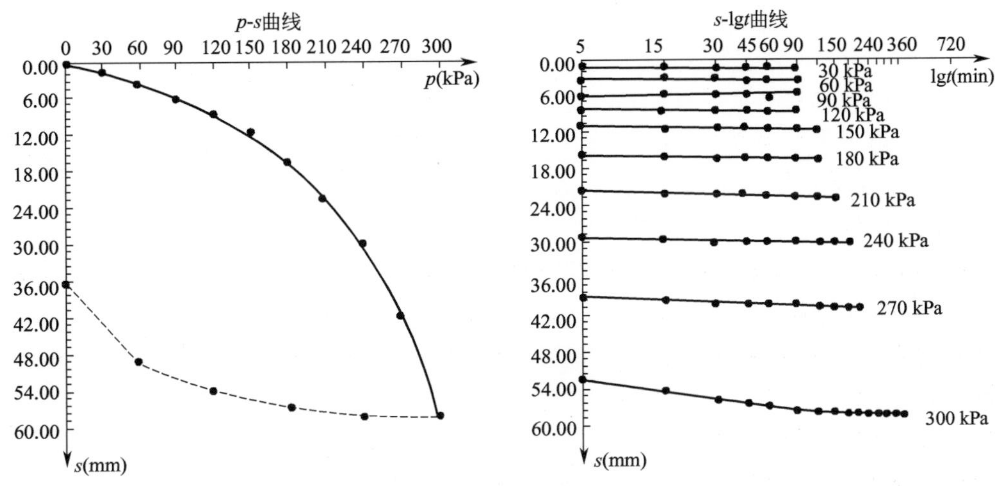

图 3.5-9 载荷试验成果曲线

3.5.4.2 快法的资料整理

要先按外推法算出各级荷载下沉降速率达到慢法相对稳定标准时所需的时间和相应的沉降，再按慢法进行资料整理。沉降量外推计算原理和方法如下：

1. 设定沉降 s' 与时间的对数 $\lg(t+1)$ 呈线性关系，因此沉降速率达到慢法相对稳定标准时所需要的时间及相应的沉降量为：

$$t_n=\frac{t_w}{1-e^{-s_w/\beta_n}} \tag{3.5-7a}$$

$$s_n=\alpha_n+\beta_n\cdot\ln(t_n+1) \tag{3.5-7b}$$

式中 t_n——第 n 级荷载下沉降达到相对稳定标准时所需的时间(min)，当 t_n 值不足为 30 的倍数时，可增大至 30 的倍数；

s_n——第 n 级荷载下沉降达到相对稳定标准时的沉降量(mm)；

t_w——沉降速率达到相对稳定标准的时间增量($t_w=60$min)；

s_w——沉降速率达到相对稳定标准的沉降增量($s_w=0.1$mm)；

e——自然对数的底；

α_n——第 n 级荷载下，s-$\lg t$ 曲线的截距(mm)；

β_n——第 n 级荷载下，s-$\lg t$ 曲线的斜率。

2. 按式 3.5-7b 拟合 s'-$\lg t$ 曲线，得到 α_n 和 β_n。

3. 每级荷载下，各次沉降观测值中，应扣除前级荷载下的剩余沉降量。剩余沉降量按下式计算：

$$\Delta S_{k,n}^{(i)}=\sum_{k=1}^{n-1}\beta_k\{\ln[N\cdot(n-k)+i]\Delta t+1\}-\ln[N\cdot(n-k)\Delta t+1] \tag{3.5-8}$$

式中 $\Delta S_{k,n}^{(i)}$——第 n 级荷载下的第 i 次观测值中应扣除的剩余沉降量(mm)；

k——第 n 级前的荷载级数；

Δt——沉降观测的时间间隔(min)，$\Delta t=15$min；

N——每级荷载下沉降观测的次数($N=8$)；

n——荷载级数。

4. 计算各级荷载下累计沉降量

$$s'_n = \sum_{1}^{n} s_n \tag{3.5-9}$$

式中　s'_n——第 n 级荷载下外推计算后的累计沉降量(mm)；

s_n——第 n 级荷载下，沉降达到相对稳定标准时的沉降量的累计沉降量(mm)，按式 3.5-7b 计算。

3.5.4.3　螺旋板载荷试验的资料整理

根据各级荷载下的累计沉降观测值 s，绘制 p-s 曲线。对慢法需要时尚应绘制 s-lg$t$、或 s-$\sqrt{t}$ 曲线。对于应变法，为了确定极限压力值，也可绘制压力-沉降量与板径之比百分数的关系曲线(lg$p$-s/d%)，前者取对数坐标，后者取算术坐标(图 3.5-10)。

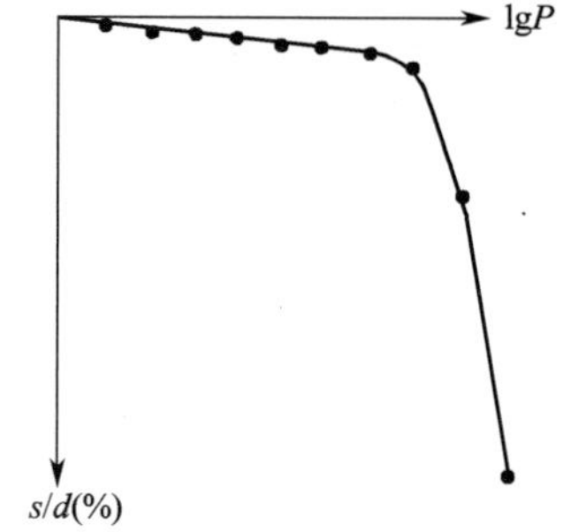

图 3.5-10　lg$p$-s/d%关系曲线

3.5.4.4　试验资料整理中的分层

平板载荷试验一般均在处理地基的表层进行，因此可作为一层进行评价。螺旋板载荷试验应结合勘察和触探资料综合进行分层。

3.5.5　处理地基岩土参数的确定

3.5.5.1　确定地基土的承载力

1. 单个试验点地基土基本承载力

规程规定：单个试验点地基土基本承载力 σ_0 可按下列方法确定：

①若 p-s 曲线存在拐点(如图 3.5-1b)，则第一拐点对应的压力为比例界限压力 p_a，第二拐点对应压力为极限承载力 p_u。当 $p_u \leqslant 1.5\ p_a$ 时，取 $\sigma_0 = p_u/2$；当>1.5 时，取 $\sigma_0 = p_a$。

②若 p-s 曲线呈圆弧形(如图 3.5-1a 曲线Ⅱ)，无明显拐点，可按下述方法确定：

a. 在绘制的 lg$p$-lg$s$ 或 p-$\Delta s/\Delta p$ 曲线上，取第一转弯点所对应的荷载值为 σ_0；

b. 取相对沉降 s/b 值所对应的荷载值为 σ_0，其中 s/b 值根据设计要求选用，设计无要求时可参考表 3.5-4 取用；

表 3.5-4　确定承载力的相对沉降值(s/b)

地基类型	排水固结、黏性土强夯地基，桩周土为黏性土的碎石桩、砂桩复合地基	砂土、碎石类土强夯地基，桩周土为粉土和砂土的碎石桩、砂桩复合地基	水泥土桩	CFG 等高强度复合地基	土挤密桩、石灰桩、柱锤冲扩桩复合地基	灰土挤密桩复合地基
s/b 值	0.015	0.010	0.006	0.008～0.010	0.012	0.006～0.008

c. 用双曲线拟合法确定 p_u 值，取 $\sigma_0 = p_u/F$(F 为安全系数)，可根据工程性质和设计要求取 F 为 2～3。

以双曲线拟合的 p-s 曲线，应按下列公式确定地基土极限承载力：

$$p_u = R_f \cdot p_f \tag{3.5-10a}$$

$$p_f = 1/b' \tag{3.5-10b}$$

式中　p_f——破坏荷载；

b'——由式 3.5-6 得到的拟合参数；

R_f——破坏比，通常取 0.7～0.9，坚硬地基取小值，反之取大值，根据经验确定。

2. 工点载荷试验承载力综合评价

螺旋板载荷试验应按下列要求分层进行计算和评价：

①同一土层参加统计的试验点数不应少于 3 个；

②试验点 σ_0 值的极差不小于其平均值 30%时，可取平均值作为处理地基承载力基本值；当极差大于其平均值 30%时，可按式 3.2-27 计算承载力特征值。

平板载荷试验若处理后的地基承载力有不满足设计要求且成片出现时，应划分出合格与不合格区域。对合格区域，若载荷试验最大荷载加至设计要求承载力基本值的 2 倍，且未达到极限状态时，应评价为处理后地基承载力不小于设计要求值，满足要求。对不合格区域按上述螺旋板载荷试验的要求进行计算和评价。

3.5.5.2　确定地基土的应力应变模量

1. 平板载荷试验

规程规定土的变形模量可按下式计算：

$$E_0 = I_0(1-\mu)d \cdot p_a / s_a \tag{3.5-11}$$

式中　p_a——比例界限压力，即 p-s 曲线上第一拐点压力；当 p-s 曲线无直线段时，按 $0.5p_u$ 取值；

s_a——与 p_a 相对应的沉降；

其他符号同式 3.5-3。

2. 螺旋板载荷试验

①规程规定的方法

根据慢法试验结果按下列公式计算土的变形模量 E_0：

$$E_0 = I_0 I_1 I_2 (1-\mu)d \cdot p_F / s_F \tag{3.5-12a}$$

$$I_2 = 1 + 2\mu^2 + 2\mu^4 \tag{3.5-12b}$$

式中　p_F——临塑压力，即 p-s'曲线上初始直线段的终点；

s_F——与 p_F 相对应的沉降；

I_2——与泊松比有关的修正系数；

其他符号同式 3.5-3。

②华东电力设计院对慢法提出的计算变形模量的方法

a. 先按平板载荷试验的方法计算出 E_0；

b. 再根据 Schmertmann 提出的深度修正系数进行修正：

$$E_0' = C \cdot E_0 \tag{3.5-13a}$$

$$C = 1 - 0.5(p_0/\Delta p) \tag{3.5-13b}$$

式中　E_0'——螺旋板载荷试验确定的变形模量；

C——深度修正系数，无因次，按弹性理论 C 不应小于 0.5。

其他符号同式 3.5-16。

③加拿大 Selvadurai 提出快法试验的不排水模量 E_u 理论公式：

$$E_u = QA/(\pi rs) \tag{3.5-14}$$

式中　E_u——不排水模量(MPa)；

Q——荷载(kN)；

r——板的半径(m)；

s——荷载 Q 所对应的沉降量(mm)；

A——与螺旋板和土之间的胶结程度有关的系数：完全黏结时取 0.6，完全不黏结时取

0.75,而实际试验时,一般为部分黏结取 0.66。

此方法在实际应用时是得到一条加荷——卸荷——加荷的多次循环的 Q-s 曲线。计算 E_u 时不用第一循环,因为干扰因素太多,一般用第二循环的初始直线段的斜率 $\Delta Q/\Delta s$ 代替式 3.5-14 中的 Q/s(图 3.5-11)。

④澳大利亚 Kay 等人提出的在硬黏土中用应变法确定不排水模量 E_u 的公式:

$$E_u = d \cdot A \cdot \Delta p/\Delta s \qquad (3.5\text{-}15)$$

式中　d——板的直径;

Δp——承压板上单位面积的压力;

Δs——压力所对应的沉降量;

A——取决于泊松比 μ 和螺旋板与土之间的黏结程度的系数:对于不排水条件 $\mu=0.5$ 则完全黏结时 A 取 0.29,完全不黏结时取 0.38,实际试验取 0.33。

此公式的试验方法是以 0.3 mm/min 的沉降速率连续加荷,同时记录压力与沉降量,直到总沉降量达 3 mm 为止。当加荷到预估破坏荷载的一半时,进行卸荷,再加荷循环(图 3.5-12)。一般认为采用此循环滞回圈的长轴斜率作为 $\Delta p/\Delta s$ 来计算 E_u 是比较可靠的。

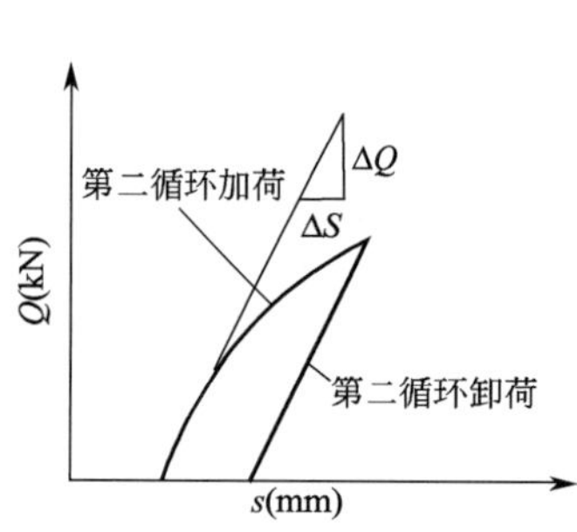

图 3.5-11　第二循环斜率示意图

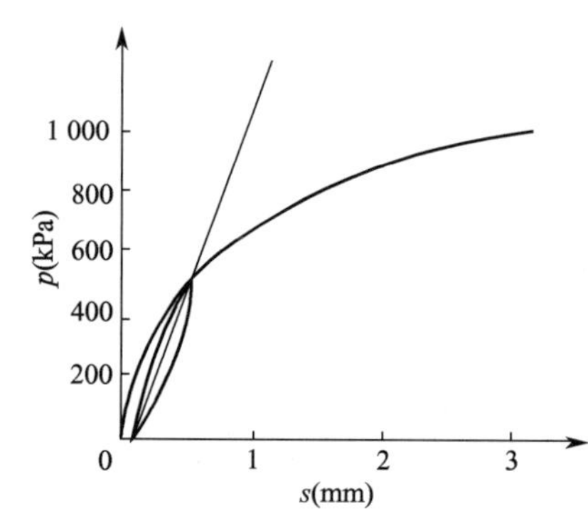

图 3.5-12　应变法 p-s 曲线

⑤Janbu 等人提出的用试验排水条件下确定土的压缩模量 E_s 的公式:

$$E_s = m \cdot p_\alpha (p/p_\alpha)^{1-\alpha} \qquad (3.5\text{-}16a)$$

$$m = s_c \cdot \Delta p \cdot d/(p_\alpha \cdot s) \qquad (3.5\text{-}16b)$$

$$\Delta p = p - p_0 \qquad (3.5\text{-}16c)$$

式中　Δp——承压板上的压力增量(kPa);

p_0——试验点处的原位有效自重应力;

p——总压力(kPa),$p=p_0+\Delta p$;

p_α——参考压力,一般取一个大气压(100 kPa);

s——与 Δp 对应的承压板的沉降量;

d——承压板直径;

α——应力指数;

s_c——无因沉降数,根据 p_0 和 Δp 查 Janbu 提出的曲线,见图 3.5-13。

应力指数按土类选定:

a. 对正常固结黏性土和极细的粉土,取 $\alpha=0$,则 $E_s=m \cdot p$;

b. 对超固结黏性土,取 $\alpha=1$,则 $E_s=m \cdot p_\alpha$;

c. 对砂土或粉性土,取 $\alpha=0.5$,则 $E_s=m \cdot (p \cdot p_\alpha)^{0.5}$。

3.5.5.3　地基竖向基床系数

规程规定地基竖向基床系数 K_s 应按下列要求计算：

1. 平板载荷试验基床系数 K_{sa} 可由下式确定：

$$K_{sa}=p_a/s_a \tag{3.5-17}$$

式中，符号同式 3.5-11。

2. 在同一场地对同一土层使用不同面积的承压板试验时，应按下式统一修正为一种面积尺寸的基床系数 K_1：

$$K_1=K_{sa}\cdot\sqrt{F_a}/\sqrt{F_1} \tag{3.5-18}$$

式中　K_1——基床基准系数，即方形承压板面积 $F_1=0.0929\ m^2$ 时的基床系数；

F_a——实际使用的承压板面积。

3.5.5.4　地基土强度

1. 上海市《岩土工程勘察规范》推荐的公式

对饱和黏性土，根据用快法载荷试验得到的极限压力 p_u，按式 3.5-19 估算土的不排水抗剪强度 C_u。

$$C_u=(p_u-p_0)/N_c \tag{3.5-19}$$

式中　p_0——承压板周边外的超载或土的自重压力(kPa)；

N_c——承载力系数，对圆形承压板，无周边超载时，$N_c=6.15$；当承压板埋深大于等于 4 倍压板直径时，$N_c=9.40$；当承压板埋深小于 4 倍压板直径时，由线性内插法确定。

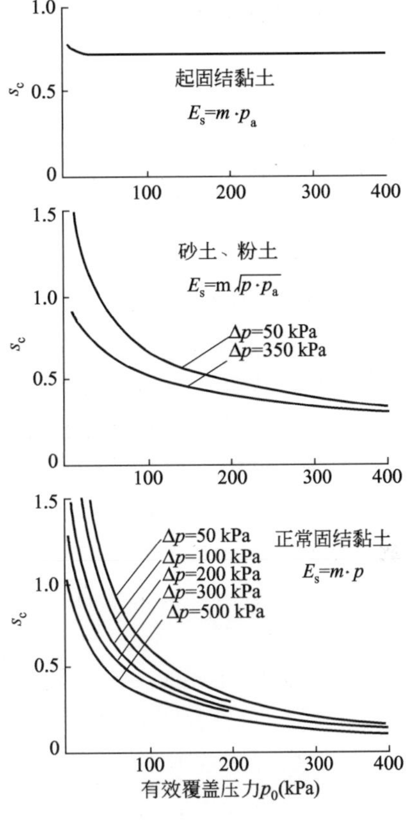

图 3.5-13　确定 s_c 的关系曲线

2. Kay 等人提出的方法

试验方法同 3.5.5.2 有关 Kay 法的内容。适用于硬黏土。公式形式同 3.5-19，其中 $N_c=9$。

3. 华东电力设计院公式

用 YDL 型螺旋板载荷试验仪，在上海、宁波、福州、玉环等沿海地区饱和黏性土中，用 2 mm/min 沉降速率控制连续加荷，每沉降 1 mm 测读一次荷载，直至土层破坏。由试验得到的 p_u(kPa)与十字板所测得的 C_u(kPa)进行相关分析，得到如下相关公式：

$$C_u=0.1004p_u-2.864 \tag{3.5-20}$$

3.5.6　特殊载荷试验

3.5.6.1　检测黄土湿陷性的载荷试验

对于用夯实、强夯、挤密等密实方法处理过的湿陷性黄土地基，可采用载荷试验的方法确定起始湿陷压力，进而确定在设计荷载作用下产生湿陷的可能性。也可在设计要求的荷载下试验观测浸水前后的沉降量变化值，以此来评价产生湿陷的可能性。

1. 试验方法

试验方法有：双线法、单线法和饱和单线法三种。因饱和单线法仅能用拐点的荷载来判定起始湿陷压力，且需要两个拐点，而饱和黄土的实际试验曲线上，拐点不很明显，因此应尽量采用双线法和单线法。

①双线法

在场地内相邻位置的同一高程处，做 2 个载荷试验，其中一个在天然湿度的土层上进行，另一个在浸水饱和的土层上进行。

②单线法

先按相对稳定法进行天然湿度下的试验，直到预定的荷载。稳定后维持荷载，进行浸水饱和，按相对稳定标准继续观测，直至达到稳定标准。计算浸水后与浸水前的稳定沉降量差值 s_s。通常至少做 3 个不同压力下的浸水试验。如果设计有明确的荷载要求，也可按设计要求的荷载只做一次浸水试验。

2. 试验的特殊要求

①承压板面积不宜小于 5 000 cm^2。

②每级荷载增量不应大于 25 kPa，试验最终压力达到设计要求荷载，且不小于 200 kPa。

③每级荷载下的稳定标准为每隔 2 h 的下沉量不大于 0.2 mm。

④浸水前的试验应尽量保持土层的天然湿度，不得被雨淋或受水浸泡；饱和后土的饱和度不应低于 85%。

3. 资料整理及起始湿陷压力判定

①资料整理

绘制荷载沉降曲线 p-s 和荷载浸水下沉量曲线 p-s_s，见图 3.5-14。

②起始湿陷压力判定

根据荷载浸水下沉量曲线 p-s_s 的特征，取其转折点所对应的压力作为起始湿陷压力值。当曲线上的转折点不明显时，可取浸水下沉量 s_s 与承压板宽度 b 之比等于 0.015 所对应的压力作为起始湿陷压力值。

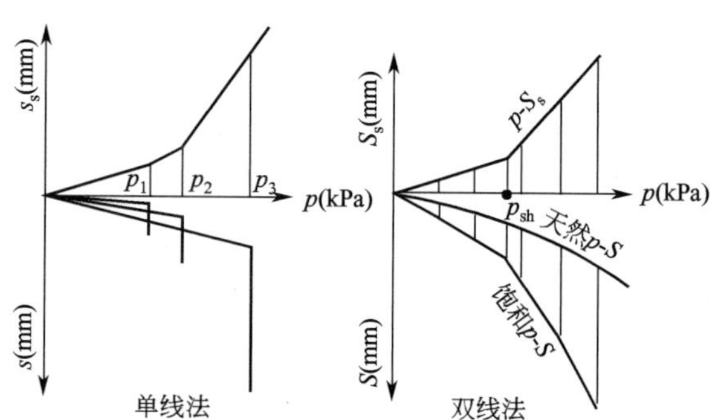

图 3.5-14　荷载沉降及浸水下沉量曲线

3.5.6.2　动载荷试验

铁路道路地基除承受上部圬工（路堤、涵体、道床等）的静荷载外，还承受列车动荷载，低填和挖方地段，动荷载的作用尤为显著。地基土在动荷载作用下的响应有其特殊性，主要表现在：饱和砂土、粉土孔隙水压力升高，强度降低；饱和黏性土地基产生软化。当动荷载超过地基土的临界动压力时，地基就会产生较大的变形，因此需要时应通过现场动载荷试验测试处理地基在动荷载作用下的性状。

1. 仪器设备

动载荷试验装置见图 3.5-15，仪器设备情况见表 3.5-5。

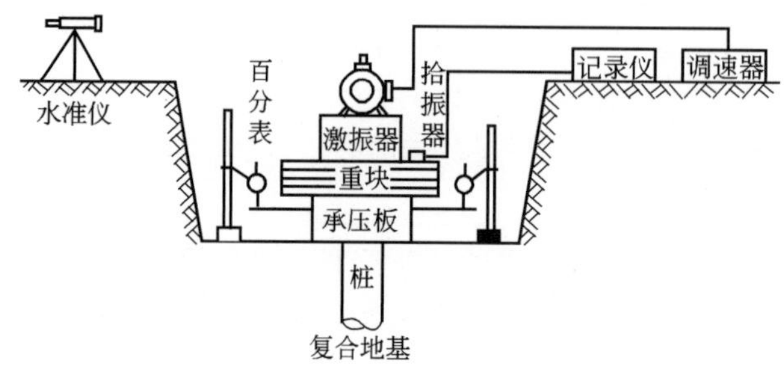

图 3.5-15　动载荷试验装置

表 3.5-5　动载荷试验仪器设备

名称	组成及参数
载荷板	形状：正方形或圆形 面积：0.25 m^2、0.50 m^2、1.00 m^2、2.00 m^2 厚度：钢板厚＞3 cm，加肋；钢筋混凝土板厚＞10 cm
激振设备	马达功率：大于 3 kW 激振器：偏心块机械式，频率≥50 Hz，激振力≥30 kN 可控硅调速器功率：大于 3 kW
测震设备	仪器的频响范围 2～100 Hz，增益大于 12 dB，传感器宜采用位移型
沉降、震陷测量设备	大量程百分表或位移传感器，精密水准仪。

激振器一般采用偏心块机械式，由可控硅控制激振器马达的转速。激振器的输出激振力 p_t(N)按下式计算：

$$p_t = m_e \cdot e \cdot \omega^2 \cdot \sin\omega t \tag{3.5-21}$$

式中　m_e——偏心块质量(kg)；

e——偏心距(m)；

ω——偏心块的旋转圆频率，即激振器的激振力频率(s^{-1})；由转速表或测速电机测定；

t——时间(s)。

用于施加静荷载的重块宜采用平整的厚钢板制成。重块与荷载板、激振器之间必须牢固地联成一个整体。

2. 试验方法

①试坑开挖及承压板安装

同平板载荷试验。

②施加静荷载

用重块逐级加荷观测，直至设计要求的静压力值。方法同平板载荷试验。

③安装激振设备

激振器可作为最后一级静载。激振器的激振力必须在通过载荷板底面形心的竖线上。

④安装测量设备

在荷载板的四个角上安装 4 只百分表(或位移传感器)，用精密水准仪和百分表观测记录沉降值；在重块上对称安装 4 只加速度传感器。

⑤施加动荷载测试

用激振设备分级施加竖向动荷载，每级动荷载取列车传递到地基的动压力的 1/5(最终施加的动荷载一般不小于列车动荷载压力的 2 倍)。每级动荷载做三次以上 10 min 连续加荷震动。每次加荷震动，在 0.5 min、1 min、3 min、5 min、10 min 时，用测震仪器(低应变测桩仪器)测量竖向震动加速度。连续 10 min 加荷震动结束后，立即观测载荷板四个角点的震陷量，并取平均值作为本次加荷震动产生的震陷量。每级动荷载的沉降稳定标准为：连续三次 10 min 加荷震动的震陷量不超过 0.1 mm。

取每级动荷载下达到稳定时的总震陷量作为本级的震陷量。取每级第一次加荷震动 0.5 min、1 min、3 min、5 min、10 min 时的平均竖向震动加速度的峰值为本级的竖向震动加速度 a。竖向动荷载 p_d 按式 3.5-22 计算。

$$p_d = m_z \cdot a \tag{3.5-22}$$

式中 a——实测的重块等的加速度值；

m_z——重块、承压板、激振器质量之和。

⑥终止试验标准

达到下列条件之一，即可终止试验：

a. 载荷板四周出现辐射状和环状裂缝；

b. 载荷板四周明显隆起；

c. 某级荷载下加荷震动连续 12 次达不到稳定；

d. 某级加荷震动的沉陷量超过前级震陷量的 5 倍。

3. 资料整理和地基土动参数的确定

①资料整理

绘制总荷载（静荷载 p_j＋动荷载 p_d）与总沉降量（沉降量 s_c＋振陷量 s_d）关系曲线，见图 3.5-16。

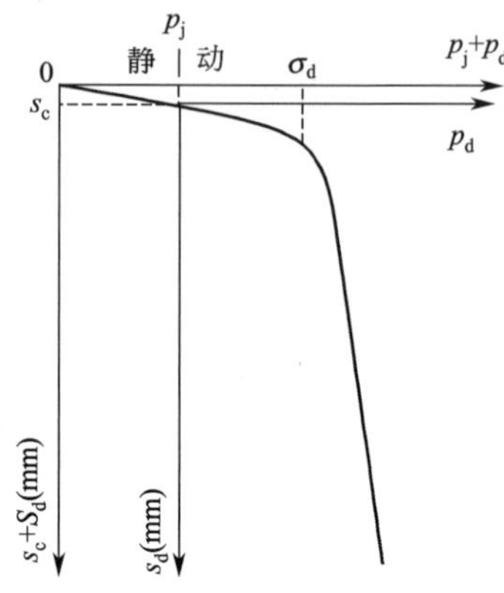

图 3.5-16 荷载-沉降关系曲线

②地基土动参数的确定

根据 p_d-s_d 曲线的特征，曲线前段有明显直线段时，取直线终点的总压力（p_j+p_d）作为试验荷载条件下地基土的动承载力基本值 σ_d；当曲线上无明显的直线段时，取最终荷载的前一级动荷载（p_d）的一半加静荷载作为 σ_d。

3.5.7 工程实例分析

3.5.7.1 s_0 修正

1. 直线回归

表 3.5-6 ×点载荷试验数据

分级	1	2	3	4	5	6	7	8	9	10	11	12
荷载 p(kPa)	40	80	120	160	200	240	280	320	360	400	440	480
沉降 s'(mm)	2.16	3.34	4.57	5.81	7.04	8.53	10.33	12.98	16.69	21.06	27.25	35.42
修正后沉降 s(mm)	1.22	2.45	3.67	4.90	6.12	7.61	9.41	12.06	15.77	20.14	26.33	34.50

××路基工程采用 CFG 桩处理松软土地基，桩平面布置呈等边三角形，边长 1.5 m，每根桩分担面积为 1.95 m²，设计要求复合地基承载力不小于 240 kPa。单根桩复合地基静载荷试验采用圆形承压板，承压板直径为 1.58 m。某点实际观测的荷载沉降数据见表 3.5-6，p-s'曲线草图见图 3.5-17(a)。从图中可以看出曲线前段呈近似直线，因此可采用直线回归确定 s_0。取前 5 级荷载沉降数据进行直线回归，计算得到回归式为：

$$s=0.92+0.0306\times p$$

s_0 值为 0.92 mm。修正后的沉降值，前 5 级按 $s=0.0306\times p$ 计算，后面各级用实测沉降值减去 0.92 mm，计算结果见表 3.5-6。根据修正后的荷载沉降数据绘制 p-s 曲线，见图 3.5-17(b)。

2. 三点拟合

表 3.5-7 ×点载荷试验数据

分级	1	2	3	4	5	6	7	8	9	10
荷载 p(kPa)	30	60	90	120	150	180	210	240	270	300
沉降 s'(mm)	0.11	1.02	2.11	3.54	5.53	8.29	11.99	16.83	23.4	32.06
修正后沉降 s(mm)	0.73	1.64	2.73	4.16	6.15	8.91	12.61	17.45	24.02	32.68

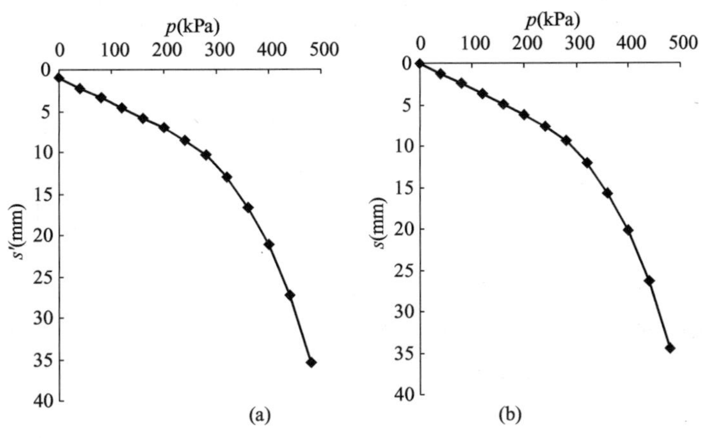

图 3.5-17　直线回归 p-s 曲线

××碎石桩复合地基，桩平面布置呈等边三角形，边长 1.1 m，每根桩分担面积为 1.05 m²，设计要求复合地基承载力达到 150 kPa。单根桩复合地基静载荷试验采用圆形承压板，承压板直径为 1.13 m，试验采用伞形地锚反力装置。某点实际观测的荷载沉降数据见表 3.5-7，p-s' 曲线草图见图 3.5-18(a)，从图中可以看出曲线前段呈圆滑的弧线。可能是伞形反力装置在安装时已经对地基施加了荷载，第一级荷载下沉降量明显偏小。

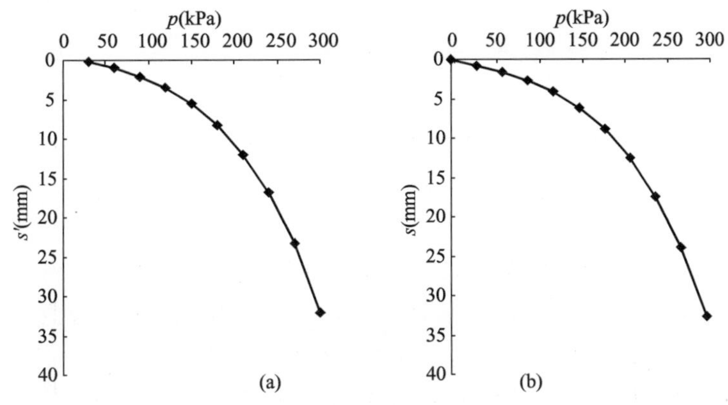

图 3.5-18　三点拟合 p-s 曲线

利用前 3 级的数据，按三点法计算 s_0 值。

$$s_0=3s_1'-3s_2'+s_3'=3\times0.11-3\times1.02+2.11=-0.62\ \text{mm}$$

用各级荷载下的实测沉降值减去－0.62 mm 得到修正后的沉降值，计算结果见表 3.5-7。用修正后的沉降值绘制 p-s 曲线，见图 3.5-18(b)。

3.5.7.2　几种地基处理方法的载荷试验

1. 搅拌桩复合地基

××水泥土搅拌桩复合地基，桩平面布置呈等边三角形，边长 1.2 m，每根桩分担面积为 1.25 m²，设计要求复合地基基本承载力达到 150 kPa。单根桩复合地基静载荷试验采用圆形承压板，承压板直径为 1.26 m。

×检验批共完成 6 个点单桩静载荷试验，试验结果统计见表 3.5-8。从表中可以看出 6 个点的基本承载力均达到 150 kPa。

表 3.5-8　水泥搅拌桩×检验批载荷试验结果统计

试验点序号	1	2	3	4	5	6
最终加荷量(kPa)	300	300	300	300	300	300
最终沉降量(mm)	19.73	20.22	18.56	24.31	21.17	20.58
150 kPa 对应沉降(mm)	7.10	7.33	6.96	8.58	7.54	7.32
基本承载力值(kPa)	150	150	150	150	150	150

2. 碎石桩复合地基

××碎石桩复合地基，桩平面布置呈等边三角形，边长 1.1 m，每根桩分担面积为 1.05 m^2，设计要求复合地基基本承载力达到 150 kPa。单根桩复合地基静载荷试验采用圆形承压板，承压板直径为 1.13 m。

×检验批共完成 10 个点单桩静载荷试验，试验结果统计见表 3.5-9。按表中数据统计计算，报检批的承载力达不到 150 kPa。从表中可以看出 10 个点中有 9 个点承载力基本值达到设计要求。由于最终加荷量为 300 kPa，试验基本承载力值最高也就给到 150 kPa，从沉降来看有 9 个点的承载力要高出 150kPa。

表 3.5-9　碎石桩×检验批载荷试验结果统计

试验点序号	1	2	3	4	5	6	7	8	9	10
最终加荷量(kPa)	300	300	300	300	300	300	300	300	300	300
最终沉降量(mm)	23.82	19.76	25.24	29.18	23.60	24.33	26.56	22.93	20.26	49.82
150 kPa 对应沉降(mm)	8.34	6.88	8.72	10.10	8.17	8.62	9.17	7.94	7.25	18.21
基本承载力值(kPa)	150	150	150	150	150	150	150	150	150	120

对于这种情况宜分别进行评价，报检批中有 9 个点承载力满足设计要求，其中有 1 个点达不到设计要求。

对于上述情况在制定检测方案时宜规定最终加荷超过设计要求承载力的 2 倍再做 1～2 级，仍没达到极限状态，可终止试验，取最终加荷的一半作为基本承载力值。

应当注意的是载荷试验确定的地基承载力仅代表载荷板下一定深度地基的承载力，对碎石桩、砂桩等散体材料，其影响深度很有限，最多不会超过承压板直径的 2 倍。对深层加固效果还应采用其他手段进行检测。

3.6　其他检测方法

3.6.1　十字板剪切试验

3.6.1.1　概　　述

十字板剪切试验是一种原位测试软黏性土强度的方法，与取土样室内抗剪强度试验方法相比，具有对土扰动小、可保持土的天然应力状态等优点。作为加固地基的一种检测手段，十字板剪切试验主要用于固结排水法处理的地基，可通过处理前、后土的十字板抗剪强度对比，评价加固效果，提供加固后地基的强度值。此外还可用于检测复合地基桩间软土的加固效果。

3.6.1.2　仪器设备

目前我国使用的十字板设备有机械式和电测式两种。机械式十字板在钻探孔中进行测试，每做一次剪切试验，都要清孔下套管，并且还要做轴杆摩擦力校正，操作麻烦，效率低，使用单位少。电测十字板克服了机械式十字板的缺点，操作简便，效率高，测试精度也较高。目前大多数单位使用电测式，这里我们也仅介绍电测式。

电测十字板仪器设备包括：压入主机、施加扭力装置、十字板头、扭力传感器、记录仪及其他辅助设备。

1. 压入主机和施加扭力装置。目前常用的设备是电测十字板-静力触探两用机（见图 3.2-7），施加扭力装置见图 3.6-1。

2. 十字板头。见图 3.6-2。板头常用规格有两种（表 3.6-1）。板头上部带有扭力传感器，传感器为电阻应变式。

图 3.6-1　十字板扭力箱

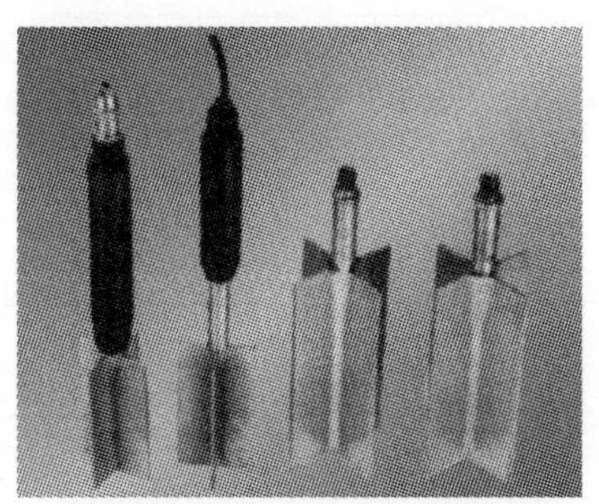

图 3.6-2　十字板探头

表 3.6-1　十字板头规格及尺寸

型号	板宽 D(mm)	板高 H(mm)	板厚 e(mm)	刃角 α(°)	面积比 A_r(%)	板头系数 K(m^{-3})
Ⅰ	50	100	2	60	14	2 182.70
Ⅱ	75	150	3	60	13	646.72

3. 记录仪。目前国内有多种电阻应变记录仪器，通常和静力触探记录仪通用。

4. 其他辅助设备。主要有探杆、管钳、地锚等。探杆通常采用外径 25 mm，壁厚 4 mm 的无缝钢管，每根长 1 m。用于前 5 m 的探杆，其弯曲度应不大于 0.05%，后续探杆的弯曲度应不大于 0.1%。

电测十字板为电阻应变式测量仪器，其率定要求同 3.2.3.4 有关内容，只是施加的荷载为扭矩。

3.6.1.3　现场测试

现场测试的主要步骤及要求。

1. 将地锚对称地设置于试验孔两侧，地锚数量及设置深度应满足将十字板贯入到最大试验深度的反力要求。

2. 将主机就位，调平机座后，与地锚锁定。

3. 安装扭力装置，将十字板头通过套有探杆的电缆和记录仪连接好，并做好防水。然后轻扭十字板头，观察仪器读数变化，确认仪器正常。

4. 将十字板和探杆连接，将板头贯入地下 0.5 m，使传感器与地温平衡，直到仪器输出稳定后调零。

5. 将十字板压至预定深度并静置 2～5 min 后，将扭力装置与探杆锁定。并应注意以下几点：①十字板试验深度应根据静力触探试验曲线确定，尽量避开触探贯入阻力高的砂夹层；

②探杆连接应拧紧；③加接探杆应在试验点位以上不小于 0.3 m 处；④扭力装置应安装牢靠，不得相对地面转动。

6. 记录仪器初读数(注意预热调零后不再调零)，然后按顺时针方向徐徐转动扭力装置上的旋转手柄，开始剪切测试。转速应均匀并符合 1°/10 s 的要求。

7. 十字板每转动 1°记录 1 次仪表读数，直到峰值读数后再测记 1 min，必要时可测记至稳定值出现。稳定值的确定以最小值读数连续出现 6 次为准。

8. 当需要测定土的灵敏度时，可用管钳按顺时针方向迅速转动探杆 6 圈，记下初读数，重复上述试验步骤，进行重塑土剪切试验。

9. 一个深度测试完毕后，接长探杆，将十字板压入到下一深度进行试验。一个试验孔测试完毕后，将探杆和十字板拔出地面，及时记录仪器的零漂。

3.6.1.4　资料整理

1. 试验点的十字板强度

土的十字板强度 S_u、残余强度 S_{ur}和重塑土强度 S_u' 按式 3.6-1 计算：

$$S_u = K\xi\varepsilon_f \tag{3.6-1a}$$

$$S_{ur} = K\xi\varepsilon_r \tag{3.6-1b}$$

$$S_u' = K\xi\varepsilon_f' \tag{3.6-1c}$$

式中　ξ——传感器的率定系数(kN·m)；

K——十字板头系数(m^{-3})，见表 3.6-1；

ε_f——原状土试验的最大读数；

ε_r——原状土试验的最小稳定读数；

ε_f'——土重塑后的最大读数。

需要说明一点测试过程中所记录的初读数未必就是仪器的零漂值，多数情况下是土受到的初始剪切扭矩，因此试验过程中不能调零。经分析后确认存在零漂值时，应将实测读数减去零漂值后再代入式 3.6-1 进行计算。

2. 土层的灵敏度 S_t 按式 3.6-2 计算：

$$S_t = \overline{S}_u / \overline{S}_u' \tag{3.6-2}$$

式中　$\overline{S}_u$——土层的原状土十字板强度平均值(kPa)；

$\overline{S}_u'$——土层的重塑土十字板强度平均值(kPa)。

3. 根据单孔各十字板试验的深度 h 及其原状土十字板强度 S_u 值绘制单孔十字板剪切试验成果图。当有地基加固前的十字板试验资料时，应绘制在同一张图上(图 3.6-3)，以便对比。

4. 土层十字板强度

当土层有明显分层特点时，应分层进行统计。对同一层土，十字板强度与试验深度无明显相关性时，按式 3.2-27 计算分层十字板强度特征值；十字板强度随深度有规律递增时(图 3.6-4)，给出十字板强度随深度变化的关系式。

3.6.1.5　成果应用

1. 不排水抗剪强度 c_u

由于十字板强度 S_u 通常比无侧限抗压试验得到的强度值 c_u 要高，因此用十字板试验成果进行强度验算，评价地基稳定性时，应根据土层条件和地区经验对十字板强度进行修正，折算成相当于无侧限抗压试验的强度值 c_u。缺乏地区使用经验时，可按式 3.6-3 修正：

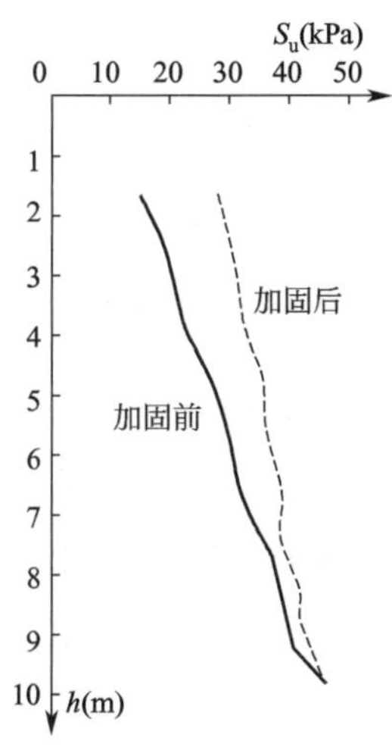

图 3.6-3 十字板强度随深度变化曲线

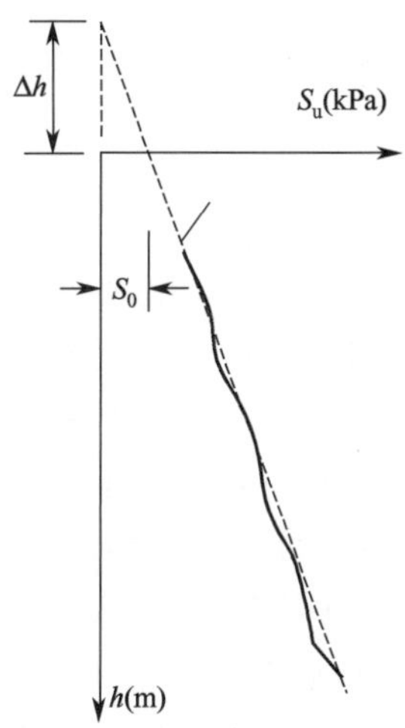

图 3.6-4 十字板强度随深度递增

$$c_u = \mu \cdot S_u \tag{3.6-3}$$

式中 μ 为修正系数：当 $I_p \leqslant 20$ 时，$\mu=1$；当 $20 < I_p \leqslant 40$ 时，$\mu=0.9$。

2. 固结不排水抗剪强度

当土层的十字板强度随深度呈线性递增趋势时（图 3.6-4），土的固结不排水剪内摩擦角 ϕ_{cu} 用式 3.6-4 按叠代法计算：

$$\tan\phi_{cu} = 3S_u / ((1+2K_0)\sigma'_p) \tag{3.6-4a}$$

$$K_0 = 1-\sin(1.2\phi_{cu}) \tag{3.6-4b}$$

$$\sigma'_p = \gamma'(h-\Delta h) \tag{3.6-4c}$$

式中 S_u——图 3.6-4 中 S_u-h 回归直线上任意点处土十字板强度（kPa）；

K_0——土的静止土压力系数；

h——S_u 取值点所对应的深度（m）；

σ'_p——S_u 取值点土的有效自重应力计算值（kPa）；

γ'——土层的有效重度平均值（kN/m^3）；

Δh——回归直线在 h 轴上的截距（m），区分正负。

迭代计算精度以 ϕ_{cu} 不大于 0.1°为标准。

土层的固结不排水剪黏聚力 c_{cu}，可取图 3.6-4 中回归直线交 S_u 轴的截距 S_0 值。

3. 地基加固效果评价

当有加固前十字板试验资料时，可直接进行加固前后十字板强度对比，评价加固效果。

可以用十字板强度推算地基承载力，进而评价加固后的地基承载力。

图 3.6-4 中 Δh 小于 0 时，为超固结土，$\Delta h \cdot \gamma'$ 为土的超固结压力值，距此可以评价预压固结效果。

4. 其他应用

此外还可根据试验得到的十字板强度值，估算单桩极限承载力，确定软土路基临界填土高度，评价地基稳定性。

3.6.2　旁压试验

3.6.2.1　概　　述

旁压试验又叫横压试验，是一种岩土原位测试方法，它是通过设置在土中的旁压器，向地下一定深度的岩土层施加水平荷载，使之产生变形，通过量测施加给土的横向应力和土的变形，进而推算土的强度和变形参数。

根据设置旁压器时是否排土，旁压试验分为钻孔旁压试验和压入式旁压试验。钻孔旁压试验又分为预钻孔式和自钻式，扁板侧胀试验是一种常用的横压试验。这里我们介绍预钻孔旁压试验。由于旁压器几何尺寸相对较小，因此试验适用于加固处理后相对比较均匀的地基，如软土固结排水地基、强夯地基、灌浆地基等。

3.6.2.2　仪器设备

预钻式旁压仪由旁压器、控制与测量系统、加压设备三部分组成(图 3.6-5)。旁压仪分为低压型和高压型，加固地基检测使用低压型即可，这里我们也仅介绍低压型。

1. 旁压器

旁压器是旁压仪的重要部件，由它直接对孔壁土体施加压力。常用的旁压器有胶囊和金属骨架组成，为了防止胶囊被划破，有的旁压器其胶囊外还装有护铠。按胶囊的结构不同，旁压器又分为单腔式和三腔式，目前常用的是三腔式。三腔式旁压器中腔为测量腔，上下两腔为辅助腔。三腔的意义在于仅测量受压段中部的情况，避免了端部效应，这样中段可简化为圆柱形扩张模型，按平面应变问题解答有关参数。

2. 控制和测量系统

它通常是设置在三角架上的一个箱式结构(图 3.6-5)，其功能是用来控制施加荷载，并测量孔壁变形。PY 型旁压仪结构原理如图 3.6-6 所示。通常试验荷载是由压缩气体提供的，通过控制箱体上的减压、调压阀门来控制试验荷载，压力大小通过压力表显示，压力表的最小分度值不大于满量程的 1%。由于水的压缩性很小，通常旁压器的三个腔内均充满水，测量腔和辅助腔分别与充有足够数量水的测管和辅管相连，根据水面上作用一定的压力后，测管中水位的变化来计算孔壁的变形量，体积量测精度不大于 0.5 cm^3。

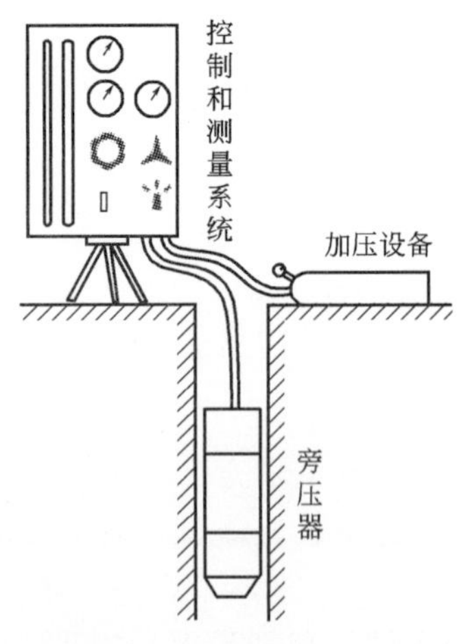

图 3.6-5　旁压试验设备示意图

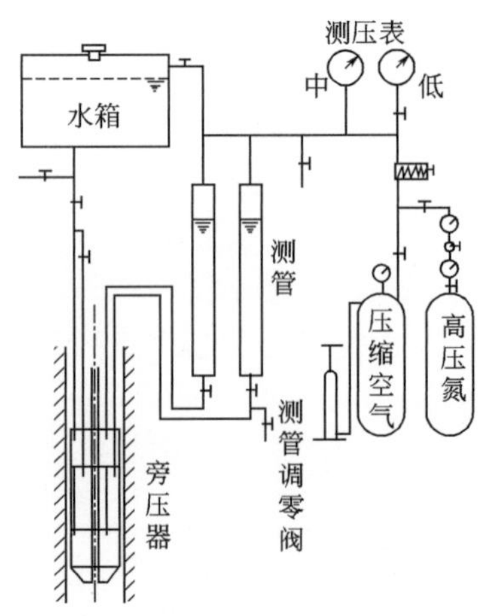

图 3.6-6　PY 型旁压仪结构原理图

3. 加压设备

通常试验的压力源用高压氮气瓶提供，在压力不太大的条件下，也可用压缩空气作气源。压缩空气瓶可由空压机或打气桶充气。储气筒内压力应高于预估最高试验压力 0.1～0.2 MPa。

3.6.2.3　测试前的准备

1. 旁压仪的标定

标定包括：压力表、胶囊约束力和仪器综合变形三项内容。

压力表必须送至计量部门检定，周期为一年。

遇有下列情况之一时，应进行胶囊约束标定：①新胶囊使用前；②胶囊累计使用次数达 8 次；③胶囊停做试验的时间达 48 h 以上；④旁压器从孔中取出时，测量腔被拉翻。

胶囊约束力按下列步骤标定：①将旁压器立于地面，使其处于自由状态，如果是新胶囊或放置了一段时间未使用的胶囊，先对胶囊加、卸压使其胀缩 3～4 次；②标定加压前记录测管读数，然后按 10 kPa 的压力增量逐级加压，按 30 s、60 s、180 s 记录各级压力下的测管水位下降值 s_m，根据胶囊容许膨胀量控制最终压力；③根据各级荷载下的压力表读数 p_m 与旁压器测量腔的静水压力 p_w 之和 p 与测管水位下降值 s_m（或换算出的测量腔体积膨胀量 V_m），绘制胶囊约束力标定曲线 p-s_m 或 p-V_m（图 3.6-7）。

仪器综合变形按下列步骤标定：①将旁压器放入一厚壁无缝钢管内，并竖直立于地面，管的内径比旁压器外径略大，管的长度比旁压器长 20 cm 以上；②按 100 kPa 的压力增量逐级加压，标定级数控制在 7～10 级，每级压力观测时间为 1 min，记录各级压力下的测管水位下降值 s_m；③根据各级荷载下的压力表读数 p_m 与测管水位下降值 s_m（或换算出的测量腔体积膨胀量 V_m），绘制荷载与变形标定曲线 p_m-s_m（图 3.6-8）或 p_m-V_m，曲线的斜率即为仪器的综合变形系数 η：

$$\eta = \Delta s / \Delta p \tag{3.6-5a}$$

或

$$\eta = \Delta V / \Delta p \tag{3.6-5b}$$

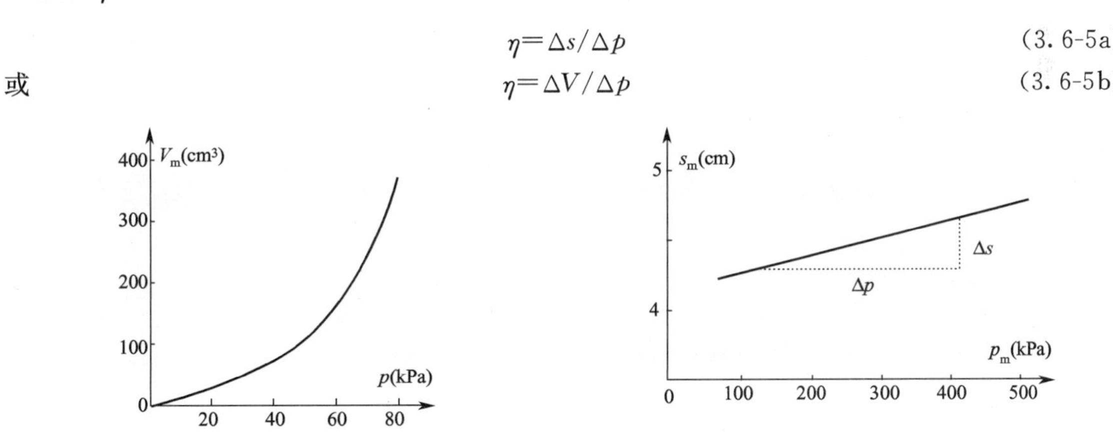

图 3.6-7　胶囊约束力标定曲线　　图 3.6-8　仪器综合变形标定曲线

2. 成孔及要求

成孔质量直接影响试验成果的优劣，必须予以重视。对孔的要求是孔壁平滑顺直、呈竖直的圆筒形，孔直径比旁压器直径大 2～6 mm，成孔深度大于试验深度 0.5 m，保持孔周围土体的天然结构和含水率状态。

为保证成孔质量，可根据试验土层的类别和性质采用不同的成孔设备和工具。采用钻机成孔时，应采用回转钻进，注意防止钻具在孔内摆动，转速不宜大于 60 r/min。对于黏性土层，试验段可采用长环刀成孔（图 3.6-9）。同一试验孔应由上而下逐次试验，且每个试验段成孔后立即进行,时间间隔不宜大于 15 min。成孔时应记录描述试验段的土层特性。每孔第一个试验点深度不小于地面下 1 m,试验点的竖向间距宜为 1 m。

3.6.2.4　现场测试

现场测试按下列步骤和要求进行：

1. 旁压仪安装与注水

①将旁压器的注水管和导管的接头对号接通,向水箱注入蒸馏水或干净的冷开水,拧紧水箱安全盖;②打开水箱至测管、辅助管路上的所有水阀门,并松开调压阀门;③向水箱稍加压力,并晃动导管和旁压器,排除其中存留的气泡,当测管和辅助水管水位上升到零刻度时(注意一定不要使水从测管和辅管溢出),关闭注水阀,同时打开水箱安全阀;④提起旁压器,使其测量腔中点与测管零刻度对齐,用调零阀调水位为零作为测管水位的起始读数,同时关闭测管阀和辅管阀;⑤将旁压器放至孔中预定试验深度,量测测管零水位至孔口的高度 h_0 和地下水位。

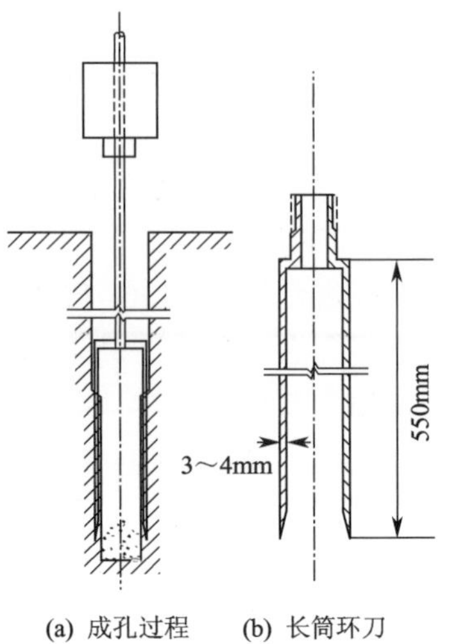

图 3.6-9　长筒环刀成孔示意图

2. 加压与观测

打开测管阀和辅管阀,同时启动秒表开始试验。以旁压器测量腔的静水压力 p_w 作为第一级压力,p_w 按式 3.6-6 计算。

$$p_w=(h+h_0)\cdot\gamma_w \tag{3.6-6}$$

式中　h——孔口至试验点测量腔中点的深度(m);

h_0——测管零刻度至孔口的高度(m);

γ_w——水的重度(kN/m³);

p_w——旁压器测量腔的静水压力(kPa)。

每级压力维持 3 min,按 15 s、30 s、60 s、180 s 记录测管水位。达到 3 min 时按预定的压力增量加下一级荷载。压力增量宜取预估临塑压力的 1/5 或极限压力的 1/10,如不宜预估时,对预压排水固结地基取 15～25 kPa,强夯地基取 25～50 kPa。从第二级压力开始用气源通过调压阀加压,且应在 15 s 内调至所需压力。

3. 终止试验标准

符合下列条件之一时应终止试验:①压力加至仪器的容许最大压力;②测管水位下降值 s_m 达 40 cm 或旁压器测量腔体积膨胀量 V_m 达 600 cm³。

4. 仪器拆卸

当试验深度小于 2 m,并需继续做试验时,将压力减至零,使旁压器内的水回流至测管和辅管;当试验深度大于 2 m 时,可打开水箱注水阀,用管路压力将旁压器中的水压回水箱,然后关闭水箱注水阀,将压力减至 0。

管路消压回水后,等 3 min 以上方可从孔中拔出旁压器。

3.6.2.5　资料整理

1. 试验数据修正与计算

各级试验压力、测管水位下降值、体积膨胀量和蠕变量分别按式 3.6-7a、3.6-7b、3.6-7c 和 3.6-7d 计算:

$$p=p_m+p_w-p_i \tag{3.6-7a}$$

$$s=s_{180}-\eta\cdot(p_m+p_w) \tag{3.6-7b}$$

$$V=s_{180}\cdot A-\eta\cdot(p_m+p_w) \tag{3.6-7c}$$

$$\Delta V_{180-30}=A\cdot(s_{180}-s_{30}) \tag{3.6-7d}$$

式中 p——修正后的压力(kPa)；

p_m——压力表的读数(kPa)；

p_i——压力修正值(kPa)，根据测量的 s180 值，用胶囊约束力标定曲线(图 3.6-7)确定；

s——修正后的测管水位下降值(cm)；

s_{180}——3 min 时的实测测管水位下降值(cm)；

V——修正后的体积膨胀量(cm^3)；

A——测管内截面积(cm^2)；

ΔV_{180-30}——体积蠕变量(cm^3)。

其余符号同前。

2. 旁压试验曲线绘制

根据修正后的数据绘制下列旁压试验曲线：

p-V 曲线，如图 3.6-10。

蠕变曲线 p-ΔV_{180-30}，见图 3.6-11。

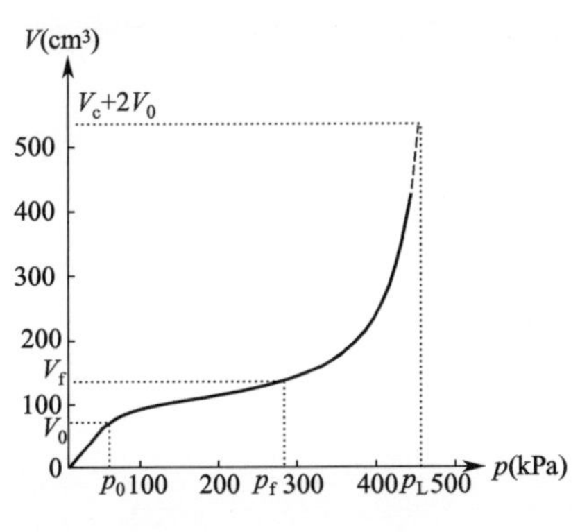

图 3.6-10 p-V 曲线

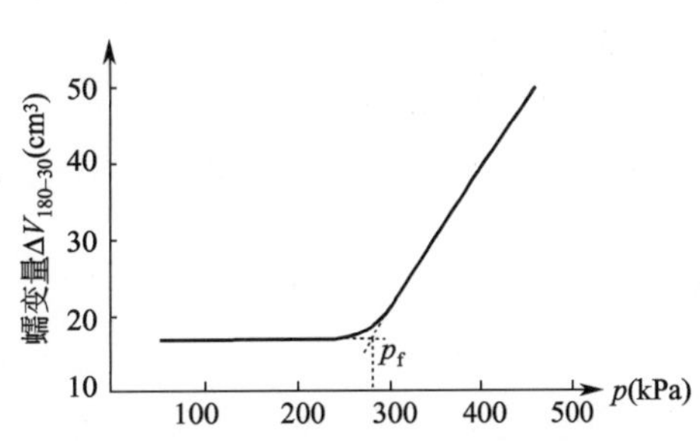

图 3.6-11 p-$\Delta V_{180\text{-}30}$ 曲线

需要时绘制 p-$1/V$ 曲线，见图 3.6-12。

3. 旁压试验参数确定

试验参数根据旁压试验曲线的特征确定。

1) p_0 和 V_0 分别为 p-V 曲线上直线段起点对应的压力和体积膨胀量，见图 3.6-10 所示。

2)临塑压力 p_f

p_f 为 p-V 曲线上直线段终点对应的压力(如图 3.6-10)；当用 p-V 曲线难以确定临塑点时，可将 p-$\Delta V_{180\text{-}30}$ 曲线斜率开始增大点对应的压力定为 p_f(图 3.6-11)。与 p_f 对应的体积膨胀量为 V_f。

3)极限压力 p_l

p_l 为 p-V 曲线上 $V_l=V_c+2V_0$ 对应的压力(其

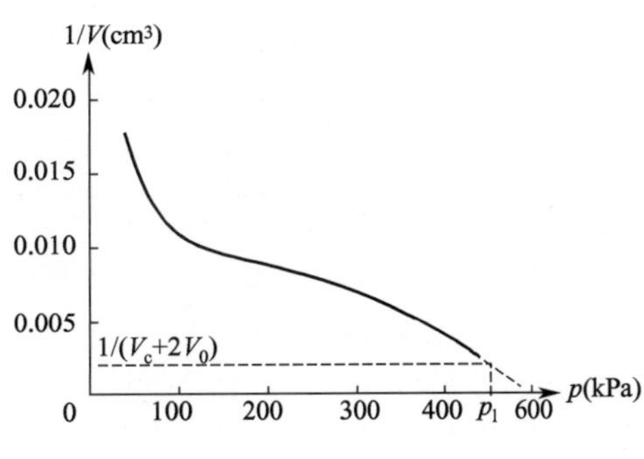

图 3.6-12 p-$1/V$ 曲线

中 V_c 为旁压器测量腔的固有体积)，当需外延 p-V 曲线确定 p_l 时，曲线外延部分不得超过原长的 20%；外延有困难时，可做 p-$1/V$ 曲线，拟合 p-$1/V$ 曲线尾部的直线段，拟合点不少于 3 个，拟合直线上 $1/(V_c+2V_0)$ 对应点的压力为 p_l（图 3.6-12)。

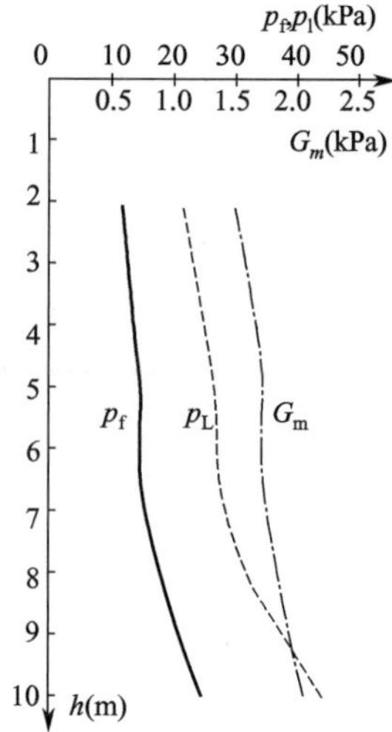

图 3.6-13 旁压试验参数随深度变化曲线

4)旁压剪切模量 G_m 和旁压模量 E_m

G_m 和 E_m 分别按式 3.6-8a 和 3.6-8b 计算：

$$G_m=V_{cm}\cdot\Delta p/\Delta V \quad (3.6\text{-}8a)$$

$$E_m=2(1+\mu)G_m \quad (3.6\text{-}8b)$$

式中 V_{cm}——p-V 曲线上直线段中点对应的体积(cm³)，$V_{cm}=V_c+V_0+\Delta V/2$；

Δp——p-V 曲线上直线段压力增量(kPa)，$\Delta p=p_f-p_0$；

ΔV——p-V 曲线上直线段体积增量(cm³)，$\Delta V=V_f-V_0$；

μ——土的泊松比，根据经验确定，强夯地基可取 0.30，排水固结地基可取 0.35。

4. 单孔旁压参数曲线

可根据旁压参数 p_f、p_l、G_m 等沿深度的变化，绘制旁压试验成果参数图，几个参数可绘制在同一张图上(图 3.6-13)。

5. 当试验土层有分层特点时，应分层统计各层土的旁压参数指标，统计方法同十字板剪切试验。

3.6.2.6 成果应用

1. 地基土的承载力

地基基本承载力和极限承载力按式 5.6-9 确定：

$$\sigma_0=p_f-\sigma_{h0} \quad (3.6\text{-}9a)$$

$$p_u=0.89(p_l-\sigma_{h0}) \quad (3.6\text{-}9b)$$

$$\sigma_{h0}=K_0\cdot(\gamma h-u)+u \quad (3.6\text{-}9c)$$

式中 σ_0——地基土的基本承载力(kPa)；

p_u——地基土的极限承载力(kPa)；

σ_{h0}——试验点处地基土的静止水平总应力(kPa)；

γ——试验点以上土的天然重度平均值(kN/m³)；

u——旁压器中点处的孔隙水压力值(m)；

h——旁压器中点至地面的距离(kPa)；

K_0——静止土压力系数，根据经验确定，缺乏经验时取 0.6。

2. 地基土的变形参数

黏性土的变形模量 E_0 和压缩模量 E_s 可根据旁压剪切模量 G_m 按表 3.6-2 和表 3.6-3 取值。

表 3.6-2 黏性土的变形模量 E_0 和压缩模量 E_s

G_m(MPa)	0.5	1.0	1.5	2.0	2.5	3.0
E_0(MPa)	2.0～2.4	3.3～4.8	4.3～7.2	5.8～9.6	7.2～12.0	8.7～14.4
E_s(MPa)	2.0～2.2	3.0～3.5	3.8～4.5	5.0～7.0	6.3～8.7	7.5～10.5
G_m(MPa)	3.5	4.0	5.0	6.0	7.0	8.0
E_0(MPa)	10.1～16.8	11.6～19.2	14.5～24.0	17.4～28.8	20.3～33.6	23.2～38.4
E_s(MPa)	8.8～12.2	10.0～14.0	12.5～17.5	15.0～21.0	17.5～24.5	—

注：随 G_m/p_l 值(黏性土 G_m/p_l 的均值约为 4.0)由大到小、塑性状态由流塑至硬塑，E_0、E_s 由小到大取值。

表 3.6-3　黄土的变形模量 E_0 和压缩模量 E_s

G_m(MPa)		0.5	1.0	1.5	2.0	2.5	3.0	3.5	4.0
E_0(MPa)		4.5	6.2	8.4	10.6	13.3	15.9	18.6	21.2
E_s(MPa)	$d\leqslant 3.0$ m	1.7	2.1	2.7	3.6	4.5	5.4	6.3	7.2
	$d>3.0$ m	1.6	2.0	2.4	2.8	3.5	4.2	4.9	5.6
G_m(MPa)		5.0	6.0	7.0	8.0	10.0	12.0	14.0	15.0
E_0(MPa)		26.5	31.8	37.1	—	—	—	—	—
E_s(MPa)	$d\leqslant 3.0$ m	9.0	10.8	12.6	14.4	18.0	—	—	—
	$d>3.0$ m	7.0	8.4	9.8	11.2	14.0	16.8	19.6	21.0

注：d——测试深度。

砂类土的变形模量 E_0 可按式 3.6-10 估算：

$$E_0 = K \cdot G_m \tag{3.6-10}$$

式中　K——转换系数，可按表 3.6-4 取值。

表 3.6-4　变形模量转换系数

砂土类别	粉砂	细砂	中砂	粗砂
K 值	4.0～5.0	5.0～7.0	7.0～9.0	9.0～11.0

注：砾砂可取粗砂的上限值。

3.6.3　钻探与试验

3.6.3.1　概　　述

钻探是各类岩土勘察中应用最为广泛的一种，也是岩土工程检测中常用的一种手段。通过钻孔我们可以直观地观察和描述加固处理后地下深处岩土体特性，通过取样和试验(包括室内试验和孔内测试)可取得岩土特性参数。钻探几乎适用于所有地基处理方法加固的地基，我们可以根据工程的特点和要求进行选择。钻探的钻进方式有回转、冲击、振动和水冲等四种，对处理地基的检测通常采用回转钻进方法。钻探及其相关的试验和测试项目很多，这里我们只简单介绍检测中常用的内容。样品的室内试验通常由试验室来完成，这里不做介绍，重点介绍现场试验。

3.6.3.2　仪器设备

钻探所用的钻机见 2.5.2 有关内容。根据钻探所涉及的岩土种类，钻头可配备合金钻头和罗纹钻头，取土器应配备取黏性土样的取土器(如图 3.6-14)和取硬土样的双管单动取土器(图 2.5-1)。鉴于钻探常用于检测水泥土桩，因此现场宜配备点荷载试验仪器(图 3.6-15)。根据需要配备孔内测试仪器设备。

3.6.3.3　钻探与取样

检测中的钻探分为土层钻探和较硬加固体钻探。土层包括复合地基的桩间土层、强夯地基、预压排水固结地基和类似于土层的砂桩、土桩、灰土桩的桩体；较硬加固体包括水泥等固化材料与土拌和形成的加固体和灌浆地基。

1. 对土层钻探和取样的要求

1)对于黏性土和砂土尽量使用岩心管钻进，最好用双重岩心管将钻进和取样合二为一。用岩心管钻进时回次进尺仅受取样和孔内试验控制。对黏性土也可使用镙纹钻进，回次进尺

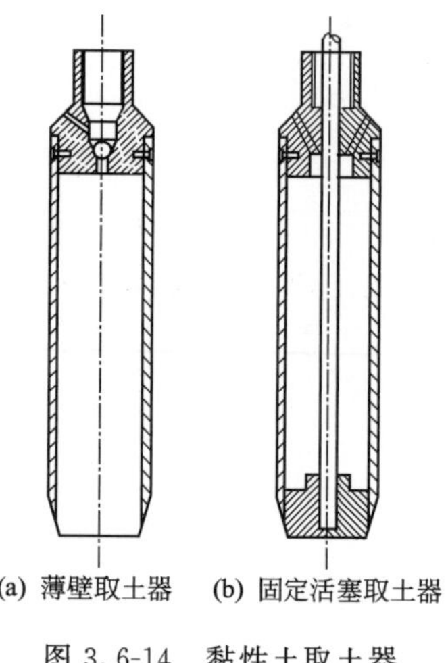

图 3.6-14　黏性土取土器

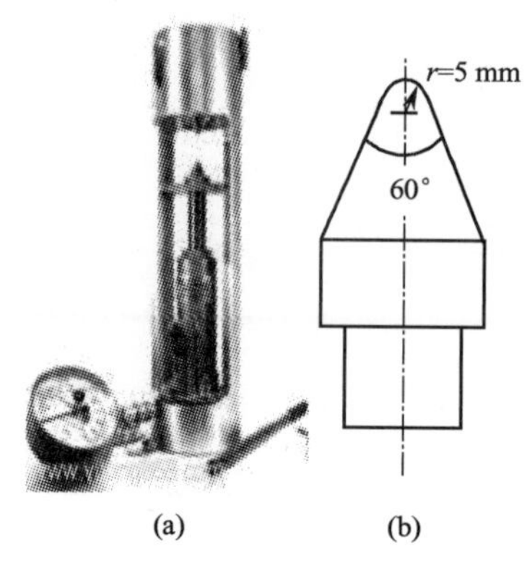

图 3.6-15　点荷载试验仪

控制在 1 m 以内。

2)为了正确鉴别土的湿度,地下水位以上尽量使用干钻,也不宜向孔中到水。

3)对排水固结地基和砂桩桩体的钻探,应采用套管和泥浆护壁以防止孔壁坍塌。

4)黏性土应采取原状土样品。取样前应清除孔底浮土,要使用活塞取土器,下放取土器要平稳,不要刮孔壁土,不要冲击孔底。

5)取样尽量用压入法,土层坚硬时,可采用重锤少击法。提土样前可将取土器回转 2～3 圈,以便样品和土体顺利分离。

6)采取样品后应及时密封以保持土样的含水率,密封后的样品要注意妥善保管,不得曝晒和受冻,并及时送至试验室进行试验。

2. 对较硬加固体钻探和取样的要求

总的要求是尽量提高岩心采取率,使岩心保持完整。考虑到这些加固体不是很硬,通常可采用合金钻头,尽量采用双管单动岩心管。

3.6.3.4　现场测试

现场测试包括孔内标准贯入、旁压试验、弹性波测试和动力触探等,这些测试方法见本书前面有关内容,这里仅介绍灌浆地基的孔内注水试验和现场点荷载试验。

1. 孔内注水试验

对于灌浆加固后的地基,可通过在检测钻孔中的注水试验,确定加固土层的渗透系数,进而评价灌浆效果。

注水试验装置见图 3.6-16。铁路工程灌浆通常是为了提高地基强度,因此多数情况是灌硬化材料,钻孔壁稳定,试验通常不下井管。

连续向孔中注水,形成稳定的水位和常量的注水量,注水稳定时间可控制在 4 h。土层渗透系数按式 3.6-11 进行计算:

$$k=\frac{0.366Q}{l\cdot h}\lg\frac{2l}{r} \tag{3.6-11}$$

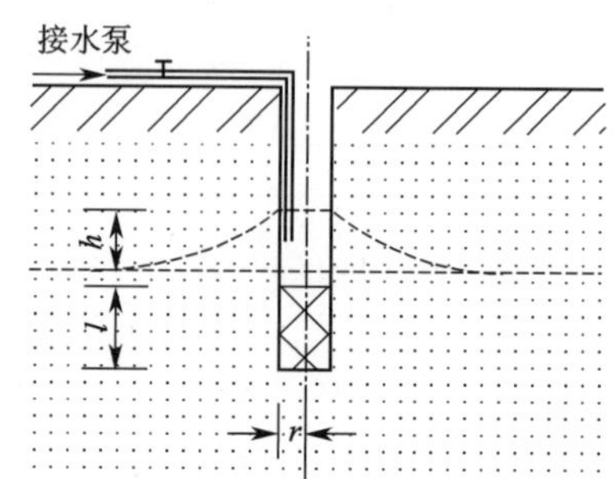

图 3.6-16　注水试验装置示意图

式中　k——试验土层的渗透系数(m/d);

l——试验段或过滤器长度(m);

Q——常量注水量(m^3/d)；

h——孔中水柱高度(m)，试验动水位和地下水静水位的差值；

r——钻孔半径(m)。

当地下水埋藏在孔底以下较深时，可按式 3.6-12 计算渗透系数：

$$k=\frac{0.423Q}{h^2}\lg\frac{2h}{r} \tag{3.6-12}$$

式中 h——试验孔中动水位到孔底的长度(m)。

其余符号同式 3.6-11，适用范围为 $50<h/r<200$。

2. 点荷载试验

对于水泥土桩，钻探的岩心多呈短柱状或饼状，因此很难满足室内抗压试验对试件尺寸的要求。点荷载实验的最大优点是不要求试件规整，此外专用的点荷载试验仪具有便携的优点，可在现场进行测试。

1)仪器设备

点荷载试验仪由加荷、荷载测量和距离测量三个部分组成(图 3.6-15a)。加荷使用油泵，荷载测量使用油压表，距离测量利用固定在承载框架上的刻度尺。加荷器的形状和尺寸如图 3.6-15b 所示，上下加荷器中心线偏离不超过 0.2 mm。承载框架应具有足够的刚度，应能调节上下加荷器的间距，范围为 15～100 mm。

2)试样要求

柱状岩心径向加荷时，岩心柱的长度不小于其直径；轴向加荷时，加荷器的距离与岩心直径之比为 0.3～1.0。

3)试验程序

将试件放在上、下两加荷器之间，操作油泵使加荷器与试件紧密接触。对径向加荷试验，加荷器应位于芯样直径的两端，且接触点距试件自由端的距离不小于 1/2 试样直径；轴向加荷试验，加荷器应位于芯样轴心。测量荷载点间距 D 和试件的直径。

稳定地施加荷载，使试件在 10～60 s 内破坏，记录破坏荷载。

试件破坏后应检查其破坏情况，当破坏面贯穿整个试件并通过上、下加荷器时，试验有效，否则无效。

4)试验结果计算

①等价岩芯直径 D_e

等价岩芯直径 D_e 是指包含加荷轴的最小断面的等面积圆直径，径向和轴向加荷时 D_e 分别按式 3.6-13a 和 3.6-13b 计算：

$$D_e=D \tag{3.6-13a}$$

$$D_e=\sqrt{\frac{4D\cdot d}{\pi}} \tag{3.6-13b}$$

式中 d——岩芯直径(mm)；

D——上下荷载点间距(mm)。

如果试件破坏瞬间加荷器锥端贯入试件，则式 3.6-13a 和 3.6-13b 分别为：

$$D_e=\sqrt{D'\cdot d} \tag{3.6-13c}$$

$$D_e=\sqrt{\frac{4D'\cdot d}{\pi}} \tag{3.6-13d}$$

式中 D'——试件破坏时加荷点的实际间距(mm)。

②点荷载强度

点荷载强度 $I_{s(50)}$(MPa)定义为:加荷点间距 D 为 50 mm 时的破坏荷载 P_{50}(N)与等价岩芯直径 D_e(mm)的平方之比:

$$I_{s(50)}=P_{50}/D_e^2 \quad (3.6\text{-}14a)$$

当 D 不等于 50 mm 时,按下述国际岩石力学学会试验方法委员会推荐的方法求算 $I_{s(50)}$:

将各试验点的破坏荷载 P(N)和 D_e^2(mm²)按双对数坐标绘制散点图,并拟合 $\lg P\sim\lg D_e{}^2$ 关系曲线,见图 3.6-17。拟合曲线上 $D_e{}^2$ 等于 2 500(mm²)对应点的的 P 值即为 P_{50},然后按 3.6-14b 式计算点荷载强度 $I_{s(50)}$:

$$I_{s(50)}=P_{50}/2\,500 \quad (3.6\text{-}14b)$$

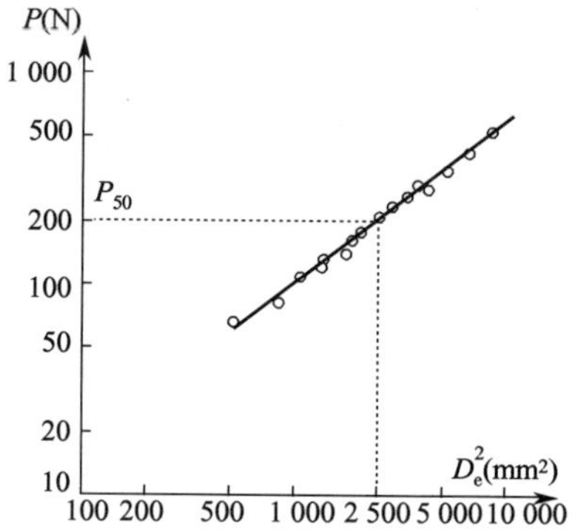

图 3.6-17 $\lg P$-$\lg D_e^2$ 关系曲线

③单轴抗压强度估算值

试件的单轴抗压强度按式 3.6-15 估算:

$$R=k\cdot I_{s(50)} \quad (3.6\text{-}15)$$

式中 R——试件的单轴抗压强度(MPa);

k——经验系数,没有经验时按国际岩石力学学会建议采用 20~25。

3.6.3.5 资料整理与成果

对钻探资料进行整理,绘制钻孔柱状图。钻探岩芯有分层特点时应分层描述。对各项试验指标应进行分层统计。给出各项试验指标统计的子样数、平均值、标准差、变异系数和标准值(统计计算按式 3.2-27)。钻孔柱状图上应有反映岩芯特性的试验指标(图 3.6-20)。

3.6.4 工程实例分析

3.6.4.1 排水固结地基十字板试验

表 3.6-5 十字板试验数据统计

工况	子样数	十字板强度 s_u(kPa)					
		最小值	最大值	平均值	标准差	变异系数	特征值
加固前勘察	19	9	26	19.7	6.0	0.30	17
加固后检测	68	26	52	43.1	9.4	0.22	41

××软土路基试验段,地表硬壳层为第一陆相层粉质黏土,平均厚度 2.1 m,其下为海相淤泥质粉质黏土,底板平均埋深 12.2 m,基底为第二陆相层粉质黏土。路堤填土高度约 3 m,采用塑料插板固结排水方案加固地基。勘察期间有 4 个孔进行了十字板剪切试验,试验数据见表 3.6-5。

预压后 30 天进行了静力触探和十字板剪切试验检测,共完成 10 个孔电测十字板试验,试验数据见表 3.6-5。图 3.6-18 为加固前后十字板试验强度随深度的变化情况。

排水固结后软土层的十字板强度特征值达到 41 kPa,比加固前提高了 2.4 倍。计算加固后地基承载力特征值可达到 120 kPa。

3.6.4.2　强夯加固地基的旁压试验

××工程，地层为黄褐色粉质黏土，经强夯处理，密度 $\rho=1\ 800\ kg/m^3$。试验点深度距地面 3.0 m，地下水位距地面 2.0 m。旁压仪型号为 PY-2A，旁压器测腔的固有体积 $V_c=491\ cm^3$，侧管内截面积 $A=15.28\ cm^2$。仪器的综合变形标定值 $\eta=0.01$ mm/kPa 试验开始时测管零水位至孔口高度 $h_0=1.05$ m。试验观测数据见表 3.6-6。

资料整理如下：

1. 根据胶囊约束力标定曲线，得到各级荷载下 s_{180} 对应的压力修正值 p_i 计算结果见表 4.6-7。

2. $p_w=(h+h_0)\cdot\gamma_w=(3+1.05)\times10=40.5$ kPa。

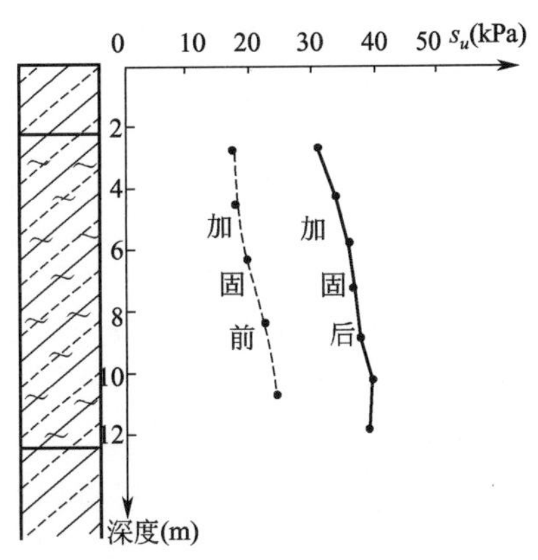

图 3.6-18　十字板强度随深度变化

表 3.6-6　旁压试验观测原始数据

试验分级		1	2	3	4	5	6	7	8	9	10	11
压力表读数 p_m(kPa)		0	50	100	150	200	250	300	350	400	450	500
测管水位下降值(mm)	$t=15''$	18	74	102	110	120	130	139	151	171	207	277
	$t=30''$	19	85	102	111	121	130	140	152	173	217	289
	$t=60''$	20	87	102	113	122	131	142	156	183	232	306
	$t=180''$	20	90	104	115	125	134	145	164	195	248	331

3. 根据 p_m、p_w 和 p_i 按(3.6-7)式计算修正后的压力 p 值，计算结果见表 3.6-7。

4. 根据 p_m、p_w、η 和 s_{180} 值按(3.6-7)式计算修正后的 s 值，并将 s 值乘以 A 换算成旁压腔的体积变化 V，计算结果见表表 3.6-7。计算 $\Delta s_{180\text{-}30}$ 值。

表 3.6-7　旁压试验计算过程数据

试验分级	1	2	3	4	5	6	7	8	9	10	11
压力修正值 p_i(kPa)	26.5	46.5	48.5	49.5	50.5	51.5	52.5	53.5	54.5	60.5	65.5
修正后的压力值 p(kPa)	14	44	92	141	190	239	288	337	386	430	475
修正后的值 s(mm)	19.6	89.1	102.6	113.1	122.6	131.1	141.6	160.1	190.6	243.1	325.6
修正后的 V 值($\times10^{-6}m^3$)	29.9	136.1	156.8	172.8	187.3	200.3	216.4	244.6	291.2	371.5	497.5
$\Delta s_{180\text{-}30}$(mm)	1	5	2	4	4	4	5	12	22	31	42

5. 根据表 3.6-7 中的数据绘制 p-V 曲线、p-$\Delta s_{180\text{-}30}$ 曲线和 p-$1/V$ 曲线，见图 3.6-19。

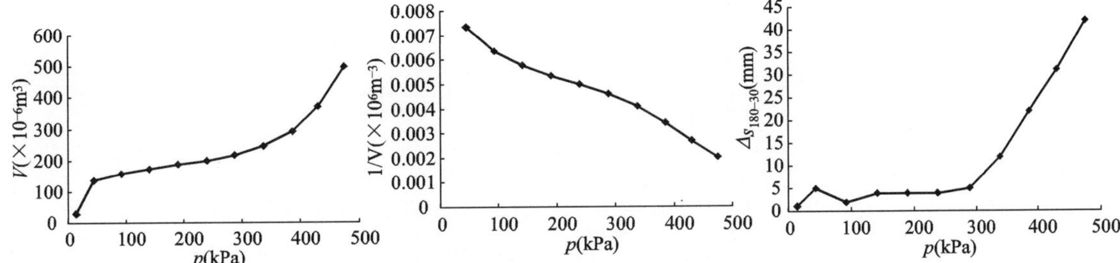

图 3.6-19　旁压试验曲线

6. 旁压试验参数计算

1) p_0 和 V_0

p-V 曲线上第 2 级至第 7 级这 6 个点基本上在一条直线上，直线点的起点 $p_0=44$ kPa，$V_0=136.1\times10^{-6}\text{m}^3$。

2)临塑荷载 p_f

p-V 曲线上直线段终点不明显，取 p-$\Delta s_{180\text{-}30}$ 曲线斜率开始增大点对应的压力，本例中 $p_f=288$ kPa。

3)极限压力 p_l

本例中 $V_l=491+2\times136.1=763.2\times10^{-6}\text{m}^3$，已超出 p-V 曲线的终点，外延较为困难。p-$1/V$ 曲线尾部成直线，拟合其尾部的 5 个点，拟合直线上 $1/(763.2\times10^{-6}\ \text{m}^3)$对应点的压力为 $p_l=529$ kPa。

4)旁压剪切模量 G_m 和旁压模量 E_m

$$V_{cm}=V_c+V_0+\Delta V/2=491+136.1+(216.4-136.1)/2=667.25\times10^{-6}\ \text{m}^3;$$

拟合 p-V 曲线上第 2 级至第 7 级这 6 个点得到直线的斜率 $\Delta V/\Delta p=0.3194\times10^{-6}(\text{m}^3/\text{kPa})$；

$$G_m=667.25\times10^{-6}/(0.3194\times10^{-6})=2\,089\ \text{kPa}\approx2.1\ \text{MPa};$$

$$E_m=2\times(1+0.3)\times2.1=5.5\ \text{MPa}。$$

7. 地基基本承载力 σ_0

$$\sigma_{h0}=0.6\times(1\,800\times10\times3-1000\times10\times1)+100\,0\times10\times1=36\,400\ \text{Pa}=36.4\ \text{kPa};$$

$$\sigma_0=288-36.4=251.6\ \text{kPa}\approx250\ \text{kPa}。$$

8. 土的压缩模量 E_s

查表 3.6-2 得 $E_s=5.5$ MPa。

3.6.4.3 水泥搅拌桩复合地基抽芯检测

××松软土路基，填土高度为 3 m。据勘察资料加固地层为粉质黏土、黏土和粉土，承载力为 120 kPa。采用水泥搅拌桩复合地基进行地基加固，桩长为 8 m，桩直径 0.5 m。设计要求采用钻探取芯检验成桩质量，并采取芯样进行无侧限抗压强度试验，要求桩身无侧限抗压强度达到 1.2 MPa。

在成桩后 28 天进行了取芯钻探，表 3.6-8 为××桩的钻探取芯成果表，图 3.6-20 为岩心照片。从岩芯描述可以看出桩体沿深度方向搅拌是不均匀的，大部分呈坚硬的柱状，但下部岩芯呈可塑状态，水泥呈结核状。采取呈柱状的芯样 4 组进行无侧限抗压强度试验，抗压强度最小值为 1.5 MPa，平均值为 1.9 MPa。

图 3.6-20 ××桩岩心照片

表 3.6-8 ××桩的钻探取芯成果表

深度	岩心描述	无侧限抗压强度
0～0.7 m	灰色，水泥搅拌均匀，硬，块状。	1.0 m 2.3 MPa
0.7～5.2 m	灰色，水泥搅拌均匀，较硬，短柱状。	2.4 m 2.0 MPa
5.0～6.0 m	灰色，水泥搅拌基本均匀，稍硬，块状。	3.8 m 1.8 MPa
6.0～8.0 m	灰色，水泥搅拌欠均匀，局部软，呈硬塑状。	4.4 m 1.5 MPa

水泥搅拌桩复合地基作为松软土路基的一种处理措施，对于提高地基承载力，减少总沉降和工后沉降都是非常有效的。但是要求桩体搅拌得很均匀就很难实现，尤其是黏土。因此而言采用钻探取芯检验搅拌桩的成桩质量是很好的手段，但放行标准值得研究。

3.6.4.4　钻探取样试验检测灰土桩加固新黄土地基效果

××路基，填土高度为 4 m，天然土层为新黄土，ρ_d＝13.3 kN/m^3。设计采用灰土桩加固地基，桩长为 6 m，桩直径为 0.5 m，桩平面布置呈等边三角形，边长 1.1 m。挤密成孔，桩孔填料为 2∶8 灰土。

采用钻探、取样、室内土工试验检验加固效果。分别在桩体和桩间（等边三角形中心）取样，要求桩体 ρ_d 达到 16.5 kN/m^3，桩间土 ρ_d 达到 14.0 kN/m^3。

检测用 100 型钻机，孔径为 110 mm，取样间距为 2.0 m，样品直径为 108 mm。检测孔数量为桩体和桩间各 15 孔，分别取样 45 件，试验结果见表 3.6-9。

表 3.6-9　灰土桩加固地基干密度试验数据统计

取样位置	子样数	干密度 ρ_d(kN/m^3)					
		最小值	最大值	平均值	标准差	变异系数	特征值
桩体	45	16.3	16.8	16.56	0.09	0.005	16.54
桩间	45	13.7	14.3	14.07	0.12	0.009	14.04

检测结果表明桩体和桩间土的干密度均达到设计要求。

4 隧道工程检测

铁路隧道是铁路工程的重要组成部分，其质量检测工作是隧道工程质量控制的重要环节。这里我们介绍目前隧道无损检测中普遍采用的地质雷达法和声波法加以介绍。地质雷达法主要用于检测隧道衬砌厚度、衬砌背后的回填密实程度和衬砌内部钢架、钢筋等分布。声波法主要用于检测混凝土的强度等级、混凝土的完整性等。

4.1 地质雷达法

雷达是通过天线发射高频或超高频电磁波，电磁波在被检目标体内进行传播，在物性界面产生反射，反射波被天线接收，由主机记录电磁回波的履行时间。电磁波在介质中的传播速度已知时，将很方便地计算出目的物的位置。探空雷达目标物是飞机或火箭，电磁波的传导介质是空气，空气的电磁波传导速度是一个恒定值，所以很容易计算出目标位置。地质雷达的探测，则比探空雷达复杂得多，主要由于在复杂多变的地层中电磁波传播速度是非恒定的，并且反射界面复杂多变，从而使地质雷达的分析复杂化。

4.1.1 地质雷达测试原理

地质雷达技术与探空雷达相似，也是利用高频电磁波的反射探测目标体。地质雷达是通过天线向地下发射高频（10～2 500 MHz）、短脉冲（脉冲宽度从不足 1 ns 到几个 ns）的电磁波，接收天线接收从地下介质的分界面上反射回来的反射波，根据接收的回波来判断待测目标体的存在，并根据回波时间计算出其埋藏深度和精确位置。其原理见图 4.1-1。

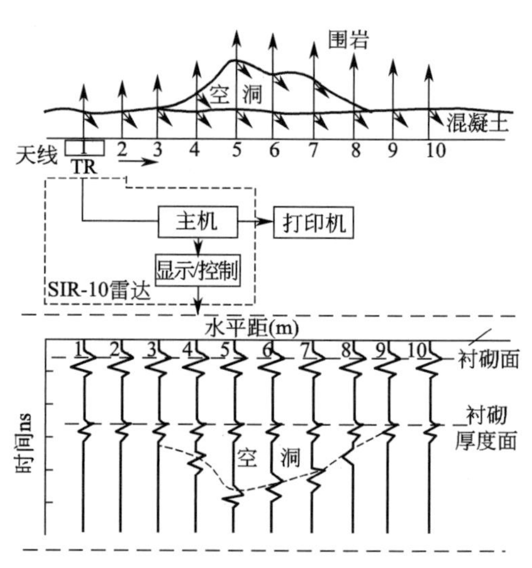

图 4.1-1 地质雷达测试工作原理

4.1.1.1 平面电磁波在均匀介质中的传播

平面电磁波在均匀介质中传播时，介质中的电场强度分量可用下式表示：

$$E_z = E_0 e^{-\alpha z} \cdot \cos(\omega t - \beta z) \tag{4.1-1a}$$

式中 E_z——到电磁波发射源距离为 z 处的电场强度；

E_0——$z=0$，$t=0$ 时的电场强度；

α——衰减系数，$\alpha=(\omega^2\mu\varepsilon/2)^{1/2}\{[1+(\sigma/\omega\varepsilon)^2]^{1/2}-1\}^{1/2}$；

β——相移系数，$\beta=(\omega^2\mu\varepsilon/2)^{1/2}\{[1+(\sigma/\omega\varepsilon)^2]^{1/2}+1\}^{1/2}$；

z——t 时刻传播距离；

ω——电磁波角频率；

μ——磁导率；

σ——电导率；

ε——介电常数。

实际计算中常用介质的相对磁导率 μ_r 和相对介电常数 ε_r。

$$\mu_r = \mu/\mu_0 \tag{4.1-2a}$$

$$\varepsilon_r = \varepsilon/\varepsilon_0 \tag{4.1-2b}$$

式中　μ_0——空气磁导率，$\mu_0 = 4\pi \times 10^{-7}(\mathrm{H \cdot m})^{-1}$；

ε_0——空气介电常数，$\varepsilon_0 = 1/36\pi \times 10^{-9}(\mathrm{F \cdot m^{-1}})$。

电磁波在介质中的传播相速度为：

$$v = \omega/\beta$$

1. 电磁波在高阻介质($\sigma/\omega\varepsilon \gg 1$)中传播时，衰减系数、相移系数和电磁波传播速度可简化为：

$$\alpha \approx 60\pi\sigma/\sqrt{\varepsilon_r} \tag{4.1-3a}$$

$$\beta \approx \omega\sqrt{\mu\varepsilon} \tag{4.1-3b}$$

$$v = c/\sqrt{\varepsilon_r} \tag{4.1-3c}$$

式中　c——光在真空中的传播速度。

其他符号同前。

上式表明：电磁波在高阻介质中传播时，其强度衰减与介质的电导率成正比，与电磁波的频率无关；电磁波的传播速度仅与介质的相对介电常数有关，介电常数越大，波速越低。

2. 电磁波在低阻介质($\sigma/\omega\varepsilon \ll 1$)中传播时，衰减系数、相移系数和电磁波传播速度可简化为：

$$\alpha \approx \beta \approx \sqrt{\frac{\omega\mu\sigma}{2}} \tag{4.1-4a}$$

$$v = \sqrt{\frac{2\omega}{\mu\sigma}} \tag{4.1-4b}$$

上式表明：电磁波在低阻介质中传播时，其强度衰减不仅与介质的电导率有关，还与电磁波的频率有关，在相同介质中，频率越高，衰减越大，相应的探测深度也越小；电磁波的传播速度与介质的电导率有关，电导率越大，波速越低。

4.1.1.2　平面电磁波在介质中传播时的反射与透射

平面电磁波在介质中传播时，遇到不同的波阻抗界面将发生反射和透射。电磁波由介质1入射到介质1与介质2的界面，电磁波的电场矢量 E 平行于入射平面时(图4.1-2a)，反射系数和透射系数的菲涅尔(Fresnel)公式为：

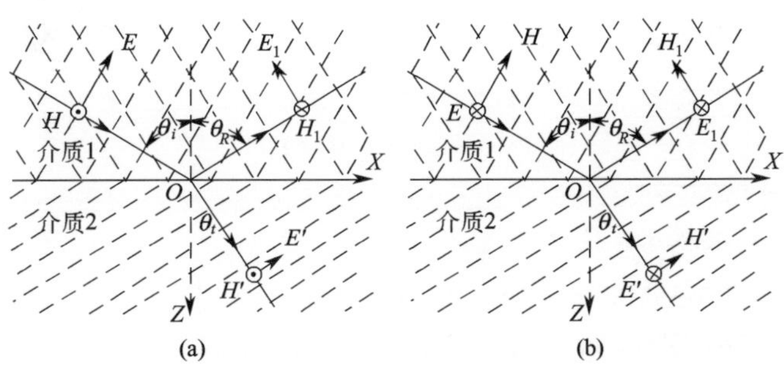

图4.1-2　平面电磁波的折射与反射

$$R_{/\!/}=\frac{n_2\cdot\cos\theta_i-n_1\cdot\cos\theta_t}{n_1\cdot\cos\theta_t+n_2\cdot\cos\theta_i}\tag{4.1-5a}$$

$$T_{/\!/}=\frac{2n_1\cdot\cos\theta_i}{n_1\cdot\cos\theta_t+n_2\cdot\cos\theta_i}\tag{4.1-5b}$$

电场矢量 E 垂直于入射平面时(如图 4.1-2b),反射系数和透射系数的菲涅尔(Fresnel)公式为:

$$R_{\perp}=\frac{n_1\cdot\cos\theta_i-n_2\cdot\cos\theta_t}{n_1\cdot\cos\theta_i+n_2\cdot\cos\theta_t}\tag{4.1-5c}$$

$$T_{\perp}=\frac{2n_1\cdot\cos\theta_i}{n_1\cdot\cos\theta_i+n_2\cdot\cos\theta_t}\tag{4.1-5d}$$

$$n=c/v\tag{4.1-5e}$$

式中　R——反射系数;

T——透射系数;

n——介质的折射率;

θ_i——平面电磁波的入射角;

θ_t——平面电磁波的折射角;

v——平面电磁波在介质中的传播速度。

常见介质的电磁波速见表 4.1-1。

表 4.1-1　常见介质的电磁波特性指标指标

介　质	电导率 σ(S/m)	相对介电常数 ε_μ	电磁波速度 v(m/ns)	介　质	电导率 σ(S/m)	相对介电常数 ε_μ	电磁波速度 v(m/ns)
空气	0	1	0.3	干砂岩	$10^{-6}\sim10^{-5}$	2～5	0.212～0.134
干混凝土	$10^{-3}\sim10^{-2}$	4～40	0.15～0.047	湿砂岩	$10^{-4}\sim10^{-2}$	5～10	0.134～0.095
湿混凝土	$10^{-2}\sim10^{-1}$	10～20	0.095～0.067	黏性干土	$10^{-2}\sim10^{-1}$	4～10	0.15～0.095
干花岗岩	$10^{-8}\sim10^{-6}$	5	0.134	黏性湿土	$10^{-1}\sim1$	10～30	0.095～0.054
湿花岗岩	$10^{-3}\sim10^{-2}$	7	0.113	干沙土	$10^{-4}\sim10^{-2}$	4～10	0.15～0.095
干灰岩	$10^{-4}\sim10^{-3}$	7	0.113	湿沙土	$10^{-2}\sim10^{-1}$	10～30	0.095～0.054
湿灰岩	$10^{-2}\sim10^{-1}$	8	0.106				

下面以垂直界面入射的情况,讨论几种界面情况下的反射和透射。

① 介质 1、2 均为高阻介质:$R=(\sqrt{\varepsilon_1}-\sqrt{\varepsilon_2})/(\sqrt{\varepsilon_1}+\sqrt{\varepsilon_2})$,反射系数的大小取决于两种介质介电常数的差异;

② 介质 1、2 均为低阻介质:$R=(\sqrt{\sigma_1}-\sqrt{\sigma_2})/(\sqrt{\sigma_1}+\sqrt{\sigma_2})$,反射系数的大小取决于两种介质电导率的差异;

③ 介质 1 为高阻介质、介质 2 为低阻介质(或介质 1 为低阻介质、介质 2 为高阻介质):反射系数依赖于两种介质的介电常数和电导率两个参数的差异。

④ 介质 1、2 为相同介质:$R=0$,$T=1$,完全均匀的介质中没有反射波。

4.1.1.3　介质特性对地质雷达应用效果的影响

电磁波在介质中传播时,产生交变的电场和磁场。对岩土体来说,电场是影响探测效果的主要因素,介质的电导率 σ 和介电常数 ε 是两个关键指标。

1. 电导率 σ

电导率是电阻率的倒数，单位为：S/m（西门子/米），是指介质在单位电场中的传导电流的大小，是介质的固有特性。表 4.1-1 为常见介质的电导率。从前面的分析可以看出：电磁波在介质中传播时衰减的快慢，与介质的电导率密切相关，也就决定了雷达的探测深度。图 4.1-3 为介质电导率与电磁波穿透深度关系。

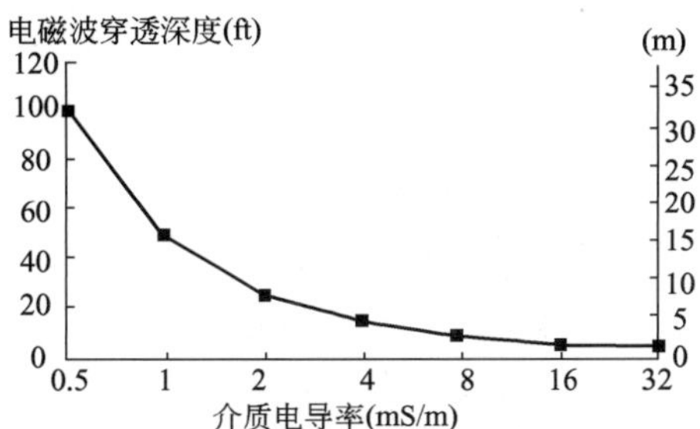

图 4.1-3 电磁波穿透深度与介质电导率关系

2. 介电常数 ε

介电常数是指电容器极板间充满介质时，单位极板面积、单位极板间距的电容大小，单位为：F/m（法/米），介质介电常数与真空介电常数的比值叫相对介电常数，表 4.1-1 为常见介质的介电常数。在岩土探测中，主要涉及高阻介质，介质的介电常数差异，是产生电磁波反射的原因。

3. 岩土含水率

岩土中的含水率直接影响岩土体的电导率和介电常数，进而影响探测效果。图 4.1-4 和图 4.1-5 反映了含水率变化对上述两参数的影响。

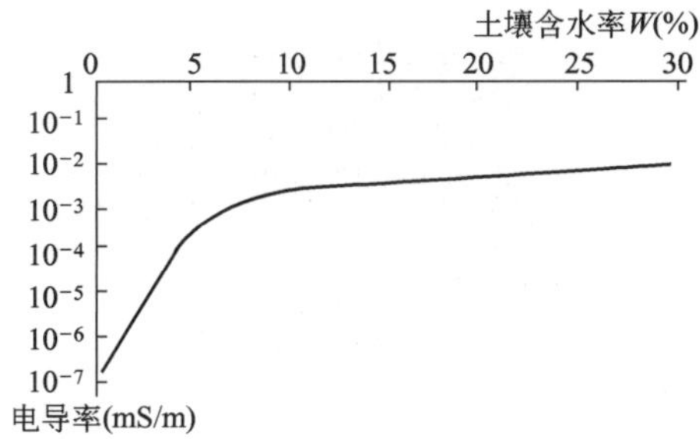

图 4.1-4 土壤含水率对电导率的影响

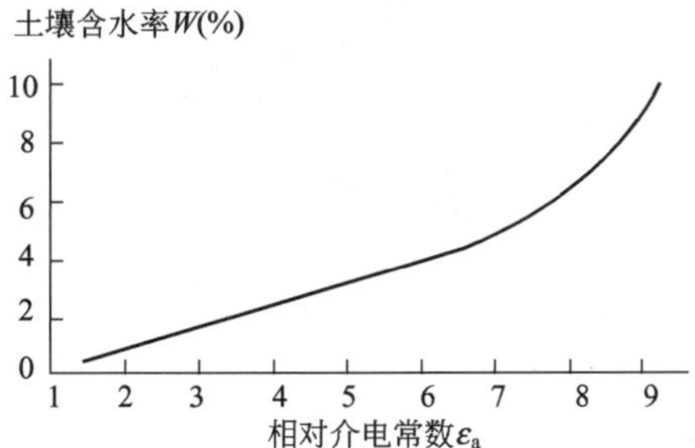

图 4.1-5 土壤含水率对介电常数的影响

4.1.2 仪器设备

地质雷达设备主要由：主机、天线、联结电缆和数据处理软件等部分组成。国内常用地质雷达主要有瑞典 MALA 公司的 RAMAC 系列、美国地球物理探测设备公司(GSSI)的 SIR 系列、加拿大探头与软件公司(S&S)的 Noggin 系列等以及国内 22 所、北京爱迪尔公司、吉林大学工程技术研究所等单位生产的地质雷达等。下面简单介绍几种雷达的主要技术指标。

1. RAMAC 多通道地质雷达：主机由 CUII 主块和多个模块组成（图 4.1-6），可根据需要的通道数量选择模块，主要技术指标见表 4.1-2。

图 4.1-6 CUII 主机和 MC-16 模块

表 4.1-2 CUII 型地质雷达主要技术指标

参　数	指　标	参　数	指　标
脉冲重复频率	10～200 kHz	A/D 转换	16 bit
样点数/道	128～8 192	叠加次数	1～32 768
采样频率	0.4～700 GHz	时窗范围	0～45 700 ns
扫描速度	1 000 扫/s	分辨率	1.3 ps
供电	8 V 锂电	重量	2.55 kg

2. SIR-20 型地质雷达：主机见图 4.1-7，主要技术指标见表 4.1-3。

图 4.1-7　SIR-20 型地质雷达

表 4.1-3　SIR-20 型地质雷达主要技术指标

参　数	指　标	参　数	指　标
脉冲重复频率	64 kHz	A/D 转换	16 bit
样点数/道	128～2 048	时窗范围	0～8 000 ns
时基精度	0.02%	信噪比	110 dB
扫描速度	1 000 扫/s	分辨率	5 ps
供电	12 VDC	重量	≤10 kg

3. Noggin3 型地质雷达：主机见图 4.1-8。该探测雷达天线内置于主机中，超级轻便，集成化设计，安装更快捷，适合在窄小的场所进行探测；实时、卷轴式滚动显示探测图像，可迅速输出 2D 、 3D 分层或立体图形；可现场打印或输出检测报告；支持 GPS(全球定位系统) 集成使用。主要用于填土、钢筋混凝土、砌体结构检测。

图 4.1-8　Noggin3 型地质雷达

图 4.1-9　SR2004 型地质雷达

4. GR2004 探地雷达：主机如图 4.1-9，产地为中国青岛，主要技术指标见表 4.1-4。

表 4.1-4　SR2004 型地质雷达主要技术指标

参　数	指　标	参　数	指　标
脉冲重复频率	64 kHz	A/D 转换	16 bit
样点数/道	128～2 048	时窗范围	2～5 000 ns
系统增益	160 dB	扫描速度	8～128 扫/s

雷达配置有不同频率的天线，大类可分为屏蔽天线、不屏蔽天线和孔内天线。用于隧道衬砌及仰拱检测用的地质雷达宜配置 400 MHz 及 900 MHz 的天线组以及配套电缆等。

4.1.3　现场测试

4.1.3.1　测线布置

隧道施工质量检测应以沿隧道走向的纵测线为主，横向测线为辅。纵测线应在隧道拱顶、左右拱腰、左右边墙和隧底各布一条(图 4.1-10)；横测线可按检测内容和要求布设，线距一般为 8～12 m，三线隧道应在拱顶部位增加二条测线。纵测线应采用连续测量方式。

4.1.3.2　检测台架的搭设

隧道检测的现场作业可分为两种情况：一种是在铺轨前，可使用装载机来完成，即在装载机的挖兜布焊一个有一定高度的铁架。另一种是在辅轨后，此时可采用轨道车拖挂平板车来完成，即在平板车上用脚手架搭设一定高度的作业平台，也可以直接采用铁路电气化作业台车来完成。

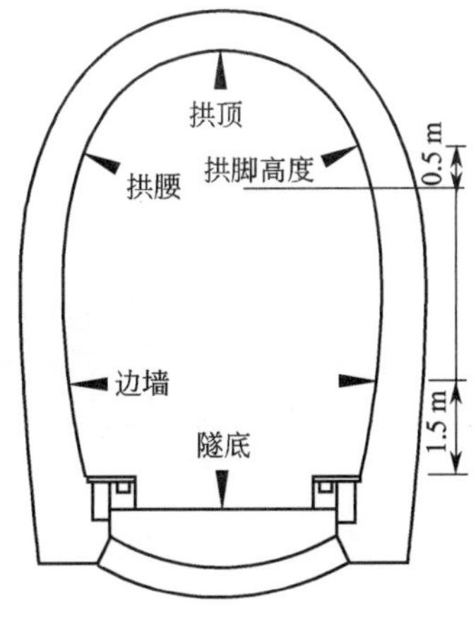

图 4.1-10　雷达测线布置示意图

4.1.3.3　天线的选择及工作参数的确定

测量参数包括天线中心频率、时窗、扫描样点数、采样率等。

1. 天线中心频率的选择

天线中心频率选择需兼顾目标体的埋深、目标体的最小尺寸，假设被探测目标体的相对介电常数为 ε_μ，在垂向上所需的厚度为 ΔZ(m)，则所采用的天线的中心频率必须满足如下关系：

$$f_c > \frac{75}{\Delta Z \cdot \sqrt{\varepsilon_\mu}} \tag{4.1-6a}$$

为了使目标体周围介质的不均匀体 ΔL(m)在雷达记录上小到可以忽略不计，雷达信号的中心频率必须满足如下公式：

$$f_c < \frac{30}{\Delta L} \tag{4.1-6b}$$

假定所要求的空间分辨率为目标体埋深的 25%，则所测试深度与天线中心频率的对应关系可由表 4.1-5 近似确定。

表 4.1-5　天线中心频率与勘探深度之间关系

深度(m)	0.5	1.0	2.0	7.0	10.0	31.0	50.0
中心频率(MHz)	1000	500	200	100	50	25	10

隧道衬砌检测普查时地质雷达一般采用 400 MHz 天线，复测时采用 400 MHz 和 900 MHz 天线相结合的方式。

2. 时窗选择

时窗选择主要取决于最大测试深度 d_{max}(单位 m)与地层电磁波速度 v(单位 m/ns)。时窗 w(单位 ns)可由下式计算：

$$w = 1.3\frac{2d_{max}}{v} \tag{4.1-7}$$

式中时窗的选用值增加 30%，是为地层速度与目标深度的变化所留出的余量。隧道衬砌检测时时窗范围一般为:30 ns。

3. 扫描样点数的确定

扫描样点数主要与天线的中心频率、时窗长度等有关，扫描样点数可由下式确定：

$$S = 2 \cdot w \cdot f_c \cdot K \times 10^{-3} \tag{4.1-8}$$

式中　S——扫描样点数；

w——时窗长度(ns)；

f_c——天线中心频率(MHz)；

K——系数，一般取 6～10。

4. 采样率选择

采样率是对电磁波信号采样点时间间隔的倒数。对于大多数雷达，建议采样率选为天线中心频率的 6 倍。当天线中心频率为 f_c(MHz)，则最大时间采样间隔 Δt(单位 ns)：

$$\Delta t=\frac{1\ 000}{6f_c} \tag{4.1-9}$$

表 4.1-6 给出了最大时间采样间隔与雷达天线中心频率的关系。

表 4.1-6　最大时间采样间隔与天线中心频率的关系

天线中心频率(MHz)	10	20	50	100	200	500	1 000
最大采样间隔(ns)	16.7	8.3	3.3	1.67	0.83	0.33	0.17

5. 增益调节及增益点数的确定

人工调节增益曲线时，应使最大讯号在示波屏上占到 75%，而且红、黄、橘色占绝大多数(60%～80%)。增益点数通常选择 3～5 点。当作浅部调查时，例如用高频天线作混凝土中钢筋探测时，时间测程只有 5～15 ns，这时增益点数可选 2～3 个点。但作深层地质调查时，时间测程可达 200～1 000 ns，这时增益点数可选 6～8 个。

6. 介质中电磁波速的标定

1)检测前应对衬砌混凝土的电磁波速做现场标定，且每座隧道应不少于 1 处，每处实测不少于 3 次，取平均值作为该隧道的电磁波速。当隧道长度大于 3 km、衬砌材料或含水率变化较大时，应适当增加标定点数。

2)标定可采用下列方法：

① 在已知厚度部位或材料与隧道相同的其他预制件上测量；

② 在洞口或洞内避车洞处使用双天线直达波法测量；

③ 钻孔实测。

3)求取参数时应具备以下条件：

① 标定目标的厚度一般不小于 15 cm，且厚度已知；

② 标定记录中界面反射信号应清晰、标准。

4)标定结果应按下式计算：

$$v=\frac{2d}{t}\times 10^9 \tag{4.1-10}$$

式中　v——电磁波速(m/s)；

t——电磁波在介质中的走时(ns)；

d——被标定介质的厚度(m)。

7. 雷达现场测试的几个应注意的问题

1)测量时应确保天线与衬砌表面密贴(空气耦合天线除外)；

2)检测天线应移动平稳、速度均匀，移动速度宜为 3～5 km/h；

3)测试前应记录测线号、方向、标记间隔以及天线类型等；

4)当需要分段测量时，相邻测量段接头重复长度不应小于 1 m；

5)测试过程中应随时记录可能对测量产生电磁影响的物体(如渗水、电缆、铁架等)及其位置；

4.1.4　数据处理与判释

1. 数据处理与解释可采用图 4.1-11 的流程。

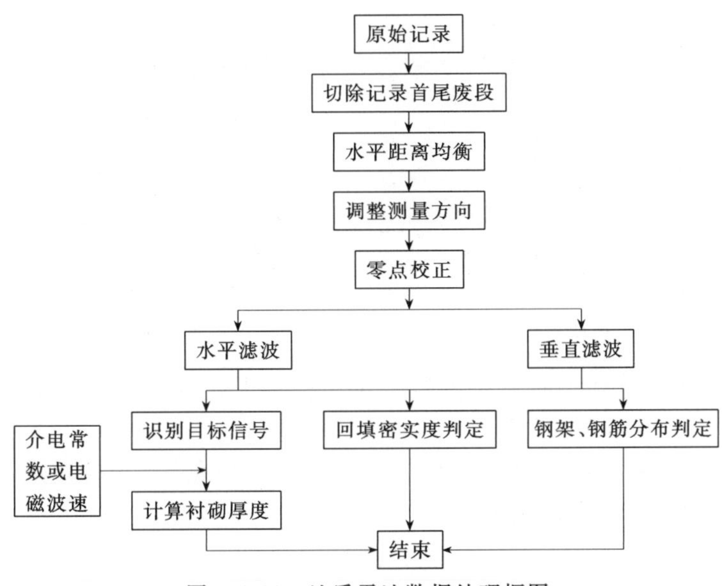

图 4.1-11 地质雷达数据处理框图

2. 衬砌界面的判识与厚度的确定

在地质雷达图像的上部，一般振幅较强、同相轴比较连续的第一组波形即为衬砌界面的反射信号。见图 4.1-12。

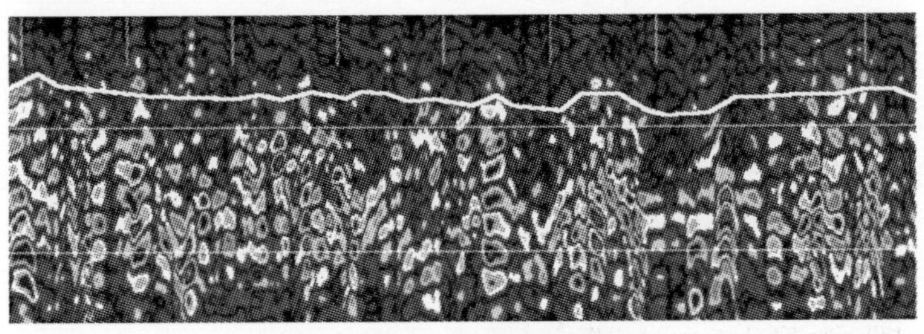

图 4.1-12 衬砌界面影像

仪器记录的是界面反射波的双程走时 t，已知雷达电磁波在衬砌混凝土中的传播速度 v 后，即可计算出检测层的厚度：

$$d=\frac{1}{2}v\cdot t\cdot 10^{-9} \quad (4.1\text{-}11)$$

式中 d——衬砌厚度(m)；

t——双程旅行时间(ns)。

3. 衬砌背后回填密实度的主要判定特征(图 4.1-13)：

1)密实：信号幅度较弱，甚至没有界面的反射信号；

2)不密实：衬砌界面的强反射信号呈零乱的团块状或多带状的强反射异常，且不连续，较分散；

3)空洞：衬砌界面反射信号强，三振相明显，在其下部仍有强反射界面信号，两组信号时程差较大。

4.1.5 工程实例

1. 混凝土衬砌厚度

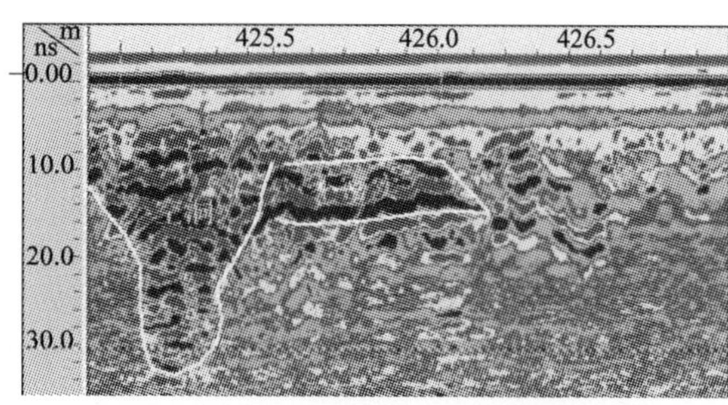

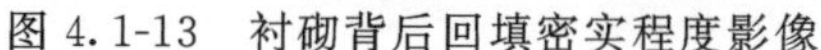
图 4.1-13 衬砌背后回填密实程度影像

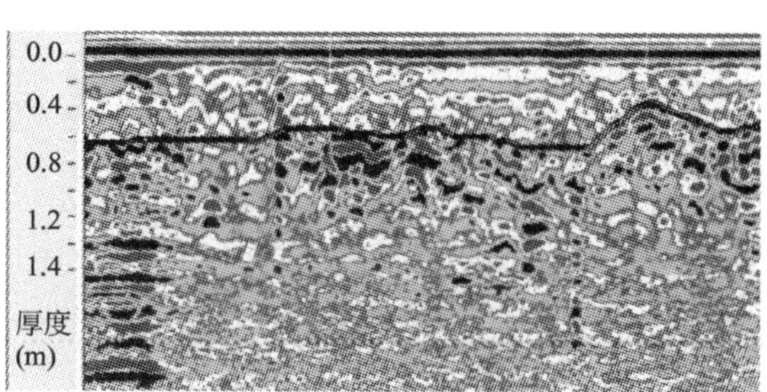

图 4.1-14 衬砌及其厚度

衬砌厚度是隧道衬砌检测的主要内容。通常混凝土衬砌界面反射影像都很清晰(如图 4.1-14),衬砌厚度可根据衬砌界面反射电磁波的走时,按式 4.1-11 计算。图 4.1-14 为××铁路隧道实测衬砌厚度雷达影像,图中的纵坐标为计算厚度(其中混凝土电磁波速取 0.12 m/ns)。

表 4.1-7 为××铁路部分隧道混凝土衬砌厚度雷达检测数据与钻孔验证数据比值的统计结果。数据表明 95%保证率下,雷达检测隧道衬砌厚度的误差为 3.3%。

表 4.1-7 ××铁路隧道衬砌厚度检测结果统计数据

隧道数(座)	厚度测点数(个)	h_c-h_z 范围值(cm)	K 范围值	K 平均值	K 标准差	K 保证值(95%)
17	37	−5～+4	0.84～1.20	0.98	0.098	96.7%

注:h_c——雷达检测厚度;h_z——钻孔验证厚度;$K=h_c/h_z$。

2. 衬砌背后回填密实度

当光面爆破控制较好,且没有塌方、溶洞等情况下,衬砌直接和围岩接触,雷达影像上除衬砌界面外,没有其他明显的界面反射(图 4.1-12);当出现超挖、塌方或空洞时,衬砌背后需用浆砌片石回填。图 4.1-13、4.1-15 和图 4.1-16 为不同回填情况工程实例的雷达影像。

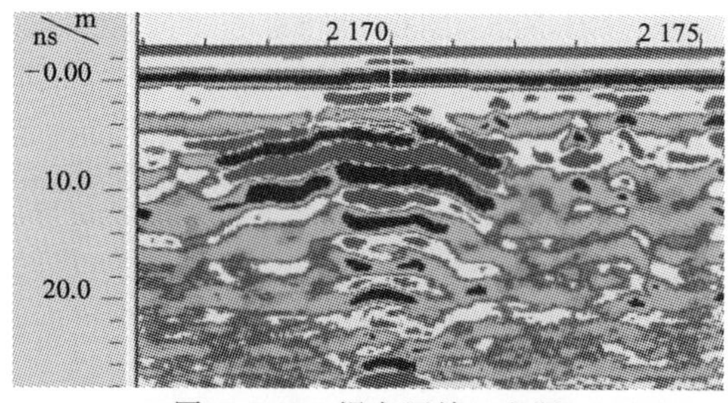

图 4.1-15 塌方回填—空洞

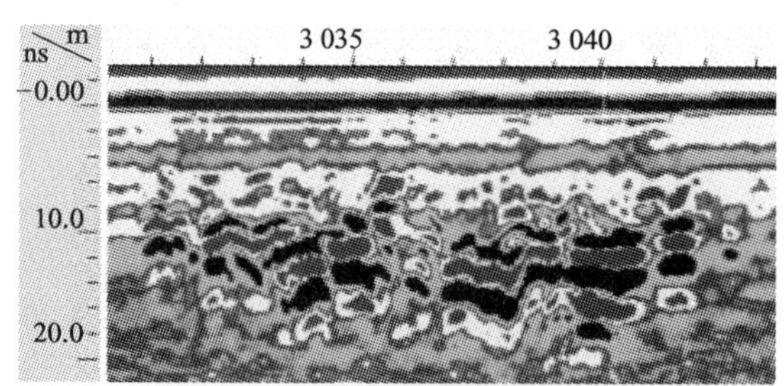

图 4.1-16 衬砌背后不密实、含水

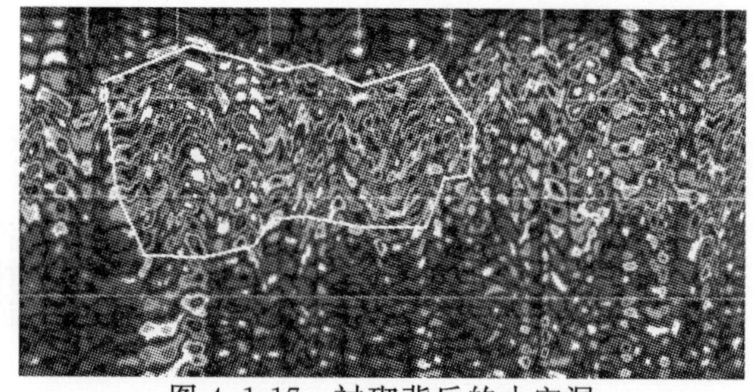
图 4.1-17 衬砌背后的小空洞

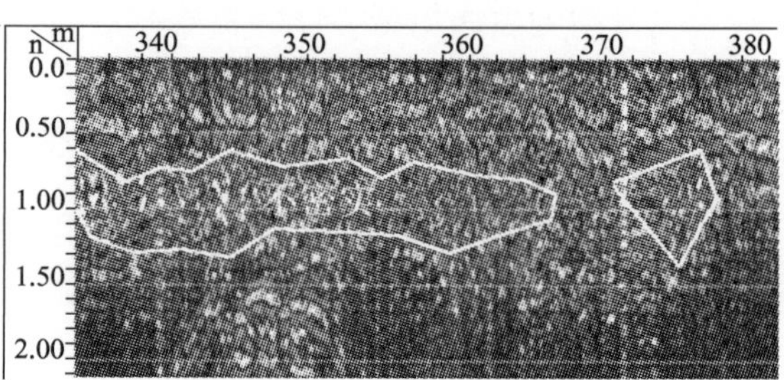

图 4.1-18 仰拱不密实影像

图 4.1-17 和图 4.1-18 为西南某隧道检测影像。

4.2 声 波 法

4.2.1 概 述

声波法是用人工的方法在被测介质(岩体、混凝土)和结构中激发一定频率的弹性波,这种弹性波在材料和结构内部传播并由传感器接收,通过分析研究接收和记录下来的波动信号,来确定介质和结构的力学特性,了解它们的内部缺陷。

声波法检测原理、试验设备中的声波仪见"2.4 声波透射法"有关内容。

《铁路隧道衬砌质量无损检测规程》(TB10223—2004)对声波仪技术指标的要求:频响范围不窄于 1～100 kHz;A/D 转换精度不低于 12 bit;最小采样间隔不大于 0.2 μs;A/D 转换器输入端量程范围不窄于 0.1～5 V;记录数据长度不少于 4 000 个;具有延时和通道触发功能。对换能器技术指标要求:发射换能器最高输入电压不小于 600 V;谐振频率 10～50 kHz。

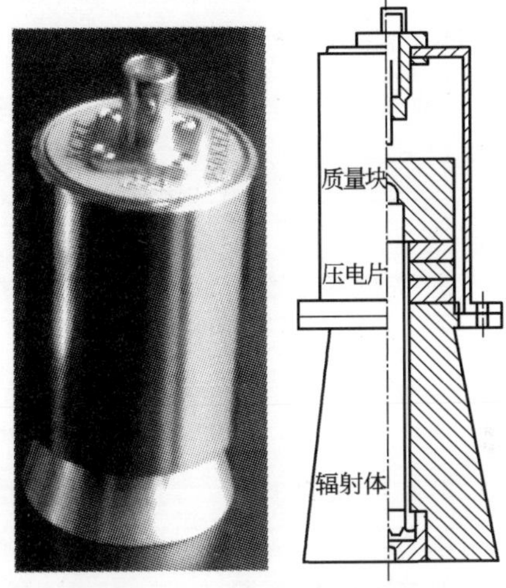

图 4.2-1 朗芝万能换能器

根据上述要求,隧道衬砌检测宜选用朗芝万能换能器(夹心式换能器),其外形和内部结构见图 4.2-1。该传感器谐振频率低,灵敏度高,能量转换效率高,指向角大,作为发射换能器可视为点振源。

4.2.2 现场测试

4.2.2.1 测线布置

沿隧道里程每 8～12 m 应布置一个测试断面。无仰拱的隧道,每个断面布置 5 个测点(拱顶、左右拱腰和左右边墙各一个);有仰拱的隧道,应在隧道底部增加 1～3 个测点。

4.2.2.2 测试方法

测试方法分为透射法和反射法两类,其中透射法又分为平透法和孔透法。

1. 平透法:该法是隧道衬砌声波检测的常用方法,换能器布置见图 4.2-2,可采用发射换能器或手锤击振,收发换能器之间的距离通过试验确定。该方法主要用于测定衬砌混凝土纵波波速,进而推定混凝土强度,同时还可检测衬砌混凝土的浅部缺陷。

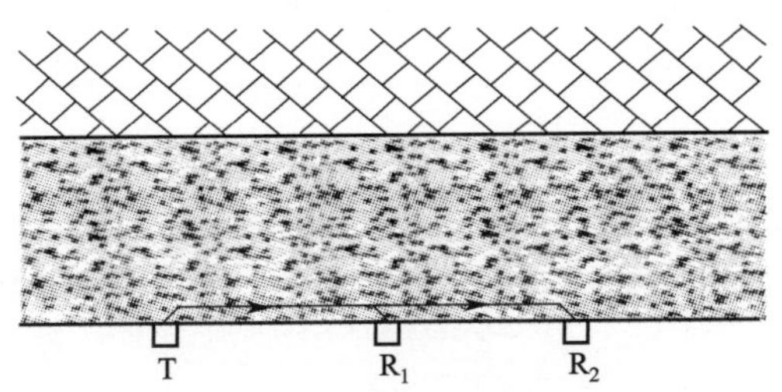

图 4.2-2 平透法换能器布置

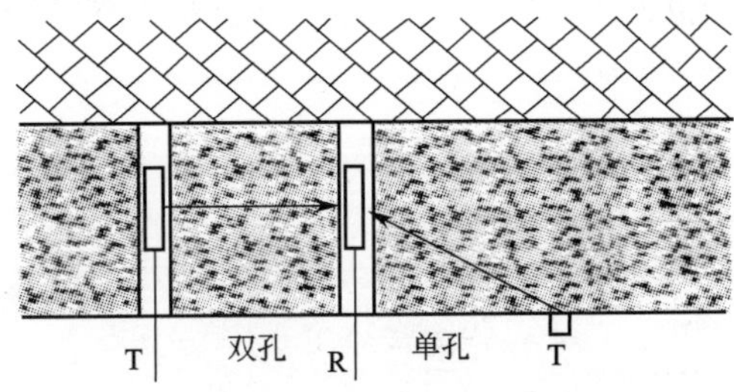

图 4.2-3 孔透法换能器布置

2. 孔透法:该方法需要在衬砌结构上钻孔,将换能器置于钻孔中(图 4.2-3),详细内容同

“2.4 声波透射法”。

3. 反射法：换能器布置见图 4.2-4，由于隧道衬砌厚度相对较薄，声波发射宜采用换能器，收发换能器均以短余振高频换能器为宜，以便于分开直达波和反射波。该方法用于测定衬砌混凝土波速和衬砌厚度，同时可检测衬砌混凝土的缺陷。

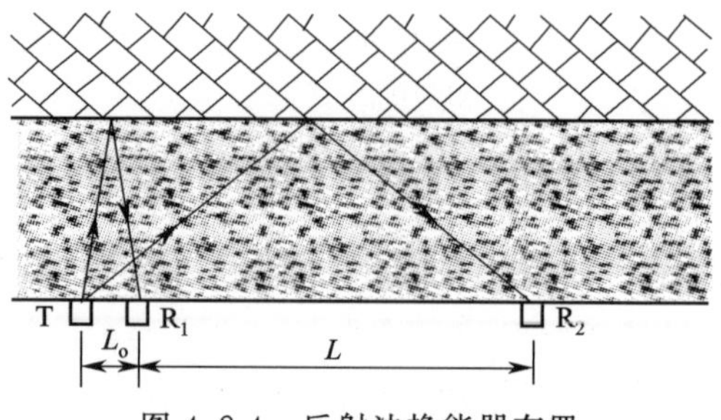

图 4.2-4 反射法换能器布置

4.2.2.3 测试要点

1. 应搜集隧道衬砌混凝土龄期、配合比等相关资料。

2. 检测点的混凝土表面应平整、整洁。换能器、传感器应通过耦合剂与混凝土表面保持紧密结合，耦合层不得夹杂泥砂或空气。

3. 数据采集前应通过试验选择最佳的激发、接收距离及仪器工作参数，设置量程、采样速度、记录长度、触发电平、延时数等参数。

4. 采用平透法时，应以测点位置为中心安装发射换能器和接收传感器并使其耦合良好。

可以采用多点接收（或发射）平透法进行测量。将发射和接收换能器平置于衬砌表面，相距某一距离（L_1）测量，见图 4.2-5。然后移动接收换能器，使收发换能器之间的距离为 L_2、L_3……，测量首波到达的声时读数 t_1、t_2、t_3……。为便于测量距离，换能器间距离一律以内边缘为准。

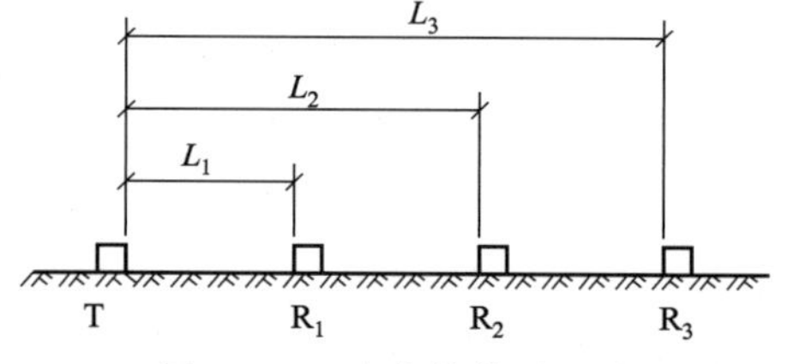

图 4.2-5 多点接收平透法

5. 采用反射波法时，应以测点位置为中心点在隧道衬砌表面安装 2 个接收传感器，并通过电荷放大器接至声波仪的 1、2 通道。各传感器与衬砌混凝土表面之间应耦合良好。两传感器间距宜为 0.5～1.0 m。两传感器之间距离误差不得大于 0.5%，在两传感器延长线上距离 1 通道传感器 5 cm 处激发声波，测试并确认得到清晰的直达波及反射波信号，保存文件，重复测试 3 次。

4.2.3 资料整理与计算

4.2.3.1 数据读取

1. 对透射法判定首波到达点，读取首波到达时间 t。

2. 对反射波法识别反射波起跳点，读取反射波首波到达时间 t_1 和 t_2。

3. 对反射波法的 1 通道信号，当有明显反射波，但反射波首波起跳点不宜判读时，可对接受信号进行频域分析，读取与反射波对应的一组频率峰的频差 Δf，并按下式计算反射波首波到达时间：

$$t_1=\frac{1}{\Delta f} \tag{4.2-1}$$

式中 t_1——反射波到达 1 通道传感器的时间(ms)；

Δf——1 通道信号，频域对应于反射波的一组频率峰的频差(kHz)。

4.2.3.2 测点衬砌混凝土纵波速度计算

1. 一发一收平透法

$$v_P=\frac{L}{t-t_0} \tag{4.2-2}$$

式中 v_P——衬砌混凝土纵波速度(m/s)；

L——直达波(纵波)的旅行距离(m)；

t——直达波(纵波)旅行时间的平均(宜取 3 条记录)值(s)；

t_0——系统延迟时间(s)。

2. 一发双收平透法

$$v_P \ \frac{\Delta L}{\Delta t} \tag{4.2-3}$$

式中 ΔL——两个接收传感器到发射传感器之间距离的差值(m)；

Δt——两个接收传感器测得的首波到达时间差值(s)。

3. 多点接收(或发射)平透法

以各点首波到达声时读数 t_1、t_2、t_3…为横坐标，测距 L_1、L_2、L_3…为纵坐标，将测量结果点绘在图上，得到所谓时-距图(图 4.2-6)。若测区内混凝土基本均匀，则可得一条直线。这条直线的斜率 $\tan\alpha=\Delta L/\Delta t$，即为衬砌混凝土声速 v_P。

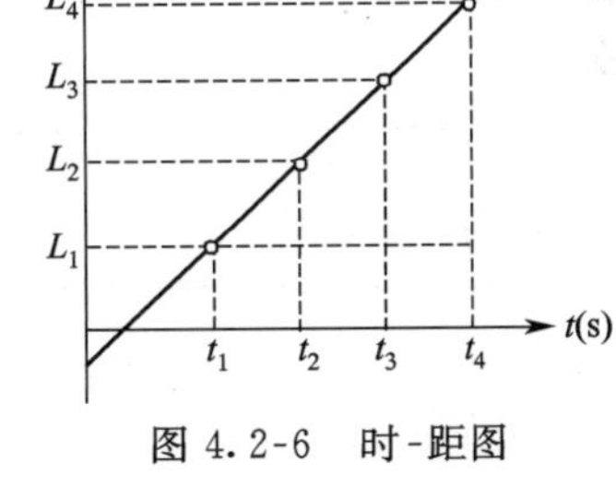

图 4.2-6 时-距图

4. 孔透法

见“2.4 声波透射法”有关内容。

5. 反射波法

见下述“衬砌厚度计算‘双通道接收反射波法’有关内容”。

4.2.3.3 测点衬砌厚度计算

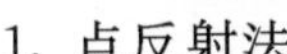

1. 点反射法

根据 1 通道反射波走时及衬砌混凝土纵波波速(用上述方法求得)，按下式计算：

$$d=\frac{v_P \cdot t_1}{2} \tag{4.2-4}$$

式中 d——衬砌厚度(m)；

t_1——反射波到达 1 通道传感器的时间(s)；

v_P——衬砌混凝土纵波波速(m/s)。

2. 双通道接收反射波法

设衬砌界面与换能器所在的平面平行，反射波路径与衬砌厚度和换能器间距的几何关系见图 4.2-4。衬砌厚度按下式计算：

$$d=\frac{1}{2}\sqrt{\frac{t_1^2 \cdot (L_o+L)^2-t_2^2 \cdot L_o^2}{t_2^2-t_1^2}} \tag{4.2-5a}$$

式中 L_o——发射换能器到 1 通道传感器的距离(m)；

L——两接受传感器之间的距离(m)；

t_2——反射波到达 2 通道传感器的时间(s)。其他符号同前。

有了衬砌厚度，即可按下式计算衬砌混凝土的纵波波速：

$$v_P=\frac{\sqrt{4d^2+L_o^2}}{t_1} \tag{4.2-5b}$$

4.2.4 资料分析与判定

声波法检测结果包括：衬砌厚度和衬砌混凝土质量评价，其中衬砌混凝土质量包括衬砌混凝土强度和衬砌结构是否存在缺陷两项内容。

4.2.4.1 *衬砌厚度*

对衬砌为相对均匀的混凝土，根据反射波法点反射和 2 个通道反射的计算结果综合判定。当衬砌混凝土存在缺陷，接收信号复杂，难以判定衬砌反射信号时，应采用其他方法判定。

4.2.4.2 *衬砌混凝土强度推算*

应根据衬砌混凝土强度与纵波速度关系，推定衬砌混凝土的强度等级。其强度等级标准参照体系可采用以下方法之一确认：

1. 以设计的混凝土等级相应的波速值为标准；
2. 以室内标准试件或同条件养护的试件的波速值为标准；
3. 以被检测地段隧道衬砌无缺陷的完整混凝土实测波速为标准；
4. 以区域纵波速度与混凝土强度等级关系为参考，或参照表 4.2-1

表 4.2-1 普通混凝土纵波速度与强度等级参照表

强度等级	C15	C20	C25	C30	C35
纵波速度 v_P(m/s)	2 600～3 000	3 000～3 400	3 400～3 800	3 800～4 200	4 200～4 500

4.2.4.3 *衬砌结构缺陷判释*

衬砌混凝土浅部缺陷的判识特征应符合下列要求：

1. 衬砌混凝土低强度：直达波形态无明显异常但速度明显偏低；
2. 衬砌混凝土内充填低速异物(如片石等)：直达波形态畸变且速度偏低；
3. 衬砌混凝土内充填高速异物(如卵石等)：直达波形态畸变且速度明显偏高；
4. 衬砌与围岩接触不密实：反射波能量相对较强且与直达波同相，甚至出现多次反射；
5. 衬砌厚度不足：直达波速度正常，只有一个反射界面，界面深度较设计值低；
6. 隐状裂纹、间隙：直达波速度正常，反射波能量强且与首波同相位。裂纹很浅时，直达波出现变异甚至出现半波缺失。

4.2.5 工程实例

4.2.5.1 *新建隧道衬砌结构混凝土强度检测*

××新建隧道采用声波反射法检测衬砌混凝土强度，检测前先做了标准混凝土试件，建立了声速与混凝土强度的标准测强曲线，按指数函数回归的测强公式为：

$$R=1.61\times10^{0.304v_P} \tag{4.2-6}$$

式中 R——衬砌混凝土强度(MPa)；

v_P——衬砌混凝土波速(km/s)。

检测中沿隧道轴向每 50 m 布置一个检测断面，分别在拱顶和两侧边墙布置一个测点，采用反射波法进行检测。每个测点读取 3 条波形，用平均声时计算波速。表 4.2-2 为隧道某段 10 个断面的检测结果，根据实测波速按(4.2-6)式计算混凝土强度。经统计混凝土强度最小值为 22.2 MPa，平均值为 25.3 MPa。设计混凝土强度等级为 C20，检测结果表明衬砌混凝土强度达到设计要求。

表 4.2-2　××隧道衬砌混凝土波速测试与强度换算

断面编号	测点位置					
	拱顶		左边墙		右边墙	
	波速(m/s)	抗压强度(MPa)	波速(m/s)	抗压强度(MPa)	波速(m/s)	抗压强度(MPa)
1	3 916	25.0	3 929	25.2	3 930	25.2
2	3 842	23.7	3 840	23.7	3 861	24.0
3	3 751	22.2	3 753	22.3	3 752	22.3
4	4 033	27.1	4 029	27.0	4 035	27.1
5	3 887	24.5	3 882	24.4	3 898	24.7
6	3 796	23.0	3 808	23.1	3 797	23.0
7	4 059	27.6	4 072	27.8	4 053	27.5
8	4 112	28.6	4 112	28.6	4 105	28.5
9	3 924	25.1	3 907	24.8	3 911	24.9
10	3 961	25.8	3 974	26.0	3 943	25.4

4.2.5.2　既有隧道衬砌结构混凝土强度与病害检测

××铁路局××线××段 36 座隧道采用声波法和数码摄像进行质量检测，检测隧道共 14 871.5 延长米。

声波检测采用声波平透法，用手锤做激发震源，沿洞轴方向在洞顶布置 2 个换能器，间距为 1 m，偏移距为 0.5 m，检测点距为 10 m。

将检测结果结合数码摄像进行了判识，结果表明：除漏水、裂隙、裂纹段速度偏低外。其余地段衬砌混凝土等级为 C13 的实测波速均在 2 360 m/s 以上；混凝土等级 C18 的实测波速 2 840 m/s 以上。表明衬砌强度满足设计要求。另外根据数码摄像图像检测段内有裂纹及漏水段累计长度为 2 911 m，占检测长度的 19.6%。

4.2.5.3　衬砌混凝土密实程度检测

当声波在混凝土中传播后，将携带混凝土的信息，可利用接收的声学参数推断衬砌混凝土的内部结构。图 4.2-7 为××隧道声波反射法实测波列图，从图中可以看出均匀密实混凝土段，波列同相轴影像整齐，不密实段出现畸变。

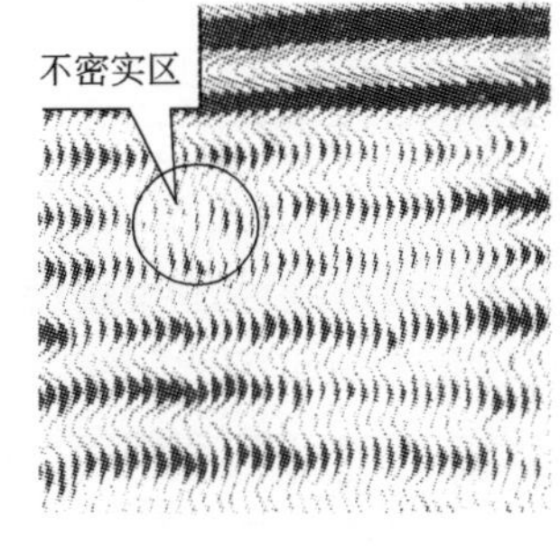

图 4.2-7　不密实区声波影像

5 其他岩土工程构筑物检测

铁路工程涉及许多土工构筑物，不同种类的构筑物在铁路工程中的作用不同，因此其质量检测的内容和方法也不相同。这里我们主要介绍铁路路基和一些支挡构筑物的检测。

路基又可分为路堤和路堑，路堑通常人工构筑基床部分，而路堤要人工填筑基床和基床下路堤。

为了保证铁路的安全，铁路路基两侧设有许多防护工程，其中包括挡墙、护坡、抗滑桩、土钉、锚索等。

上述构筑物都属于隐蔽工程，为了保证其达到预期效果，通常需进行检测。

5.1 路基本体检测

5.1.1 新建路基检测

5.1.1.1 新建路基的填筑与检测特点

新建路基分为挖方和填方两类。挖方所形成的路基通常由天然岩土层构成，其工程性质已由勘察设计单位查明，施工阶段通常只需地质验槽，而无须检测。填方（包括换填）所形成的路基是以岩土作为材料（或者是主要材料），由人工填筑而成。通常应对路基填土的工程性质和填筑效果进行检测。检测内容主要包括：填料性质、填筑密实度和填筑体的变形性质参数，对路基工后沉降要求严格的客运专线、高速铁路（尤其是无砟轨道）等，检测变形性质参数尤为重要。对掺入水泥、粉煤灰、石灰等人工材料所形成的改良土，其质量检测可通过采取试样进行室内无侧限抗压强度试验。

5.1.1.2 填料质量检测

对填料的性质和质量，通常在勘察阶段已进行过有关的试验，施工阶段的检测主要是考虑到岩土体的变异性，进行必要的核对。对于施工阶段选择的取土场，必须进行填料性质检测。检测工作应在填筑前进行，并在填筑施工中进行必要的抽验。

1. 颗粒分析

作为路基填料的粗粒土和混合土，其颗粒组成是反映填料质量的一个指标。作为填料我们期望其平均粒径（d_{50}）和不均匀系数（c_u）适当地大一些。填料的颗粒分析可只做粒径大于 0.1 mm 的粗颗粒，试验方法采用筛析法。将筛析结果绘制成颗粒级配曲线（图 5.1-1），并根据颗粒级配曲线计算求得土的颗粒组成指标（表 5.1-1）。

表 5.1-1 土的颗粒组成指标

指标名称	符号	单位	物理意义	求得方法
界限粒径	d_{60}	mm	小于该粒径的颗粒占总质量的 60%	从颗粒级配曲线上求得，见图 5.1-1
平均粒径	d_{50}	mm	小于该粒径的颗粒占总质量的 50%	从颗粒级配曲线上求得，见图 5.1-1
中间粒径	d_{30}	mm	小于该粒径的颗粒占总质量的 30%	从颗粒级配曲线上求得，见图 5.1-1
有效粒径	d_{10}	mm	小于该粒径的颗粒占总质量的 10%	从颗粒级配曲线上求得，见图 5.1-1
不均匀系数	c_u		该指标值愈大，表明土颗粒成分愈不均匀	$c_u = d_{60}/d_{10}$
曲率系数	c_c		表明某种粒径的粒组是否缺失的情况	$c_c = d_{30}^2/(d_{10} \cdot d_{60})$

2. 最小、最大干密度和最大、最小孔隙比

通过测定一定质量(m_d)的干试样，在最松散和最密实状态下的体积(V_{max}和V_{min})。然后按下列公式计算试样的最小和最大干密度(ρ_{dmin}和ρ_{dmax})及最大和最小孔隙比(e_{max}和e_{min})。

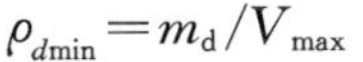

$$\rho_{dmin}=m_d/V_{max} \quad (5.1\text{-}1a)$$

$$\rho_{dmax}=m_d/V_{min} \quad (5.1\text{-}1b)$$

$$e_{max}=\rho_s/\rho_{dmin}-1 \quad (5.1\text{-}1c)$$

$$e_{min}=\rho_s/\rho_{dmax}-1 \quad (5.1\text{-}1d)$$

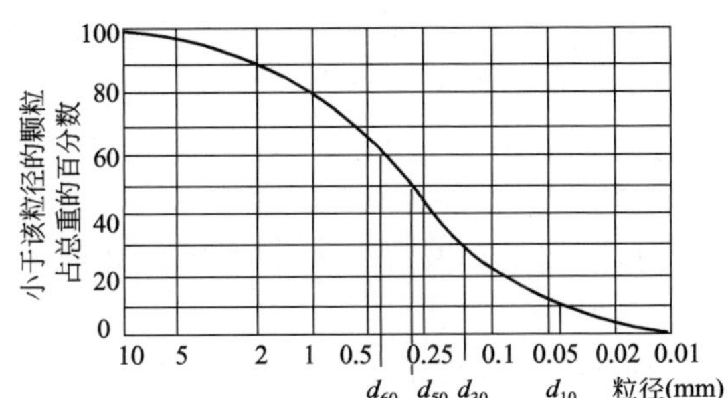

图 5.1-1 颗粒分析曲线

式中 m_d——干试样的质量；

ρ_{dmin}——试样的最小干密度；

ρ_{dmax}——试样的最大干密度；

V_{max}——最松散状态的试样体积；

V_{min}——最密实状态的试样体积；

e_{max}——试样的最大孔隙比；

e_{min}——试样的最小孔隙比；

ρ_s——土的颗粒密度。

1)砂类土的最小干密度和最大孔隙比

测定砂类土的最大孔隙比通常采用漏斗法和量筒法。

漏斗法：取干砂试样 400 g 或 700 g(注：不含大于 2 mm 的颗粒时取小值，否则取大值)倒入漏斗，使试样均匀缓慢地漏入 500 mL 或 1 000 mL 的量筒中，拂平砂面，记录试样体积(V_d)。试验所用的的漏斗及拂平器见图 5.1-2。

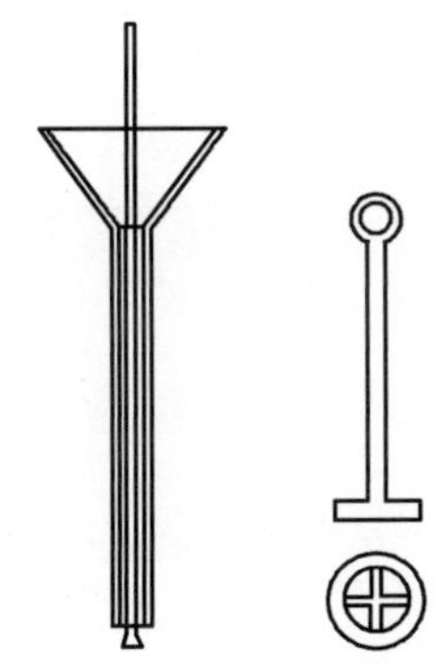

图 5.1-2 漏斗及拂平器

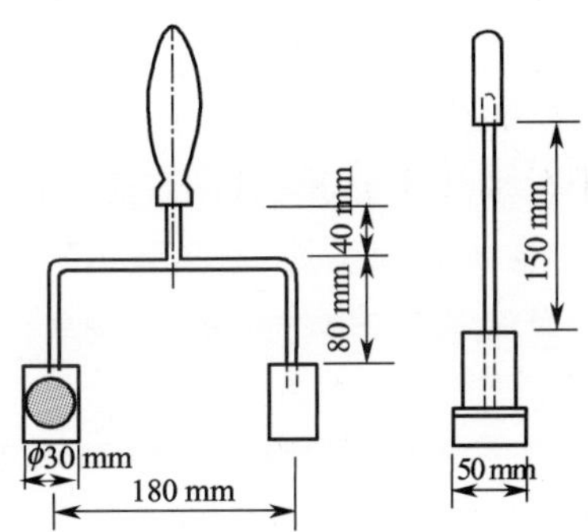

图 5.1-3 振动叉及击锤

量筒法：在漏斗法试验记录完试样体积后，用手掌或橡皮板堵住量筒口，反复倒转，使砂颗粒自由排列，重复读记试样体积数值，其最大值即为试样的最大体积(V_d)。

取上述两种方法测得的最大体积(V_{max})，计算最小干密度(ρ_{min})。

2)砂类土的最大干密度和最小孔隙比

砂类土的最小孔隙比采用振动锤击法，所用的振动叉和击锤见图 5.1-3。将干砂试样分三次装入容积为 250 ml 或 1 000 ml 的金属圆筒内，每次装完后，用振动叉以 100～200 次/min 的频率敲打振动圆筒两侧，同时用击锤以 30～60 次/min 的频率击打试样表面。直至试样体

积不变。第三次装样时，应先在筒口安装套环，振毕后取下套环，刮平圆筒表面试样。称量试样质量(m_d)，并根据金属圆筒的容积(V_{min})按式 5.1-1 计算最大干密度(ρ_{dmax})和最小孔隙比(e_{min})。试样中含有大于 2 mm 的颗粒时用大容器，否则用小容器。对细砂用较高的振动和锤击频率，粗砂用较低的频率。

3)碎石类土

碎石类土的最小孔隙比测试采用振动法，其试验装置见图 5.1-4 所示。试样筒有两种，其尺寸见表 5.1-2。根据试样的最大粒径选用试样筒，试样的最大粒径不超过60 mm。

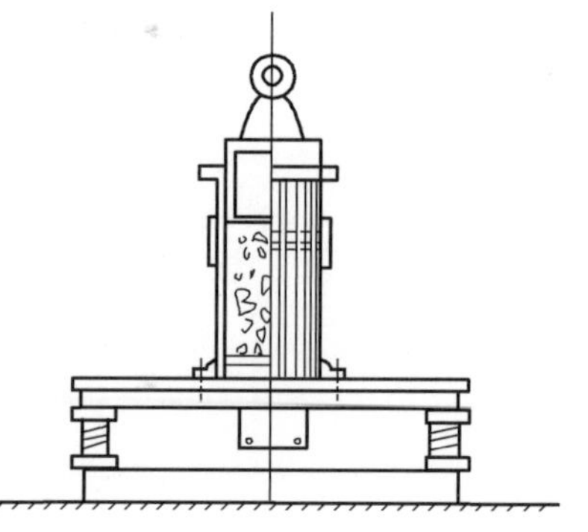

图 5.1-4　碎石类土振动密实装置

表 5.1-2　试样筒尺寸

试样筒编号	内径 D(cm)	高度 H(cm)	体积 V(cm^3)	允许最大粒径 d_{max}(mm)	试样质量 m(kg)
Ⅰ	30	34	24 033	60	40～50
Ⅱ	20	23	7 226	20	10～15

最大孔隙比测试采用固定体积法，容器根据试样最大粒径按表 5.1-2 选用。对于粒径小于 10 mm 的试样，用漏斗徐徐地注入试样筒，装满后用钢直刀沿筒口刮去余土。对于粒径大于 10 mm 的试样，用大勺或小铲将试样徐地装入试样筒，装满后将筒口面整平，当有大颗粒露顶时，凸出筒顶的体积应能近似地与筒顶面以下的大凹隙体积相抵消。然后称筒及试样的总质量，得出试样质量(m_d)。试样筒的体积即为最松散状态的试样体积(V_{max})。

最小孔隙比测试可采用干法或湿法。

干法可直接用最大孔隙比试验时装好的试样筒，放在振动台上，依次加上套筒、压盖板和加重物。随即将振动台调整至最优振幅 0.64 mm，振动 8 min 后，卸去加重物、压盖板和套筒，测读试样高度，计算试样体积，即为最密实状态的试样体积(V_{min})。试样的质量为最大孔隙比试验得出的质量(m_d)。

湿法是在试样中加适量的水，装完试样后，先振动 6 min，然后吸除土面上的积水，再依次加上套筒、压盖板和加重物，振动 8 min 后，后同干法，得出最密实状态的试样体积(V_{min})。将试样烘干称得干试样的质量(m_d)。

3. 液限、塑限和天然含水率

对黏性土来说，液限和塑限含水率指标是评价其工程性质、划分填料组别的重要指标；天然含水率是反映填料塑性状态的一个参数，填筑时应使填料含水率尽量接近击实试验确定的最优含水率(w_{opt})。

含水率通常采用烘干法测定，分别称量烘干前后的湿土和干土试样质量 m_o 和 m_d，按式 5.1-2 计算含水率(w)。

$$w=(m_o/m_d-1)\times 100 \tag{5.1-2}$$

式中　w——含水率(%)；

m_o——湿试样质量(g)；

m_d——干试样质量(g)。

液限可采用圆锥液限仪和碟式液限仪测定，塑限可采用滚搓法。这里我们介绍液限塑限联合测定法。

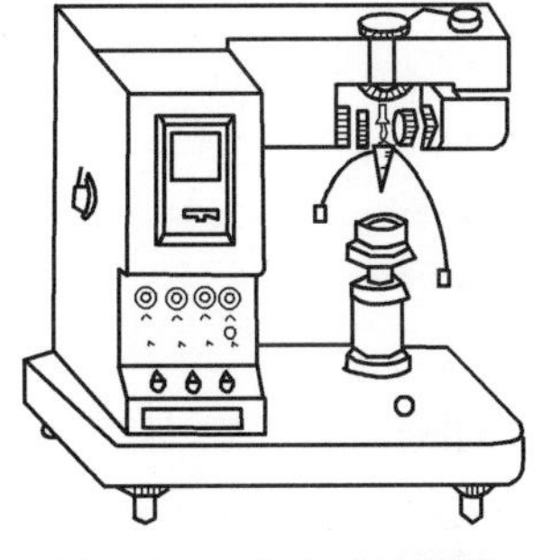

图 5.1-5 光电式液塑限联合测定仪

试验仪器见图 5.1-5，圆锥质量 76g，锥角 30°。

剔除试样中大于 0.5 mm 的颗粒，然后分别按圆锥下沉深度为 3～5 mm、9～11 mm 及 16～18 mm 制备不同稠度的土膏，静置湿润。

将制备好的土膏调拌均匀，密实地填入试样杯中，刮平高出杯口的余土。将试样杯安放在仪器的升降座上，调整升降台，使圆锥仪锥尖刚好接触土面。然后释放圆锥，使其在自重作用下沉入试样中。持续约 5 s，立即测读圆锥下沉深度，并从试样杯中取 10 g 以上的试样 2 个装入称量盒内，测定其含水率(*W*)。

重复完成 3 个不同稠度土膏的测试。

在双对数坐标纸上绘制含水率与圆锥下沉深度曲线 lg*W*-lg*h*。三点应连成一条直线(图 5.1-6 中 *A* 线)。当三点不在一条直线上时，则通过高含水率这一点与其余两点连成两条直线，在圆锥下沉度为2 mm 处可查得相应的两个含水率。当这两个含水率的差值小于 2%时，以这两点含水率平均值与高含水率的点连成一条直线(图 5.1-6 中 *B* 线)。若两个含水率差值不小于 2%，需补做试验。

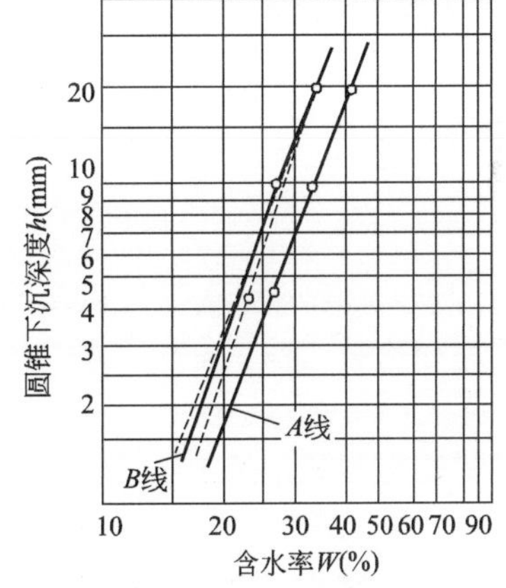

图 5.1-6 圆锥下沉深度与含水率关系

在图 5.1-6 中，下沉深度为 17 mm 所对应的含水率为液限；下沉深度为 2 mm 所对应的含水率为塑限。取值以百分数表示，精确至 0.1%。

4. 击实试验

击实试验是测定试样在标准击实功作用下含水率与干密度之间的关系，从而确定试样的最大干密度和对应的最优含水率。

根据单位体积击实功的不同，试验分为轻型击实和重型击实，试验标准技术参数见表 5.1-3。应根据工程要求和填料的最大颗粒粒径选择试验类型和击实筒。

表 5.1-3 击实试验标准技术参数

试验类型	单位击实功(kJ/m³)	编号	击实仪规格							试验条件		
			击锤			击实筒			护筒			
			质量(kg)	锤底直径(mm)	落距(mm)	内径(mm)	筒高(mm)	容积(cm³)	高度(mm)	层数	每层击数	最大粒径(mm)
轻型	600	Q1	2.5	51	305	102	116	947.4	50	3	25	5
		Q2	2.5	51	305	152	116	2 103.9	50	3	56	20
重型	2 700	Z1	4.5	51	457	102	116	947.4	50	5	25	5
		Z2	4.5	51	457	152	116	2 103.9	50	5	56	20
		Z3	4.5	51	457	152	116	2 103.9	50	3	94	40

试验所用的主要设备击实筒和击锤见图 5.1-7。击实筒为钢制圆柱形筒，配有钢护筒和底板，大击实筒还配有垫块。击锤配有导筒，锤与导筒之间有适量的间隙，能使锤自由下落。

导筒上设有排气孔。

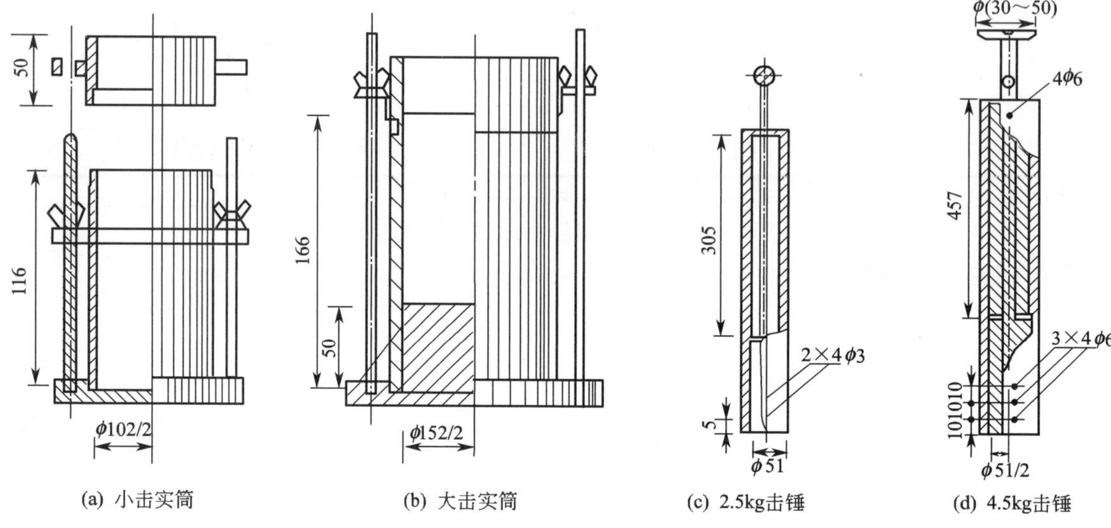

图 5.1-7 击实筒和击实锤 单位:mm

将试样碾碎、过 5 mm(或 20 mm 或 40 mm)筛,去掉大于试验条件“最大粒径”的颗粒。然后拌和均匀。按试样的塑限估计最佳含水率,在其附近选择依次含水率相差约 2%制备一组试样至少 5 个,其中 2 个含水率大于塑限、2 个小于塑限、1 个接近塑限。制备好的试样应放在有盖的容器里静置适当的时间。

按表 5.1-3 的参数分层填料击实,每层击实后的试样高度应尽量接近,所用试样的总量应使最后击实面超过击实筒顶不大于 6 mm。击锤可人工或机械操作,使导筒保持垂直平稳,击锤均匀地作用在整个试样上。先沿击实筒周围锤击一遍后,中间再加一击。

击实完成后,修整击实筒顶部试样,称量试样质量(m),按式 5.1-3a 计算试样的湿密度(ρ)。取 2 个代表性试样测定含水率(W),按式 5.1-3b 计算试样的干密度(ρ_d)。

$$\rho=m/V \tag{5.1-3a}$$

$$\rho_d=\rho/(1+0.01W) \tag{5.1-3b}$$

式中 ρ——击实后试样的湿密度(g/cm^3);

m——击实后试样质量(g);

V——击实筒体积(cm^3);

ρ_d——击实后试样的干密度(g/cm^3);

W——击实后试样的含水率(%)。

按上述步骤进行不同含水率试样的击实。绘制击实后试样干密度与含水率关系曲线(如图 5.1-8)。曲线上峰值点对应的纵、横坐标分别表示击实试样的最大干密度和最佳含水率。

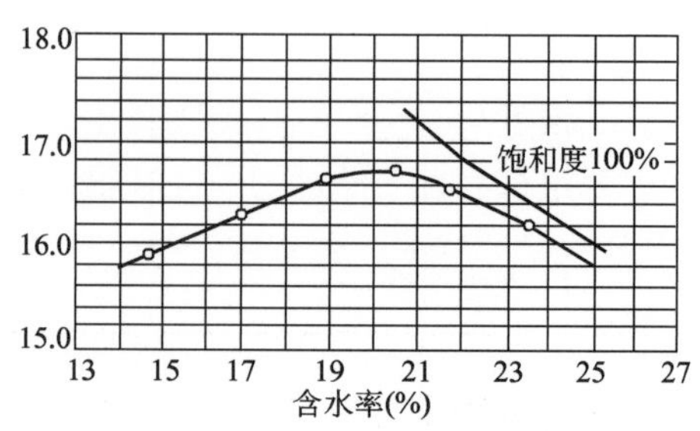

图 5.1-8 ρ_d-W 关系曲线

当试样中筛去粒径大于 5 mm(或 20 mm 或 40 mm)颗粒质量占总质量的 5%～30%时,按式 5.1-4 进行最大干密度和最佳含水率校正。

$$\rho'_{dmax}=1/((1-P_s)/\rho_{dmax}+P_s/\rho_a) \tag{5.1-4a}$$

$$W'_{opt}=W_{opt}\cdot(1-P_s)+P_s\cdot w_x \qquad (5.1\text{-}4b)$$

式中　ρ'_{dmax}——校正后试样的最大干密度(g/cm³)；

ρ_{dmax}——击实试验实测的最大干密度(g/cm³)；

P_s——试样中粒径大于 5 mm(或 20 mm 或 40 mm)的颗粒含量的质量分数；

ρ_a——粒径大于 5 mm(或 20 mm 或 40 mm)的颗粒毛体积密度(g/cm³)；

W'_{opt}——校正后试样的最佳含水率(%)；

W_{opt}——击实试验实测的最佳含水率(%)；

W_x——粒径大于 5 mm(或 20 mm 或 40 mm)的颗粒的吸着含水率(%)。

5. 改良土试件无侧限抗压强度试验

在施工现场采取拌和好的改良土，在室内按预定的压实度制备试件，试样直径 25～30 mm，高径比 2.0～2.5。并在规定的温度下保湿 6 天、浸水 1 天后进行抗压试验。每组试样的试件个数根据土的颗粒大小和试验结果的相对偏差按表 5.1-4 确定。当试验结果偏差达不到要求时，应增加试件数量。

表 5.1-4　每组试样的试件数

土的类别	细粒土	粗粒土	碎石类土
最少件数	6	9	13

试验可采用应变控制式无侧限压缩仪(图 5.1-9)，也可采用三轴仪。

试验按 1%～3%的应变速度加荷，记录试验过程中试件所受的轴向力和轴向变形。当轴向力出现峰值后，再进行 3%～5%的应变即可停止试验。

试件所受的轴向力和轴向应变按 5.1-5 式计算：

$$\varepsilon=\Delta h/h_0\times100\% \qquad (5.1\text{-}5a)$$

$$A_a=A_0/(1-0.01\varepsilon) \qquad (5.1\text{-}5b)$$

$$\sigma=F/A_a\times10 \qquad (5.1\text{-}5c)$$

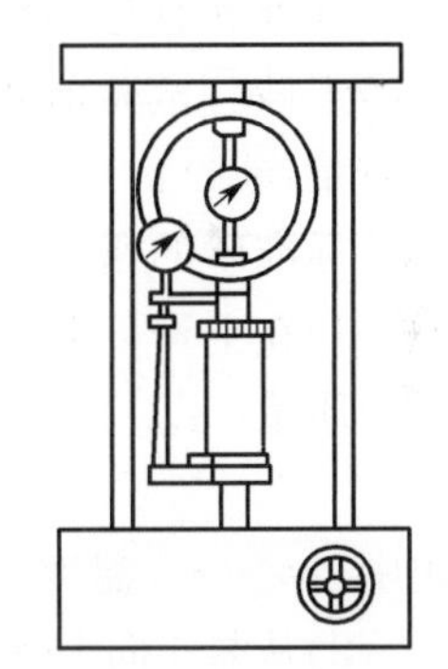

图 5.1-9　无侧限压缩仪

式中　ε——试件的轴向应变(%)；

Δh——试件的轴向变形(mm)；

h_0——试件的初始高度(mm)；

A_a——校正后试件横截面积(cm²)；

A_0——试件初始横截面积(cm²)；

σ——试件所受的轴向应力(kPa)；

F——试件所受的轴向力(N)。

绘制应力与应变关系曲线 σ-ε，如图 5.1-10。图中峰值点对应的轴向应力即为试件的无侧限抗压强度(q_{ui})，曲线初始段的斜率为试件的变形模量(E_0)。

每组试样的无侧限抗压强度标准值按式 5.1-6 计算：

$$q_u=\bar{q}_u\cdot(1-1.645\delta) \qquad (5.1\text{-}6)$$

式中　q_u——每组试样无侧限抗压强度标准值；

$\bar{q}_u$——每组试样无侧限抗压强度平均值；

δ——每组试样无侧限抗压强度试验值的变异系数，比照式 3.2-27 计算。

5.1.1.3 填筑密实度检测

填筑密实度检测通常应跟踪施工,分层进行。这样可有效地进行过程控制,发现问题及时处理,避免返工。如不具备分层检测条件时,也可用钻孔分层取样检测。

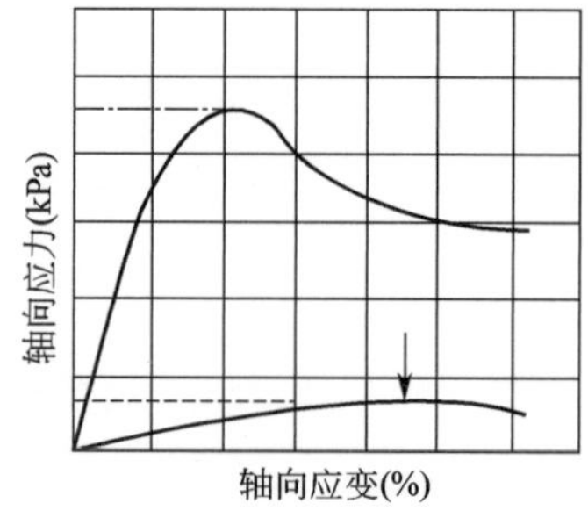

图 5.1-10 轴向应力-应变关系曲线

密实度检测对黏性土主要是测定填土的干密度(γ_d),根据填料的击实试验结果计算压实系数(λ_c);对砂类土主要是测定填土的孔隙比(e),根据填料的最大、最小空隙比(e_{max}、e_{min})计算填土的相对密度(D_r)。要得到上述指标,就需要测定填土的密度(γ)和含水率(W)。我们在这里介绍四种测定填土密度的传统方法。核子密度仪是一种简便快速测定填土密度和含水率的方法,但考虑到放射性物质对人体健康有一定的危害,这里不提倡采用。

1. 环刀法

环刀法适用于粉土和黏性土。在现场用环刀原位切取压实土的试样,用直刀刮平环刀两端面的余土,随即称得环刀+湿土的质量,求得湿土质量(m),同时测定土的含水率(W)。按5.1-3 式计算湿密度、干密度,这里 V 代表环刀的体积。

2. 灌砂法

灌砂法适用于现场测定最大粒径小于 20 mm 的土的密度。主要试验仪器是密度测定器(图 5.1-11),它由容砂瓶、灌砂漏斗和底盘组成。

标准砂宜选用粒径为 0.25~0.5 mm,密度为 1.47~1.61 g/cm^3 的洁净干砂。试验前要测定标准砂的密度(ρ_{sr})和灌满灌砂漏斗所需标准砂的质量(m_{r0})。

标准砂的密度(ρ_{sr})按下述步骤进行测定:

1)在空密度测定器中装满水,关上阀门,倒掉多余的水,称量并计算水的质量(m_{wr});测定水温(t),并按式 5.1-7 计算灌砂筒的容积(V_r)。

$$V_r = m_{wr}/\rho_{wt} \tag{5.1-7}$$

式中 ρ_{wt}——温度为 t ℃时水的质量密度(g/cm^3)。

2)从漏斗向干燥的密度测定器中灌满干燥标准砂,关上阀门,倒掉多余的砂,称量并计算标准砂的质量(m_{sr})。按式 5.1-8 计算标准砂的密度(ρ_{sr})。

$$\rho_{sr} = m_{sr}/V_r \tag{5.1-8}$$

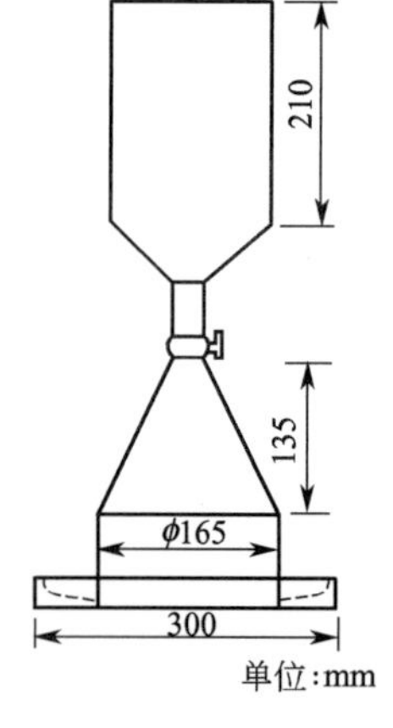

图 5.1-11 密度测定器

灌满灌砂漏斗所需标准砂的质量(m_{r0})按下述步骤进行测定:将密度测定器充满标准砂,称量其总质量;将密度测定器漏斗向下放在一洁净的平面上,打开阀门向漏斗内灌砂,等到砂停止流动,迅速关上阀门,称量余砂和密度测定器的质量,计算流失标准砂的质量,流失砂的质量即为灌满灌砂漏斗所需标准砂的质量(m_{r0})。

灌砂试验按下列步骤进行:

1)在填土表面铲出一个直径不小于 200 mm 的圆形平面,在平面中间挖试坑,试坑直径为 150 mm,深 200 mm。边挖边将挖出的土放在盛土容器内。称量土的质量(m_p),并取代表性土样测定含水率(W)。

2)将密度测定器灌满砂,称量总质量,关闭阀门。

3)将密度测定器漏斗向下置于挖好的试坑口上,打开阀门,使标准砂流入试坑。当试坑和漏斗被灌满,砂停止流动时,迅速关闭阀门。

4)称量余砂和密度测定器的质量,并计算出试验中流失砂的质量(m_{r1})和填满试坑所用标准砂的质量 m_{sr}($m_{sr}=m_{r1}-m_{r0}$)。

试验结果按 5.1-9 式计算:

$$\rho=m_p/(m_{sr}/\rho_{sr}) \tag{5.1-9a}$$

$$\rho_d=\rho/(1+0.01W) \tag{5.1-9b}$$

式中 m_p——取自试坑内湿土的质量(g);

m_{sr}——灌满试坑所用标准砂的质量(g);

ρ_{sr}——标准砂的质量密度(g/cm^3);

其他符号同前。

3. 灌水法

灌水法适用于现场测定最大粒径小于 60 mm 土的密度。主要试验设备是一个直径均匀,并附有刻度、出水管和阀门的储水筒。

试验按下列步骤进行:

1)铲平试验地面,挖试坑,试坑尺寸按表 5.1-5 确定。边挖边将挖出的土放在盛土容器内。称量土的质量(m_p),并取代表性土样测定含水率(W)。

表 5.1-5 灌水法试坑尺寸

试样最大粒径(mm)	试坑尺寸(mm)		试样最大粒径(mm)	试坑尺寸(mm)	
	直径	深度		直径	深度
5～20	150	200	60	250	300
40	200	250			

2)试坑挖好后,将略大于试坑容积的塑料薄膜袋沿坑底、坑壁紧密相贴,到地面后翻开袋口,袋口周围用重物压牢固定。

3)记录储水筒内初始水位高度,打开出水管阀门,向坑中塑料薄膜袋注水,待水面与坑口地面平齐时立即关闭阀门,持续 3～5 min。如水面稳定,记录储水筒内水位高度;否则换塑料薄膜袋重做试验。

试验结果按 5.1-10 式计算:

$$\rho=m_p/V_p \tag{5.1-10a}$$

$$V_p=(H_1-H_2)\cdot A_w \tag{5.1-10b}$$

式中 V_p——试坑体积(cm^3);

H_1——储水筒内初始水位高度(cm);

H_2——储水筒内注水终止时的水位高度(cm);

A_w——储水筒断面积(cm^2);

其他符号同前。

4. 气囊法

气囊法的适用范围和试坑开挖尺寸同灌水法,不同之处在于测量试坑体积是使用气囊式容积仪,其外形和主要部件见图 5.1-12。

试验按下列步骤进行:

1) 铲平并清扫场地。将护坑环平稳地置于待挖试坑的土面上,仪器安装于护坑环上,并用压块固定。

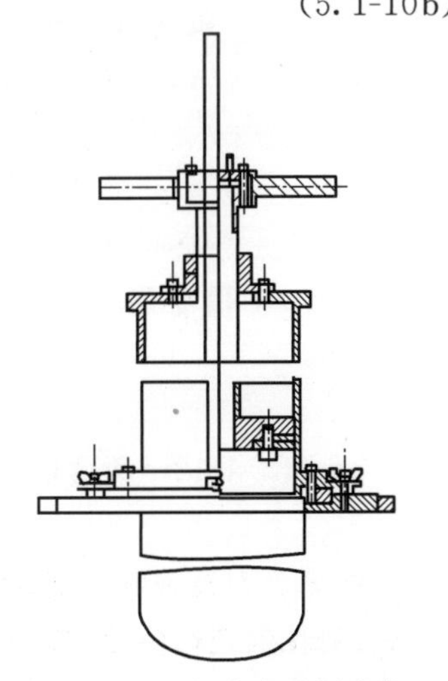

图 5.1-12 气囊容积测定仪

2)打开排气阀,将活塞提到缸筒顶端,测尺游标推至缸筒顶面。然后关上排气阀,慢慢向下推动活塞,直到水位管中溶液水柱升至水位线。读取数显测尺初始读数(L_1)。

3)提起活塞使水柱退回,松开压块,暂时移走仪器。

4)在护坑环内开挖试坑,称量土样,按照灌水法的要求测定湿试样的质量(m_p)和含水率(w)。

5)重新将仪器安装固定于护坑环上,将活塞提到缸筒顶端,测尺游标推至缸筒顶面。然后慢慢向下推动活塞,直到水位管中溶液水柱升至水位线。读取数显测尺终止读数(L_2)。

试坑体积(V_p)按式 5.1-11 计算:

$$V_p = A_g \cdot (L_2 - L_1) \tag{5.1-11}$$

式中 A_g——容积仪常数(cm^3/mm);

L_1——数显测尺初始读数(mm);

L_2——数显测尺终止读数(mm);

其他符号同前。

试样的湿密度和干密度计算同前。

5. 核子射线法

该方法是利用两种放射源,即铯(^{137}Cs)伽玛源和镅铍($^{241}Am\text{-}Be$)中子源发出的微量射线,直接射入被测土层中,通过 γ 探测器和热中子探测器的探测记录,快速测量出地层密度及含水率。

1)方法原理

①地层密度 ρ 的测定

测量地层的密度时,用的是铯(^{137}Cs)伽玛源。仪器中的伽玛源发出的 γ 射线具有中等能量(0.661 MeV),用它照射物质能产生康普顿散射和光电效应。地层的密度不同,对伽玛光子的散射和吸收能力不同,探测器接收到的 γ 射线的计数率也就不同,通过已知距离为 L 的 γ 射线的计数率 N 为:

$$N = N_0 e^{-\mu \cdot L} \tag{5.1-12a}$$

式中 N_0——发射源和探测器之间无吸收介质时距发射源为 L(m)处的 γ 射线的计数率;

μ——γ 射线的衰减系数;

L——发射源和探测器之间的距离。

若只存在康普顿散射,则 μ 即为康普顿散射吸收系数:

$$\mu = K \cdot \rho \tag{5.1-12b}$$

式中 ρ——吸收介质的质量密度;

K——与吸收介质量有关的 γ 射线的衰减系数,它与组成吸收介质的化学元素有关,对填土来说,K 值变化不大,接近常数。

所以

$$N = N_0 \cdot e^{K \cdot \rho \cdot L} \tag{5.1-12c}$$

对式(5.1-12c)两边取对数,则得:

$$1nN = 1nN_0 - K \cdot \rho \cdot L \tag{5.1-12d}$$

可见 γ 射线探测器记录的计数率 N 在半对数坐标系上与 ρ 和 L 呈线性关系。源距 L 选定后,对仪器进行标定,找到 ρ 和 N 的这种关系,则记录散射伽玛光子计数率 N 就可以测得地层的密度 ρ。

②地层含水率的测定

测量地层的含水率时，用的是同位素中子源镅-铍中子源。它是利用镅衰变产生的 α 粒子去轰击铍原子核，引起铍发生核反应释放出中子来。其核反应是：

$$^{9}_{4}\mathrm{Be}+^{4}_{2}\mathrm{He}\longrightarrow^{12}_{6}\mathrm{C}+^{1}_{0}\mathrm{n}+Q$$

由于中子源发出的快中子与地层中各种原子核发生弹性散射，逐渐损失能量，降低速度，成为热中子。其减速过程的长短与地层中的氢原子核含量有关。其含量越高，即含水率越高，衰减越快。核子密度仪测定地层含水率的探测器采用的是氦三(^{3}He)探测器，它是利用氦(^{3}He)受中子轰击后发生核反应产生氚核(T)，并释放出带电粒子(P)和能量(Q)，它的核反应式是：

$$^{3}_{2}\mathrm{He}+^{1}_{0}\mathrm{n}=\mathrm{T}+\mathrm{P}+Q$$

该探测器是利用核反应所产生的带电粒子(P)使探测器的计数管气体电离形成脉冲电流。

2)仪器设备

核子密度仪有地面观测和孔中观测（深层核子密度仪）二种形式。主机由放射源、探测器、微处理器、探深定位装置组成。

附属设备包括标准板、导板、铝杆和充电器组成见图 5.1-13。

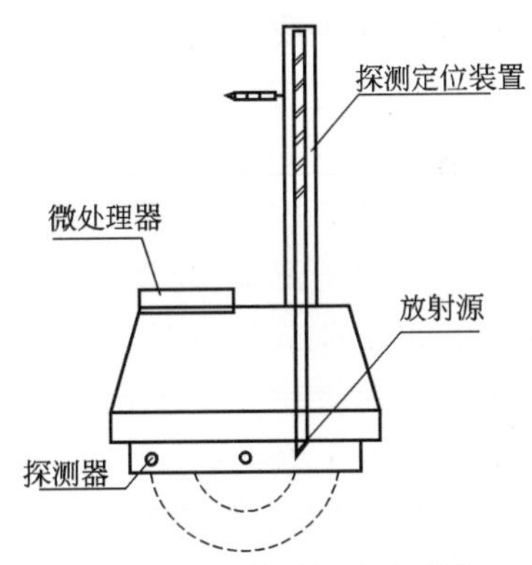

图 5.1-13　核子湿度密度仪

3)现场测试

①平整被测材料表面，必要时可用少量细粉颗粒铺平，然后用导板和铝杆造孔。孔深必须大于测试深度，孔应垂直；孔壁光滑，不得坍塌。如被测材料不便于造孔，可采用背散射法进行检测。

②按规定将仪器就位，并将放射源定位到预定的测试深度，按下启动键开始测试，操作人员退到离仪器 2 m 以外区域。

③当仪器发出测试结果信号后，将放射源退回到安全位置，并储存或记录检测结果。

4)资料整理与测试结果

①干密度(ρ_d)计算

试验结果按下式计算：

$$\rho_d=\rho-\rho_{sw} \tag{5.1-13a}$$

式中 ρ_d——干密度(g/cm^3)，计算至 0.01g/cm^3；

ρ——填土的湿密度(g/cm^3)，直接测定指标；

ρ_{sw}——单位体积土中所含水的质量(g/cm^3)。

②含水率(W)计算

试验结果应按下式计算：

$$W=\frac{\rho_{sw}}{\rho-\rho_{sw}}=\frac{\rho_{sw}}{\rho_d}\times100\% \tag{5.1-13b}$$

式中 W——土的含水率(%)，计算至 0.1%；

ρ_d——土的干密度(g/cm^3)；

其他符号同前。

③核子射线法的精度

由于受放射源的 γ 射线涨落影响，存在着一定的误差，通常的情况下背散射测量精度为 ±30 kg/m³，折算成百分比误差为 1.1%～2.7%。为减少这种误差，应采用多次观测（通常为 4 次），取平均值。

5.1.1.4　变形参数检测

1. K_{30} 静态平板载荷试验法

K_{30} 静态平板载荷试验是采用直径为 30 cm 的荷载板测定下沉量为 1.25 mm 地基系数的试验方法，适用于填料粒径不大于荷载板直径 1/4 的各类填筑土，试验有效影响深度范围为 400～500 mm。

1）试验仪器设备：加载和测量仪器、装置同本书 3.5“地基载荷试验”有关内容。承压板为直径 30 cm、厚 25 mm 的圆形钢制平板。

2）设备安装：试验宜在填土压实后 2～4 h 内进行。试验前要铲除填土表面因含水率变化而形成的硬壳或软化层，清除扰动土，铺设一层 2～3 mm 厚的中砂垫层。安放承压板时，左右转动承压板使其与地面完全接触。调整并用水准尺校准，使承压板保持水平。安装位移测量仪表的横梁，其支撑座到承压板边缘和反力装置支撑点的距离均不得小于 1 m。其他部分的安装要求同 3.5“地基载荷试验”有关内容。

3）加载与记录：为稳固荷载板，预加 0.01 MPa 荷载约 30 s，然后卸除荷载，将位移计读数调零。采用荷载维持法，以 0.04 MPa 的增量，逐级加荷。每级荷载下 1 min 的沉降量不大于该级荷载产生的沉降量的 1%时，记录该级荷载下的沉降量，然后加下一级荷载。当荷载值超过估计的现场实际最大接触压力或者达到地基的强度屈服点，且总下沉量超过 1.25 mm 时，可终止试验。

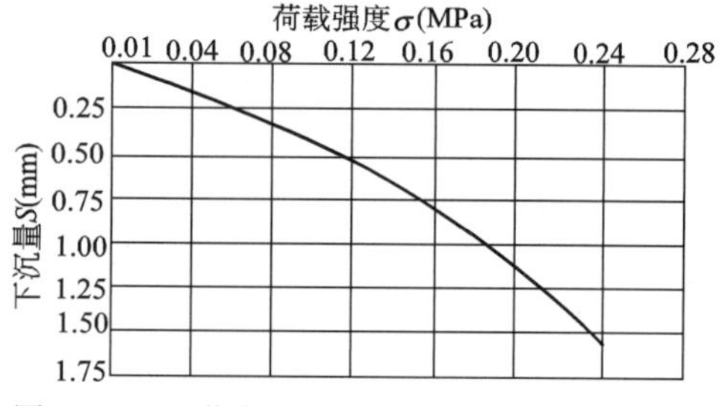

图 5.1-14　荷载强度与下沉量关系（σ-s）曲线

4）资料整理与计算：先按本书 3.5.4.1 的方法对实测强度与下沉量 σ-s 曲线（相当于地基载荷试验 P-s 曲线）进行修正。用修正后的沉降量绘制 σ-s 曲线（图 5.1-14）。从荷载下沉量关系曲线（σ-s）上得出下沉量基准值（s=1.25 mm）对应的荷载强度，并按式 5.1-14 计算地基系数。

$$K_{30}=\sigma_s/(1.25\times10^{-3})\tag{5.1-14}$$

式中　K_{30}——由直径 30 cm 的荷载板测得的地基系数（MPa/m）；

σ_s——σ-s 曲线中 $s=1.25\times10^{-3}$ m 相对应的荷载强度（MPa）。

2. E_{vd} 动态平板载荷试验法

E_{vd} 动态平板载荷试验是采用动态变形模量测试仪来测定填土动态变形模量的试验方法。它是用具有一定能量的落锤冲击承压板，通过测定承压板的沉陷来计算土体的动态变形模量 E_{vd}。它适用于填料粒径不大于荷载板直径 1/4 的各类填筑土，试验有效影响深度范围为 400～500 mm。

1）试验仪器设备：试验所用的主要仪器为动态变形模量测定仪，它由加载装置、荷载板和沉陷测定仪三部分组成，见图 5.1-15。

加载装置主要由挂钩装置（可控制落锤脱钩）、落锤、导向杆、阻尼器等部分组成。落锤重 10 kg，最大冲击力 7.07 kN，冲击持续时间为（18±2）ms，导杆必须保持垂直、光洁。

载荷板为直径 300 mm 厚 20 mm 的圆形钢板。

沉陷测定仪由传感器和信号处理记录仪组成。测量传感器安装在荷载板的中心位置，负责沉陷信号的采集。信号处理记录仪负责沉陷信号的处理、显示和打印。沉陷测试范围为 0.1～2.0 mm，对应的 E_{vd} 测试范围为 10～225 MPa。仪器应按说明书要求进行校验和标定。

2)设备安装：先将测试面整平，必要时可用少量的细、中砂找平，将荷载板安放在整好的地面上，可左右转动，使荷载板与测试面接触良好。安装导向杆，使其保持垂直。挂钩位置与仪器标明的落距相符。

3)测试：将落锤挂在挂钩装置上，然后使落锤脱钩并自由下落，当落锤弹回后将其抓住并挂回挂钩上，照此重复进行 3 次预冲击。然后按上述方式进行 3 次正式冲击测试，记录每次的沉陷量。测试时应避免荷载板的移动和跳跃。

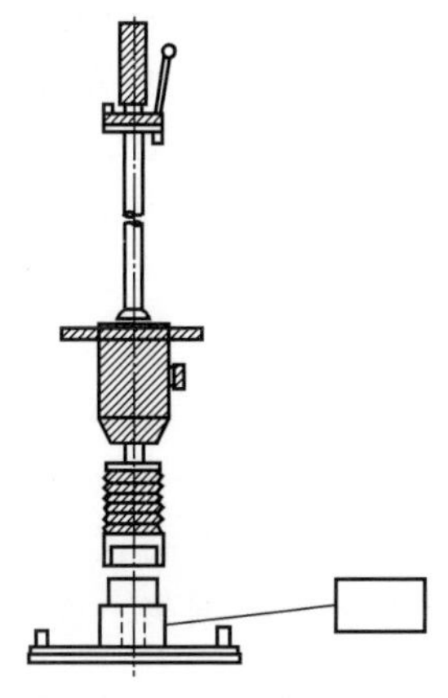

图 5.1-15 动态变形模量测试仪

4)资料整理与计算：将三次记录的沉陷值平均，得到平均沉陷值，然后按式 5.1-15 计算动态变形模量 E_{vd}。

$$E_{vd}=1.5r\cdot\sigma/s \tag{5.1-15a}$$

式中 E_{vd}——动态变形模量(MPa)；

r——荷载板的半径(mm)，$r=150$ mm；

σ——荷载板下的最大动应力(MPa)，通过标定使最大动冲击力为定值($F_s=7.07$ kN)，对应 $\sigma=0.1$ MPa；

s——实测荷载板下沉量平均值(mm)。

将 r 和 σ 值代入，式 5.1-15a 可简化为：

$$E_{vd}=22.5/s \tag{5.1-15b}$$

3. 变形模量 E_{v2} 检测方法

本方法是一种平板静载荷试验，用于检测填土变形模量 E_{v2} 和 E_{v2}/E_{v1}。承载板直径、适用范围和试验影响深度同 K_{30}。试验设备及安装同本书 3.5“地基载荷试验”有关内容，特殊要求是应具备测量承载板中心点沉降的条件。

1)试验要点

承载板边缘到反力装置支撑点的距离不得小于 0.75 m，位移测量装置的支撑座到承载板边缘及反力装置支撑点距离不得小于 1.25 m。预压荷载为 0.01 MPa，维持时间为 30 s，然后卸荷至 0。以大致相等的荷载增量分级加载观测，最大加载控制在 0.5 MPa，第一次加载不少于 6 级，达到最大荷载或沉降量达到 5 mm 时，进行卸载。卸载按最大荷载的 50%、25%和 0 三级进行。卸载完成后，按与第一次相同的步骤和荷载进行第二次加载，第二次加载比第一次加载少最后一级。每级加载应在 1 min 内完成，维持稳定荷载 2 min，观测记录各级荷在下中心点沉降量。

2)资料整理与计算

根据观测资料绘制应力——沉降(σ-s)曲线，见图 5.1-20，图中箭头指示应力路径。按 5.1-16 的二次三项式拟合第一次和第二次加载所得到的 σ-s 曲线。

$$s=S_0+a\cdot\sigma+b\cdot\sigma^2 \tag{5.1-16}$$

式中 s——承压板中心沉降量(mm)；

σ——承压板下平均应力(MPa)；

S_0——回归系数，常数项(mm)；

a——回归系数，一次项系数(mm/MPa)；

b——回归系数，二次项系数(mm/MPa^2)。

变形模量 E_v 根据应力——沉降(σ-s)曲线在 $0.3\sigma_{1max}$ 和 $0.7\sigma_{1max}$ 之间割线的斜率确定，可按 5.1-17 式计算：

$$E_{vi}=1.5r\frac{1}{a+b\cdot\sigma_{1max}} \tag{5.1-17}$$

式中 E_{vi}——变形模量(MPa)；

r——承压板半径，$r=150$ mm；

σ_{1max}——第一次加载最大应力(MPa)；

其余符号同式(5.1-16)。

分别根据第一次和第二次加载观测数据计算 E_{v1} 和 E_{v2}，再计算 E_{v2}/E_{v1}。

5.1.2 既有路基检测

5.1.2.1 既有路基的特点和检测内容

既有路基在运营期间，由于受到列车荷载和自然动力的作用，与建成之初相比其状况发生了一定的变化。这种变化表现为利弊两个方面：一方面路基在荷载作用下被进一步压密，填土密实度增大，基床系数提高；另一方面，由于不均匀变形在基床中形成道砟陷槽，因冻害而产生翻浆帽泥等。

在既有铁路提速改造中，需对既有路基进行检测，其内容包括：既有路基基床是否存在病害，路基填土的力学性质指标(强度和基床系数)是否能满足要求。

5.1.2.2 既有路基基床病害检测

目前既有路基基床病害检测主要采用地质雷达和开挖验证相结合的方法，这里我们简单介绍地质雷达法，该方法的探测原理、仪器设备和信号处理详见 4.1 有关内容。

路基基床病害主要发生在浅部，因此雷达的工作频率可选用 100～1000 MHz。探测深度主要受填料类型和含水率影响，一般在 5 m以内。

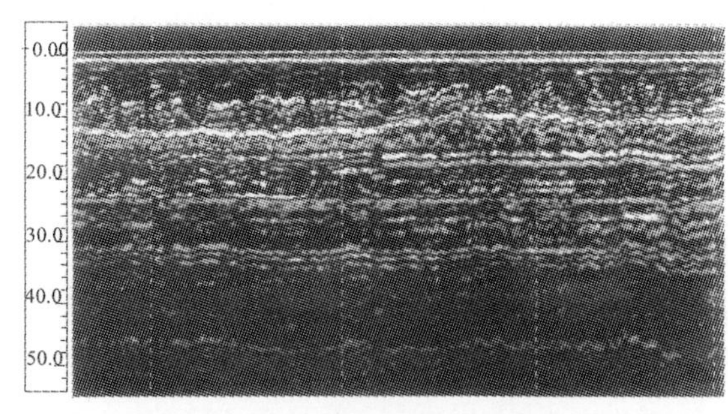

图 5.1-16 正常路基雷达探测影象

外业测试工作通常采用剖面测量法，该方法是将雷达的发射天线和接收天线之间保持为固定距离，沿铁路轨道方向同步移动测量。为了减少轨枕的影响，接收天线宜布置在轨枕外侧 0.5 m 以外。整个测量装置可安装在一个可在轨道上行走的小车上。图 5.1-16 为一剖面测量影像图，横坐标为测试剖面线，纵坐标为雷达反射波走时(双时程，单位 ns)。

由于电磁波在各种介质中的传播速度是不同的，因此反射界面的埋藏深度(陷槽深度)需要开挖验证，或者用雷达按宽角测量法取得。宽角测量法是从测点位置，将发射和接收天线沿测线向相反方向移动，见图 5.1-17(a)。这样所测得的影像横坐标表示发射和接收天线之间的距离，纵坐标为雷达反射波走时，见图 5.1-17(b)。根据电磁波所走过的路径，按照几何关系可得：

$$t=\frac{\sqrt{x^2+4D^2}}{v} \tag{5.1-18}$$

式中　t——反射波的全程走时；

x——发射天线与接收天线之间的距离；

v——电磁波在介质中的传播速度；

D——反射界面深度。

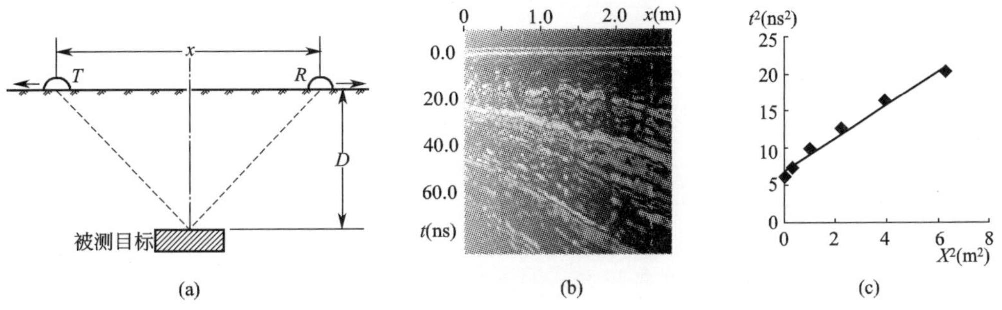

图 5.1-17　宽角法测定目标埋深和介质电磁波速

对于给定的测点位置，界面的深度(D)和介质的电磁波速(v)为常数，因此(5.1-18)式中 t^2 与 x^2 之间的关系为一直线。在雷达影像图上，选取不同的 x 值及对应的 t 值，绘制反射界面的 x^2-t^2 关系图，如图 5.1-17(c)。直线的斜率为 m，在 t^2 轴($x=0$)的截距为 t_0^2，则电磁波在介质中的传播速度(v)和反射界面深度(D)按式 5.1-19 计算。

$$v=1/\sqrt{m} \tag{5.1-19a}$$

$$D=v\cdot t_0/2 \tag{5.1-19b}$$

由于目前尚未找到电磁波参数与岩土力学指标间的关系，因此地质雷达仅限于发现病害和确定病害的位置和范围。

5.1.2.3　既有路堤力学性质指标检测

既有路基是已经存在的岩土构筑物，很难像新建路基那样分层测定其压实度。对于中断运营的路基可按照“3 加固处理后的地基检测”有关的方法进行检测；对于正在运营的既有路基，由于可供检测作业的时间和作业面都不宽裕，通常采用轻型动力触探、瑞雷波等简便方法。

1. 轻型动力触探

详见“3.3 圆锥动力触探和标准贯入”有关内容。

2. 瑞雷波法

该方法的测试原理、仪器设备和信号处理详见“3.4 弹性波法”有关内容。

1)瑞雷波法检测既有铁路路基的原理

研究资料表明，横波(S 波)与岩石物理性质的相关程度比纵波(P 波)更具优越性。尤其在第四系地层中，横波速度与地层强度相关性较好。瑞雷面波与横波的传播特性相同，且与横波速度 v_S 之间有如下关系式：

$$v_R=v_S(0.587+1.66\mu)/(1+\sigma)$$

式中　μ——泊松比。

由于土层中的泊松比 μ 相差不大，而瑞雷波速度 v_R 与横波速度 v_S 的比值在 0.9～1.0 之间，瑞雷面波波速的大小直接反映土层强度的高低。因此在路基检测中采用瑞雷面波法检测即有铁路路基强度就是依据弹性波理论，求得路基土层的弹性波速度，来确定其强度及路基状态。

2)资料整理与路基承载力的确定

根据所得频散曲线上 v_R 值随深度变化的具体数值,绘制 v_R 值的等值线图。该图件是瑞雷面波法的定性图件。从该图的特征,可以定性分析出检测范围内路基强度变化的基本特征。v_R 值较高的区域,反映了路基强度较高;v_R 值较低的区域,反映了路基强度较低。

为了求得瑞雷面波速度与承载力的关系曲线,可将轻型动力触探(N_{10})击数与瑞雷波速度(v_R)进行了数学统计分析,得到 v_R 与 N_{10} 关系式及关系曲线(图 5.1-18)。

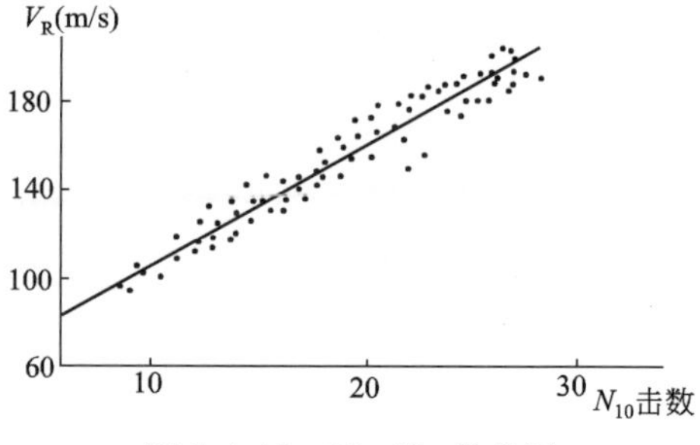

图 5.1-18　V_R-N_{10} 散点图

从土中可以看出,相关点虽有一定的发散性,但还是可以看出所调查基床土的轻型动力触探击数(N_{10})与瑞雷波速(v_R)之间有一个线性的相关关系。

3. 路基强度评估标准

为使基床保持稳定,基床上的强度必须大于所承受的荷载,为此需要计算作用在路基上的荷载强度。

1)路基面动应力 σ_L

根据铁科院铁建所在“高速路基设计技术条件的研究”中对中速无缝及高速无缝线路建议采用式 5.1-20 计算路基面动应力值:

$$\sigma_L = 2.6 \times P \times (1+\alpha V) \tag{5.1-20}$$

式中　P——机车车辆的静轴重(kN);

σ_L——路面动应力(kPa);

V——列车行车速度(km/h);

α——动力系数,高速铁路、无缝铁路,$\alpha=0.003$;准高速铁路、无缝线路,$\alpha=0.004$。

2)基床附加应力沿深度的变化

荷载附加动应力 σ_d 可用表 5.1-6 进行折减。

表 5.1-6　动力衰减系数

深度(m)	0	0.3	0.4	0.5	0.6	1.0	2.5
η	1.00	0.75	0.67	0.65	0.57	0.39	0.15

3)动静荷载的折算

据《铁路路基土的动力性质》一文,在实验室模拟列车通过的单向脉冲加载模式条件下,经粉质砂壤土的动强度 σ_{dL} 约为静强度的 60%。由此可将动应力折算成等量的静应力。

$$\sigma = \sigma_d / 0.6 \tag{5.1-21}$$

由以上讨论,可以求出基床不同深度处的总应力值。当所测基床土强度达不到要求时,需进行加固处理。

5.1.3　工程实例分析

5.1.3.1　灌水法密实度试验

××新建铁路客运专线路基填土密实度采用灌水法进行检测,填土位于基床以下路基中，填料类型为花岗岩山皮土，按颗粒组分为粗角砾土。灌水法检测基坑大致为圆柱形，直径约 250 mm，深约 300 mm。储水桶为有机玻璃桶，见图 5.1-19。水桶内径为250 mm，灌水前后储水桶水位高度分别为 39.2 cm 和 7.7 cm。挖出土的质量为 34 327 g。

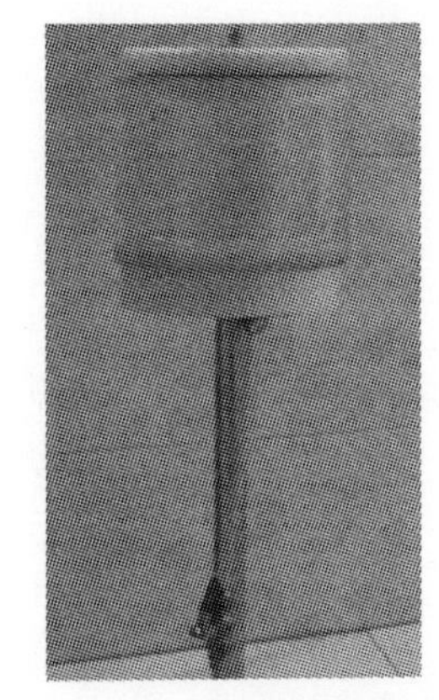

图 5.1-19　有机玻璃灌水桶

计算得到试坑容积为 $V_p=(39.2-7.7)\times12.5^2\times\pi=15\,462.5\ cm^3$，填土湿密度 $\rho=34\,327/15\,462.5=2.22 g/cm^3$，干密度 $\rho_d=2.22/1.093=2.03\ g/cm^3$。

填料试验得到土的颗粒密度 $\rho_s=2.70\ g/cm^3$，击实试验得到最大干密度 $\rho_{dmax}=2.13\ g/cm^3$。

计算得到填土孔隙率为 $n=(1-2.03/2.7)\times100\%=24.8\%$，压实系数为 $\lambda_c=2.03/2.13\times100\%=95.3\%$。设计要求填土空隙率小于 30%，检测结果表明填土密实度达到设计要求。

5.1.3.2　地基系数 K_{30} 试验

××新建城际铁路对路基填土进行地基系数 K_{30} 试验，试验点位于基床底层，填料为细圆砾土，设计要求 $K_{30}\geq150$ MPa/m。试验观测荷载—沉降数据见表 5.1-7，绘制的荷载强度与下沉量关系曲线见图 5.1-14。从图中得到沉降量 1.25 mm 对应的荷载为 0.21 MPa，按 5.1-14 式计算得到 $K_{30}=168$ MPa。检测结果地基系数达到设计要求。

表 5.1-7　××试验点荷载强度—下沉量数据统计表

荷载强度 σ(MPa)	0.01	0.04	0.08	0.12	0.16	0.20	0.24
下沉量 s(mm)	0.00	0.15	0.33	0.53	0.80	1.11	1.54

5.1.3.3　变形模量 E_{v2} 试验

××新建铁路客运专线路基填土变形模量 E_{v2} 检测，×试验点观测数据见表 5.1-8。

表 5.1-8　E_{v2} 试验观测数据

试验工况及分级序号		荷载 F(kN)	应力 σ(MPa)	承载板中心沉降 S(mm)
预压		0.71	0.010	0.11
复位		0.00	0.000	0.00
第一次加载	1	5.65	0.080	0.43
	2	11.31	0.160	0.72
	3	16.96	0.240	1.05
	4	22.62	0.320	1.44
	5	28.27	0.400	1.88
	6	31.81	0.450	2.12
	7	35.34	0.500	2.47
卸载	1	17.67	0.250	1.95
	2	8.84	0.125	1.64
	3	0.00	0.000	1.15

续上表

试验工况及分级序号		荷载 F(kN)	应力 σ(MPa)	承载板中心沉降 S(mm)
第二次加载	1	5.65	0.080	1.25
	2	11.31	0.160	1.43
	3	16.96	0.240	1.64
	4	22.62	0.320	1.87
	5	28.27	0.400	2.17
	6	31.81	0.450	2.41

应力-沉降(σ-s)及拟合趋势线见图 5.1-20，曲线拟合采用 Excel 图表中的工具进行，拟合系数及试验结果见表 5.1-9。

表 5.1-9 E_{v2}试验结果汇总

汇总指标	第一次加载	第二次加载
σ_{max}(MPa)	0.500	0.450
S_0(mm)	0.047	1.149
a(mm/MPa)	3.791	1.104
b(mm/MPa^2)	1.972	3.714
E_{vi}(MPa)	47.10	75.99
E_{v2}/E_{v1}	1.61	

5.1.3.4 运营路基检测

××铁路(上行)线 K323＋200～K327＋700 路基建于 1978 年，帮填于原下行线路基旁侧。该段道砟层厚 0.5～0.7 m，路堤高 1.0～4.5 m。基床表层为灰土及碎石，层厚 0.2～1.5 m 其下部填土为粉质黏土属 C 组填料，承载力低，厚约 1～2 m。该段整治前已实行限速，严重影响了运营。

路基检测方法采用瞬态瑞雷波法为主，辅以轻型动力触探、土工试验进行验证对比的综合检测技术。

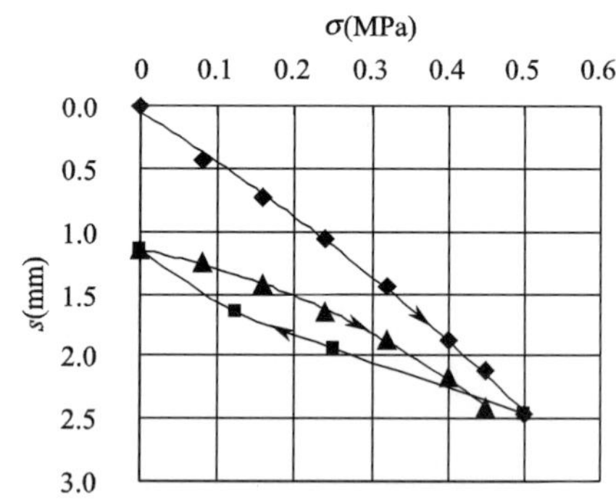

图 5.1-20 ××E_{v2}试验荷载-沉降曲线

检测结果表明，该段路基表层承载力为 108～140 kPa；基床面以下 0.5～2.0 m 承载力为 50～80 kPa，基床强度低。根据计算结果列车最高允许速度为 45～60 km/h。必须进行路基加固。

5.2 边坡工程检测

为保障铁路行车安全，对不稳定的边坡要进行治理。边坡治理的方法很多，与岩土工程关系密切的结构物有挡墙、片石护坡、锚杆和抗滑桩等。抗滑桩类似于建筑物的基桩，其检测方法详见“2 桩基工程检测”有关内容，这里仅介绍挡墙、片石护坡和锚杆工程的检测。

5.2.1　挡土墙与片石护坡检测

由于挡土墙与片石护坡皆由块石垒砌而成，检测所依据的物理性质相似，本文以挡土墙为例加以介绍。影响挡土墙质量的因素较多，如石料、反滤层施做、水泥砂浆强度、水泥砂浆饱和度、墙背回填料质量、施工工艺和后期养护等。因此，在加强施工管理和施工监理基础上，必要的挡墙质量检测是控制挡墙质量的关键。目前，路基挡墙质量检测多采用地质雷达法和弹性波法。地质雷达法用于检测挡墙厚度、挡墙背后的回填密实度；声波法检测挡墙质量，在具有参照标准的情况下，可推定墙体强度。

5.2.1.1　*地质雷达法*

地质雷达法适用于检测墙体厚度；墙体内部是否存在空洞、裂缝；墙体背后的回填密实情况、是否有反滤层等。

地质雷达检测挡墙的原理及雷达设备见"4.1"有关内容。根据挡墙和墙背回填料的厚度配置不同发射频率的天线，通常选用 100 MHz 和 400 MHz 两种，片石护坡及厚度较小的重力式挡墙宜采用 400 MHz 的天线。

1. 现场测试

1)挡墙检测通常采用沿墙面横向布置测线为主，纵向布置为辅。横向布线的间距可采用 5 m。检测中发现不合格地段应加密测线。

2)测量时应确保天线与衬砌表面密贴；

3)检测天线应移动平稳、速度均匀，移动速度宜为 3～5 km/h；

4)应随时记录可能对测量产生影响的情况(如渗水、电缆、铁架等)及其位置；

5)应准确标记测量位置。

2. 资料处理与判识

由于浆砌片石挡墙内部存在着块石与砂浆间的接触面；不同材质砌块间的接触面、砂浆不饱和造成的孔隙等都能使电磁波发生反射、折射和散射，产生不同程度的衰减和吸收，因此浆砌片石挡墙的雷达图像比较凌乱，识别比较困难，如图5.2-1，而片石混凝土挡墙因以混凝土为主，其雷达图像相对比较均匀，容易判识。

1)资料处理流程

资料处理流程见图 5.2-2。

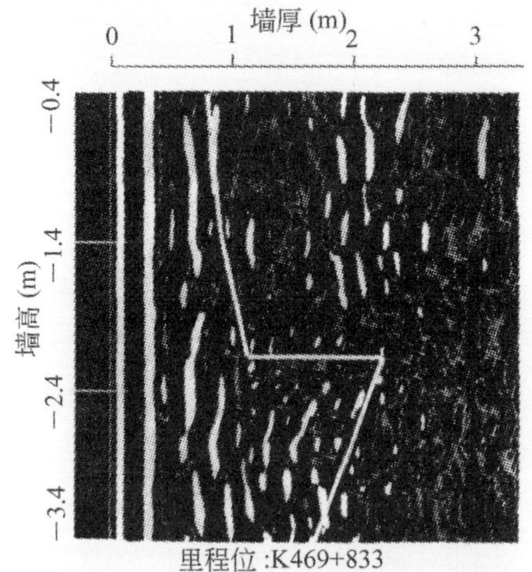

图 5.2-1　浆砌片石挡墙雷达图像

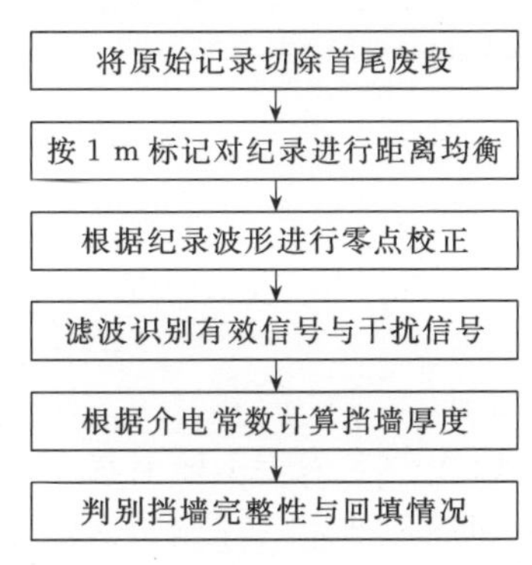

图 5.2-2　资料处理流程

2)墙体电磁波速的确定

在已知墙体的厚度位置进行测试。根据墙背反射波走时和墙体厚度计算墙体电磁波速。每个挡墙工点至少做一处波速测试,每处测试不少于 3 次。3 次测试数据误差不大时,取其平均值作为该挡墙的墙体电磁波速。误差较大时,应分析原因,重新测试。

3)墙体厚度的计算

图 5.2-1 为地质雷达检测挡墙的影象图,图中墙背电磁波反射信号明显,根据电磁波反射信号的走时和墙体波速按下式计算墙体厚度:

$$D=v\cdot t/2 \tag{5.2-1}$$

式中　D——雷达检测挡墙厚度(m);

t——墙背反射波走时(s);

v——墙体电磁波传播速度(m/s)。

将实测的墙体厚度与设计厚度进行对比,列出检测厚度与设计厚度对照表。

4)反滤层的填筑判识

由于反滤层由沙卵石组成,其介电常数与墙体的介电常数差别较填土(砂黏土)小,所以有反滤层的雷达图像墙后反射界面的反射信号不强,而无反滤层的反射信号很强,以此来判别是否填筑反滤层。

3. 工程实例

××新建铁路,为控制挡墙的施工质量,对修好的墙体进行开孔检验,仅××局范围就开孔 261 处。此方法直观,但费时费工,如回填不好,对墙体的强度会造成影响。为加强挡墙施工过程控制,决定对所有挡墙进行无损检测。共检测 20.6 延长千米。被检测墙体主要类型为衡重式路肩挡土墙。

通过对地质雷达资料的分析、计算,所测挡墙基本符合设计要求,有 4 处墙体偏薄 10～18 cm,长度 161 m,占检测墙体总长度的 0.78%(表 5.2-1)。

表 5.2-1　墙体几何尺寸不合格里程

序号	里程	类别	部位	评价
1	DK156+876～+926	尺寸偏薄 15 cm	横中台以下	不合格
2	DK160+056～+085	尺寸偏薄 15 cm	横中台以下	不合格
3	DK187+493～+503	尺寸偏薄 15 cm	横中台以下	不合格
4	DK299+465～+499 DK299+465～DK299+465 右 35 m	尺寸偏薄 10～18 cm	墙体	不合格

其他为合格。

墙后反滤层:经过雷达图像的分析,普遍都有反滤层,厚度一般小于 30 cm。有些地段只在泄水孔周围填筑了反滤层,其他部位未填。如:DK148+302～+362、DK148+378～DK149+031。

5.2.1.2　**弹性波法**

由于浆砌片石挡墙或片石混凝土挡墙可视为由水泥浆和片石复合而成的两相体系。当墙体的组成材料、施工工艺、内部质量、砂浆强度等符合要求时波在其中的传播速度、首波的幅度和接收信号的频率等参数的测量值应该相对较高。如果某部分墙体存在空洞、不密实或裂隙,便破坏了墙体的整体性,其中空气所占的体积比例相应增大,而空气的波阻抗远小于水泥砂浆和片石的波阻抗。弹性波在墙中传播,遇到"固-气"界面时几乎产生全反射,波的能量也将衰减，只有一部分弹性波绕过空洞或其他缺陷区，传到接收换能器，于是与无缺陷墙体相比较，弹性波的传播速度、波幅和频率均较低。因此，通过同一条件下的墙体的波速、波幅或频率的相对比较，进而可以判定墙体的强度情况。

该方法的测试原理、仪器设备及信号处理见 2.2 有关内容。

1. 测试方法与资料整理要点

1）应搜集标准墙体及检测墙的片石材质，水泥砂浆配合比、强度等级及龄期等相关资料。

2）检测点片石表面应平整、清洁。换能器应通过黏合剂与之保持紧密结合。

3）检测采用直达波法：在挡墙底部和上部设置两个拾震器，需要时可在上述两个拾震器之间增设拾震器，所有拾震器布置在一条测线上。在测线方向上的墙顶击振（图 5.2-3a）。激发的弹性波沿墙身传播，并被拾振器接收得到一组波形图（图 5.2-3b）。

以不同拾振器得到的首波到达时间为横坐标，拾振器到击振点的距离为纵坐标，将测量结果绘在图上，得到所谓的时-距曲线图（图 5.2-3c）。这条直线的斜率 $\Delta L/\Delta t=v$，即墙体的弹性纵波波速。

4）测线间距通常采用 5 m，异常部位加密至 2 m。

5）振源宜采用瞬态锤击。根据墙体厚度和测线长度选择锤重和锤垫，以调整激励信号的主频，如果激励信号的高频成分过多，波将沿墙体表面运动，探测不到墙体内部；低频成分多时，探测深度增加，但有可能受到墙体后填料的影响。激励信号的主频宜控制在 0.5～10 kHz。

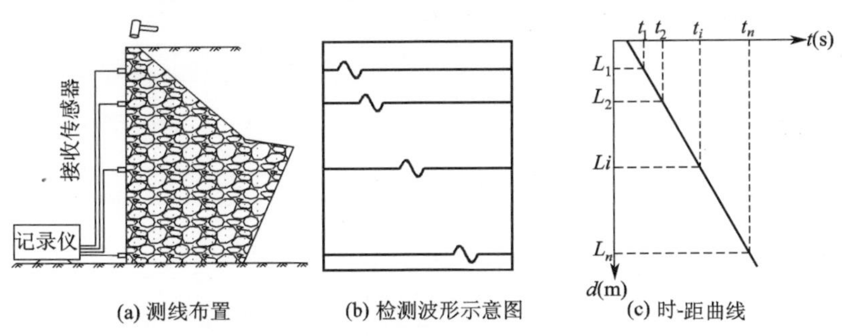

(a) 测线布置　(b) 检测波形示意图　(c) 时-距曲线

图 5.2-3　弹性波法检测挡墙示意图

2. 建立标准墙

对浆砌片石挡墙，相对砂浆而言，片石所占比例甚大，它的品种、特性等往往对挡墙的弹性波速造成极大影响；但在一定范围内，它对挡墙的强度贡献却远不如对声速的影响那么大。而挡墙中水泥砂浆的强度及其与片石的黏结能力是挡墙强度的决定性因素，但由于它所占比例较小，对挡墙弹性波速的影响却很小。因此用挡墙弹性波速评价墙体强度时，必须研究片石对挡墙波速的影响，并将其剔除。

建立标准墙是解决这一问题的较好方法之一。所谓标准墙是采用由本工程同一料场相当材质的片石以及相同混凝土材料、配合比和养护工艺砌筑而成。不同材质、不同料场分别砌筑成不同的标准墙。然后通过一定数量的破坏与破损检测试验建立成统一的标准墙波速校正值。

3. 资料的处理与判释

弹性波检测挡墙主要利用波速值，同时也利用振幅、频率以及波形等参数。

1）波速

波速是墙体检测的一个主要参数。墙体的波速与墙体的弹性模量有关，也与墙体内部结构(孔隙、材料组成)有关。相同材料的墙体,强度不同,其速度也不相同。一般说来。波速越高,弹性模量越高,墙体的强度也越高;若墙体内部有孔洞、蜂窝体等缺陷,则该处墙体波速将比无缺陷时波速有较大的降低。墙体波速能反映墙体的性能及内部情况。

挡墙波速 v 按下式计算:

$$v=L/t \tag{5.2-2}$$

式中　L——波速检测距离,即激发点至接收换能器间被测体的直线距离(m);

t——地震波在 L 距离内的传播时间(s)。

2)振幅

接收波振幅通常指首波,即第一个波前半周的幅值。对压电型传感器接收波的加速度振幅与拾振器处被测介质声压成正比,所以接收波振幅值反映了接收到的波的强弱。在激发的弹性波强度一定的情况下,振幅值的大小反映了弹性波在墙体中的衰减情况。

对于内部有缺陷或有裂缝的墙体,由于缺陷、裂缝使弹性波反射或绕射,振幅也将明显减小。因此,振幅值也是判断缺陷与裂缝的重要指标,即振幅高低在一定程度上反映了墙体的强度。

3)频率

在检测中,由敲击激发出的脉冲信号包含一系列不同频率成分的余弦波分量。锤击弹性波在传播过程中,不同频率成分的衰减是不一样的,通常高频成分衰减较快,并且高频成分在低阻抗介质中的衰减要比高阻抗介质快。因此,可以把墙体看作是一种类似高频滤波器的介质。主频下降的多少,主要取决于墙体本身的性质(质量、强度)和内部是否存在缺陷等。因此,测量弹性波透过墙体后频率的变化可以判断墙体质量和内部结构、裂缝等情况。

4. 墙体强度评价

1)片石混凝土挡墙

根据混凝土的强度与纵波速度关系,推定挡墙混凝土的强度等级。其强度等级标准参照体系可采用以下方法之一确认:

①以设计的混凝土等级相应的波速值为标准;

②以室内标准试件或同条件养护的试件的波速值为标准;

③以被检测地段无缺陷的完整混凝土实测波速值为标准;

④以区域纵波速度与混凝土强度等级关系为参考,或参照表 5.2-2。

表 5.2-2　普通混凝土纵波速度与强度等级参照表

强度等级	C15	C20	C25	C30	C35
纵波速度 v_p(m/s)	2 600～3 000	3 000～3 400	3 400～3 800	3 800～4 200	4 200～4 500

2)浆砌片石挡墙

首先应将挡墙按砂浆强度、片石材质、片石强度进行分类。以按设计标准、规范的施工工艺进行施工的完好墙体或开槽检查认为合格的墙体的弹性纵波速度 $v_{标}$ 为基准,将现场实测的墙体弹性波速 $v_{实}$ 与标准对比,其比值称为波速评价系数 $\alpha=v_{实}/v_{标}$。评价标准为:$\alpha=1\sim0.9$ 合格;$\alpha<0.9$ 不合格。

5. 工程实例

××铁路,挡土墙主要有两种类型,即浆砌片石挡土墙、片石混凝土挡土墙。片石的材料也有二种,即砂岩、灰岩。为检测其强度,首先将待检墙体按挡墙类型、砂浆强度等级、片石材料分组,每组都设有一"标准墙"作为比较基准,采用速度评价系数 α 进行评价。

如 M7.5 砂浆的浆砌片石，片石材料为砂岩，评价系数 1 的确定是：以 M7.5 水泥砂浆按设计、施工规范砌筑成挡墙，墙体实测波速 $v_p = v_{标} = 1\ 760$ m/s。M7.5 水泥砂浆试块在标准养护情况下强度大于 7.5 MPa、波速 3 200～3 500 m/s；石材强度大于 40 MPa，波速大于 4 000 m/s。具体分类标准见表 5.2-3。

表 5.2-3　浆砌片石挡墙分类标准

挡墙材料	波速 v_p(m/s)	速度评价系数 α	等级
75 号水泥砂浆浆砌片石，片石为砂岩	1 600～1 760	1.0～0.9	合格
	<1 600	<1.0	不合格
75 号水泥砂浆浆砌片石，片石为灰岩	1 800～1 960	1.0～0.9	合格
	<1 800	<0.9	不合格
100 号水泥砂浆浆砌片石，片石为砂岩	1 800～1 980	1.0～0.9	合格
	<1 800	<1.0	不合格
100 号水泥砂浆浆砌片石，片石为灰岩	2 000～2 180	1.0～0.9	合格
	<2 000	<0.9	不合格
片石混凝土	3 300～3 630	1.0～0.9	合格
	<3 300	<0.9	不合格

依据以上标准进行分析评估，波速评价系数 $\alpha<0.9$，即不合格挡墙共有 8 处，长度 129 m，占检测墙体总长度的 0.36%(表 5.2-4)

表 5.2-4　墙体强度不合格里程表

序号	里程	长度(m)	类别
1	DK171+449.5～+455.5	6	强度偏低
2	DK171+475～+482	7	强度偏低
3	DK174+198.5+201.5	3	强度偏低
4	DK176+790～+799	9	强度偏低
5	DK201+703～+707	4	强度偏低
6	DK229+050～+074 (××变电所)	24	基础下沉 沉降缝开裂
7	DK280+599～+605	6	强度偏低
8	DK285+900～+970	70	位于滑体上沉降缝开裂

5.2.2　锚杆检测

锚杆是铁路边坡加固的主要措施之一。根据工作机理的不同锚杆可分为锚固和加筋两大类。

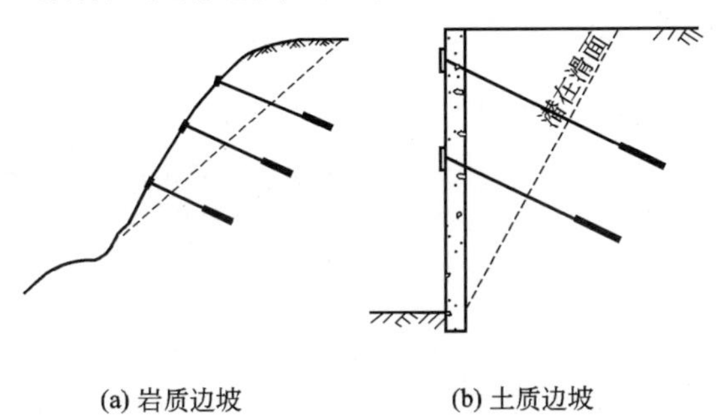

(a) 岩质边坡　　(b) 土质边坡

图 5.2-4　锚固潜在滑体

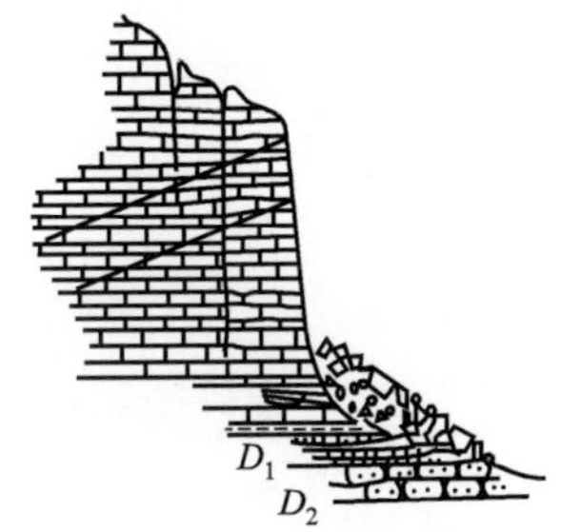

图 5.2-5　锚固危岩

锚固锚杆:对于有潜在滑动面的边坡,锚固锚杆的作用是将滑动面前主动区的下滑力作为荷载,通过锚杆传到滑动面后的稳定区内(图 5.2-4);在有危石、存在崩塌威胁的岩质边坡中,锚固锚杆的作用是将不稳定岩体、危石锚固在稳定岩体上(图 5.2-5)。这类锚杆通常仅在稳定岩土体段灌浆使锚杆与岩土体黏合(图 5.2-6),一般都施加预应力。根据锚杆材料的不同分为锚杆和锚索两类。

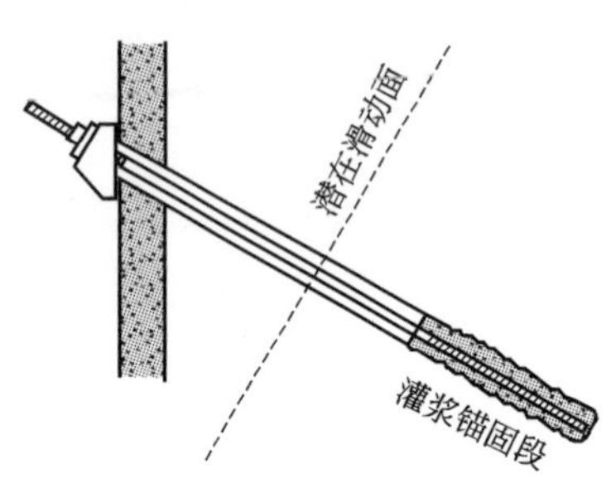

图 5.2-6 锚固锚杆的结构

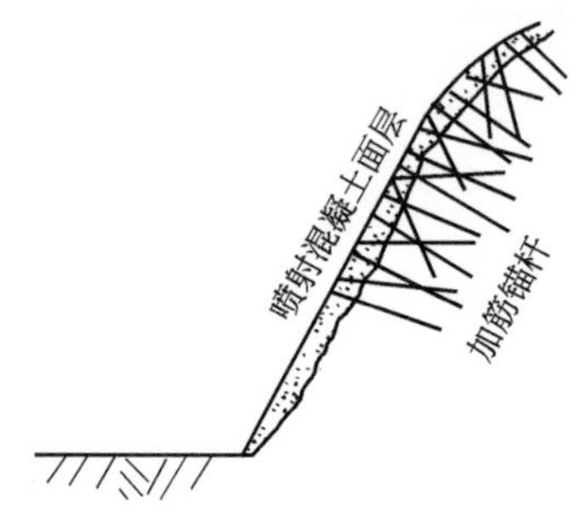

图 5.2-7 加筋锚杆护坡

加筋锚杆:通过提高加固体的强度,使被加固的岩土体形成整体而提高边坡的稳定性,它经常和坡面挂网、喷射混凝土并用(图 5.2-7)。岩石中的加筋锚杆也叫岩石锚栓(rock bolt),设置方法有钻孔灌浆和钻孔机械式锚固两种;土层中的加筋锚杆也叫土钉(soil snail),有打入式、射入式和钻孔灌浆式三种。钻孔灌浆类加筋锚杆,在锚杆全长范围内灌浆,通常不施加预应力,材质多为钢筋。

锚杆为隐蔽工程,它和岩土体的结合效果往往受地层岩性、岩体的风化破碎程度、施工工艺及管理等因素影响。因此在锚杆施工前应进行现场极限抗拔试验,以取得设计参数或验证其效果是否能满足设计要求。施工完成后应进行质量检测,锚固锚杆检测方法主要有张拉试验和确认试验;灌浆类加筋锚杆可采用低应变反射波法。

5.2.2.1 极限抗拔试验

1. 试验目的和要求

通过试验可以得到锚杆的极限抗拔力,提供或验证设计采用的岩土参数。对锚固锚杆可验证锚固长度的安全度。

按地质条件和设计参数的不同划分试验区段,每区段做 2～3 根。

对于土层锚杆从试验锚杆施工完成到极限抗拔试验开始的时间间隔同单桩静载荷试验的规定;岩层中的锚杆应待砂浆强度达到 70%以上,一般情况下普通水泥砂浆养护不少于 8 天,早强水泥不少于 4 天。

对于锚固锚杆应注意使锚固段位置和长度严格符合设计要求,不得欠灌或超灌。

2. 试验设备

试验设备主要包括加载装置、测量装置和反力装置三部分(图 5.2-8)。

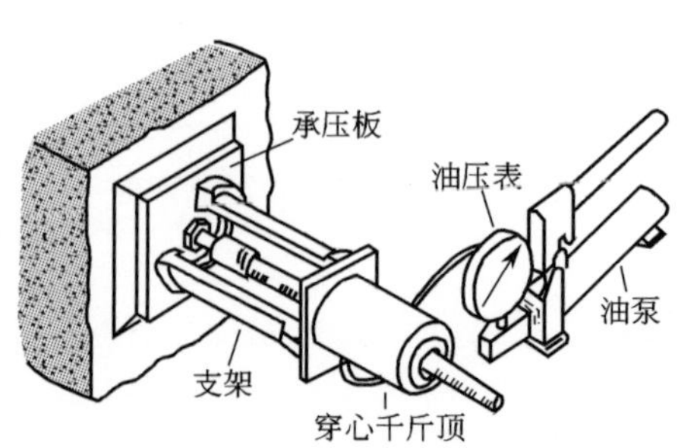

图 5.2-8 锚杆拉拔试验装置

加载装置一般采用穿心式液压千斤顶,如 YDC B 系列和 RCH 系列等,对土层锚杆千斤顶应有足够的行程。油泵可采用单桩载荷试验用油泵,详见“2.3 单桩载荷试验法”有关内容。千斤顶和油泵的加载能力应不小于设计加载量的 1.2 倍。

拉力一般用连在油路中的油压表量测，锚杆拔出量用位移计或百分表量测。

反力装置包括支架和承压板。

此外为防止试验过程中锚杆被拉断，拉杆突然飞出，应采取适当的安全措施。

3. 试验过程

试验前先整平试验场地，修平或用水泥沙浆补平安放承压板的受荷面；然后安装试验设备，开始加载。

分级施加荷载，荷载增量为预估极限荷载的 1/10～1/15。前面数级荷载增量可按预估极限荷载的 1/10，后面按 1/15；也可采用相同的荷载增量加载。

加载后按 5～10 min 的时间间隔测记锚杆端部的拔出量，每级荷载下拔出量测记次数不少于 3 次。拔出量稳定标准为相邻两次读数时间间隔内，拔出量不大于 0.1 mm。稳定后即可加下一级荷载。

若锚杆端部拔出量持续增加，荷载维持时间超过 2 h 仍达不到稳定标准，即认为锚杆上拔荷载已达到极限，停止加载，记录最终拔出量，开始卸载。

荷载分级卸除，卸荷分级为加荷的 2～4 倍，卸荷时每级荷载维持 10～30 min，记录一次锚杆端部变位量。全部荷载卸除后，隔 10～30 min 记录一次变位量，测读 2～3 次，即可结束试验。

4. 资料整理分析

绘制拉拔荷载-拔出量（*T*-*S*）关系曲线（图 5.2-9a）；绘制各级荷载下拔出量-时间半对数（*S*-lg*t*）曲线（图 5.2-9b）。

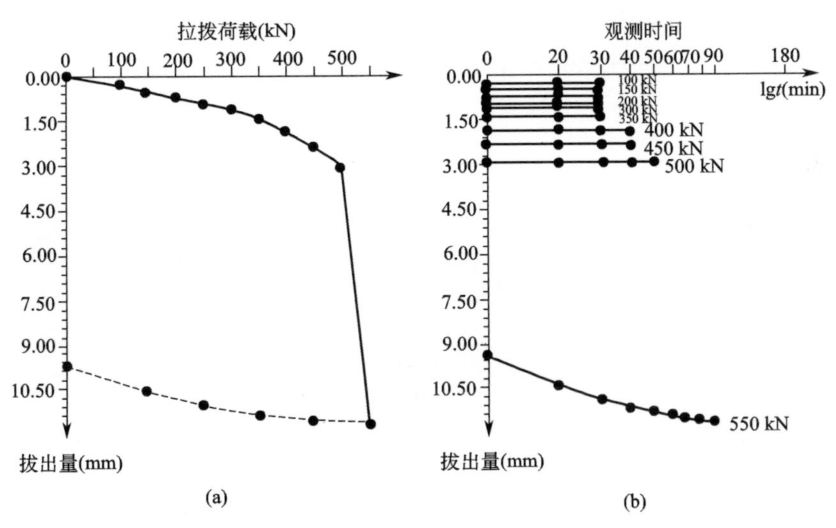

图 5.2-9　锚杆拉拔试验曲线

取 *T*-*S* 曲线拐点对应的荷载作为锚杆的屈服拉力。破坏荷载的前一级荷载作为锚杆的极限抗拉力。

5. 特殊试验

1）锚杆群的抗拔试验：为了研究群锚效应或者是当锚杆间距较小时，需进行该项试验。试验设备、方法、资料整理分析同单根锚杆试验。需要注意试验过程中各锚杆所受的荷载要相同，同步加载，同步观测。

2）多循环拉拔试验：对于路肩下部的边坡，由于其受列车动荷载的影响，需要时可做锚杆多循环拉拔试验。循环荷载可按预估极限荷载分 6～8 级，分级施加荷载，每级荷载下拔出量相对稳定后，卸至基本荷载(预估极限荷载的 1/10)，记录残余变形后加下一级荷载。加载稳定标准、终止加载标准、极限荷载的判定同常规拉拔试验。绘制锚杆受拉荷载-拔出量关系曲线(图 5.2-10)。

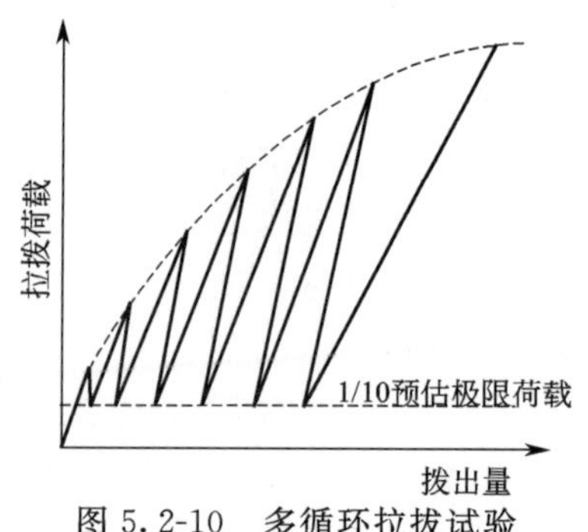

图 5.2-10 多循环拉拔试验荷载-拔出量关系图

3)蠕变试验:对于锚固段为细粒土的锚固锚杆，必要时需进行蠕变试验。试验荷载等于锚杆的设计拉力，荷载一次加上，在恒载下长时间观测其拔出量的变化，观测时间依据设计要求。测记锚杆拔出量的时间为加载后 1 min、2 min、3 min、5 min、10 min、15 min、20 min、30 min、45 min、60 min，以后每隔 30 min 测记一次。绘制锚杆拔出量——时间半对数(S-lg$t$)曲线(图 5.2-11)，曲线的斜率即为锚杆的蠕变系数：

$$K_s = (S_2 - S_1)/\lg(t_2/t_1) \quad (5.2\text{-}3)$$

式中 K_s——蠕变系数(mm)；

t_1，t_2——两个不同的时间点(min)；

S_1，S_2——S-lg$t$ 拟合直线上与 t_1，t_2 对应的拔出量(mm)。

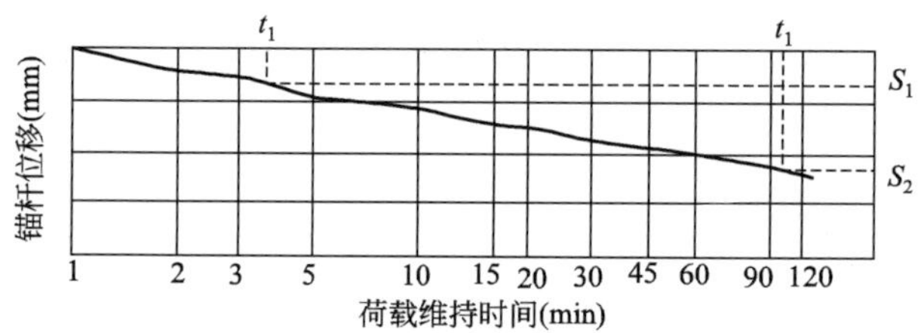

图 5.2-11 蠕变试验 S-lgt 曲线

一般认为：$K_s \leqslant 0.4$ mm，锚杆是安全的；$K_s > 0.4$ mm 时，锚固体与土之间可能发生滑动。

5.2.2.2 锚固锚杆的质量检验

对于施工后的锚固锚杆除可进行拉拔试验外，还可通过张拉试验和确认试验进行质量检测。

1. 张拉试验

检测数量为施工总锚杆数的 3%～5%，且不少于 3 根。试验方法同拉拔试验，但试验最大荷载为设计荷载的 1.0～1.2 倍。应注意:试验锚杆的灌浆段长度要符合设计要求。

2. 确认试验

以张拉试验所获得的荷载-变位性状为依据，用简单的方法对未做张拉试验的锚杆进行试验，并与张拉试验资料相比较，确认锚杆在设计荷载作用下的安全性。试验荷载一次加上，加载值为设计值的 0.8～1.0 倍，在规定时间内(如砂土 5 min、黏性土 10 min)变位不再增加。确认试验的塑性变位量与张拉试验相同荷载下的塑性变形量大体相同或更小即认为合格。

5.2.2.3 低应变反射波法检测灌浆加筋锚杆质量

单根加筋锚杆的效果主要取决于锚杆长度及锚杆与岩土层的黏合程度。目前工程中已普遍采用低应变反射波法检测灌浆类加筋锚杆的锚入深度及砂浆握裹饱满度。

1. 方法原理

同基桩低应变无损检测方法，详见“2.2 低应变反射波法”有关内容。图 5.2-12 为锚杆检测示意图。锚杆体系由钢筋、砂浆和围岩组成，反射波信号与介质波阻抗变化有关。当砂浆不饱满、不密实时，所产生的波阻抗差异会产生反射波。通过寻找反射波的异常点，可以判断缺陷位置和锚杆长度。

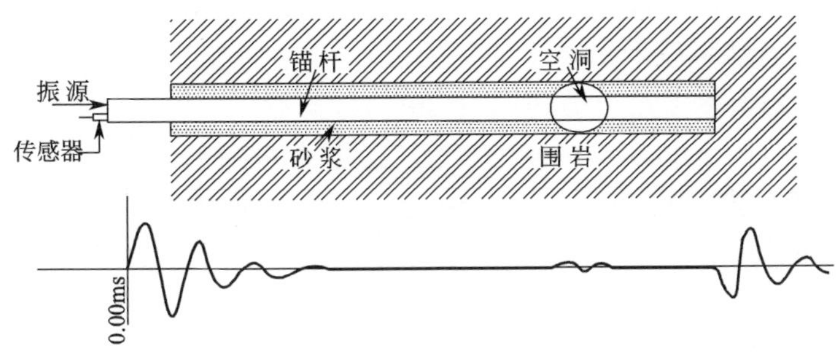

图 5.2-12　锚杆检测示意图

锚杆长度通常较短，结果造成反射波往往和直达波叠加在一起，仅从时域波形图上较难判定反射点的位置，通过频域分析，在相位谱上能清楚得看到反射波引起的相位畸变。图5.2-13 为完整锚杆实测波形图，锚杆长 4 m，谐振和反射波叠在一起，时域杆底反射信号不明显，相位图中杆底位置畸变明显。

2. 测试仪器设备

检测设备主要包括：记录仪、传感器和激振设备。

1)记录仪：目前国内有厂家生产专门用于锚杆质量检测的仪器。图 5.2-14 为武汉长盛生产的 JL-MG(C)型锚杆质量检测仪。该仪器能给出砂浆饱和度。

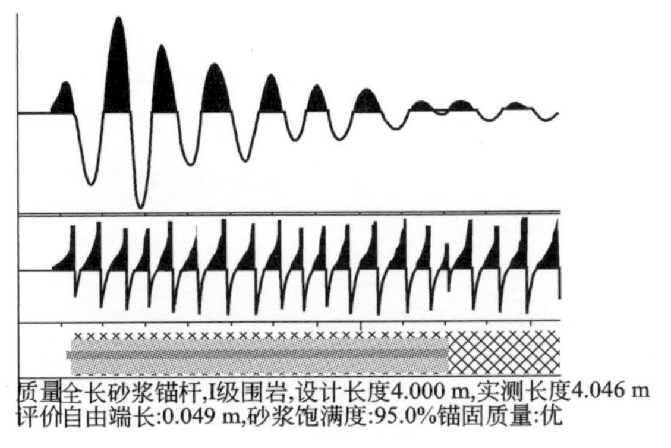

图 5.2-13　完整锚杆频谱形图

图 5.2-14　锚杆质量检测仪

2)传感器：可选用压电式加速度传感器。图 5.2-15 为和 JL-ACT(A)型锚索质量检测仪配套的能量辐射信号接收器。

3)激振设备：可选用圆头的小铁锤或磁致声波发射震源(图 5.2-16)。

3. 测试要点

1)检测前要收集以下资料：工程地质资料，锚杆设计资料，施工纪录(钻孔记录与混凝土砂浆灌注记录)和锚杆平面布置图。

2)检测前应对所需检测的锚杆做好准备，架设好检测台架。

3)检测锚杆长度时，采用在锚杆端部发射、端部接收方式进行测试(图 5.2-12)；检测灌浆密实度时则采用在外露锚杆端接收，在砂浆上激发的测试方法(图 5.2-17)。

图 5.2-15　锚索专用传感器

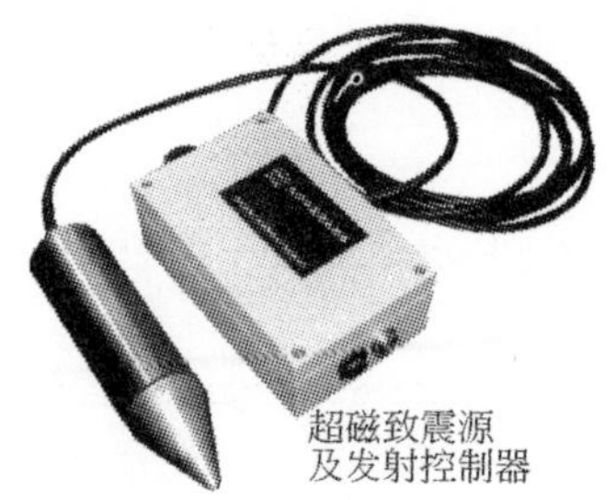

图 5.2-16　超磁致震源

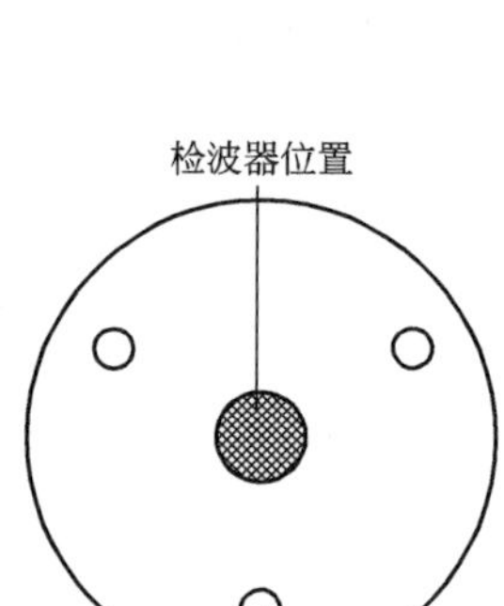

图 5.2-17　激发和接收点布置图

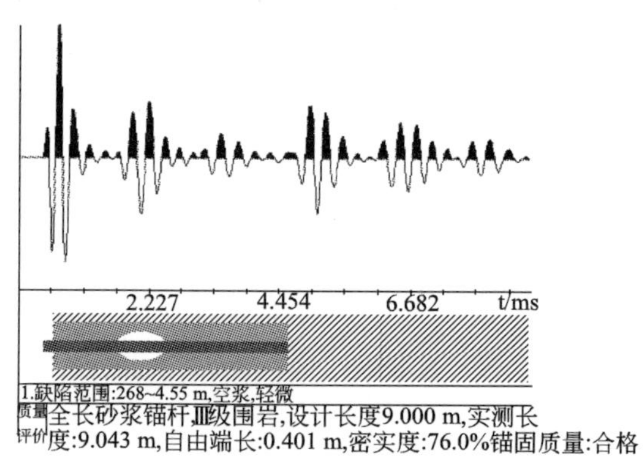

图 5.2-18　灌浆不密实锚杆时域波形

4)通过现场试验，选择合适的激振力，宜选用窄脉冲激励。

5)由于加筋锚杆相对较短，宜选用高灵敏度加速度型传感器，其频率范围不窄于 2～2000 Hz。

6)同一锚杆多次实测时或信号一致性较差时，应分析原因增加检测次数。

7)采样时间间隔或采样频率应根据杆长、胶结体波速和时域、频域分辨率合理选择。

8)信号不能失真和产生零漂，信号幅值不应超过测量系统的量程。

4. 检测数据的分析与判定

1)根据锚杆长度和反射波的走时按下式计算胶结锚杆的纵波波速：

$$V_c = 2L/t \tag{5.2-4}$$

式中　V_c——胶结锚杆中的纵波波速(m/s)；

L——锚杆长度(m)；

t——应力波的双程反射走时(s)。

材质相同的灌浆锚杆，其波速与砂浆灌注质量有关。质量越好、砂浆握裹越牢，波速越低；砂浆不饱满或者完全没有粘接的锚杆，其胶结波速接近或等于锚杆杆体波速，钢锚杆杆体波速约为 5600 m/s。

可根据场地质量好的锚杆的平均波速，校核锚杆长度。

2)注浆锚杆的砂浆饱和度可根据反射波的时域、频域特征进行判断：

①当反射波的时域波形无异常畸变，锚杆底部反射信号较弱(锚杆较长时，甚至没有反射信号)，反映锚杆的灌浆密实度较好，如图 5.2-13；若反射波形中出现明显的多次反射，且波形较杂乱，这样的锚杆灌注密实度有可能很差，起不了锚固作用，见图 5.2-18。

②在相位谱中，灌浆密实的锚杆仅在杆的底部位置发生相位畸变，见图 5.2-19(a)；若在杆底反射信号以前有相位畸变，说明砂浆有不饱满的情况，见图 5.2-19(b)。

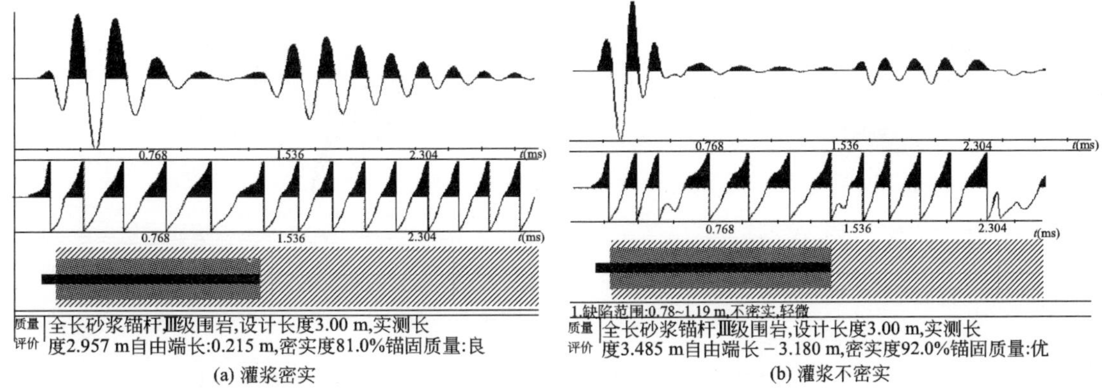

图 5.2-19　灌浆密实锚杆和不密实频谱图

3)灌浆锚杆的质量可根据反射波的波形特征和胶结体的纵波波速进行综合评价，分类标准可参考表 5.2-5。

表 5.2-5　锚杆锚固质量检测分类评价

波形及波速特征	质量评价	分类
波形规则，只有较微弱的底部反射波或没有底部反射波；波速低与砂浆波速接近	密实、均匀	优(Ⅰ)
波形规则，有底部反射波和局部较弱反射波；波速低与砂浆波速接近	局部欠密实、较均匀	良(Ⅱ)
波形不规则，底部有较强反射波；波速偏高，介于砂浆与钢材之间	局部不密实或空浆	合格(Ⅲ)
波形不规则，底部有较强反射波或底部反射波提前(锚杆欠长)，或有多处较强反射波；波速高，接近钢锚杆体波速	多处不密实或空浆	不合格(Ⅳ)

5. 应用实例

某工地锚杆实测波形见图 5.2-20，锚杆为全长灌浆锚杆，长度为 9.0 m，围岩等级为Ⅲ级。图中(a)所示锚杆底部反射微弱，中间没有缺陷反射信号，砂浆密实度 94%，质量等级为：优。图中(b)所示锚杆底部反射明显，中间没有缺陷反射信号，砂浆密实度 78%，质量等级为：合格。图中(c)所示锚杆底部反射不明显，中间有缺陷反射信号，砂浆密实度 82%，质量等级为：良。

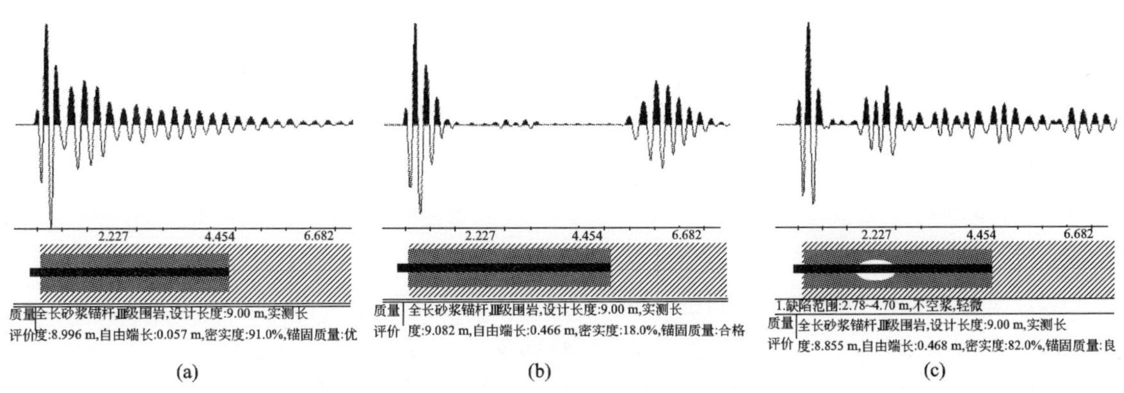

图 5.2-20　某工地锚杆检测实测波形图

参 考 文 献

[1] 中华人民共和国行业标准.TB10218—99 铁路工程基桩无损检测规程[S].北京:中国铁道出版社,1999.

[2] 中华人民共和国行业标准.TB100041—2003 铁路工程地质原位测试规程[S].北京:中国铁道出版社,2003.

[3] 中华人民共和国行业标准.TB10102—2004 铁路工程土工试验规程[S].北京:中国铁道出版社,2004.

[4] 中华人民共和国行业标准.TB10414—2003 铁路路基工程施工质量验收标准[S].北京:中国铁道出版社,2004.

[5] 中华人民共和国行业标准.TB10012—2001 铁路工程地质勘察规范[S].北京:中国铁道出版社,2001.

[6] 中华人民共和国国家标准.GB50021—2001 岩土工程勘察规范[S].北京:中国建筑工业出版社,2001.

[7] 中华人民共和国国家标准.GB50007—2002 建筑地基基础设计规范[S].北京:中国建筑工业出版社,2002.

[8] 中华人民共和国国家标准.GB50010—2002 混凝土结构设计规范[S].北京:中国建筑工业出版社,2002.

[9] 中华人民共和国国家标准.GB50011—2001 建筑抗震设计规范[S].北京:中国建筑工业出版社,2001.

[10] 中华人民共和国行业标准.JGJ106—2003 建筑基桩检测技术规范[S].北京:中国建筑工业出版社,2003.

[11] 中华人民共和国行业标准.JGJ/T93—95 基桩低应变动力检测规程[S].北京:中国建筑工业出版社,1995.

[12] 中华人民共和国行业标准.JGJ79—2002 建筑地基处理技术规范[S].北京:中国建筑工业出版社,2002.

[13] 中华人民共和国行业标准.JGJ94—94 建筑桩基技术规范[S].北京:中国建筑工业出版社,1995.

[14] 上海市标准.DBJ08—37—94 岩土工程勘察规范[S].上海:2003.

[15] 上海市工程建设标准.DGJ08—11—1999 地基基础设计规范[S].上海,2003.

[16] 铁道部第一勘测设计院,楚涌池,李法昶,等.铁路工程地质手册[M].北京:中国铁道出版社,1999.

[17] 林在贯,高大钊,顾宝和,石振华,等.岩土工程手册[M].北京:中国建筑工业出版社,1994.

[18] 工程地质手册编写组.工程地质手册(第二版)[M].北京:中国建筑工业出版社,1982.

[19] 曾国熙,卢肇钧,蒋国澄,叶政青,等.地基处理手册[M].北京:中国建筑工业出版社,1988.

[20] 曾国熙,叶政青,冯国栋,周镜,刘金砺,陈竹昌,彭大用等.桩基工程手册[M].北京:中国建筑工业出版社,1995.

[21] 刘建航,侯学渊,等.基坑工程手册[M].北京:中国建筑工业出版社,1997.

[22] 林宗元,等.岩土工程试验手册[M].沈阳:辽宁科学技术出版社,1994.

[23] 林宗元,等.岩土工程治理手册[M].沈阳:辽宁科学技术出版社,1993.

[24] 林宗元,等.岩土工程勘察设计手册[M].沈阳:辽宁科学技术出版社,1996.

[25] 罗骐先,等.基桩工程检测手册[M].北京:人民交通出版社,2003.

[26] 唐贤强,谢瑛,谢树彬,文载奎,等.地基工程原位测试技术[M].北京:中国铁道出版社,1993.

[27] 西南交通大学梁钟琪,等.土力学及路基[M].北京:中国铁道出版社,1984.

[28] 高怀真,宋永建,等.静力触探计算机处理系统[M].北京:中国铁道出版社,1997.

[29] 徐攸在,等.桩的动测新技术(第二版)[M].北京:中国建筑工业出版社,2002.

[30] 陈凡,徐天平,陈久照,关立军,等.基桩质量检测技术[M].北京:中国建筑工业出版社,2003.

[31] 王锺琦,孙广忠,刘双光,朱小林,唐家洪,黄世铭,等.岩土工程测试技术[M].北京:中国建筑工业出版社,1986.

[32] 华南工学院,等.地基及基础[M].北京:中国建筑工业出版社,1981.

[33] 张献民,刘国辉,等.低应变瞬态锤击桩基无损检测技术[M].北京:地质出版社,1996.

[34] 刘金砺,李大展,黄强,等.桩基工程检测技术[M].北京:中国建材工业出版社,1993.

[35] 张宏,灌注桩检测与处理[M].北京:人民交通出版社,2001.

[36] 华东水利学院土力学教研室[M].土工原理与计算.上册.北京:水利电力出版社,1982.

[37] 程守洙,江之永,等.普通物理学第三册(第三版)[M].北京:人民教育出版社,1979.

[38] 孙训方,方孝淑,关来泰,等.材料力学[M].北京:人民教育出版社,1979.

[39] 杨为民.雷达及超声波在隧道衬砌质量检测中的应用[J].地质设备.2006,7(5).

[40] 甄庆廷,薄会申等.以地质雷达为主的既有路基基床评价技术的研究[R].天津:铁道第三勘察设计院,2004.